U0869112

大学公共体育理论与实践教程

主　编　刘　楠　宫金涛　周德来

副主编　高　洋　赵春义

主　审　丛　光

参　编　林守欣　咸文悦

哈爾濱工程大學出版社
Harbin Engineering University Press

内容简介

本书一共十二章，根据各运动项目的特点及健身价值阐述了田径运动、游泳运动、足球运动、篮球运动、排球运动、羽毛球运动、乒乓球运动、网球运动、武术运动、健美操运动、瑜伽运动的基本情况。随着社会的进步，人们的需求也在不断增长，人们对体育的认识也会进一步深化。

本书可作为高等学校相关专业学生的教材，也可作为从事体育类专业人员的参考书。

图书在版编目(CIP)数据

大学公共体育理论与实践教程 / 刘楠，宫金涛，周德来主编. —哈尔滨：哈尔滨工程大学出版社，2022.10

ISBN 978－7－5661－3745－6

Ⅰ. ①大… Ⅱ. ①刘… ②宫… ③周… Ⅲ. ①体育－高等学校－教材 Ⅳ. ①G807.4

中国版本图书馆 CIP 数据核字(2022)第 192847 号

大学公共体育理论与实践教程
DAXUE GONGGONG TIYU LILUN YU SHIJIAN JIAOCHENG

选题策划 包国印
责任编辑 张 彦 曹篮心
封面设计 李海波

出版发行 哈尔滨工程大学出版社
社　　址 哈尔滨市南岗区南通大街 145 号
邮政编码 150001
发行电话 0451－82519328
传　　真 0451－82519699
经　　销 新华书店
印　　刷 哈尔滨午阳印刷有限公司
开　　本 787 mm×1 092 mm 1/16
印　　张 18
字　　数 478 千字
版　　次 2022 年 10 月第 1 版
印　　次 2022 年 10 月第 1 次印刷
定　　价 59.80 元
http://www.hrbeupress.com
E-mail:heupress@hrbeu.edu.cn

前　　言

体育运动作为高等教育的重要组成部分，是大学生体育教学的最终阶段。在新的时代条件下，体育运动要以促进大学生的整体健康素质、以适应未来社会对人才的健康需求为目标，将体育知识、技能的学习与体育人文素养的培养、体育精神的塑造相协调，让学生在学习和参与体育运动的过程中得到快乐、培养能力、磨炼意志、塑造个性、促进身心全面协调发展、提高整体健康水平，为未来人生奠定健康基石。

本着这些理念，我们不断更新教学观念，汲取国内外先进教育思想和理念，使学生领悟体育的真谛，维护健康法则，审视体育文化，进而崇尚体育，明其理，悟其道，为终身体育发展奠定基础。我们从体育运动教学、训练实际出发，构建了相对完整、系统的教材体系。从学生学习和生活实际出发，站在教育与文化的高度，注重拓展体育知识面，发掘体育史料，丰富和提升体育文化特质。

以全国普通高校体育课程教学指导纲要为依据，本书根据各运动项目的特点及健身价值阐述了田径运动、游泳运动、足球运动、篮球运动、排球运动、羽毛球运动、乒乓球运动、网球运动、武术运动、健美操运动、瑜伽运动的基本情况。现代体育的三个组成部分是互有区别、互相联系、互为促进的辩证统一体，集中体现了现代人增强体质、防治“文明病”、延年益寿、追求强健的需求；也集中体现了现代社会教育、政治、经济、军事、文化、科学技术发展的需求；也成为人们生理和心理、物质和精神发展必不可少的组成部分。随着社会的进步，人们的需求也在不断增长，人们对体育的认识也会进一步深化。

本书由刘楠、宫金涛、周德来担任主编；高洋、赵春义担任副主编；丛光担任主审；林守欣、咸文悦担任参编。具体分工为：刘楠编写了第九章、第十章、第十一章（撰写字数约 10 万字），宫金涛编写了第八章、第十二章（撰写字数约 10 万字），周德来编写了第五章、第六章、第七章（撰写字数约 10 万字），高洋编写了第二章第三、四节、第三章（撰写字数约 5 万字），赵春义编写了第一章、第二章第一、二节（撰写字数约 5 万字），林守欣编写了第四章第一、二节（撰写字数约 2 万字），咸文悦编写了第四章第三、四节（撰写字数约 2 万字）。

本书凝聚了多位资深专家和教授的辛勤劳动与智慧，由于撰写时间仓促，交流讨论尚不充分，再加上学术水平和工作能力有限，因此本书还有甚多不尽如人意之处，有待于今后修订时继续完善和改进。在此，敬请阅读本书的各位读者向我们提出宝贵意见，帮助我们不断完善教材内容。

编　者

2022 年 7 月

目　　录

第一章　体育运动产生与发展 …… 1
第一节　体育运动的起源 …… 1
第二节　体育运动的发展 …… 3
第三节　体育运动与高校 …… 7
第四节　体育运动与健康 …… 9
第五节　体育运动与保健 …… 11
第二章　田径运动与身体健康 …… 14
第一节　田径运动的起源 …… 14
第二节　田径运动的发展 …… 16
第三节　田径运动与高校 …… 20
第四节　田径运动与健康 …… 34
第三章　游泳运动与身体健康 …… 38
第一节　游泳运动的起源 …… 38
第二节　游泳运动的发展 …… 38
第三节　游泳运动与高校 …… 42
第四节　游泳运动与健康 …… 61
第四章　足球运动与身体健康 …… 66
第一节　足球运动的起源 …… 66
第二节　足球运动的发展 …… 66
第三节　足球运动与高校 …… 71
第四节　足球运动与健康 …… 83
第五章　篮球运动与身体健康 …… 88
第一节　篮球运动的起源 …… 88
第二节　篮球运动的发展 …… 88
第三节　篮球运动与高校 …… 90
第四节　篮球运动与健康 …… 112
第六章　排球运动与身体健康 …… 117
第一节　排球运动的起源 …… 117
第二节　排球运动的发展 …… 120
第三节　排球运动与高校 …… 135

第四节　排球运动与健康 …… 151

第七章　羽毛球运动与身体健康 …… 156

第一节　羽毛球运动的起源 …… 156

第二节　羽毛球运动的发展 …… 156

第三节　羽毛球运动与高校 …… 164

第四节　羽毛球运动与健康 …… 175

第八章　乒乓球运动与身体健康 …… 182

第一节　乒乓球运动的起源 …… 182

第二节　乒乓球运动的发展 …… 184

第三节　乒乓球运动与高校 …… 187

第四节　乒乓球运动与健康 …… 198

第九章　网球运动与身体健康 …… 201

第一节　网球运动的起源 …… 201

第二节　网球运动的发展 …… 203

第三节　网球运动与高校 …… 206

第四节　网球运动与健康 …… 223

第十章　武术运动与身体健康 …… 228

第一节　武术运动的起源 …… 228

第二节　武术运动的发展 …… 230

第三节　武术运动与高校 …… 231

第四节　武术运动与健康 …… 246

第十一章　健美操运动与身体健康 …… 250

第一节　健美操运动的起源 …… 250

第二节　健美操运动的发展 …… 251

第三节　健美操运动与高校 …… 251

第四节　健美操运动与健康 …… 259

第十二章　瑜伽运动与身体健康 …… 262

第一节　瑜伽运动的起源 …… 262

第二节　瑜伽运动的发展 …… 263

第三节　瑜伽运动与高校 …… 264

第四节　瑜伽运动与健康 …… 274

参考文献 …… 278

第一章　体育运动产生与发展

第一节　体育运动的起源

一、体育的概念

据有关资料记载,“体育”一词最初是法国人于1760年在法国报刊上刊载有关儿童身体教育问题的论文时使用的。1762年,世界著名启蒙思想家卢梭的著作《爱弥儿》也应用了“体育”这个词。

竞技运动,也叫竞技体育,在国内外现代体育运动中占有极为重要的地位,并产生越来越明显的社会影响和国际影响。竞技运动的内容被广泛应用在体育教育中。竞技运动同体育教育虽然有明显区别,但是很难把二者截然分开,在我国和国外很多国家,仍把历史上已经形成的相互联系的这两个方面作为体育的重要组成部分。

我国是世界四大文明古国之一,也是世界上体育起步较早的国家之一,体育项目繁多,内容丰富多彩。例如,春秋战国时期各种导引术十分流行,人们用其来强身健体,预防疾病。后来又相继出现了五禽戏、易筋经、八段锦、太极拳等,都是广为流传的养生方法。根据史料记载,“体育”一词是19世纪末传入我国的。1891—1894年,康有为在广州长兴里办“万木草堂”,课程中有体操内容;1897年在他编辑的《日本书目志》中,收录了《体育学》这本书。根据1901年《教育世界》第47册中的记载,我国官方已应用“体育”一词。1903年,《政艺通报》上连续刊登了“无锡体育会”的“无锡体育简章”和“无锡体育会共和宪章”。1910年“精武体育会”创办。1910年,上海青年会在南京举办了全国学校区分队第一次体育同盟会,后来被追认为“第一届全运会”。1923年,当时政府公布的《中小学课程纲要草案》中正式将学校“体操科”改为“体育科”。此后,“体育”一词便逐渐代替了原来意义的“体操”。1924年,“中华全国体育协进会”在南京成立,1931年,国际奥委会正式承认“中华全国体育协进会”为中国奥委会。1932年“体育委员会”成立,这是领导全国体育运动的官方组织。1935年,当时国内最大的江湾体育场落成从上述情况可以看出,当时“体育”和“运动”是混用的,并无严格区别。

中华人民共和国成立以后,1952年,“中华全国体育总会”成立;1953年,“中央人民政府体育运动委员会”成立,统管全国的体育工作。20世纪50年代,毛泽东、周恩来、刘少奇、朱德等中央领导同志对体育工作的题词,都是使用“体育运动”一词。我国宪法和政府工作报告等许多文件中,都用“体育”和“体育运动”等词作为体育的总概念或第一位概念,也用“体育教育”“学校体育”“竞技体育”“群众体育”等作为低一层次的概念或第二位概念。

纵观世界各国体育的发展过程,我们可以清楚地看到,人们用体育来培养、教育下一代,其与德育、智育等一样,都是整个教育的组成部分;是人们用来锻炼身体、增强体质、防治疾病和延年益寿的重要方法;是人们进行竞技比赛、丰富文化生活、建设精神文明的内容与手段,也是加强各国人民相互了解的纽带。体育的这几个方面虽然目的、作用、对象不同,但它们是相互联系的,都是以身体练习为基本手段,都要求全面发展身体素质、增强体质,都有教学和教育的内容,也都以竞赛和提高技术为目的。因此,我们可以把体育的概念确定为:体育是人们根据生产和生活的需要,遵循人体生长发育的规律、动作技能形成与机能提高的规律,以身体练习为基本手段,结合日光浴、冷水浴等,达到发展身体素质、增强体质、提高运动技术水平、丰富社会文化生活的一种有意识、有目的、有组织的社会活动。

体育是社会文化教育的组成部分,受一定社会的政治和经济条件所制约,又为一定社会的政治和经济服务。但必须指出,体育的概念并不是一成不变的,随着社会的不断发展和人类需求的进一步增加,人们对体育的认识还会不断地深化。

二、体育的起源

体育的形成是一个漫长的历史过程。它起源于原始社会,和人们基本的生存需要以及生产劳动实践有直接的联系。

(一)生存需要是体育产生的动因

任何社会现象和生命现象,无不以社会的需要和人的需要作为其产生、存在和发展的依据。人的活动都是由需要引起的,需要是促进人类活动的基本动力。马克思、恩格斯指出:“我们首先应当确定一切人类生存的第一个前提,也就是一切历史的第一个前提,这个前提是人们为了能够创造历史,必须能够生活。但是为了生活,首先需要衣、食、住以及其他东西。因此,第一个历史活动就是生产满足这些需要的资料,即生产物质生活本身。”

人类的祖先为了适应环境和生存的需要,由树栖变为地栖,学会了直立行走,解放了上肢。原始人的生存条件恶劣,为了谋生,他们靠快速奔跑去追逐捕获猎物,用刺杀和投掷来杀伤虎、豹、熊等野兽,靠游泳或用锐利的树枝、木器去捕鱼,靠攀登和爬越去采集野果。原始人这些为了求生的身体活动既是生存的基本技能,也是劳动的基本技能。在这些身体动作反复出现的过程中,人的跑、跳、投、攀登、支撑、爬越和涉水等身体基本活动能力得以发展,这些最初以劳动形式出现的肢体活动,不断在重复中得以改进,并逐渐发展成表现体育最初形态的身体活动方式和技能。这就是现代体育活动的萌芽。但是,原始人类的这些活动,目的是生存,而不是锻炼身体和增强体质。

(二)人类需求层次的提高推动体育的发展

人类的需求是按照生存—享受—发展的趋向延伸和扩展的。人类的需求呈现金字塔式的等级结构,是一个丰富的物质性与精神性相统一的动态系统。随着基本生存需要的实现和满足,又相继衍生出新的更高层次的需求。生产工具的改进和生产力的提高引起了生产关系的变化,从而为体育的发展提供了物质条件和社会条件。人类对体育的需求也发生了变化,体育不再仅仅是为了生存。

原始社会的教育活动促进了体育的发展。原始人在长期的生产和生活实践中积累了自然知识、社会知识以及劳动技能知识。这些知识需要不断地传授给年轻一代,使他们尽快投入生产劳动中去,因而便出现了人类最初的教育。原始社会的教育主要是传授生产劳动技能,而当时生产劳动技能主要是跑、跳、投、攀登、支撑、爬越等人的基本活动能力。所以,在原始教育中,人的基本活动能力既是教育的内容,又是教育的手段。最初的体育形式也就应运而生了,并在这种有意识的教育过程中得到发展。

部落之间的战争对体育的发展起到了推动作用。原始社会后期,随着人口密度的增大,为了保证血亲生存,部落间的冲突和战争不断加剧。为了取得战争的胜利,需要培养氏族成员的军事技能,发展攻、防、格斗及走、跑、跳、投等能力,这就出现了以军事为目的的身体训练和教育方式,即军事教育的雏形。战争的需要,军事教育的出现,既提升了人类的基本活动技能,又促进了体育的发展。

休闲娱乐活动丰富了体育的内容。部分体育项目是在人们的休闲娱乐中发展起来的,如各种游戏、民间舞蹈等。娱乐活动的内容主要是身体的活动,既具有娱乐的作用,又具有健身的作用,很多活动发展成了体育项目。

总之,社会的需要在整个体育发展史中起着巨大的作用。社会需要不断变化和提升,使体育在内容、形式、规模、水平上得到了极大发展。正是这种不断丰富发展的社会需要,使体育从早期的增强生存能力发展到丰富和提高人们的生活质量。随着社会和文明的进步,社会需求必将提出新的要求,从而继续推动体育的发展。

第二节　体育运动的发展

一、现代体育的分类

一般认为,现代体育是由学校体育、竞技体育和社会体育三部分组成的。

(一)学校体育

学校体育是指以在校学生为参与主体的体育活动,通过培养学生的体育兴趣、态度、习惯、知识和能力来增强学生的身体素质,培养学生的道德和意志品质、促进学生的身心健康的教育过程。它与德育、智育相结合,构成培养和促进人的全面发展的现代学校教育。

随着社会的不断发展,体育科学化、社会化、娱乐化和终身化的发展趋势已明显呈现。以此视角进行审视,现代学校体育不仅要注重增强体质、促进健康的实际效果,还必须着眼于个体生存、发展和享受的需要,即重视包括生理、心理及社会因素在内的综合效益,又力求满足个人的体育兴趣和爱好,增强人们主动参与体育运动的意识。既要讲究体育锻炼的科学性,不断提高对体育的欣赏水平和参与水平,又要适应 21 世纪开拓型人才对精神、体质、文化生活日益增长的需要,同时还要创造条件为国家输送和培养竞技体育人才。

(二)竞技体育

竞技体育是指为了最大限度地发挥个人或集体在体力、智力、运动能力等方面的潜力,以攀登运动技术高峰和创造优异运动成绩为目的的一种运动活动过程。竞技体育广泛采用科学的训练方法和手段,以实现最大限度开发人类竞技运动的能力,探索人类运动的极限。竞技体育具有对抗性、惊险性、艺术性、胜负变化的戏剧性,极具吸引力、感染力,易于传播精神力量,对丰富社会文化生活、振奋民族精神、促进世界和平、增进友谊有着特殊的作用。

(三)社会体育

社会体育也称大众体育,是指以健身医疗、康复、休闲、娱乐为目的的体育活动。社会体育开展的广泛性和社会化程度是基于国家经济的繁荣、人民生活水平的提高和余暇时间的增多,以及社会环境的安定。近年来,中国经济飞速发展,人民生活水平不断提高,全民体育意识有力增强,社会体育运动也随之蓬勃发展。人们以发展兴趣、培养审美能力、讲求自我锻炼效果为目的,竞相开办内容多样、形式灵活的各种运动单项协会和体育俱乐部、健身娱乐中心,吸引了大批体育爱好者,使体育人群的年龄段扩大、人数增加,我国社会体育也因此进入新的发展时期。

现代体育的三个组成部分,是互有区别、互相联系、互为促进的辩证统一体,集中体现了现代人增强体质、防治“文明病”、延年益寿、追求强健的需求;也集中体现了现代社会教育、政治、经济、军事、文化、科学技术发展的需求,成为人们生理和心理、物质和精神发展的必不可少的组成部分。随着社会的进步,人的需求也在不断增长,人们对体育的认识也会进一步深化。

二、锻炼身体的基本原则

锻炼身体的基本原则是锻炼身体过程中必须遵循的基本要求和指导思想,是长期体育锻炼实践经验的总结和概括,是体育锻炼客观规律的反映。贯彻基本原则,提高体育锻炼效果。锻炼身体的基本原则包含六个方面:全面锻炼身体原则、合理运动负荷原则、自觉积极锻炼原则、从实际出发原则、循序渐进原则、终身体育锻炼原则。

(一)全面锻炼身体原则

全面锻炼身体原则,是指在体育锻炼的过程中必须追求身心的全面协调发展,使身体形态、机能、身体与心理素质、基本活动技能等都得到协调发展。人体是在大脑皮层调节控制下的统一整体,人体的各个部位、各器官系统的机能、各种身体素质和基本活动技能之间都是互相联系、互相制约的,因此必须注重全面锻炼身体。

全面锻炼身体的方法有:

(1)选择体育活动的内容和方法时,根据自身的兴趣爱好、专业特点以及客观条件选择多种锻炼方式,尽量做到全面发展。每个人应以一些功效较大的运动项目为主、其他项目为辅进行全面身体锻炼。

(2)在体育锻炼过程中,要尽量做到既能提高身体素质又能发展身体各个部位和各种基本活动能力,努力掌握多种运动技能。

(3)注意全身活动,不要局限于某一部位。

(4)在全面锻炼身体的同时加强专业实用性体育锻炼。例如:地质专业的学生可以进行登山、野外生存锻炼等。

(二)合理运动负荷原则

运动负荷是指人体在体育活动中所承受的生理、心理负荷量,以及消耗的热量,由完成练习的运动强度与持续时间,以及动作的准确性和运动项目特点等因素来决定运动量的大小。组成运动负荷的主要因素是量和强度。量包括练习的数量、次数、组数、时间、距离和质量等;强度包括动作的速度、练习的密度、练习的间歇时间、负重的多少等。合理的运动负荷,必须从量、强度以及个人的健康状况方面进行综合考量。

运动负荷过低,则没有健身效果;运动负荷过度,同样起不到健身效果。长期过度运动会加速人体消耗,还可能造成其他运动伤害,不利于身体健康。运动科学证实:中低强度的有氧运动才是健身的最佳途径。可以通过脉搏测量调节控制运动负荷,每分钟心率＝(200－年龄)×60%(60%~80%)为最佳有氧训练状态。

达到合理运动负荷的方法有:

(1)要正确处理运动量和运动强度之间的关系

针对自身的健康状况以及体育活动的项目特点,安排好运动量和运动强度,二者之间一般成反比关系:运动强度大,只能维持较短的运动时间;强度适当,才能维持较长的运动时间。利用运动量和运动强度之间的关系把运动负荷控制在最佳有氧训练状态。

(2)要善于控制运动负荷

运动负荷应由小到大,逐渐提高。刚开始从事体育锻炼或中断体育锻炼后恢复锻炼时,强度宜小,时间宜短,密度要适当,随身体的适应程度而逐渐加大负荷,最好不要超越最佳有氧训练状态。

(3)休息与运动合理交替

身体机能的提高不仅取决于练习时间的长短、紧张程度,更取决于适当的休息。适当的休息有利于下一次练习时处于良好状态,预防因练习不当引起的不良反应。休息的方式有积极性休息和消极性休息,人们常把两种方式结合起来,并以积极性休息为主。

(三)自觉积极锻炼原则

自觉积极锻炼原则主要是指体育锻炼者必须有明确的锻炼目的,相信“生命在于运动”的科学道理,自觉积极地参加体育锻炼。体育锻炼是一个自我锻炼、自我完善、克服自身的惰性、战胜各种困难的过程。正如毛泽东在《体育之研究》中提出的:“欲图体育之有效,非动其主观,促其对于体育之自觉不可。”

提高自觉性、积极性的方法有:

(1)学习体育知识提高自觉性、积极性

体育锻炼是人类生活的组成部分,通过学习明确体育锻炼的目的,把体育锻炼当作学习、生活和工作的自觉需要,激发体育锻炼的主动性和自觉性,从而调动自身体育锻炼的积极性。

(2)明确目的,培养兴趣

体育锻炼的目的明确才能激发自身对体育锻炼的兴趣。兴趣是认识某种事物,从事某种活动的倾向。兴趣得到满足,人们就会感到内心的愉快,就会自觉地参与体育锻炼。

(四)从实际出发原则

从实际出发原则是指体育锻炼的目的、内容的选择、运动负荷的安排,都要与自身的年龄、性别、生活习惯、体质状况、体育基础、从事的专业,以及体育锻炼的场地器材和当地的季节气候相结合,寻求符合自身体育锻炼的基本方式,达到促进健康、增强体质的目的。

做到从实际出发的方法有:

(1)学习体育知识,深入研究与体育锻炼有关的内容,明确目的,确定体育锻炼的内容、时间、运动负荷等。

(2)研究并认识自身的健康状况,遵循人体的生理规律、生理特征,以及人体适应环境的基本规律,从不同的主客观条件出发,逐渐走上健康的健身之路。

(五)循序渐进原则

循序渐进原则是指体育锻炼的内容、方法和运动负荷等的安排、选择都要按照人们对事物的认识规律、动作技能形成规律以及人体生理机能变化规律的科学顺序,由易到难,逐步提高。

做到循序渐进的方法有:

(1)根据自身的健康状况制定合理的运动负荷,做到量力而行。运动负荷必须由小到大,逐渐提高。开始从事体育锻炼或中断体育锻炼后恢复体育锻炼者要注重适应的过程,不要急于求成,不要马上参加紧张激烈的比赛。

(2)要注意提高自身已适应的运动负荷,使体能保持在一定水平或不断增强。在体育锻炼过程中要加强自我监督,及时调节,预防损伤。

(3)开始锻炼时,要有一个准备过程,特别是在冬季,运动之前一定要进行身体“预热”,做些准备活动,然后逐渐加大运动量。体育锻炼结束之前应该做一些放松整理活动。

(4)体育锻炼不仅有利于身体健康,而且有利于心理健康。通过体育锻炼促进心理健康,人们能够得到心理满足。

(六)终身体育锻炼原则

体育锻炼贵在坚持,要养成终身锻炼的良好习惯。只要坚持每天进行体育活动,就可以保持良好的身体状态。体育锻炼是对机体给予刺激,每一次的刺激都产生一定的痕迹。连续不断地进行刺激,会产生良好的痕迹积累,这种积累会使机体的结构和机能产生新的适应能力,人们的体质就会不断增强或保持在一定的水平。如果“三天打鱼,两天晒网”,间断地进行体育锻炼,则效益就大打折扣。因此,体育锻炼不能在短时间内取得显著效果,更不能寄希望于一劳永逸。

做到持之以恒、终身锻炼的方法有:

(1)强化体育意识,结合自身学习、生活习惯,合理安排体育锻炼的时间,把体育锻炼列为日常生活的一部分,逐步养成锻炼身体的习惯,使自己成为终身体育锻炼者。

(2)树立目标,目的明确,制订一个切实可行的锻炼计划,自觉地执行,不断地修正,使之行之有效。

(3)把经常性体育锻炼作为培养毅力、锻炼意志和陶冶情操的手段,排除学习或工作的影响,加入体育锻炼的行列。

三、基本内容

(一)健身运动

健身运动是一项通过徒手或利用各种器械,运用专门的动作方式和方法进行锻炼,以发展肌肉、增长体力、改善形体和陶冶情操为目的的运动项目。一般来说,大学生主要通过田径、体操、球类、游泳、健美操、跳舞等方式来开展健身运动。

(二)健美运动

健美运动主要是指人体为了健康而进行的身体锻炼活动,主要是发展肌肉、形体、姿态、线条与结构的美感和韵律感、协调性等。大学生主要采用健美联合器、杠铃、哑铃、舞蹈、艺术体操、健美操等方式进行健美锻炼。

(三)民族传统体育

民族传统体育是指具有民族传统和特点的体育项目。主要有武术、太极拳、民族舞蹈等形式的体育项目。

(四)医疗体育

医疗体育是指由于先天或后天等原因形成某些生理或心理疾病,而采用一些相应的体育锻炼和机体功能训练,进行治疗、矫正和预防的体育方法。主要有散步、跑步、太极拳、保健操、热水浴、冷水浴、阳光浴、泥沙浴等。

(五)矫正体育

矫正体育是指身体有某些缺陷或有功能障碍的人所进行的特殊锻炼活动。如近视眼、脊柱弯曲、S 型腿、高低肩、鸡胸及某些职业病患者等,都可以经过专门的身体运动来矫正。主要内容可以根据对象具体的情况来设计和选择。

(六)娱乐体育(休闲体育)

娱乐体育是指为了丰富文化生活、愉悦身心而开展的带有娱乐性质的锻炼活动。主要有做游戏、放风筝、跳皮筋、跳舞、打网球、打羽毛球、打乒乓球和观赏体育竞赛等。

第三节　体育运动与高校

一、高校体育课程的教学目标

高校体育是面向高校学生开设的一门公共必修课程。学习本课程可以让大学生拥有健康的体魄,并具有屡败屡战、积极向上的体育精神,同时掌握 1 ~ 2 项终身体育锻炼的运动技能,具备一定的团队协作意识、顽强的抗压抗挫能力,为未来职业岗位需求打下良好的身心基础;通过“职业类型体育模块”的学习,提高学生所学专业对应的职业身体素质,提升职业岗位必需的体育素养,预防常见职业病,实现可持续发展,最终成为企业需要的、合格的高素质技能型专门人才。

二、高校体育教学的任务

为了实现学校体育的教学目标,全面完成对不同年龄段学生的培养,学校体育必须完成以下任务:

（一）促进身心发展，增强体质

当今社会发展迅速，其鲜明的标志之一就是人才的竞争。我国升学考试制度促使中小学生的竞争更加激烈，学生有一定课业负担，课余活动时间少。大多数学生步入大学时，体质比较薄弱。因而，摆在大学体育工作者面前的任务是相当繁重的。

大学体育工作必须以增强大学生体质作为出发点，这是其他课程所不能替代的。体质具有遗传性，但在后天的环境及一定的条件下，体质是可以变化的，如有计划地改变生活习惯、加强身体锻炼，可以增强体质。处于生长发育高峰期的中小学生，身体可塑性极大，科学合理地安排身体锻炼十分重要。但对于大学生，他们的形态、机能、素质及心理等各项指标基本上趋于平稳，所采用的方法、手段则必须有别于中小学生，特别是心理方面，要着重培养。对于中小学生，注重全面发展，是因为中小学生正处于生长发育期，而对于大学生，生长发育已基本完成，过多强调全面发展，则效果不大。因而，大学体育在教材的内容、教法手段等方面，应着重在兴趣上、特长上进行挖掘，这对增进大学生的健康、增强他们的体质有积极的作用。

（二）增进知识，掌握终身受益的身体锻炼的方法

体育事业的发展，已影响和波及社会的各个方面，它已属于人们生活中不可缺少的一部分。正如我们的社会正逐步走向完善的法治化社会，人们必须学法、知法、守法一样，人们也渴望了解体育、熟悉体育。正处于高等教育阶段的大学生，他们知识面广、求知欲强，除了必须掌握本专业的知识外，他们对体育也充满了浓厚的兴趣。他们希望对体育的真谛有更进一步的了解，以便在将来能够科学地运用体育知识强身健体，常葆青春活力。未来社会的发展，体育将更加广泛、深入地走进社会、走进千家万户、走进每个人的生活，体育将成为人们生活中不可缺少的，或者说是提高和衡量未来生活质量标准的一部分。因此，大学生应注重体育知识的学习，开阔眼界，进一步加强对体育知识的掌握。

（三）通过体育教育，对大学生进行理想和职业道德教育

学校教育是要培养大学生成为有理想、有道德、有文化、有纪律的一代新人，这也是高校体育教育的重要内容之一。大学生的一切言行，都会反映出他们的思想和道德品质。因此，除了专门进行政治思想和道德品质教育的政治课程外，其他所有课程，也必须结合本身教育的内容和教学活动，对大学生进行理想和道德品质的教育，共同培养有职业道德、有文化、有社会责任感的劳动者。

大学生积极参加体育锻炼，不仅是为了个人的身心健康，而且肩负着社会责任。把参加体育锻炼与热爱社会主义、热爱祖国相联系，主要表现为一种行动的教育。规范体育教育过程中大学生的行为表现，有利于培养其组织性、纪律性等道德品质。在体育活动中，常常要求克服困难，勇敢奋斗，这有利于培养其勇敢、坚毅、果断、机智等意志品质，这些品质在体育活动的实践中，比在教室内的学习中更容易表现出来。教师针对大学生的种种表现及时对他们进行教育，可达到事半功倍的效果。体育教育的实施，会更有效地培养大学生爱国主义、集体主义的观念及培养坚强的意志和奋斗精神。

三、高校体育的组织形式

《学校体育工作条例》规定,学校体育工作是指体育课教学、课外体育活动、课外体育运动训练和体育竞赛,它们是实现我国学校体育目标的基本途径。根据上述各项工作特点,通常将体育课教学、课外体育活动、课外体育运动训练和体育竞赛统称为体育课和课外体育活动两大部分。教育部2002年颁发的《全国普通高等学校体育课程教学指导纲要》已将课外体育纳入了学校体育课程体系。课外体育活动的主要形式有校外自我锻炼、校际体育交流与竞赛、家庭体育、社区体育、体育俱乐部等。课外体育是实现学校体育工作目标不可缺少的途径,没有课外体育的支撑,学校体育工作目标任务就无法实现,积极支持和倡导学生参与课外体育活动,并创造必要条件是高校体育应承担的工作。

第四节 体育运动与健康

运动处方的基本要素有:第一,运动的内容,必须有针对性,确定可以治病和健身;第二,运动的次数,这里指每周的次数,最理想的是每天坚持运动,一般可以隔一天运动一次,但必须考虑运动者的具体情况;第三,运动时间,这里指每天运动多长时间,要根据项目和身体状况来决定;第四,运动强度,要根据人的健康水平和运动能力来确定;第五,运动者身体健康状况的指标,在身体运动或制定运动处方之前必须由医生进行健康检查。

一、运动处方

(一)运动处方的概念和特点

运动处方是指针对个人的身体状况而采用一种科学的、定量化的体育锻炼方法。这种方法类似于医生给病人开的处方,故得此名。它的特点是因人而异,对"症"下"药",可以避免由于不合理的运动而损害身体,更好地达到健身和防治疾病的目的,可以吸引更多人参与,促进体育的普及和科学化。

(二)运动处方的原理

人体在运动时,体内会发生各种变化,如脉搏和呼吸频率加快、血压升高、体温上升等。这种在运动中和运动刚结束时发生的变化,称"一时性适应"。这表明通过运动使身体产热过程已经开始,身体功能已经动员起来。"一时性适应"的多次重复,可产生"持续性适应"。"持续性适应"也因运动方法不同而有差异。例如,反复进行强烈的力量运动,会使肌肉变粗,肌肉力量增强。而反复进行长跑,则可能增强心肺系统和血液循环系统的功能,可使体内摄入更多的氧。

但是,并不是只要进行重复运动都可以引起"持续性适应"从而达到训练效果。运动强度过小或时间过短,则不会引起身体变化,或者即使引起变化,也很小;如果重复间隔时间过长,也不会达到相应效果。相反,如果运动强度过大,超过身体能够适应的界限,也会对身体不好,因为大量水分骤然进入体内,可使血液稀释和血量增加,这会增加心脏的负担。

此外，大量的水进入胃中，由于不能及时被机体吸收（人体吸收水的最大速度是每小时800毫升），就会造成水在胃中贮存，稀释胃液并影响消化，使人不舒服，还可能引起呕吐。为防止运动中脱水，我们可以在运动前补水，方法是在运动前1小时补水300～500毫升，或在运动前10～15分钟适量饮水150毫升，以增加体内水的临时储备，这对维护运动时的生理机能有良好作用。

二、环境卫生

（一）体育锻炼与气温

体育锻炼贵在持之以恒，春、夏、秋、冬都不应间断。因此，锻炼时要顺应春温、夏热、秋凉、冬寒的气候特点，特别要避免在恶劣的气温环境中锻炼。

（二）体育锻炼与空气

空气是人类赖以生存的物质，人在生命活动过程中需要吸入足够的新鲜空气，以振奋精神、消除疲劳、提高学习和工作效率，也能改善睡眠、改善呼吸功能、提高基础代谢。在体育锻炼时，由于气体交换充分，特别要摄取更多的氧气，以供给运动中的能量消耗。因此，体育锻炼更要注意在空气新鲜的环境中进行。通常情况下，在大城市中交通拥挤、人较多的地方二氧化碳和臭氧的含量较高，特别在炎热夏季的11时至15时臭氧的含量更高，阳光中的紫外线辐射最为强烈，因此要避免在这样的环境中进行体育锻炼。

（三）体育锻炼与声音

声音也是一种环境因素。清晰、明朗的音调，理想的声音强度能安定情绪或催人奋进。然而，无规律的噪声使人心烦意乱，强烈持久的噪声会引起神经衰弱，甚至高血压、心脏病。体育锻炼更应避免在噪声大的地方进行。

三、运动场地、器材设备的安全卫生

（一）室外运动场地、器材的安全卫生

运动场周围应合理绿化，既可美化运动环境，也可改善空气质量。室外篮、排、网球场地，以合理比例的土质为宜，最好是草皮；场地应平坦结实而富有弹性，无浮土，并保持一定的干湿度。

（二）室内运动场地、设备的安全卫生

室内运动场应有完善的通风和照明设备，运动器材的安装要牢固、美观、合理。运动场周围应保持一定空余区域，并无障碍物。

（三）游泳池安全卫生

游泳池卫生标准：

(1)游泳池应采用经检验合格的水填充，且每次补水前应经过安全检测。

（2）游泳池水温为25～28摄氏度，温度偏差不能超过1摄氏度。

（3）游泳池应定期清洁、消毒，清洁度应符合相关法律法规的规定。

（4）游泳池排放污水应符合国家相关法律法规的处理要求，安装符合国家标准的污水管道和排放设施。

第五节　体育运动与保健

一、运动中的营养卫生

任何形式的体育锻炼都是通过肌肉的收缩活动来完成的，它的前提和基础是消耗能量，而锻炼时强度越大、持续时间越长，能量消耗就越多。所以运动中和运动后必须进行合理的营养补充，才能使体育锻炼达到促进人体生长发育、增强体质和提高健康水平的目的。如何补充营养、补多少为宜都应该讲究科学性。

（一）运动后不宜立即进餐

运动后应适当地休息，不宜立即进餐。这是因为运动时大量血液流入运动器官，进入胃肠的血液流量相对减少，胃液分泌变少，消化系统功能处于相对的抑制状态。运动后立即进餐，必然影响食物的消化和吸收，长此以往会酿成消化不良或消化道疾病。合理的进餐时间一般在锻炼后半小时，大运动量后则应为45分钟以上。

（二）饭后不宜立即进行剧烈运动

进餐后间隔1.5～2.5小时才可进行剧烈运动。因为进餐后短时间内胃中食物充盈，剧烈运动会影响呼吸、影响食物的消化，还容易引起腹痛、恶心等症状。久而久之，会酿成胃下垂等严重后果。

（三）运动与饮水

进行长时间运动时，特别是在夏天，及时补充水分是十分重要的。补充水分的方法最好是少量多次，这样既可及时保持体内水分的平衡，又不增加心脏和胃的负担。

二、运动处方的内容

（一）运动项目

运动项目主要根据运动者所要达到的目的而设定。一般健身或改善心血管及代谢功能、预防冠心病、肥胖症等，可以选择锻炼耐力性（有氧训练）项目，如走、慢跑、自行车、游泳、爬山及原地跑、跳绳、上下楼梯等；改善心情、消除身体疲劳或防治高血压和神经衰弱等，可选择运动负荷较小的训练项目，如太极拳、散步、放松操或保健按摩等；若针对某些疾病进行专门性的治疗，则必须选择有关疾病的医疗体操，如慢性支气管炎、肺气肿患者就应做专门的呼吸体操，内脏下垂者应做腹肌锻炼，脊柱畸形、扁平足者应做矫正体操等。

（二）运动强度

运动强度对运动效果与安全有直接的影响，掌握适宜的运动强度是执行运动处方的主要方法之一，是保证锻炼效果，预防意外事故所必须遵循的。衡量运动强度的生理指标通常采用测定心率的方法，在运动处方中应规定运动中应达到而不应超过的心率指标，其标准应根据锻炼者的实际情况而有所不同。大学生的运动强度可分为三级：较大（150～160）、较小（125～135）、小（110）。运动时常用计脉搏跳动的次数来掌握运动强度（即测10秒脉搏次数，再乘6，为1分钟脉搏次数）。

（三）每次运动的持续时间

耐力性运动（有氧练习）可进行15分钟至1小时的练习，其中达到适宜心率的时间应该在10分钟以上；医疗体操持续的时间视具体情况而定；运动中应常有短暂的休息，计算运动负荷时要注意运动的密度，并扣除休息的时间。运动强度和运动持续时间决定其运动负荷，运动负荷确定后，运动强度大时，运动持续时间相应缩短。采用同样的运动负荷时，大学生中体质好的宜选择大强度、持续时间短的练习，体弱者应选择强度小而持续时间较长的练习。

（四）运动次数

最好每天都安排锻炼，这样可调剂每天的生活节奏。也可以安排每周3～4次锻炼，即隔日锻炼。不论采用哪种方式，都应该注意的是，负荷量较大时，休息间隔要长一些，反之则可以短一些。总之，以上一次锻炼的疲劳消除后再进行下一次锻炼为宜。

三、制定运动处方的原则

（1）要明确运动目的。运动处方按照应用目的分为竞技训练运动处方、预防保健运动处方和临床治疗运动处方三类。

（2）要个体化。适合运动疗法的患者，个体的区别很大。所以在制定处方时，要充分了解性别、年龄、体型、体力、生活习惯、劳动情况、运动习惯、运动经验和运动爱好等。处方应该因人而异，区别对待。既要有相对稳定性，又要适应变化，具有灵活性。

（3）要注意安全。如果运动治疗有效果，就应要求运动达到有效强度。所以，在制定方案时要注意安全性，运动量要逐步增加。

（4）制定的运动处方要有可操作性且便于长期坚持。

四、体育保健

体育锻炼必须遵循人体生理活动规律和一定的卫生要求，才能收到良好的效果。从某种意义上说，安全是体育锻炼的首要问题。正确认识和处理运动中的生理反应，可以克服体育锻炼中的盲目性和随意性，使体育锻炼在安全的前提下进行。造成运动损伤的原因是多方面的，既与锻炼者的运动基础、体质水平有关，也与运动项目的特点、技术难度以及运动环境等因素有关。常见损伤有以下几方面：

1. 擦伤

擦伤是由运动时皮肤受搓所致。如跑步时摔倒，体操运动时身体擦磨器械受伤。擦伤后症状表现为皮肤出血或组织液渗出。对于小面积擦伤，可用碘伏涂抹伤口即可。对于大面积擦伤，应先用生理盐水洗净，后涂抹碘伏，再用消毒布覆盖，最后用纱布包扎。

2. 撕裂伤

撕裂伤是运动者在剧烈、紧张运动时，或受到突然强烈撞击，造成肌肉撕裂。其包括开放伤和闭合伤两种。常见有眉际撕裂、跟腱撕裂等。撕裂伤症状表现为开放伤顿时出血，周围肿胀，闭合伤触及时有凹陷感和剧烈疼痛。对于轻度开放伤，用碘伏涂抹伤口即可；裂口大时，则需止血和缝合伤口，必要时注射破伤风抗毒血清，以防破伤风症；如肌腱断裂，需手术缝合。

3. 挫伤

挫伤是由练习者撞击器械或练习者之间相互碰撞所致。单纯挫伤是在损伤处出现红肿，皮下出血，并有疼痛；内脏器官损伤时，则出现头晕、脸色苍白、心慌气短、出虚汗、四肢发凉、烦躁不安，甚至休克症状。处置方法是 24 小时内冷敷或加压包扎，抬高患肢或外敷中药；24 小时后可按摩或理疗；进入恢复期可进行一些功能性锻炼。如果怀疑内脏损伤，则做临时性处理后，送医院检查和治疗。

4. 脚踝扭伤

脚踝扭伤俗称崴脚，作为最常见的运动损伤，一般是由于脚踝非正常向内或者向外扭曲造成关节软组织撕裂，周围软组织也会因受伤、充血，从而导致整个踝关节肿胀和疼痛。职业运动员多半会有所防范，比如用护踝等护具减少扭伤的可能性。研究发现，护踝确实可以减少扭伤，运动员参加业余比赛或业余活动时可以使用护踝，减少踝关节扭伤。

5. 膝关节扭伤

运动员膝关节扭曲之后的结果往往是膝侧副韧带损伤，如果屈曲或旋转、侧向受力，半月板也会撕裂或损伤，使用向前或向后的力量时，会出现前后交叉韧带损伤。一旦上述部位发生损伤，并且失去最佳治疗时机，很容易让膝关节反复损伤，提前老化。膝关节扭伤和踝关节有区别，一定要尽早在医院进行就诊，并且在数小时内进行对应处理。半月板损伤部分可以保守治疗，但部分也需要手术。从上述角度而言，膝关节扭伤者就诊需要比踝关节扭伤者更积极，而且膝关节损伤后，如果不积极治疗，患者晚期可能会反复出现损伤，所以对于膝关节损伤一定要进行积极预防。

6. 跟腱断裂

人的足和小腿之间有一根比较粗壮、结实的肌腱叫作跟腱，大多数人都能够摸到，穿新鞋时也经常会磨到，人行走、跑、跳等都依赖于跟腱。跟腱如果发生断裂，往往无法自行愈合，建议患者第一时间去急诊就诊，以免导致恢复不良。

第二章　田径运动与身体健康

第一节　田径运动的起源

田径运动（athletticts 或 track and field）是在人类社会发展历史中逐步产生和发展而成的。远在上古时代，人们为了生存，需要与大自然及野兽搏斗，经常走动于崇山峻岭、沼泽平原，横跨溪流、飞越障碍，投掷石块、木棒和各种捕猎工具等。在日常生活中，人们不断重复和改进这些动作，逐步形成了走、跑、跳和掷等各种生活劳动的技能，并把这些技能一代代地传授下去。

古代也利用走、跑、跳跃和投掷练习来训练士兵。古人开始是自发地或有一定组织和规则地进行跑、跳跃和投掷的比赛，这些活动逐步形成了田径运动的雏形。随着人类社会的发展和进步、工农业生产和科学技术水平的提高，田径运动竞赛项目、竞赛条件、竞赛方法亦逐步改进，发展成为现代田径运动。

田赛是田径运动的一类，是在田径场规定的区域内进行的跳跃及投掷项目竞赛的统称，分为跳和掷。其中跳的项目有：跳高、跳远、三级跳远、撑竿跳高；掷的项目有：铅球、铁饼、标枪、链球等。田赛以高度或距离来计算成绩，决定名次。

远在上古时代，人们为了获得生活资料，在和大自然及野兽的斗争中，不得不奔跑相当的距离，跳过各种障碍，投掷石块和使用各种捕猎工具。这些动作在劳动中不断地被重复，便形成了走、跑、跳跃和投掷的各种技能。随着社会的发展，人们有意识地把走、跑、跳跃、投掷作为一些练习和比赛的形式。

公元前 3500 年的古埃及壁画描绘了田径运动场景。田径比赛起源于公元前 776 年在希腊奥林匹克村举行的第一届古代奥运会，项目只有一个——短距离赛跑，跑道为一条直道，长 192.27 米。到公元前 708 年，第十届奥运会才正式列入了跳远、铁饼、标枪等田赛项目。当时只准男子参加，女子连观看也不行，违者处以死刑。从那时起，田径运动就成为正式比赛项目之一。公元前 490 年，传说希腊士兵斐迪庇第斯从马拉松城一直跑到雅典城，全程跨度约为 40 公里，为的是报告希腊军队打败了波斯军队的喜讯。当跑到雅典时，斐迪庇第斯精疲力竭而亡。为了纪念他，后人就创立了马拉松比赛。

较正规的田径比赛首先是在欧美国家的学校内举行的。19 世纪 20 年代英国伊顿公学举行过田径比赛，1864 年英国牛津、剑桥两所大学举行了校际比赛。1894 年，伦敦举行了牛津、耶鲁两所英美大学间的国际比赛。1896 年举行的第一届近代奥运会，把田径项目列为主要比赛项目，并按单项设奖。1912 年国际业余田径联合会成立。1928 年奥运会有了女子田径项目的比赛。从此，田径运动发展成为有组织、有目的的国际社会活动。近代奥运会迄今已举行了 32 届，历届运动项目中都有田径运动比赛。

20 世纪 30 年代以前田径技术水平不高，训练方法不完善，比赛机会也较少，当时创世界纪录的运动员虽然经过一定的训练，但主要靠本人优越的身体条件。20 世纪 30 年代以后，世界田径水平有了较大幅度的提高。许多田径运动基础较好的国家开始加强系统的训练，场地、器材也有了改进，竞赛组织和裁判工作效率也有所提高，但运动员自身良好的身体素质仍然起主要作用。这一时期，田径运动普及得较好的国家，如美、德、英、加、日、芬、荷等，运动员在奥运会上的成绩都名列前茅。在这些国家中还出现了一些多次破世界纪录的运动员，如美国黑人运动员 J. 欧文斯 1935 年在大学生运动会上平 100 码世界纪录，破 200 米、220 码、200 米栏、220 码栏、跳远 5 项世界纪录。

20 世纪 40 年代受第二次世界大战影响，田径成绩进展不大，只刷新了撑竿跳高和男子中长距离跑几项世界纪录。1948 年第十四届奥运会田径成绩，多数项目不及 1936 年第十一届奥运会的水平。

20 世纪 50 年代，田径运动进入新的兴盛时期，技术、训练和器材都有革新。如采用背向滑步、背向旋转的投掷技术与俯卧式跳高技术；采用金属撑竿和滑翔标枪新器材；许多国家进行大运动量训练，合理安排运动量和强度，加强了力量训练，创造积累了提高身体素质的有效方法；在计划比赛、达到并保持良好竞技状态等方面，也取得了不少经验。这一时期，田径运动在全世界发展仍不平衡。

20 世纪 60 年代，世界田径运动的发展有了较大程度的普及和提高。一方面，一些工业发达国家，由于人们体力活动减少而引起运动缺乏症——心血管病、肥胖症患者显著增加。田径练习对于抵抗疾病、增进健康有明显效果，由此引起人们重视，特别是跑步活动逐渐风行；美国、德国等国家掀起了“长跑热”。另一方面，田径运动按照“竞技体育”的特点发展成为专业性强、分工细、竞争激烈、力争达到最佳成绩的全年性运动项目。在这十年中，男女共打破 200 多项世界纪录。1968 年在墨西哥举行的第十九届奥运会上，美国运动员 R. 比蒙创造了男子跳远 8.90 米的世界纪灵，美国运动员 J. 海因斯创造的男 100 米跑 9 秒 95 的世界纪录，一直保持到 1983 年。

20 世纪 70 年代，由于现代科学技术的发展，田径运动在世界范围内出现了跃进势态。这十年间男女项目的世界纪录也被打破 200 多次，女子破纪录的人次超过男子；国际比赛获胜者的成绩十分接近，“绝对冠军”几乎不见；创造单项世界纪录的国家经常更换；国际竞赛活动更加活跃。国际赛事除奥运会、洲运会外，又增设了世界杯比赛和青少年国际性比赛，双边、多边的对抗赛、邀请赛举办更加频繁。

由于竞赛活动频繁，引起了训练分期、训练计划的相应改变。20 世纪 70 年代的田径训练，在科学制订训练计划、严密掌握训练过程、研究训练后体力恢复等方面，较过去都有长足的发展。大运动量训练仍然是提高成绩的重要方法，它加强了训练内容和方法手段的针对性。有些国家在编制训练计划时利用电子计算机，运用控制论，已初见成效。为了提高训练效果，高水平运动员还被提出了不断加大竞赛密度、增加比赛数量的要求，同时重视心理训练。近年来也出现了田径运动与其他运动项目在训练方面互相渗透、综合利用的趋势。运动生理学、运动医学、运动形态学、运动生物化学、运动生物力学、运动心理学、控制论等边缘科学的研究成果大大促进并提高了田径训练的科学水平。

历史上，美国男子短距离跑、跨栏跑等项目一直居领先地位，跳跃和投掷单项也保持着较高水平。后来苏联加强了训练，在男女项目上都取得均衡提高。从第十九届奥运会以后，德意志民主共和国进步特别快。在第二十届奥运会上，德意志民主共和国男女田径选手都取得了较好成绩。在第二十一届奥运会上，德意志民主共和国获奖总数已超过美国和苏联，特别是女队共获得14项比赛中的9项冠军。近年来英国的男子中距离项目屡创世界纪录。非洲国家中长跑成绩也令人注目，肯尼亚中长跑运动员在第十九届奥运会上夺得3项冠军、4项亚军和1项季军，在第二十届奥运会上，他们派出代表7人，人人获奖，得分很高。坦桑尼亚、埃塞俄比亚等国都拥有实力很强的中长跑运动员，亚洲部分国家的马拉松跑和长跑水平也较高。

田径运动在中国也有多年历史。1899年北京、天津的一些学校就曾举行过田径比赛。1910—1948年，中国共举行7次全国性运动会，每次都有田径项目比赛。但20世纪50年代以前，田径运动开展得不普遍，技术水平低。1949年后，田径运动取得了迅速发展，它在各级学校体育课和课外体育活动中占有重要地位。田径项目是《国家体育锻炼标准》中的重要项目，且具有较广泛的群众基础，已成为人们喜爱的运动项目之一。每年冬季的群众性长跑活动不仅参加人数多，而且已逐渐形成传统。中国也很重视提高田径运动水平，1957年郑凤荣创造了女子跳高1.77米的世界纪录，1965年陈家全的男子100米成绩达10秒，1970年倪志钦创造了男子跳高2.29米的世界纪录。

奥运会是促使田径运动成绩提高和训练方法改进的动力。许多优秀的田径运动员刻苦训练，他们的先进技术和训练方法通过奥运会推广于世界各地。如：第二届奥运会推广了跨栏跑和剪式跳高技术；采用大运动量训练的捷克选手拉脱培克，在第十五届奥运会上分别取得5 000米、10 000米和马拉松3项冠军后，其变速跑的方法立即推广于世界各地；1960年第十七届罗马奥运会上采用马拉松式训练法的新西兰运动员斯奈尔、马吉等在800米、5 000米、10 000米的项目中取得好成绩后，新西兰的马拉松式训练法又得以推广；在1968年的墨西哥奥运会上，美国运动员福斯贝里采用背跃式跳高取得冠军后，世界各地仅二三年时间便用其取代了俯跳卧式跳高技术。诸如此类事例在历届奥运会中不胜枚举，它对田径运动的技术和训练方法起到了推陈出新的作用，促使了全世界田径运动的不断发展。田径运动是奥运会奖牌数最多的项目，素有“得田径者得天下”之说，世界各国都很重视，并把田径运动水平作为衡量一个国家体育运动水平的重要标准。

第二节　田径运动的发展

一、田径运动技术发展

田径运动由个人项目组成。由于个体之间存在着体征状态、体能状况等多方面的差异，所以对同类技术的掌握和表现形式也带有明显的差异。这些差异在技术动作上表现为：幅度上的大小（空间差异）、技术动作的速度快慢（时间差异），以及两者的配合强度（时、空综合差异）。因此，在理解、学习、掌握和展现技术动作时，在不违反和破坏同类项目内部存在的统一性和规律性的前提下，根据个体的差异特征，形成独特的技术特点和风格，最大限度地体现技术动作的经济性和实效性，发挥和表现自身的体能，是现代田径单项技术发展的最大亮点。

（一）短跑

短跑技术经历了强调踏步式—蹬伸式—摆动式—屈蹬式的发展过程。人们对短跑技术的理解和认同经历了漫长的过程，随着现代短跑世界纪录的不断刷新，业内人士对此问题的认识仍在不断地深化。

在20世纪70年代以前，短跑、途中跑基本技术强调的重点是后蹬，所以在技术教学训练中特别强调支撑腿后蹬时髋、膝、踝的充分伸展。后来有人提出在短跑训练中应加强摆动（摆动腿的折叠前摆）的训练。也有研究认为，除后蹬之外，摆动也是使人体产生位移的动力之一，进而提出了蹬摆配合，以摆促蹬的概念，同时在实践中增加了关于摆动力量、速度、幅度的一些练习。

20世纪80年代中后期，短跑技术水平与运动成绩有了很大的提高，相继涌现出一批世界级短跑名将。研究发现，他们与其他选手的差异只集中表现在两点：伸髋速度和幅度，着地的积极性、速度、方法等。伸髋与积极着地的观念在短跑教学训练中日益被人们认同的同时，又有人提出：短跑的技术关键是两大腿以髋为轴的剪绞——制动。人体的下肢在一个单步中经历了两次剪绞，支撑过程中人体两大腿以髋为轴的剪绞——制动是人体水平加速的动力之源，而腾空过程中的剪绞则为下一个支撑过程开始于一个合理的准备状态创造条件；支撑腿膝、踝关节的主要作用是坚固支撑，而不是传统技术理论中通过缓冲—蹬伸减小前支撑段的阻力并为后蹬阶段创造动力。此结论是在前人关于短跑技术大量的研究成果的基础上通过科学实验得出的，它抛开了技术的外在形式而对动作的内在机制和实质进行了深入的论述，进而认为：快速的跨步跳应取代后蹬跑成为短跑的专门练习和专项力量练习，它是发展短跑所需的大腿的剪绞——制动力量的一个必须的和非常重要的手段。可见，现代短跑技术特点表现为：高重心；大摆幅；快频率的跑、蹬、摆协调配合；摆臂动作幅度大而向前；扒地明显；送髋积极；动作放松；富有弹性。

（二）中长跑

中长跑技术经历了大步跑—三关节充分伸直—高频跑—鸵鸟跑的发展过程。世界中长跑技术不断地发展，20世纪50年代国际上通常采用摆动腿积极前摆和下压，使小腿自然前伸，前脚掌“反扒”落地，积极缓冲，后蹬伸直髋、膝、踝三关节技术，使成绩快速提高；到了20世纪70年代，高频跑技术的出现促使了中长跑的成绩显著提高。

（三）跨栏跑

跨栏跑技术经历了跳栏—跨栏—跑栏的发展过程。近几年田径世界大赛的统计资料表明，优秀直道栏运动员的平均身高略有降低，略高于短跑运动员，以适应相对较短的栏距，充分发挥速度优势。而弯道栏运动员身高相对略有增高，主要向减少栏间步数方向发展，要求运动员掌握偶数步的技术，两腿都能攻栏，以便更好地调整栏间跑节奏，充分发挥速度优势。跨栏步和腾空动作幅度略有减小，使跨栏步与栏间跑的步数接近，从而使每个跨栏周期各步均匀化。跨栏步的减小，主要通过摆动腿过栏后的积极下栏实现，而过去摆动腿在栏上伸直—滑动—直腿下栏的技术，由于过栏腾空时间过长，损失水平速度过多，跑与跨的技术结构相差较大已逐渐被淘汰。现在的过栏技术没有什么过激的特异动作，自然、简洁、快速、实效性强，通常是跑三步后接着跑一个大步。

如今的跨栏跑技术向跑栏方向发展，尤其以400米栏表现明显。优秀跨栏选手加速较快，保持高速时间较长，后两个跨栏周期减速不多，全程跑速度均衡，没有大起大落，全程节奏平稳。全程跑节奏的改善还体现在每个跨栏周期速度节奏的改善上，在每个跨栏周期中，跨栏步速度损失较少，速度曲线均匀化。

（四）竞走

竞走技术经历了普通走—送髋走—小步高频走—大步低频走—中步高频走的发展过程。在近几年的国际竞走大赛中，小步高频走及大步低频走的技术已少见，更多的是两种技术的融合。这种技术表现为步速高、维持高速能力强，但腾空时间比过去减少；身体重心平稳，上下起伏小；强调摆动腿的低平摆动，以缩短脚的摆动路线，减少腾空时间；支撑腿着地角比过去略有减小，后蹬角也较小。我国竞走运动员的传统技术特点是高频小步幅，具体为步频快、步长相对较小、步幅变化能力较差。其出路在于在保持步数的基础上，适当增大步长，稳定步幅，以提高保持高速行进的能力并减少腾空犯规的可能。结合竞走赛事的发展趋势，现代竞走技术已经趋向于中步高频走技术，并已经被更多的世界优秀运动员采用。

（五）跳跃

跳跃项目中跳高技术经历了跨越式—剪式—滚式—俯卧式—背越式的发展过程。跳远技术经历了蹲距式—挺身式—走步式的发展过程。三级跳远技术经历了自由式—高跳型—平跳型的发展过程。

（六）投掷

投掷项目中推铅球技术经历了原地正面推—上步正面推—原地侧向推—上步侧向推—背向滑步推—背向旋转推的发展过程。掷铁饼技术经历了原地侧向掷—上步侧向掷—背向旋转掷的发展过程。掷链球技术经历了原地背向掷—背向旋转两圈掷—背向旋转三圈掷—背向旋转四圈掷的发展过程。掷标枪技术经历了原地掷—斜向助跑掷—直线助跑掷的发展过程。

二、我国中长跑运动技术发展历程

中华人民共和国成立后，国家体育运动委员会相继出台了一些制度和措施，推动了中长跑运动的发展，如《准备劳动与卫国制度》等。“中国劳卫制”要求800米和1 500米是男子、女子的必测项目。但是，这一时期的中长跑运动技术是处于一个完全自然发展的阶段。运动技术是根据运动员个人习惯和特点形成的自然跑。

近三十年来，我国中长跑技术发展变化的主要特点是：跑进中着地缓冲更加圆滑，蹬摆配合更协调，蹬地角减小，摆动半径缩短，送髋前移幅度增大，从中体现出经济性强、实效性好、结合个人特点、跑起来轻松省力的特点。随着时代的发展和科技的进步，以及科技含量越来越高的场地、器材的出现，中长跑运动水平不断提高，运动技术不断革新、变化。我国的中长跑运动技术的革新、发展大致经历了以下几段历程。

（一）消极摆动式

消极摆动式的特点是运动员跑进过程中摆动腿的大腿高抬，步幅较大，腾空时间较长，落地距离较远。落地时运动员的脚跟先着地，依次过渡到脚前掌。采用这种技术，运动员踝关节负担过重，缓冲消极，缓冲时间较长。由于强调步长，脚着地离身体重心投影点较远,因而产生的与跑进方向相反的作用力也较大。这种跑法出现在我国早期中长跑运动员中。当时由于我国竞技体育水平比较落后,运动训练缺乏科学体系的支撑,教练员和运动员尚处于技术摸索和经验积累阶段。

(二)积极摆动式

积极摆动式较消极摆动式有了较大的改进,其技术特点是用前脚掌着地缓冲,着地点距身体重心的投影点较近。摆动腿积极前摆并积极下压,强调着地的积极性,有意地适当控制并缩短步长,因而,也缩短了着地缓冲的时间和腾空时间,从而提高了运动成绩。由于小腿顺势前摆并有"扒"地动作,着地腿的髋、膝、踝三关节形成一定的弯曲角度,因而产生的阻力也较小,从而尽可能地减少了水平速度的损失。这一跑法是 20 世纪 80 年代前比较盛行的一种技术。这一时期,我国向世界上水平比较先进的国家学习,还聘请了苏联等国家的高水平教练员、学者来国内传授知识和经验。技术不断革新,训练方法不断进步,为我国中长跑运动取得辉煌成绩奠定了基础。

(三)小步幅,高步频

到了 20 世纪 70 年代,受世界中长跑运动技术发展的影响,我国也出现了"小步幅,高步频"技术。这种技术是在后蹬结束后,小腿后摆很小,没有明显的折叠动作,迅速转入前摆,摆动腿落地时距离身体重心的投影点较近,小腿自然下落,与地面形成垂直角度,没有明显的"扒"地动作,而且前摆大腿抬得不高,这样就缩短了两腿交叉的时间,步长相对减小,提高了步频。

三、我国中长跑运动技术发展趋势展望

(一)更加强调动作的经济性、实效性(结果)评价和合理性、经济性(过程)评价是运动技术评价的两大基本标准

中长跑运动技术革新和发展过程中也离不开这两大评价标准,同样是在保证实效性的前提下,充分提高动作的经济性。中长跑运动不仅是过去的一种持久耐力的竞赛,而且是一种长时间快速跑耐力的考验。这就意味着谁具有保持长时间快速跑的能力,谁就有可能取胜。未来的中长跑运动技术肯定是在保证实效性的基础上,更加强调减小着地缓冲时地面反作用力使水平速度产生的损失;更加强调减小摆臂幅度以降低能量消耗;更加强调减小弯道跑进时内外侧摆臂幅度的差异,以降低身体的晃动幅度。

(二)更加关注运动员的技术特长

中长跑运动技术不断发展的过程中总会出现一种新的主流技术风格,其凭借实效性和经济性优势取代旧的主流技术风格,去适应新的、科技含量更高的场地、器材变化或是竞赛规则的变化。未来这种主流风格不断革新、发展的同时,还会更加关注运动员技术特长。

(三)更强调技术节奏

技术节奏是运动快慢、用力大小、肌肉收缩与舒张的时间间隔的长短合理交替的一种综合特征。它既具有时间特征、空间特征,也具有动力学特征,是一种综合特征。中长跑运

动的技术节奏包括单周期节奏和多周期节奏。单周期节奏由步长、步频、腾空时间、腾空高度等综合构成,多周期节奏是每千米或某个特定段落的用时。未来的中长跑技术在强调多周期节奏的同时更强调单周期节奏,在日常训练中建立良好的“速度节奏感”,来保证速度的合理分配和适宜比赛战术的运用。

第三节　田径运动与高校

一、田径运动特点

(1)田径运动强度大,赛事也非常激烈,而且和其他比赛相比,田径比赛的竞争性更强。

(2)田径运动是一个运动员之间比速度、耐力、远度的比赛项目。

(3)田径运动不受人数、年龄、性别和季节的影响,开展比较广泛。

(4)田径运动需要运动员在短时间内展现出强大的速度和力量。

二、田径运动基本规则

(一)径赛项目比赛规则

1. 赛次和分组

根据参赛运动员人数和赛程的时间,径赛项目通常安排两个赛次,即预赛和决赛。短跑项目一般安排四个赛次,即预赛、次赛、复赛和决赛。预赛分组时要尽可能把成绩好的运动员平均分配到不同的小组中去。在其后的各轮比赛中,分组依据运动员在前一轮的比赛成绩。如果可能,相同国家或地区的运动员应分开。

2. 短跑及中长跑的起跑

在正式的国际赛事中,所有400米或以下的径赛项目,必须使用起跑器,采用蹲踞式起跑。发令员口令为“各就位(on your marks)”“预备(set)”,鸣枪。在“各就位”口令之后,运动员必须完全在自己的分道内和起跑线后做好准备姿势,双手和一膝必须与地面接触,双脚必须接触起跑器。在“各就位”或“预备”口令发出之后,所有运动员应立即做好最后“预备”姿势,不得拖延。经适当时间仍不服从命令者,以起跑犯规论。“各就位”口令下达后,如运动员用声音或其他方式干扰比赛中的其他运动员,以起跑犯规论。运动员在做好最后预备姿势之后和鸣枪之前开始起跑动作,应判为起跑犯规。对第一次起跑犯规的运动员应给予警告,之后对每次起跑犯规负有主要责任的运动员均将被取消该项目的比赛资格。全能比赛中,如果一名运动员两次起跑犯规,将被取消比赛资格。400米以上(不含400米)的径赛项目,均采取站立式起跑,发令员口令为“各就位”,在所有运动员准备好时鸣枪。

3. 短跑及中长跑的名次判定

在田径比赛中,所有赛跑项目参赛者的名次取决于其躯干(不包括头、颈和四肢)抵达终点线后沿垂直面的顺序,以先抵达者名次列前。在任一赛次中,如遇运动员成绩相等,则终点摄像主裁判应判读有关运动员的1/1 000秒的成绩。在决赛中出现并列第一名,裁判长有权决定是否重赛，若无条件重赛，则并列第一，至于其他名次出现成绩相等的情况，按并列处理。

4. 分道跑与抢道

运动员在短跑、跨栏和 4×100 米接力赛中自始至终都必须在自己的分道里。800 米和 4×400 米接力赛，运动员在自己的分道起跑，当运动员通过抢道标志线以后才能离开自己的分道，切入里道。参赛者越出自己的分道，获得实际利益或冲撞、阻碍其他参赛者，会被取消该项目的比赛资格。如果参赛者被推或挤出指定的跑道，只要未获得实际利益也未影响他人，可不被取消其参赛资格。同样，任何参赛者在直道中越出其跑道或在弯道中越出其跑道的外侧，只要没有获得实际利益及阻碍他人，均不算犯规。1 500 米以上距离、在跑道上进行比赛的项目，属于完全不分道跑项目，运动员起跑后在不冲撞、阻碍他人的情况下，可逐渐切入内道。

5. 接力赛

4×100 米接力跑是分道进行的，接棒者可以在接力区前预跑区（长 10 米）内起跑。接力赛中，运动员必须在 20 米的接力区内完成交接棒。在 4×400 米接力跑中，第一棒全程及第二棒的第一弯道是分道跑；第二棒运动员要跑至抢道线后方可抢道；第一棒的交接必须在各自的分道内进行，其余各棒的传接，裁判员根据第二及第三棒运动员通过 200 米起点处的先后，按次序让其第三棒及第四棒的队友在接力区内，由内至外排列等候接棒。所有接棒者均不可在接力区外起跑，运动员必须手持接力棒跑完全程。完成交接棒后，运动员应留在本队的跑道中以免因影响他人而被取消比赛资格。运动员掉棒，必须由本人拾回，但不得因此缩短比赛距离，而且要在不影响别人的情况下，方可越出自己的跑道拾回接力棒。

6. 跨栏

各参赛者必须在自己的分道内完成比赛，当参赛者跨越栏架时，若其腿或脚从低于栏顶的水平面跨越，或跨越他人赛道上的栏架，或故意以手或脚撞倒栏架，均应取消其参加该项目比赛的资格。在 100 米、200 米和 100 米栏、110 米栏的单项比赛中，如果顺风速超过 2 米/秒，运动员创造的成绩就不能成为新的纪录。

7. 马拉松

男、女马拉松比赛起跑，当发令员召集运动员到出发线以后，运动员按抽签排定的顺序排列。发令员鸣枪，比赛开始。第一个抵达终点线的运动员为优胜者。在比赛路线上每隔 5 公里设置一个饮料站。在两个饮料站之间设置饮水、用水站，运动员可以取饮用水，还可以取浸了水的海绵为身体降温。

8. 男女 20 公里竞走及男子 50 公里竞走

竞走比赛的主要规则：一是，每步中，在后脚跟离地之前，前脚必须与地面保持接触；二是，支撑腿在垂直部位时至少有一瞬间必须是伸直的（即膝部不得弯曲）。比赛中有 6～9 名竞走裁判员监督运动员。当竞走裁判员看到运动员的动作有违反竞走规则的迹象时，便予以黄牌警告，并在赛后报告给主裁判。当运动员的行进方式违反竞走规则时，出现腾空或膝关节弯曲时，竞走裁判员填写一张红卡送交竞走主裁判。当竞走主裁判收到针对同一名运动员的三张红卡时，该运动员即被取消该项目的比赛资格，并由主裁判或主裁判助理向其出示红牌。

(二)田赛项目比赛规则

1. 比赛方法

田赛项目参赛运动员较多时,通常先分两组进行及格赛,通过及格标准的运动员进入决赛,如达到及格标准的运动员人数不足12人,按及格赛成绩递补至12人。远度项目决赛前三轮比赛的顺序抽签决定。决赛前三轮比赛结束后,按成绩取前8名运动员进行后三轮比赛。

2. 录取名次

(1)远度项目比赛结束以后,以运动员最好的一次试跳(掷)成绩,作为最后的决定成绩,判定名次,成绩好者列前。如成绩相等,按下列规定解决:在远度项目比赛中,如出现最好成绩相等,则以第二好成绩来确定名次,以此类推,直到确定最终成绩。如果仍然成绩相等,除第一名外,名次并列;如果涉及第一名成绩相同,必须让涉及第一名的运动员继续比赛,按原比赛顺序,进行新的一次试跳(掷)直到决出第一名为止。

(2)在高度项目比赛中,如出现最好成绩相等,则按以下规定解决:在出现成绩相等的高度上,试跳次数较少者名次列前。如成绩仍然相等,则在包括最后跳过的高度在内的全部试跳比赛中,试跳失败次数较少者名次列前。如成绩仍相等,当涉及第一名时,进行决名次赛,直到分出名次为止。如成绩不涉及第一名,名次并列。

3. 跳跃项目的犯规

(1)跳远、三级跳远有以下情况即判犯规:

①在未做起跳的助跑中或在跳跃中,运动员以身体任何部位触及起跳线之前的地面。

②从起跳板两端之外起跳,无论是否超过起跳线的延长线。

③触及起跳线和落地区之间的地面。

④在落地过程中触及落地区以外的地面,而落地区外的触地点较落地区内的最近触地点更靠近起跳线。

⑤离开落地区时,运动员在落地区外地面的第一触地点较落地区内最近触地点和在落地区内因身体失去平衡而留下的任何痕迹更靠近起跳线。

⑥在助跑或跳跃中采用任何空翻姿势。

⑦无故延误比赛时限。

(2)跳高有以下情况即判犯规:

①使用双脚起跳。

②由于运动员的试跳动作致使横杆未能停留在横杆托上。

③在越过横杆之前,身体触及立柱前沿垂直面以外的地面或落地区。但如果裁判员认为运动员并没有受益,则不应由此而判该次试跳失败。

④无故延误比赛时限。

⑤试跳时,运动员有意用手把即将从横杆托上掉下的横杆放回。

(3)撑竿跳高有下列情况即判犯规:

①试跳后,由于运动员的试跳动作致使横杆未能停留在横杆托上。

②在越过横杆之前,运动员的身体或所用撑竿的任何部位触及插斗前壁上沿垂直面以外的地面或落地区。

③起跳离地后，将原来握在下方的手移握至上方的手以上或原来握在上方的手向上移握。

④试跳时，运动员用手稳定横杆或将横杆放回。

⑤无故延误比赛时限。

⑥试跳中，当撑竿不是朝远离横杆或撑竿跳高架方向倾倒时，如有人接触撑竿，而有关裁判长认为，如果撑竿不被接触，将会碰落横杆，则应判为此次试跳失败。

4. 投掷项目的犯规

在比赛过程中，运动员如果有下列违反规则的行为，则会被判犯规，成绩无效：

①超出时间限制。

②投掷铅球和标枪技术不符合规则（规则要求铅球和标枪必须由单手从肩上掷出）。

③在投掷过程中，身体和器械的任何一部分不得触及投掷圈铁圈上沿或圈外的地面和标枪投掷弧、延长线以及线以外地面任何一部分，包括铅球抵趾板的上面，否则即为试掷失败。

④只有当器械落地以后，运动员才允许离开投掷圈或助跑道。完成投掷后，链球、铁饼和铅球运动员必须从投掷圈后半圈的延长线后面退出。标枪运动员必须从投掷弧及延长线后面退出。

（三）全能项目比赛规则

全能比赛需按照顺序进行各个项目的比赛，全能比赛的场地、器材以及比赛规则与单项比赛基本相同，但有一些小差别：全能比赛时一个人两次抢跑才被处罚；承认全能纪录时，单项风速不超过 4 米/秒；在跳远和投掷时，每个运动员只能试跳（掷）3 次；全能跳高比赛中，横杆每轮升高 3 厘米；撑竿跳高横杆每轮升高 10 厘米。

1. 分组、分道和比赛顺序

全能项目最后一项比赛的分组，应将倒数第二项比赛后积分领先的运动员分在一组。其他项目抽签决定。

2. 录取名次

全能比赛以最后所有项目的总积分最多者为胜。如果总分相等，则以得分较高的单项数量多者为胜。如果再相等，则以任何一个单项得分高者为胜。如果再次出现相同，则第二得分高的单项分数较高者名次列前，以此类推。

三、田径运动基本技术

（一）100 米跑

1. 起跑

起跑的任务是使身体迅速摆脱静止状态，为起跑后加速跑创造条件。在短跑比赛中，运动员必须采用蹲踞式起跑，必须使用起跑器。安装起跑器的目的是使脚有牢固的支撑，形成良好的用力姿势，有利于起跑和起跑后的加速跑。

起跑器的常用安装方式有普通式和拉长式两种：

普通式：前起跑器距起跑线一脚半长，后起跑器距前起跑器一脚半长，前后起跑器的支撑面与地面夹角分别成 45 度左右或 60 ~ 80 度，两起跑器的中轴线间隔约 15 厘米。

拉长式:前起跑器距起跑线两脚长,后起跑器距前起跑器一脚半长,起跑器的支撑面与地面夹角和两起跑器的左右间距与普通式基本相同。

2. 起跑后的加速跑

起跑后的加速跑,是从蹬离起跑器到途中跑开始的一个跑段,一般为 30 米左右(优秀运动员略长),它的任务是使运动员尽快加速以达到最高速度。脚蹬离起跑器后,身体处于大幅度的前倾姿势,为了不使身体向前摔倒,继续加速,要积极加快腿与臂的摆动和蹬地动作,保持身体平衡。第一步着地应尽量靠近身体重心投影点,脚着地后迅速转入后蹬。身体的前倾随跑速增加逐渐减小。起跑后第一步约三脚半长,第二步约为四脚至四脚半长,以后逐渐增大,直至达到途中跑的步长。

3. 途中跑

途中跑的任务是使运动员继续发挥和保持最高跑速。起跑后的加速跑结束即进入途中跑。一个单步由后蹬和前摆、腾空、着地和缓冲几个部分组成。

后蹬和前摆:后蹬是推动人体向前的重要的动作阶段,当身体重心移过支撑垂直面时,支撑腿开始积极有力地后蹬。随着支撑腿的蹬地,摆动腿迅速有力地向前上方摆出,并带动同侧髋前移,大腿前摆与水平面成 15 ~ 20 度。后蹬与前摆结束时,支撑腿与摆动腿的夹角为 100 ~ 110 度,支撑腿的支点到髋关节的连线与地面的夹角为 55 ~ 60 度,支撑腿蹬离地面时膝夹角为 150 ~ 156 度。支撑腿与摆动腿的协调配合是途中跑技术的关键,正确完成蹬摆技术,特别是加大和加快摆动腿的幅度和速度,对于增大支撑反作用力、减小支撑腿的后蹬角度、增加水平速度、减小身体重心上下波动具有十分重要的作用。

腾空:腾空是支撑腿结束后蹬离地面,进入无支撑状态。腾空期是从足尖离地后开始,支撑脚的大腿随着蹬地后的惯性,使膝关节折叠屈曲,同时还伴随着另一条腿抬大腿的屈髋关节动作,形成边折叠边前摆姿势。

着地和缓冲:腾空结束时,摆动腿积极下压,前脚掌富有弹性地着地,着地瞬间小腿与地面接近垂直,着地点距身体重心投影点 27 ~ 37 厘米,着地角为 65 ~ 68 度。摆动腿积极着地有利于缩短前支撑的时间,并能减小着地时的阻力,有利于身体重心迅速前移转入后蹬阶段。然后迅速屈膝屈踝缓冲,随着跑动惯性,摆动腿大小腿折叠,迅速向前摆动并与支撑腿靠拢。随着身体的继续前移,当身体重心位于支撑点上方时,身体重心高度几乎接近最低点,这时膝关节和踝关节屈曲角度最大,支撑腿伸肌形成良好的拉长压紧待发状态。在支撑腿缓冲过程中,另一侧摆动腿的大小腿折叠角处于最小状态,折叠越好,越能缩短摆动半径,减小摆动阻力,加快摆动速度,从而增大后蹬效果。

4. 终点跑

终点跑是全程跑的最后一段,应尽力保持以途中跑的高速度跑过终点。终点跑要求运动员在离终点线 15 ~ 20 米处时,尽力加快两臂摆动的速度和力量,保持上体前倾角度。当运动员离终点线一步距离时,上体急速前倾,双手后摆,用胸部或肩部撞终点线。

(二)200 米和 400 米跑

200 米和 400 米跑,有一半以上的距离是在弯道上进行的。为了适应弯道,技术上会有相应的变化。为了便于弯道起跑后能有一段直线距离进行加速跑,应将起跑器安装在弯道跑道的右侧,起跑器对着弯道的切线方向。

弯道起跑后前几步应沿着内侧分道线的切线跑进。加速跑的距离适当缩短，上体抬起较早。运动员在进入弯道时，应尽可能地沿着跑道内侧跑，身体及时向内侧倾斜。运动员从直道进入弯道时，身体应有意识地向内倾斜，加大右侧腿和手臂的摆动力量与幅度。弯道跑的蹬地和摆动方向，都应与身体向圆心方向倾斜趋于一致。从弯道跑进直道时，应在弯道最后几步，身体逐渐减小内倾程度，自然跑几步，然后全力向前跑。

（三）中长跑

中长跑各个项目的完整技术分为起跑、起跑后的加速跑、途中跑和终点跑等主要环节。

1. 起跑和起跑后的加速跑

中长跑采用站立式起跑方式。当听到“各就位”口令后，运动员从集合线轻松地走到起跑线，两脚前后站立，有力腿在前，紧靠起跑线后沿。两脚前后距离一脚长，左右间隔半脚。两臂一前一后，或是两臂在体前自然下垂；颈部放松，整个身体保持稳定姿势，注意听枪声。

运动员听到枪声后，两腿用力蹬地，后腿蹬地后迅速前摆，两臂配合，两腿做快而有力的前后摆动，使身体快速向前冲出，过渡到起跑后的加速跑阶段。加速跑时，两腿应迅速有力地蹬伸和积极地摆臂，在短时间内达到预定速度。无论在直道或弯道上起跑，都应按切线方向跑进，在规则允许的范围内，抢占有利的战术位置，然后进入途中跑。

2. 途中跑

途中跑是决定中长跑运动成绩的主要环节。途中跑应强调轻松、省力和节奏好。途中跑有一半以上距离是在弯道上进行的。弯道跑技术基本上与短跑的弯道跑技术相同，只是跑速相对较慢，动作速度、幅度和用力程度较小。中长跑除了因战术需要而改变跑的节奏外，一般多采用匀速跑。匀速跑可为肌肉和内脏器官的活动创造有利的条件，并能延迟疲劳的出现。但长时间用一种节奏跑会使运动员感到单调，也不适应竞争的需要，因此应掌握多种节奏跑的方法。

3. 终点跑

终点跑的距离要根据项目、训练水平、个人特点、技术需要及比赛具体情况而定。一般情况下，800 米可在最后 200～300 米开始终点冲刺跑；1 500 米在最后 300～400 米开始终点冲刺跑；3 000 米以上可在最后 400 米到稍长的距离开始终点冲刺跑。速度好的运动员往往在跟随跑的前提下，在最后一个直道时突然加速；耐力好的运动员多采用更长距离的冲刺跑。不论终点跑距离长短，在冲刺跑之前都必须抢占有利位置，并注意观察对手情况，调动身体的全部力量冲过终点。

（四）接力跑

接力跑是相互配合的集体径赛项目，能培养团结协作的集体主义精神和发展快速奔跑的能力。

国际上，接力跑被正式列为径赛项目是在 19 世纪末。目前，在田径跑道上正式比赛的接力跑有：男、女 4×100 米和男、女 4×400 米。在群众性的体育活动当中，还有不同形式的接力跑，如不同距离的团体接力、迎面（穿梭）接力和异程接力等。

接力跑的胜负不仅取决于运动员的速度水平，而且取决于他们之间的协作精神和传、接棒技术。接力跑的技术基本与短跑相同，但是要传递接力棒，要求各棒队员之间协调配合,保证在快速跑进中在接力区内(20 米)完成传、接棒动作。

持棒方法:右手中指、无名指和小指握住棒的下端,与大拇指、食指成三角状分开支撑地面,但接力棒任何部分不允许接触线外地面。传、接棒方法一般有“上挑式”“下压式”“混合式”三种。

上挑式:接棒人的手臂自然向后伸出,掌心向后,虎口张开朝下,传棒人将棒由下向上方送入接棒人的手中。

下压式:接棒人的手臂后伸,掌心向上,虎口张开朝后,拇指向内,其余四指并拢向外,传棒人将棒的前端由上向下方压入接棒人手中。

上挑式的优点是接棒人向后伸手的动作比较自然,容易掌握,缺点是容易掉棒。下压式的优点是不用换手,缺点是接棒人的手臂动作紧张、不自然。混合式综合了上述两种方法的优点。

(五)跳高

跳高是田径运动跳跃项目之一,又称急行跳高。由有节奏的助跑、单脚起跳、腾空过杆与落地等动作组成,以其最后成功地越过横杆上缘的高度计算成绩并以此判定名次。跳高运动自 19 世纪 60 年代开始在欧美普及,在 1896 年第一届现代奥运会上被列为比赛项目。过杆技术有跨越式、剪式、滚式、俯卧式和背越式等。由于技术类型不同,运动员在完成助跑、起跳、过杆和落地的各动作方法上各有差异。背越式、俯卧式因过杆时人体重心较低,能充分利用腾空高度,是较优越的过杆方式。而背越式又较俯卧式易于掌握,这里介绍背越式跳高。

背越式跳高动作要领可分为三个阶段:助跑阶段、起跳阶段和过杆与落地阶段。助跑阶段是指从起动开始,经过一段距离的跑动(全程助跑一般跑 8 ~ 12 步),最后踏上起跳点的这一技术阶段。一般包括起动方式、助跑路线、助跑距离和节奏等几方面。起跳阶段是指起跳脚踏上起跳点,在摆动腿的配合下,经过着地、缓冲、蹬伸和蹬离地面跳起的这一阶段。起跳阶段的技术是跳高的关键技术。过杆与落地阶段是指起跳腾空后,身体各部分利用合理技术动作越过横杆,并安全落在海绵包上的技术阶段。

1. 助跑阶段

从背越式跳高的助跑路线可以看到,助跑的任务是在助跑开始的前段直线跑,应尽可能大地获得水平速度;在助跑后段的弧线跑应为跑跳创造尽可能大的离心加速度,有助于身体向横杆方向运动。助跑的技术要点:开始采用直线助跑,双肩要下垂,用脚前掌着地,跑时具有弹性;提高重心,步幅均匀,不断加速;进入弧线跑时,外侧摆动腿有弹性地蹬地。为了克服离心加速度的作用,上体应稍向弧线内侧倾斜。前脚掌沿弧线落地,身体重心轨迹向内越出足迹线。助跑的节奏要快,特别是助跑最后两步髋关节前送幅度要大,迈步时上体保持较垂直的姿势,摆动腿积极、充分后蹬,起跳腿快速前伸,同时髋部自然前送。助跑过程中两臂应积极有力地前后摆动,弧线跑时外侧手臂摆动幅度应大于内侧手臂的摆动幅度。

2. 起跳阶段

起跳的目的是使助跑获得的水平速度迅速转变为垂直向上运动,以使身体充分向上腾起,并为过杆做好准备。起跳动作可分为起跳脚的着地、缓冲和蹬伸三个阶段及摆动腿与双臂的配合。起跳脚的着地、缓冲和蹬伸技术：为加快起跳的速度，起跳腿应大幅度、平稳地以脚掌外侧着地，并迅速从脚跟向前脚掌滚动。这时由于迈步放脚时髋关节的积极快速前送和迅速的弧线助跑而形成了身体向后、向内的倾斜姿势。在起跳的缓冲阶段，为了提高起跳的速度，还应减小屈膝的幅度，以利于保持水平速度。当身体由倾斜转为垂直至身体重心移至起跳腿的上方时，迅速有力地充分蹬直起跳腿的三个关节，躯干在离地前瞬间几乎垂直地立于起跳脚之上。这时起跳腿的蹬伸方向应在身体重心的外侧，从而产生了过杆所必需的旋转冲力。起跳时摆动腿与双臂的协调配合技术：起跳时离横杆较远的一臂使劲地向上摆动，另一臂不要充分摆出，并且较早地制动，这样有利于肩轴倾向横杆。摆动腿的摆动应以膝盖领先，先屈膝折叠，向跳高架的远端支柱上方用力摆出。当摆动腿摆到起跳腿前方之后应向里转，而小腿和脚要稍许外展。这样的积极动作，有助于骨盆保持在起跳力量的作用线上，围绕纵轴产生转身动作。此时，头应补偿性地转向横杆。

3. 过杆和落地阶段

过杆就是充分利用起跳获得的腾空时间改变身体姿势，缩短身体重心与横杆之间的距离，并利用身体的屈伸、旋转越过横杆。过杆时，立即屈髋收腹，下颏迅速引向前胸，同时双腿补偿性地高举，两小腿积极向上甩起。落地前应注意收腹举腿，以背先着地，或团身以肩先着地，然后再做一个后滚翻。为了控制腾越方向，头部不能后仰，要注意在落垫过程中的“视力监督”，眼睛始终要注视着横杆方向。

（六）跳远

跳远是由助跑、起跳、腾空和落地四个部分组成的，它们是一个完整的统一体。因此，正确地完成跳远的各个部分动作，以及实现各部分动作的有机结合是跳远技术的关键。这里重点介绍挺身式跳远技术。

挺身式跳远是技术环节较多的复杂跳远技术动作。其技术要领是单腿起跳进入腾空步后，摆动腿的膝关节伸展，小腿自然由向前、向下到向后方而形成弧形摆动，此时留在体后的起跳腿与后摆的腿靠拢，挺胸展髋，成展体姿势。快落地时，双脚、双手向身体前方合拢落地。

（七）三级跳远

1. 立定三级跳远

合理的预备姿势是：两脚平行站立，与肩同宽，两臂上举，提踵，深吸一口气，接着两臂下摆，近体侧位时屈膝半深蹲，大小腿角度约为 135 度，上体稍前倾，全脚掌着地，双手摆至体后最高点，使身体重心的投影点落于双脚支撑点之间稍前。身体下蹲的速度要慢些，以免造成身体重心过于前倾而垫脚犯规。

双脚“平行”站立，不同于通常的“左右”开立，因为一般的“左右”开立，人的脚尖稍向外，双脚成“八”字形。从人体解剖学与运动生物力学角度分析，两脚作用于地面的水平分力与跳跃的纵轴方向呈一定的角度，降低了用力的等效性。提踵是在双腿肌肉收缩前预先拉长肌肉，以完成肌肉的伸展反射，有利于肌肉更好地进入工作状态。

2. 第一跳（单足跳）的起跳与腾空着地

接预备姿势，两臂由后向前带动上体快速前摆，同时双脚用力蹬地，腾空后有力腿主动快速屈膝提拉式前摆，下落时，大腿发力积极下压，膝踝关节适度放松，以整个脚掌在身体重心投影点稍前（0～10米）处积极地扒地式着地，稍屈膝缓冲。

在第一跳起跳与腾空落地阶段的易犯错误有两点：一是，起跳时强腿用力大，弱腿用力小，不能同时用力蹬地，纠正方法是多做立定跳远的跳准练习；二是，腾空后，有力的腿“被动”前摆着地，不能做到“主动”提拉，造成着地点落于身体重心投影点之后，第一跳过小。纠正方法是多做立定跳单足着地的跳远练习。

3. 有“滑行”感的第二跳（跨步跳）

第一跳起跳着地后，当身体重心移到脚面正上稍前时，积极蹬伸髋、膝和踝三关节，同时双臂带动双肩和身体快速前上摆，弱腿屈膝提拉式前摆至大腿接近水平位置，髋关节积极前送，保持腾空步姿势向前滑行，让身体在重力作用下自然下落。腿的蹬伸要充分有力，直至脚趾，后蹬角度约为78度。当摆动腿的脚底距地面约一脚高度时，大腿积极下压，小腿稍前伸，使脚的着地点落于身体重心投影点稍前（0～20米）处，以增大第三跳的腾起高度。

这一跳学生的易犯错误往往是摆动腿过早地下压，虽然减小了水平速度的损失，但由于脚的着地点落后于身体重心的投影点，使第三跳的蹬地角明显减小影响了成绩。纠正方法是多做从高处跳起向低处落下的“腾空步”练习。

4. 跳跃（最后一跳）的腾空和团身落地

立定三级跳远的最后一跳虽然是弱腿起跳，但由于有前两跳所获得的水平速度，加上合理的团身和落地技术，因此，在三跳的远度比例中，应是最高的。该跳的起跳要求与第二跳一样。对于腾空后空中动作的选择，身体素质一般的学生应采用“蹲踞式”，这种方法有助于迅速掌握平衡及向前甩腿的动作；对于身体素质过硬的学生，宜采用“挺身式”腾空的方法，采用“挺身式”时，躯干前面的肌肉能充分拉长，很容易做出向前甩腿的动作。无论采用何种方法，技术上都要强调保持腾空的平衡及稳定。

在保持腾空的稳定性以后，开始准备落地的团身动作。要落地成功，首先大腿要高抬前伸，躯干稍前倾。这时的关键问题是大腿要向前上方高抬，小腿要自然下垂。学生的易犯错误是躯干前倾就开始团身，妨碍了抬腿或根本不能抬腿，导致两腿下放而过早落地。教师应向学生强调不要急于伸直膝关节。团身结束后，小腿要前伸，上体同时伸直，骨盆前送。即将落地时，膝关节要完全伸直，集中注意力使两腿不要下落，小腿应在同一水平。学生易犯的错误是两脚一前一后落地。产生的原因是两臂绕环后未能及时并拢，妨碍了两小腿的同时前伸，纠正方法是强调两臂要同时后引，两脚最好勾着脚尖，不要急于落地，使这一动作尽量做得长些。测量数据表明，两腿抬高0～10米，远度可增加0～15米。

落地时，两腿要迅速屈膝，骨盆沿沙面向前移动。在充分利用腾空抛物线的条件下，要么坐在脚的落地点上，要么侧倒或前倒。学生易犯的错误是跳出或跑出沙坑。产生的原因是两腿下放过早和未能充分利用抛物线。纠正方法是在沙坑做原地的屈膝、骨盆前移的前倒或侧倒练习。

(八)推铅球

1. 握球和持球

握球的方法(以右手为例):五指自然分开,把球放在食指、中指和无名指的指根上,大拇指和小指自然地扶在球的两侧,手腕背屈,防止球体滑动和便于控制出球的方向。

持球:持球是指握好球后,把球放在肩上锁骨窝处,贴着颈部,手稍外转,掌心向前,屈肘。

2. 预备姿势

滑步(或旋转)前的预备姿势可分为高姿势和低姿势两种:

(1)高姿势:持球后,背对投掷方向,站在圈内后沿附近。两脚前后开立,相距 20~30 厘米,右脚尖贴近圆圈,脚跟正对投掷方向。左腿在后自然弯曲,以前脚掌着地(有的以脚尖着地),脚跟提起,持球臂的肘略低于肩或与肩齐平,左臂自然上举并稍向内,上体正直放松,体重落在右腿上,两眼看前下方 3~5 米处。多数人都采用这种姿势。

(2)低姿势:持球后背对投掷方向,站于圈内靠近后沿处,两脚前后开立,相距50~60 厘米,右脚尖贴近圆圈,脚跟正对投掷方向,左脚在后,以前脚掌或脚尖着地,左臂自然下垂并稍向内,两腿弯曲,上体向圈外探出,体重落在右腿上,两眼看前下方 2~3 米处,持球臂肘部自然下垂,铅球的投影点在右脚的右侧前方。

3. 滑步

滑步的目的是使铅球获得一定的预先速度,为最后用力创造条件。滑步前先做一两次预摆。预摆时,左腿自然弯曲,大腿用力向后上方摆起,右腿伸直,脚跟提起,前脚掌或全脚掌支撑体重,同时上体前屈,左臂微屈前伸,略微低头,两眼看前下方。左腿摆到一定高度,上体达到最大前屈时,回收左腿,同时右腿逐渐弯曲。当左腿回收靠近右腿时,臀部后移,左腿大腿向投掷方向摆出,右腿用力蹬伸。

右腿蹬离地面的方法有两种:一是,以脚跟蹬离地面,右腿蹬直。这种方法蹬地力量大,效果好,适合身材矮小和身体训练水平高的人;二是,用前脚掌蹬离地面,右腿不完全伸直。这种方法简单省力,蹬地力量小,适合身材高大的人和初学者。由于左腿的摆动和右腿的蹬地,产生身体向投掷方向移动的合力。右脚蹬离地面后,迅速拉收小腿,并向内转动,用前脚掌着地,落在圆圈中心附近,与投掷方向约成 130 度角。同时左脚积极下落,以前脚掌内侧落于左侧抵趾板处,两脚落地间隔的时间愈短愈好。滑步时,左臂保持内扣,不使左肩转向投掷方向,头部保持向右后方的姿势。

4. 最后用力

最后用力是推铅球技术的主要环节。当滑步结束,左脚积极着地的一刹那,右膝和右脚向投掷方向蹬转,推动右髋向投掷方向转动,这时被扭紧和拉长的腰、背和髋部的大肌肉群收缩,使上体迅速向投掷方向抬起。左臂由胸前向左上方牵引,使肩带肌肉拉长,身体左侧对着投掷方向,上体向右侧倾斜,左肩高于右肩,铅球处于较低部位,形成推球前的最佳姿势。

在两腿继续用力蹬地时,右肩前送,右臂迅速用力将球推出。此时两腿的蹬直、右臂的推球和抬头后仰是同时进行的。铅球快离手时,手腕手指向外拨球。铅球离手后,两腿弯曲或交换,降低重心,维持身体平衡。

（九）旋转推铅球

投掷者两脚左右开立，站在圆圈内靠近后沿处，背对投掷方向，两脚距离比肩稍宽，体重落在两腿上（实践中，有的投掷者左脚屈膝稍向后，用前脚掌着地，体重大部分落在右腿上）。右手持球放在肩上锁骨窝处，使铅球贴紧颈部，左臂自然向下（也可自然上举），上体前屈。

旋转前，上体前屈并向右转动，左肩和左臂也随之向右转动，两股弯曲（弯曲程度视个人力量而定），右腿支撑体重（有的上体前屈较大，背部几乎与地面平行），上体转动，扭紧体侧肌肉，做好向左旋转的准备。

开始旋转时，头部带动身体向左转动，两腿逐渐弯曲，重心降低。此时以左脚前脚掌为轴转动，体重平稳地从右腿移向左腿，左膝、左脚继续外转（脚跟提起）。当体重移至左腿时，右脚离地后，膝关节弯曲并围绕左腿向前转动，右髋适当伸展，左臂自然抬起，上体稍向左侧倾斜，保持身体平衡。随后，身体继续向投掷方向转动，右脚在右膝内扣的同时，向前跨出，用前脚掌着地，落于圆心附近。

右脚落地前，左脚离地屈膝并积极向右腿靠拢，以加快旋转速度。右脚落地后，膝关节逐渐弯曲，并负担体重。此时左髋积极沿逆时针方向转动，以加快旋转速度和左脚落地的动作。左脚用前脚掌着地，落在中线稍偏左侧的地方，形成最后用力前的有利姿势：身体重心较低，上体扭紧，左臂上举并内扣，左肩高于右肩，使参与最后用力的肌肉群处于拉长状态。

左脚着地后，右脚积极用力蹬转，推动右髋向前上方移动，使上体和铅球更加留在后面，然后开始像背向推球那样做推球动作。

在旋转过程中，头部和左臂的动作有着重要的作用。开始旋转时，头部带动身体转动，左臂也随之摆到左侧。当进入以右脚为轴旋转时，由于髋部快速转动，头、左肩和左臂落在后面，体侧肌肉扭紧拉长，为最后用力推球创造了条件。倘若在右脚支撑旋转中，头和左臂向左转动，势必造成体重过早地移向左脚，从而破坏了最后用力前的有利姿势。

四、田径运动教学与训练

（一）田径运动教学

1. 田径运动技术教学特点

(1)整体性

田径运动技术教学的整体性特点是指在教学步骤的安排和教学手段的使用上，要考虑各技术阶段与环节之间的相互衔接。任何一个技术阶段与环节都不是孤立存在的，田径技术效果只有通过各技术阶段与环节的整体效应才能表达出来。因此，在教学中应注意：

①前一个动作是后一个动作的开始，后一个动作是前一个动作的继续。因此，学习每一个技术动作的同时，都要在手段和要求上考虑到如何与下一个技术动作衔接。

②处理好分解教学与完整教学之间的相互联系和相互补充。分解教学是为了更好地掌握完整技术；完整教学也需要分解教学来完成局部动作的学习和改进。

(2)规范性

田径运动技术教学是使学生学会和掌握田径运动各项技术，因此要加强运动技术动作的规范性，学会和掌握正确、规范的运动技术动作，同时要学会和掌握教学步骤与教学方法以及有效地选择练习手段。

（3）一致性

一致性主要体现在田径运动技术教学中技术动作的掌握与身体素质发展上。田径运动技术的学习和掌握，在很大程度上受身体素质的制约。田径运动教学不能只着眼技术动作本身，还应注意加强学生身体素质的提高。另外，由于田径运动项目使身体局部的运动负荷强度大，容易造成局部肌肉的疲劳和损伤，因此，教学中还要注意项目的搭配、联系手段的选择以及运动负荷的合理安排，使学生的各种能力得到全面提高。

2. 田径运动技术教学方法

教学是教师和学生的共同活动，教学方法是教和学的桥梁，教学方法应包括教师教的方法和学生学的方法。教法与学法不是孤立的，而是相互关联的。因此，在田径运动技术教学中，教师既要注意改进教法，又要注意指导学生的学法，两者结合，才能达到较好的教学效果。

（1）田径运动技术的基本教学方法

①语言法

语言法是教师运用生动形象的语言，指导学生掌握教学内容和进行练习的方法。在田径教学中，最主要、最普遍的语言法教法形式是讲解法，教师用语言来表述田径运动技术动作。语言法与演示法和动作示范相结合，可帮助学生建立田径运动技术项目的正确概念和掌握技术动作的要领，可以提示学生预防错误动作的发生，提出改进技术的要求和建议等。

②直观法

直观法是指田径运动技术教学借助感觉器官来感知动作的一种常用方法，包括动作示范，教具、模型和电视等的演示。示范法是直观法中最常用的、最重要的方法。教师以具体动作为范例来帮助学生了解所要学习的动作形象、结构、要领和方法。

③完整教学法

田径运动技术教学中，完整教学法的特点是以完整的技术形式教学。其优点是有助于保证技术的完整性、连贯性和节奏性，不至于破坏动作结构，割裂动作和动作之间的内在联系。一般技术较简单的项目教学常采用这种方法。

④分解教学法

分解教学法是把完整的技术分解为几个部分，使动作简化易于掌握。学生逐步掌握技术的多个部分后将它们连贯起来，最终掌握完整技术。这一教学法的优点是可将复杂的技术简单化，使学生容易接受。一般技术动作复杂的项目教学可采用这种方法。

⑤预防与纠正错误的方法

在田径运动技术教学中，教学阶段不同，教学的要求和目的不同，学生产生动作错误的原因不同，预防与纠正错误的方法也就不同。这一教学法是田径运动技术教学中使用最多，也是最基本、最重要的方法之一。

（2）田径运动技术的学习方法

①课前预习与练习

课前预习与练习是指学生在课前根据学习的进度和教师制定的学习内容，自己先阅读教材，了解将要学习的运动技术项目的内容，同时根据技术项目的特点与要求，进行一些能够提高身体素质的练习，为上课做好体能方面的准备。

②相互指导练习

学生在课内或课外进行技术练习时,互教互学,这样既可培养学生发现和解决问题的能力,也可保证技术练习的正确性。

③自学自练

学生根据自己的实际情况,按照教师课上的提示和指导,进行自学自练。

④自我暗示学习

学生在课堂学习或课外练习中,通过有针对性的词语等刺激物对自我的心理施加影响,即通过第二信号系统的作用,调节大脑兴奋水平和动作。

⑤学会查阅、积累和分析文献资料

查阅、积累和分析田径运动相关文献资料,不仅是一种方法,更是一种培养学生良好的学习行为和提升知识量的重要渠道。这一方法指学生在教师的指导下通过网络、图书、报刊等多种平面和立体信息、文献资料进行积累与提高。

(二)田径运动训练

田径运动训练的基本内容是由身体训练、技术训练、战术训练、心理训练、恢复训练以及理论学习所组成。各项训练内容都是有机联系的,采用一般与专门训练内容、不同的方法和负荷量以及比赛等提高训练水平和运动成绩。

1. 身体训练

身体训练是田径运动训练中最重要的组成部分之一,其目的是发展学生的力量、速度、耐力、柔韧、灵敏及协调等运动素质。身体训练分为一般身体训练和专项身体训练。

一般身体训练的目的主要是全面协调发展各种身体素质和有机体各系统、各器官的功能,为专项训练奠定基础。一般身体训练的内容较广泛,提高身体素质的方法和手段较多,通常是进行球类练习、体操、游泳、滑冰、游戏及一些非专项的练习。进行一般身体训练时,应尽可能选择那些对身体有全面影响的练习和目的性较强的练习。

专项身体训练主要是进行与专项有密切关系、能直接促进掌握专项技术和提高专项成绩的训练,如短跑运动员的速度性力量、跳跃运动员的弹跳力、投掷运动员的出手速度等。专项身体训练的手段应与专项的动作幅度、用力性质、用力顺序及紧张程度一致或相似。一般身体训练和专项身体训练要密切结合,适当安排,应考虑学生的年龄、训练任务、训练水平。

2. 技术训练

技术训练的任务是学习和掌握具有个人特点的先进运动技术,为创造最佳成绩而有效发挥技能潜力。

田径运动技术有以下特点:技术必须通过具体动作来表现;技术必须符合人体运动力学规律和生物学规律;共性与个性相结合的技术才是最佳技术;技术具有相对性,并随时间的发展而发展。

3. 战术训练

田径运动战术是指运动员在比赛中根据对手情况和外部条件,充分发挥自己的能力,力争取得好成绩而采用的一种专门方法。

田径运动战术在不同项目中有不同的体现。如短跑项目的战术,主要体现小组预赛中力求不用全力的情况下取得出线,以便养精蓄锐在决赛中全力以赴地战胜对手和创造优异成绩;中长跑项目的战术,则体现在根据比赛中所处的跑位是采用匀速跑、变速跑、领跑还是跟跑等;跳高项目的战术,则体现在确定起跳高度和免跳的时机上;投掷项目的战术,则体现在力争首先投出最好成绩,为获胜创造心理机能的优势等。

在战术训练中,应该培养运动员具有合理分配体力、迅速判断意外情况并迅速采取有效对策的能力。

运动员在制定比赛战术之前,应详细了解比赛规模、场地器材条件、对手水平与特点、比赛规程和规则、外部条件(天气、风向、风力、场地器材质量)及利用对手的弱点和失误。

战术训练是田径运动训练中的一项必备内容,其最佳训练手段就是参加各种类型的比赛。

4. 心理训练

田径运动员的心理训练水平高,是有效地发挥技术、战术和技能潜力的保障,也是在训练中表现出较高工作能力和比赛时提高运动成绩的保证。

心理训练的目的是发展运动员控制自己、控制感情和情绪的能力,能够摆脱一切外来刺激的能力,自觉抑制在比赛中所出现的不利心理状态,为战胜对手并创造优异成绩做好准备。

心理训练是通过对品质的培养,让运动员学会适应比赛条件,这可以在和对手进行竞争的过程中实现。特别要在教育运动员勇于献身体育事业、为国争光的同时,培养运动员不畏强手、敢于拼搏和胜不骄败不馁的坚强意志品质。只有这样,运动员才能在环境复杂、条件恶劣、紧张激烈的赛场上表现出良好稳定的心理素质。人的大脑是接收信息、分析判断、发出指令和调节行为的指挥中心。从身心统一观点发出,心理训练只有与身体训练、技术训练和战术训练结合起来,才能形成一个整体训练控制系统,才能更好地挖掘运动员的身心潜能,以适应日趋激烈的现代田径运动竞赛的需要。心理训练包含以下几个方面:

(1)放松训练

利用语言暗示、意念和想象的力量,有意识、系统地训练肌肉动作逐步达到放松,减缓呼吸,从而使身体、情绪、心理均处于平静状态。放松训练的具体方法有呼吸放松法、肌肉放松法和想象放松法。

(2)表象训练

表象训练也称想象训练、念动训练、视觉化技术等。表象是一种重要的心理能量,它能帮助运动员加快熟练技能,加速学习新技术,改正不良习惯,演练比赛情景,预想行动方案,提高自我观察力,建立自信心。只有清晰的表象才能帮助运动员在运动时灵敏感知姿势和肌肉用力状态的变化,及时纠正动作误差,以保证动作的准确性。

(3)集中注意力训练

运动员只有具备集中、分配和转移注意力的能力,才能保障训练的顺利进行,在比赛中获得成功。集中注意力训练的方法有利用视觉集中注意力、利用听觉集中注意力和利用呼吸集中注意力。

(4)应激控制训练

在激烈的田径竞赛中,运动员往往会出现过度应激现象,导致动作变形、乏力而失败,所以应激控制训练更多的是针对过度应激的控制训练。应激控制训练的主要方法有环境刺激控制训练、身体应激控制训练和积极思维控制训练等。

(5)生物反馈训练

这种训练是指借助现代化仪器把运动员机体的生理状况信息传递给运动员,使其经过反复练习,学会调节自己的生理机能。这样可以提高运动员的运动感知觉能力,促进动作技能的形成,矫正技术动作,调整情绪,消除紧张,改善机体各器官系统机能。

(6)模拟训练

模拟训练可预防运动员赛前不良心理状态的发生,提高心理稳定性和应变能力。模拟方式有实际场景模拟和词语形象模拟两种。

(7)自我暗示和放松训练

它是以一定的套语进行导引,促使肌肉放松,从而调节植物性神经系统的机能,并在肌肉放松后采用一定套语振奋精神、进行自我动员的心理训练方法。它可放松肌肉、缓解紧张情绪和提高训练效率。

5. 恢复训练

田径训练的恢复计划如下:

(1)运动员慢跑一至三圈,每圈400米,可根据时间增加距离。

(2)运动员做柔韧性练习,如压腿。

(3)运动员做高抬腿跑、后蹬跑练习并接短距离加速跑30至50米,每项3次。

(4)30米、60米、80米、100米、120米、150米、200米、300米加速跑,运动员在弯道用70% ~80%的力量,最后100米进入直道,开始全力加速,每项跑一到两次。

(5)运动员做变速跑练习,100米快接100米慢交替进行,距离为1 000 ~2 000米。

(6)运动员应增加上肢、腰部、腿部的力量,可做跳跃练习。

6. 理论学习

田径运动训练由身体训练、技术训练、战术训练、心理训练、恢复训练、理论学习等内容组成。这些构成因素综合地表现为田径运动员的训练水平和竞技能力。田径运动各项训练内容的关系相当复杂,总的来说,表现为相互联系、相互影响、相互促进和相互制约。

第四节　田径运动与健康

一、身体健康

(一)损伤

我国高校田径训练安全防护存在的现实问题:

1. 高校学生自我预防训练损伤的安全意识相对淡薄

在高校的田径训练中,一些学生把田径训练中所受到的身体损伤视为一种普通的情况,因此没有有意识地去采取一些措施与方法进行合理规避,只要田径训练中,身体受到的安全损伤不是特别严重,也就不会给予足够的重视。这种意识的存在,使得在田径训练中,身体习惯性地频繁受到一些小的、反复的运动伤害,这不仅无益于身体健康,而且还有可能造成更大的身体伤害。

2. 高校的安全防护设施设备不够完善

体育科技的发展使体育设施设备在田径训练安全防护中的作用越来越突出，不过这些设施设备的价格通常比较高，加上有些高校对于田径训练安全的重视程度不够，导致高校在这方面的预算不充足。

3. 准备工作和医疗后备工作不到位

学生在进行田径训练前，一定要做好准备活动，通常称之为“热身”。只有这样，全身的肌肉、关节和血液等才能进入一个相对良好的运动协调状态，此时再进行田径训练才更加安全，可以防止身体受到损害。然而这个有效的安全预防过程通常被高校学生忽视了。

此外，在田径训练的前后，教师定期或不定期对参与学生的身体进行检查是必要的，但是因为高校的医疗力量有限，这方面的工作几乎被忽略了，这也是一个不足之处。

4. 田径训练安排缺乏整体的计划性

高校田径训练应该进行合理的规划，从学生的身体和心理的承受能力的现实状况出发一步步加强训练。但是目前高校田径训练几乎采用的是整齐划一的标准，导致一些身体素质好的学生完成起来很轻松，而一些身体素质较为一般的学生完成起来就很吃力，对后者来说，这就是一种超负荷的运动，而且很容易造成身体损伤。

5. 田径训练安全防护的专项资金不够充裕

与发达国家相比，我国对高校体育事业的财政资金支持算不上充裕，这些资金在用于一些基础设施采购、维护等之后，剩余的就不多了，仅够维持日常田径训练的经费支出。不少高校根本就没有田径训练安全方面的专项资金预算，即使一些高校设置了这方面的专项资金，数额通常也不多，根本无法做到充裕。在没有较为充裕的专项资金的支持下，不管是防护设施的采购与维护，还是防护知识的培训，抑或专业的医疗服务等，都很难顺利地运转，自然也就无法为田径训练安全保驾护航。

（二）预防

1. 强化田径训练安全防护意识

在田径训练中，一些安全事故是可以避免的，避免安全事故的一个重要前提就是要大力强化安全防护意识。不管是高校学生还是高校体育教师，都应该时刻注意不受伤害，时刻想着要采取安全的措施，减少和杜绝在田径训练过程中意外事故的发生。

2. 重视改进高校田径训练安全防护设备与设施

这是一个科技迅速发展和进步的时代，高校应该加大投入，重视改进学校田径训练中安全防护设备与设施。比如说，有条件的学校，可以将训练长短跑的跑道，由室外沙石跑道或者水泥跑道改成室内塑胶跑道，这样不仅可以避免雨、雪、大风等天气对训练的影响，而且可以降低长短跑运动中的安全事故和损伤发生的概率。

当然，这种投入应该是有规划的、逐步的，立刻完全改进也不现实。目前不少高校都在这方面做出了自己的努力。

3. 做好训练前的准备工作和加强医疗后备力量

学生在进入田径训练状态前，最好有一个适应过程，这就是田径训练前的准备工作。

只有准备工作做得充足、做得好，才能够为后面进行持续性高强度田径训练打好基础。

高校体育教师和学生,都应该对热身运动给予足够重视,并且要认真对待,这是为了自己的身体安全着想。与此同时,学校也应该加强医疗后备力量,定期给学生进行身体检查,给出比较专业的运动建议,让学生在比较安全的身体状态下进行田径训练活动,降低安全事故发生的概率。

4. 对田径训练活动要有一个合理的规划

不同的学生,身体素质和运动机能差异也较大,因此在进行田径训练活动的时候,要根据其实际情况,对其合理规划,既要满足训练需要,也要注意不要过度。此外,高校学生在大学期间,并不一定在同一名体育教师的指导下进行田径训练,因此,体育教师最好对学生的田径训练情况做好文档记录,包括身体素质和运动机能评估,以及需要注意的事项等,为后面的体育教师指导学生提供有益的参考和依据,这样就可以保证一名学生在整个大学期间田径训练活动规划的整体合理性。

5. 加大对高校田径训练安全防护的资金支持

当代高校要想搞好田径训练的安全防护工作,就必须有一定的资金支持,有了资金才可以采购设备、进行培训、做好医疗等。然而问题的关键就在于这笔钱从哪里来? 第一,肯定是向上级主管部门进行专项资金申请,请财政予以拨款支持; 第二,学校自主性财政资金应该对这方面进行适度倾斜; 第三,学校可以和一些专业的体育赛事机构以及相关的生产商进行沟通合作,获取帮助; 第四,学校设置专项,向社会上相关专业基金寻求帮助,也可以从已经毕业的校友处获取帮助。

二、心理健康

田径教学的正确开展对学生形成健全的人格有着积极的作用,人格的逐步形成与人的日常活动密切相关。田径教学的目标之一就是培养学生健全的人格。在课程开展过程中,通过田径比赛,学生正确的竞争意识与团队合作精神都将得到培养,学生在享受比赛乐趣的同时收获了友谊并达到了培养健全人格的目的。可见田径教学拥有其他体育项目没有的效用,是促进学生形成健全人格的重要途径。由于当前很多学生都是独生子女,被父母视若掌上明珠,性格中难免会有贪图安逸、害怕挫折和付出的一面,这容易影响其与教师的交流。具有这样性格的学生在未来走向社会独自面对残酷竞争的时候,将会缺乏面对现实的勇气,害怕失败,心理素质不够强大。在田径教学的开展过程中,教师通过采取挫折教育的方法,正确引导学生在挫折来临时做出正确的选择,独立采取有效的行动,使学生以良好的心态面对问题并有足够的信心和勇气迎接挑战。

高校田径运动对大学生心理健康产生重要的影响。身体健康是心理健康的基础,身体不健康的学生可能存在封闭、自卑等心理问题。身体健康的学生大多拥有更加积极健康的生活态度。高校田径运动能够从根本上增强大学生群体的身体素质,健康的体魄能够减少大学生出现自闭和自卑心理的概率。体弱多病的大学生不易接触到健康方面的教育,虽然心理辅导教师能够在日常教育教学工作中及时发现这部分学生存在的心理问题,但是难以采取有效的措施加以辅导。

在高校田径运动中,大学生能够充分展现积极阳光的心态,并体会到顽强的田径运动精神,从根本上使大学生群体避免可能出现的自卑、自闭心理问题。大学生心理问题表现为自卑、失去斗志、自闭的心理状态、缺乏积极向上的人生价值观,解决他们现有的心理问题,除了运用各种传统有效的心理辅导方法外,还要让他们参与到各种田径运动中,并在运动过程中对积极健康的田径运动精神进行体会,从而能够更加积极地投入学习和生活中。田径运动是一项积极向上、充满活力的运动,这种田径精神是一种健康的心理状态,从而让大学生能够通过田径运动更加全面地对心理进行塑造。

大学生在进入高等教育阶段之后,若过于放松,很容易不自觉地出现心理问题。在这种负面影响下,大学生可能会逐渐失去前进的动力,从而出现目标模糊、无所事事的现象。高校田径运动能够培养大学生的斗志。作为一种竞争力较大的体育运动项目,大学生在不断参与的过程中能够体会超越自我、奋发向上、挑战极限的运动精神。

学生通过田径运动,能够从根本上领悟到各种体育精神的影响力,在各种竞争中燃起斗志,从而树立积极向上的人生态度。高校田径运动能够让大学生不断进行拼搏、奋斗。大学生在田径运动中,还能够领悟到超越极限、奋力拼搏、自我突破的各种体育精神,并进一步把体育精神运用到今后的学习以及生活中,从而燃起积极向上的人生斗志。

在高校田径运动中,大学生群体能够逐渐培养自己的团队合作意识,从而有利于塑造积极健康的人格。田径运动中包含集体项目或者单人项目,即使在单人体育运动项目中,大学生也会受到同学或者教练的帮助,采取的大都是团队训练的模式。通过这种训练模式,大学生之间形成一种互相合作的密切关系,逐渐意识到要想从根本上提升自己的成绩,就要乐于接受其他同学的观点和建议,在合作中实现共赢。

第三章　游泳运动与身体健康

第一节　游泳运动的起源

游泳是一项集水浴、日光浴和空气浴为一体的健身运动，它能锻炼身体、塑造体形、减轻体重，是减肥的有效途径。同时，对于心血管系统的改善与呼吸系统功能的提升，有着良好的促进作用，也对人体皮肤有着保养作用。由于游泳具有多种功能，历来被人们所重视与喜爱。

游泳运动是世界上最受人们欢迎的运动项目之一。除了有很强的竞技和欣赏功能外，它的实用价值非常高，对于强身健体以及培养人的意志品德也有独特的作用。在素质教育及能力教育全面推进的现代教育中，开展游泳教学不仅是教会学生掌握这一基本生存技能的重要渠道，而且还顺应了素质教育、能力教育，以及体育改革的要求。

人类的游泳活动源远流长，其产生与人类社会的生产劳动、生活娱乐及战争等因素紧密相连。它在人类征服自然、改造自然的生产劳动中产生，在满足人们的娱乐、竞争需求中发展。

按照现代奥运会创始人顾拜旦提出的所有运动项目都拥有平等权利的原则，游泳项目于1896年进入了现代奥运会。1992年第二十五届奥运会，中国游泳迈入世界先进行列。1996年第二十六届亚特兰大奥运会，中国乐靖宜在100米自由泳中夺得一枚“含金量”最高的金牌。中国女将在20世纪90年代初创造的一系列优异成绩，才真正使中国游泳引起国际泳坛的注意。

第二节　游泳运动的发展

一、世界游泳运动的发展

（一）游泳在各阶段的发展

游泳运动是男女老幼都喜欢的体育项目之一。根据现有史料，国内外较一致的看法是游泳起源于居住在沿江、河、湖、海一带的古代人。他们为了生存，必然要在水中捕捉水鸟和鱼类作食物，通过观察和模仿鱼类、青蛙等动物在水中游动的动作，逐渐学会了游泳。

17世纪60年代，英国不少地区的游泳活动就已开展得相当蓬勃。18世纪初，游泳活动传到法国，继而成为风靡欧洲的运动。

1828年，英国在利物浦乔治码头修造了第一个室内游泳池，这种泳池到19世纪30年代，在英国各大城市相继出现。

1837 年，第一个游泳组织在英国伦敦成立，同时举办了英国最早的游泳比赛。

1869 年 1 月，大城市游泳俱乐部联合会（现英国业余游泳协会前身）在伦敦成立，并把游泳作为一个专门的运动项目正式固定下来，并随之传入各国，继而传遍全世界。随着游泳运动的发展，游泳被分为实用游泳和竞技游泳两大类。实用游泳又分为侧泳、潜泳、反蛙泳、踩水、救护、武装泅渡；竞技游泳分为蛙泳、爬泳、仰泳、蝶泳。

竞技游泳在第一届奥运会（1896 年）时就列入了奥运会正式项目。直到现在，各种锦标赛、国际大型比赛不断推动着竞技游泳的发展，使它的技术动作更完善，创造了一个又一个优异的成绩。

自古至今，无论是为了捕猎、逃避猛兽还是遇上海难时得以自救，游泳都是一门重要的求生技能。远在公元前 2500 年，古埃及已有类似蝶泳的活动。古罗马人兴建的巨大浴池，更是上流社会人士作为余暇游泳及社交活动之场所。早期的游泳活动，只被视为贵族子女教育及士兵训练的一个重要部分，直至 18 世纪末期，工人阶级参与游泳的时间及机会增多后，游泳才开始成为一种普及的活动。

竞技游泳源于英国及澳洲，后来传入其他国家。19 世纪中期至 20 世纪初，世界各国的游泳比赛开始普遍起来，游泳总会亦相继成立。英国业余游泳总会（前身为都会游泳总会）于 1869 年成立，是第一个国家游泳总会。1850 年至 1860 年，英国与澳洲已有国际游泳比赛。当国际奥林匹克委员会于 1894 年 6 月 16 日在巴黎成立时，游泳已被列为 1896 年的奥运项目之一。国际业余游泳联会则成立于 1908 年。

现代游泳中，蛙泳是第一个作为比赛项目的泳式，而且自由泳及蝶泳也是从中发展出来的。在 20 世纪四五十年代，由于一些泳手利用规例的漏洞在长距离比赛中潜泳，从而获取利益，游泳规则于 1956 年便有所更改，只容许泳手在起跳后及转池后，在水面下做一次划手及蹬腿动作。为了降低水的阻力及加强推进力，蛙泳的划手及蹬腿动作曾有过多次改革，不过基本泳姿一直没有多大变化。

澳大利亚人韦利士于 1850 年使用了一种双手在水面前移的泳姿，这可以算是自由泳的雏形。及后英国泳手约翰·特拉真于 1873 年采用了一种用胸泳腿再配合双手交替前爬的泳式，后来澳大利亚人理查·卡尔又根据约翰·特拉真及亚历韦咸的泳式，创造了一种“浅打水”的踢腿方法。自此之后，腿的踢法就只有少许的变化。

现代游泳中的仰泳，又称背泳。早期的背泳，只是仰浮在水面上，然后再用胸泳的踢腿推进。1900 年的奥运会，开始有泳手使用手部在水面上过头前移的泳式。踩踏式的踢腿方式，则要到 1912 年的奥运会才开始出现。

现代游泳中的蝶泳，划水方法由德国泳手 Erich Rademacher 首次在 1926 年的胸泳比赛中使用。当时，他仍使用胸泳的踢腿方式。1952 年的奥运会之后，国际业余游泳联会决定将此泳式与胸泳分开，因而增加了蝶泳，而且泳员可以采用海豚式的踢腿方法。

（二）游泳运动技术发展

1. 蛙泳技术发展

蛙泳是一种古老的泳姿，据有关资料记载，早在 2 000 ~ 4 000 年前的中国、罗马、古埃及就有类似泳姿。例如埃及人曾在草纸上描绘过游泳的人像，从人像的动作结构来看，这是蛙泳的技术动作。1875 年 8 月 24 日，著名游泳运动员马修·韦布采用蛙泳姿势横渡英吉利海峡,历时21小时45分。

19世纪初,蛙泳是第一种在游泳比赛中被采用的泳式。随着比赛的频繁举行,相继出现了侧泳、爬泳等。由于蛙泳速度慢,所以在比赛中采用蛙泳姿势的人越来越少了。直到1904年第三届奥运会才把蛙泳和其他泳姿分开,增设了男子400米蛙泳项目。第四届奥运会改为200米蛙泳。1924年又增设了女子200米蛙泳。到1968年第十九届奥运会又增设了男女100米蛙泳项目。

1924年至1933年,蛙泳最大的革新是划水结束后两臂由水中前移改为由空中前移,但仍采用蛙泳的蹬夹动作,由此出现了蛙泳的变形——蝶泳。1936年,国际游联对蛙泳规则做了补充,允许在蛙泳比赛中采用蝶泳技术,于是蝶泳取代了蛙泳。在1948年第十四届奥运会200米蛙泳比赛中,只有一人采用蛙泳技术。1952年第十五届奥运会200米比赛中,运动员全部采用蝶泳技术。蝶泳正式列为一个新的项目是在1952年。当时规则还允许蛙泳采用水中潜水游进。由于潜泳阻力小,能充分发挥臂力,速度快,于是在1956年第十六届奥运会上,几乎所有的男子蛙泳运动员都采用了长划水的潜水蛙泳。当时日本运动员古川以2分34秒7的成绩创造了新的200米世界纪录。1958年,我国优秀运动员穆祥雄也采用潜水蛙泳创造了新的100米世界纪录。

第十六届奥运会后,国际泳联重新修订了规则,宣布取消“潜水蛙泳”,只允许运动员在出发和转身后做一次划水和一次蹬水的潜水动作,而整个游程中禁止潜泳。于是水面蛙泳又得到了恢复和新的发展。

2. 蝶泳技术发展

蝶泳在四种竞技游泳姿势中是最年轻的项目。蝶泳出现在1933年,美国人亨利·米尔斯在布鲁克林青年总会比赛中,首先采用两臂从空中移向前方,脚做蛙泳蹬水动作。当时并没有单独的蝶泳比赛项目,这一泳姿是在蛙泳比赛中出现的。直到1952年第十五届奥运会后,蛙泳和蝶泳才分开,正式产生了蝶泳项目。

蝶泳与蛙泳分开后,蝶泳技术得到了很快的发展。1953年5月31日,匈牙利运动员乔治·董贝克首先创造了蝶泳世界纪录,他的技术动作是一个周期内打三次腿。到了20世纪60年代,蝶泳形成了三种技术类型:一是两臂宽划水,打一次腿,拖一次腿;二是窄划臂,第一次打腿重,第二次打腿轻;三是高肘划水,臂划水路线成钥匙洞形,二次打腿均较重,有效划水路线长,目前许多优秀运动员都采用这种技术。

3. 仰泳技术发展

仰泳是在蛙泳之后产生的。在长距离游泳中,有人发现只要把身体仰卧在水中,手臂和腿稍加动作就可以自然地漂浮在水面和前进,并可以借此在水中休息。1794年就出现了原始的仰泳技术。在以后很长的时间里,仰泳均采用两臂同时在体侧向后划水,两腿做蛙泳的蹬水动作,所以当时也叫作反蛙式仰泳。1902年爬泳的技术被引用到仰泳中,1912年第五届奥运会上,美国运动员赫布涅尔采用两臂轮流划水,两腿上下打水,并以1分21秒的成绩获100米冠军,证实了爬式仰泳技术的优越性。1936年第十一届奥运会上,美国选手克菲尔以1分5秒9的成绩获得100米冠军,他的技术动作比较完善合理,奠定了现代仰泳的基础。目前仰泳技术是两次屈臂划水,腿打水六次或四次,一次呼吸的配合技术。

4. 自由泳技术发展

人们在公元前1000年一个亚述浮雕上,以及公元前750年的一个希腊花瓶上,人们发现了两臂轮流划水的游法。据现有的记载,较早采用两臂轮流划水的是英国人丁·杜鲁穗金。以后又相继出现了配合两腿的上下打水动作,两次打腿和拖腿的自由泳技术。1900 年举行的第二届奥运会上,匈牙利人哈尔曼就是采用两臂轮流划水、拖腿的方法获得了一些项目的金牌。接着他在第三届奥运会上又取得了金牌。后来英国人查·卡维尔创造了两腿轮流打水的方法,为自由泳技术的发展开辟了新的道路。1922 年美国人韦斯摩勒用两臂轮流划水各一次、两腿打水六次的方法,创造了新的世界纪录,成为第一个突破 100 米自由泳 1 分钟大关的运动员。他的技术被认为是奠定了现代自由泳技术的基础。20 世纪 30 年代,两臂前交叉的技术在泳坛上盛行,并一直流传到 20 世纪 50 年代。

随着运动成绩的不断提高,四次打腿的技术出现了。1949 年日本运动员古桥首先采用四次打腿技术,创造了 1 500 米自由泳的新的世界纪录。泳坛人士一方面承认采用这种技术能使动作频率加快,另一方面又害怕改变腿打水六次的技术影响成绩,因此古桥的技术没有得到广泛的运用。到了 1956 年,澳大利亚运动员罗斯采用该技术,第一次突破 1 500 米自由泳 18 分钟大关;同年,在墨尔本举行的第十六届奥运会上,美国运动员沙利也采用四次打腿的自由泳技术,将自由泳的世界纪录提高到 17 分 52 秒 9;在 20 世纪 60 年代初,我国运动员符大进采用四次打腿两臂中交叉的配合技术,打破我国中短距离自由泳的全国纪录,于是四次打腿的技术开始引起国内外泳坛人士的注意。然而,随着游泳运动的迅速发展,人们又不满足于四次打水技术。1964 年在东京举行的第十八届奥运会上,澳大利亚运动员温德尔采用两次打腿的自由泳技术,获得了 1 500 米冠军,并把这个项目的世界纪录提高到 17 分 01 秒 7;1968 年在墨西哥举行的第十九届奥运会上,有七名运动员采用两次打腿技术。进入 20 世纪 70 年代,不少优秀运动员采用两次打腿两臂中后交叉的配合技术,在长短距离自由泳项目中均取得了出色的成绩。于是这项技术开始发展起来,目前世界上短距离运动员多数采用六次打腿技术,长距离运动员多数采用两次打腿技术。

二、我国游泳运动的发展

据现有的资料以及人类社会发展历史看,在很早以前就有了游泳活动。远古时代,人类在遍布江、河、湖、海的地球上生活,不可避免地要和水发生关系,在生产劳动和与大自然作斗争的过程中就产生了游泳活动。从 5 000 多年前的古代陶器中,我们可以看到雕刻着人们潜入水中猎取水鸟及类似现代爬姿的图案,这说明早在 5 000 多年前人类就已经有了游泳的活动。

我们伟大的祖国是世界文明古国,我国游泳活动的开展也是源远流长的。据文字记载,在奴隶时代,就已经有了游泳活动。在 4 000 多年前,就有大禹治水的功绩。《诗经》里言道:“就其深矣,方之舟之;就其浅矣,泳之游之”,生动地记录了 3 000 多年前春秋时期人们游泳的情景。那时游泳一词是分开使用的,游指浮水,泳指潜水。战国的哲学家庄子所著《庄子·秋水》云:“夫水行不避蛟龙者,渔父之勇也”,足见当时渔夫已掌握了较高的游泳技能。周秦以后,封建统治阶级把游泳当作军事训练的手段来为维护他们的统治服务。据说齐国的国王和王后,吴国的国王夫差和西施,都是游泳能手。到唐宋时期,每逢端午节,都要在钱塘江举行大规模的游泳比赛,参加比赛的选手叫作“弄潮儿”。唐朝初期出现了跳水,因为人们是从安在船上的秋千架上跳入水中,所以又叫作“水秋千”。

我国古代的游泳姿势有涉(踩水)、浮(漂泳)和没(潜水)三种,劳动人民则把游泳作为同大自然作斗争的一种手段,并在生产劳动中不断地发展游泳的各种技能,创造了不少泅水的方法，如狗爬式、寒鸭浮水、扁担浮（踩水）、水上漂、扎猛子等，这些姿势至今仍在被采用。

现代游泳运动是从19世纪的西方传入我国的。1887年英国人在广州沙面修建了我国第一个25米室内游泳池。自1910年10月至1948年5月，我国共举行七届全国运动会，1924年的第三届运动会设置了游泳比赛项目。中华人民共和国成立后，我国游泳运动水平有了很大的提高。1953年，吴传玉在第一届国际青年友谊运动会的游泳比赛中，夺得男子100米仰泳冠军。1957年，戚烈云打破男子100米蛙泳世界纪录。1960年，穆祥雄、莫国雄又先后四次打破男子100米蛙泳世界纪录。1980年8月，梁伟芬在美国夏威夷举行的国际游泳比赛中，夺得女子100米蛙泳冠军。

第三节 游泳运动与高校

一、游泳运动特点

人在游泳时，凭借自我支撑力和推进力在水中活动或游进。游泳运动包括竞技游泳、实用游泳、花样游泳、康复游泳等，是现代五项运动和航海多项运动的组成部分，也是水球、水上摩托、帆船、跳水、潜水运动的基础。

游泳运动很早就已成为广大人民群众最喜爱的体育活动之一，在盛夏的日子里，更是如此。与游泳运动相比，篮球、排球运动对爆发力的要求较高，同时有利于侧肢的锻炼；田径中的径赛运动主要是发展下肢力量，田赛运动主要是发展上肢力量，对于全身素质的要求不同，锻炼的方法效果也就有所区别；足球等运动则主要发展下肢力量、爆发力和耐力，对于人体的形态结构以及全身的协调性要求不高。游泳运动既有有氧运动，又有无氧运动；既对下肢提出了较高要求，又对上肢提出较高要求；同时，它还强调人体运动的协调性、节奏性；既强调力量素质，又强调柔韧性、灵敏性及耐力素质等；另外，它还能陶冶人的情操，培养学生与风浪搏击的勇敢无畏的精神。总之，游泳运动是一项具有较全面锻炼体魄的运动项目。

二、游泳运动比赛规则

（一）比赛场地

正式的泳池长50米、宽25米，有8条泳道。同一组成绩最好的运动员（接力队），应该排在第4泳道上，其他运动员按成绩高低以5、3、6、2、7、1、8泳道的顺序安排。

1. 各泳式的比赛规定

（1）自由泳

①在自由泳比赛中，运动员可采用任何泳式。

②运动员转身和到达终点时，可用身体任何部分触池壁。

（2）仰泳

①运动员面对出发端，两端抓住握手器，两脚（包括脚趾）应处于水面下，禁止蹬在水槽

内、水槽上或用脚趾钩住水槽边。

②出发和转身后，运动员应蹬离池壁，并在整个游进过程中呈仰卧姿势。除做转身动作外，运动员必须始终仰卧。仰卧姿势允许身体做转动动作，但必须保持与水平面小于90度的仰卧姿势。头部位置不受限制。

③在整个游进过程中，运动员身体的某部分必须露出水面。在转身过程中，允许运动员完全潜入水中。但在出发和每次转身后，运动员潜泳距离不得超过15米，在15米前运动员的头必须露出水面。

④在转身过程中，当运动员肩的转动超过垂直面后，可进行一次连续单臂划水或双臂同时划水动作，并在该动作结束前开始滚翻。一旦改变仰卧姿势，就不允许做与连续转身动作无关的打水或划水动作。运动员必须呈仰卧姿势蹬离池壁。转身时运动员身体的某部分必须触池壁。

⑤运动员在到达终点时，必须以仰卧姿势触池壁。

(3)蛙泳

①出发和每次转身后，从第一次手臂动作开始，身体应保持俯卧姿势，两肩应与水面平行。

②两臂和两腿的所有动作都应同时在同一水面上进行，不得有交替动作。

③两手应同时在水面、水下或水上由胸前伸出，并在水面或水下向后划水。除最后一个动作外，在手臂的完整动作中，两肘不得露出水面。除出发和每次转身后的第一次划水动作外，两手向后划水不得超过臂线。

④运动员在蹬腿过程中，两脚必须做外翻动作，不允许做剪夹、上下交替打水或向下的海豚式打水动作。只要不做向下的海豚式打腿动作，两脚允许露出水面。

⑤运动员在每次转身和到达终点时，两手应在水面、水上或水下同时触池壁，触池壁前两肩应与水面平行。运动员在触池壁前的最后一次向后划水动作结束后，头可以潜入水中，但在触池壁前的一个完整或不完整的配合动作中，头应部分露出水面。

⑥在每个以一次划臂和一次蹬腿顺序完成的完整动作周期内，运动员头的某一部分应露出水面。只有在出发和每次转身后，运动员可在全身没入水中时，做一次手臂充分地向后划至腿部的动作和一次蹬腿动作。但在第二次划臂至最宽点并在两手向内划水前，头必须露出水面。

(4)蝶泳

①除在做转身动作时，身体必须始终俯卧外，从出发和每次转身后的第一次手臂动作开始，至下一个转身或到达终点止，两臂均应与水面平行。任何时候都不允许转成仰卧姿势。

②两臂必须在水面上同时向前摆动，并同时在水下向下划水。

③两脚的动作必须同时进行，允许两腿和两脚在垂直面上同时做上下打水动作。两腿或两脚可不在同一水平面上，但不允许有交替动作。

④在每次转身和到达终点时，两手应在水面、水上或水下同时触池壁，触池壁前两肩应与水面平行。

⑤运动员在出发和每次转身后，允许在水下做一次或多次打水动作和一次划水动作，这次划水动作必须使身体升到水面。

(5)混合泳

①个人混合泳须按照下列顺序进行比赛:

a. 蝶泳　b. 仰泳　c. 蛙泳　d. 自由泳(蝶泳、仰泳及蛙泳以外的任何泳式)。

②混合泳接力须按照下列顺序进行比赛:

a. 仰泳　b. 蛙泳　c. 蝶泳　d. 自由泳(仰泳、蛙泳及蝶泳以外的任何泳式)。

③在个人混合泳和混合泳接力项目的仰泳转蛙泳过程中,运动员转肩动作超过垂直面之前必须呈仰泳姿势触及池壁。

2. 游泳比赛中的出发

(1)自由泳、蛙泳、蝶泳的各项比赛必须从出发台起跳出发,仰泳项目在水中出发。当听到总裁判发出长哨声信号后,运动员应站到出发台上,两脚距出发台前缘相同距离;仰泳项目运动员下水。在总裁判发出第二声长哨时,仰泳运动员应迅速游回池端做好出发准备;当所有运动员都处于静止状态时,发令员应发出"出发信号"(鸣枪、鸣哨、电笛或口令)。运动员在听到"出发信号"后才能做出发动作。

(2)运动员如在"出发信号"发出之前出发,应判出发抢码犯规。第一次出发抢码犯规,发令员就应召回运动员并组织重新出发。第一次出发抢码犯规以后,无论哪个运动员抢码犯规(不论该运动员是第几次犯规),均取消其比赛资格或录取资格。如果在"出发信号"发出之后发现运动员抢码犯规,应继续比赛,在该组比赛结束后取消犯规运动员的录取资格。如果在"出发信号"发出前发现运动员抢码犯规,则不再发"出发信号",取消抢码犯规运动员的比赛资格后,再次组织出发。

(3)发令员发现运动员抢码犯规或总裁判判定运动员抢码犯规鸣哨后,发令员应连续不断地发出召回信号直至将运动员召回。

(4)如因裁判员的失误或器材失灵而导致运动员抢码犯规,发令员应将运动员召回重新出发,不作为一次抢码犯规。

(二)游泳比赛和犯规

(1)运动员必须在自己的泳道内比赛完毕,否则即算犯规。

(2)游出本泳道,或用其他方式干扰、阻碍其他运动员者应取消成绩。

(3)由于某运动员犯规而影响了被干扰、阻碍的运动员获得优良成绩时,则应准许受干扰阻碍的运动员补测成绩,或直接参加决赛。如在决赛中发生上述情况,应令该组重新进行决赛(犯规运动员除外)。

(4)比赛中运动员转身时必须使身体某一部分触及池壁。转身必须从池壁完成,否则即算犯规。

(5)在比赛中除自由泳可在池底站立外,其他泳式(包括自由泳)均不得跨越或行走,否则即算犯规。

(6)在比赛中,运动员不得使用或穿戴任何有利于其速度、浮力的器具(如手、脚蹼等,但可戴护目镜),否则即算犯规。

(7)每一个接力队应有四名队员,接力比赛中任何一名队员犯规即算该队犯规。任何接力队员在一次接力比赛中只能参加一棒比赛。

(8)接力比赛时,如本队的前一名运动员尚未触及池壁,而后一名运动员即离台出发,应算犯规。如该运动员重新返回并以身体任何部分触及池壁再行游出时,不作犯规论。

(9)接力比赛前三棒运动员游完后,在不影响其他运动员比赛的情况下应尽快离池,并不得触停其他泳道自动计时装置,否则即判犯规。运动员全部到达终点要尽快离池,否则即判犯规。

(10)在一项比赛进行过程中,当所有比赛的运动员还未游完全程前,未参加比赛的运动员如果下水,应取消其原定的下一次的比赛资格。在接力比赛中,当各队的所有运动员还未游完之前,除了应游该棒的运动员外,任何其他接力队员如果进入水中,该接力队员将被取消录取资格。

(11)预赛结束后,因两名以上运动员成绩相等而超过了原定的参加决赛人数时,确定参加决赛人选的办法如下:

①如采用自动计时装置,预赛后,同组或不同组的运动员成绩相同者,都必须重赛,按重赛后的名次确定参加决赛的人选。

②如采用的是人工计时,预赛后,同组的运动员成绩相同者,不重赛,按预赛的名次确定参加决赛人选。不同组的运动员成绩相同者,按下面三个办法确定重赛的运动员,根据重赛后的名次确定参加决赛人选。

在某项预赛后,两组或两组以上的运动员成绩相同,需要确定一名参加决赛,应按各组终点名次最前的一名参加重赛。重赛后名次最前的一名运动员参加决赛。

在某项预赛后,A 组甲、乙、丙(按终点名次排列顺序)运动员与 B 组甲运动员成绩相同,需要确定两名参加决赛。A 组丙应淘汰,由 A 组乙和 B 组甲重赛,重赛后优胜者与 A 组甲参加决赛。

在某项预赛后,A 组甲、乙运动员与 B 组甲、乙运动员成绩相同,需要确定两名参加决赛,应由这四名运动员一起重赛,重赛后名次列前的两名运动员参加决赛。

③重赛应在所有有关运动员游完预赛至少一小时(或经有关方面协商确定时间)进行。以抽签方法安排泳道。

三、游泳运动基本技术

(一)蛙泳动作技术

1. 动作要领

(1)蛙泳身体姿势

在游进中,身体不是固定在一个位置上,而是随着手、腿的动作在不断地变化。当一个动作周期结束后,身体应展胸、稍收腹、微塌腰、两腿并拢、两臂尽量伸直、颈部稍紧张、头置于两臂之间、眼睛注视前下方。整个身体应以身体的横轴为轴做上下起伏的动作。身体纵轴与水平面成 5 ~ 10 度。

(2)蛙泳腿部技术

蛙泳的腿部动作是推动身体前进的主要动力之一。它的主要动作环节可分为收腿、翻角、蹬夹水和滑行,这四个环节是紧密相连的完整动作。

①收腿:收腿的目的是为翻脚、蹬夹水创造有利的位置,这既要减少阻力,又要考虑到手腿配合因素。开始收腿时,两腿随着吸气的动作,自然放下,同时两膝自然逐渐分开,小腿向前回收,回收时两脚放松,脚跟向臀部靠拢,边收边分。收腿时力量要小,两脚和小腿

回收时要收在大腿的投影截面内，以减少回收时的阻力。收腿结束后，大腿与躯干成120～140度，两膝内侧大约与髋关节同宽。大腿与小腿之间的角度为40～45度，并使小腿尽量成垂直姿势，这样就能为翻脚、蹬夹水做好有利的准备。

②翻脚：在蛙泳腿部的技术中，翻脚动作很重要，它直接影响蹬夹水的效果。收腿即将结束时，脚仍向臀部靠近，这时膝关节向内扣，同时两脚向外侧翻开，使脚和小腿内侧对好蹬夹水方向，这样能使蹬水面加大，并为大腿发挥更大力量做好积极准备。收腿与翻脚、蹬夹水是一个连续的完整动作过程。正确的翻脚动作，应在收腿未结束前开始，在蹬水开始前完成。如果翻脚后，腿稍有停滞，则会破坏动作的连贯性并增大阻力。

③蹬夹水：蛙泳腿部动作效果的好坏，完全取决于蹬夹水技术动作的正确与否。蹬水应由大腿发力，先伸髋关节，这样使小腿尽量保持垂直对水的有利部位，向后做蹬夹水的动作，其次是伸膝关节和踝关节。蹬夹水的动作实际是一个连续的完整动作，只是蹬水在先，夹水在后。实际上在翻脚的动作中，两膝向内、两脚向外已经为蹬夹水固定住唯一的方向。蹬夹水效果的好坏不但取决于腿部关节移动的路线和方向，以及蹬夹水时对应水面积的大小，而且最主要的是取决于两腿蹬夹水的速度和力量的变化。蹬夹水的速度是从慢到快，力量是从小到大的。

④滑行：蹬夹水结束后，脚处于水平面的最低点，这时身体随着蹬水的动力向前滑行，腰部下压，双脚接近水面，准备做下一个循环动作。

(3)蛙泳手臂技术

蛙泳手臂划水动作可以产生很大的推动力，掌握合理的手臂划水技术，并且使之与腿和呼吸动作协调配合，能有效地提高游进速度。它的主要动作可分为开始姿势、滑下（也可叫作“抱水”或“抓水”）、划水、收手和向前伸臂几个阶段。这几个阶段也是紧密相连的完整动作。

①开始姿势：当蹬夹水动作结束时，两臂应保持一定的紧张状态，自然向前伸直，并与水面平行，掌心向下，手指自然并拢，使身体成一条直线，形成较好的流线型。

②滑下（抱水、抓水）：从开始姿势起，手臂先前伸，并使重心向前，同时肩关节略内旋，两手掌心略转向外斜下方，并稍屈手腕，两手分开向侧斜下方压水，当手掌和前臂感到有压力时，就开始划水。此动作一方面能给划水创造有利条件，另一方面还能产生身体上浮和前进的作用。滑下的速度，根据个人的水平不同而不同，水平较高者较快，反之则慢。

③划水：当两手做好滑下动作、两臂分开成40～45度时，手腕开始逐渐弯曲，这时两臂两手逐渐积极地做向侧、下、后方的屈臂划水动作。划水时，手的运动应该分为两个部分，前一部分：手向外—向下—向后运动，水流从大拇指流向小拇指一边；后一部分：手向内—向下—向后运动，水流从小拇指流向大拇指一边。在划水中，前臂和上臂弯曲的角度是在不断变化的，其标准是以能发挥出最好的力量为准则。在整个划水过程中肘关节的位置都比手高。手运动的路线，不应到肩的下后方，而应在肩的前下方。其速度是从慢到快，至收手时应达到最快速度。

④收手：收手是划水阶段的继续。收手时，收的运动方向为向内、向上、向前。手的迎角大致为45度。由于前臂外旋，掌心逐渐转向内。收手动作应有利于做快速向前的伸手动作，并且肘关节要有意识地向内夹。当手收至头前下方时，两手掌心由后转向内—向上的姿势，这使大臂不应超过两肩的横向延长线。在整个收手过程中，手的动作应积极、快速、圆滑，收手结束时，肘关节应低于手，大、小臂的角度小于90度。

⑤向前伸臂:向前伸臂是由伸直肘关节、肩关节来完成的,掌心由开始的向上逐渐转向内,双掌合在一起向前伸出,在最后结束前逐渐转向下方。蛙泳整个臂部的动作路线无论是俯视还是仰视都是椭圆形的,并且是一个连贯、力量从小到大、速度从慢到快的完整过程。

(4)蛙泳配合技术

手臂滑下(抱水、抓水)的同时,开始逐渐抬头,这时腿保持自然放松、伸直的姿势。手臂划水时,头抬至眼睛出水面,腿还是不动。只有收手时才开始收腿,并稍向前挺髋,这时头抬出水面,并进行快速、有力的吸气。伸手臂的同时低头,用鼻或口鼻进行呼气,并且在手臂伸至将近二分之一处时,进行蹬夹水的动作,之后,让身体伸展滑行一段距离,待速度降低时进行第二个周期的动作。

在蛙泳的游进过程中,一般都是一个周期一次呼吸,这样有利于机体的有氧供应,从而降低疲劳速度。需要注意:在抬头吸气前,必须要将体内的废气全部吐完,这样才能吸进新鲜氧气。

2. 动作难点

腿部动作的翻脚和鞭状蹬夹水动作是蛙泳技术的难点。腿部动作的技术要做到慢收快蹬,翻脚充分,鞭状蹬腿。臂部技术要做到屈臂划水和划水路线不超过肩。在完整配合技术中要注意动作的节奏和连贯性。

3. 练习步骤

(1)腿部动作

①站立(陆地):单腿练习,分四拍:收腿,手搬脚上翻,蹬夹,停顿。

②俯卧(陆地或水中):体会收、翻、蹬夹、停的动作。

③水中:手扶浮板,做腿部练习。

(2)臂部动作

①站立(陆地或水中):体前屈 90 度,做臂划水动作。

②水中:腿夹浮板,做划臂练习。

(3)完整动作配合练习

①站立(陆地):臂上举,用单腿按节拍做。两臂向两侧外划;内收的同时收腿,收腿结束后即翻脚;向上伸直臂时,翻脚的一腿向下做弧形蹬夹水动作。

②水中:蹬边滑行后,不呼吸,做腿、臂和抬头配合动作。然后,做多次臂、腿动作与一次呼吸配合。

4. 易犯的错误与纠正的方法

(1)蹬腿时没有翻脚

纠正方法:讲解示范,明确动作要领;反复做分解动作的练习,体会慢收、翻脚、快蹬的节奏;在别人的帮助下做翻脚动作练习。

(2)平收腿、蹬腿过髋、蹬夹脱节或只蹬不夹

纠正方法:讲解示范,明确动作要领;要求两膝并着收腿或在陆上做模仿练习,体会收、翻和弧形蹬夹动作。

(3)收、蹬腿时脚的位置太低

纠正方法:腰部肌肉适度紧张,使身体平卧水面,积极收小腿,少收大腿。

(4)划水路线太后,两臂划水太宽

纠正方法:强调两臂划水时抬头吸气,要求高肘屈臂划水。

(5)吸不到气

纠正方法:强调吸气前先在水中呼气,口露出水面用口吸气,两臂开始划水就抬头吸气;多做臂划水与呼吸配合的练习。

(二)爬泳动作技术

1.动作要领

(1)爬泳身体姿势

游爬泳时,身体要尽量保持俯卧的水平姿势。但是为了取得更好的动作效果,头部应自然稍抬,两眼注视前下方,头的三分之一露出水面,水平面接近发际,双腿处于最低点,身体纵轴与水平面成3~5度的仰角。

爬泳游进中,身体可以围绕身体纵轴做有节奏的转动,转动的角度一般为35~45度。如果速度加快,角度就会相对减小。这种转动是由于划臂、转头和吸气而形成的自然转动,并不是有意识地做转动。转动所带来的好处有以下几点:

①便于手臂的出水和空中移臂,并缩短移臂的转动半径。

②有助于手臂在水中抱水和划水,使手臂划水的最有力部分更接近于身体中心的垂直投影面。

③由于臀部随身体轻度地转动,腿打水时,产生部分侧向打水动作,可以抵消移臂时造成身体侧向偏离的影响,维持身体平衡。

④便于呼吸。

(2)爬泳腿部技术

在爬泳技术中,大腿动作除了产生推动力外,主要起着维持身体平衡的作用,它能使下肢抬高,以及协调配合双臂有力地划水。爬泳时腿的打水动作几乎与水平面成垂直方向进行,从垂直面看,两腿分开的距离为30~40厘米,膝关节弯曲的角度约为160度。游进中,腿向上打水时,脚应接近水平;向下打水时,不应超过身体在水中的最低部位。正确的打水动作是脚稍向内旋,踝关节自然放松,向上和向下的打水动作应该从髋关节开始,大腿用力,通过整个腿部,最后到脚,形成一个"鞭状"打水动作。向下打水的效果最大,因此应用较大的力和较快的速度进行;而向上则要求放松、自然,尽量少用力,并且速度相对要慢。

从腿向上动作开始,当大腿带动小腿,从下直腿向上移至踝关节、膝关节、髋关节与水平面平行时,大腿稍向上而终止移动,并开始向下打水。当大腿开始向下打水时,由于惯性的作用,此时小腿和脚仍继续向上移动,使膝关节弯曲大约160度。这使小腿和脚达到了最高点,大腿继续向下移动,带动小腿和脚完成向下打水动作。

当大腿向下打水到最低点并向上抬起时,小腿和脚与大腿仍保持一个角度,并继续向下移动打水,直至完全伸直为止,才随大腿向上移动,开始第二个循环动作。

(3)爬泳手臂技术

爬泳的臂部动作是推动身体前进的主要动力。它分为入水、抱水、划推水、出水和空中移臂等几个阶段,这几个阶段在划水动作中是紧密相连的完整动作。

①入水

臂入水时,肘关节略屈,并高于手臂,手指自然伸直并拢,向前斜下方插入水。注意手掌向外，动作自然放松。手入水的位置应在肩的延长线上，或在身体的中线和肩的延长线之间。入水的顺序为：手、小臂、大臂。

手切入水后，手和小臂继续向前下方伸展，手由向前—向下—稍向内的运动变为向前—向下—稍向外的运动。

②抱水

臂入水后，应积极插向前下方，此时小臂和大臂应积极外旋，并屈腕、屈肘。在形成的动作中，开始手臂是直的，当手臂划下至与水平面成15～20度时，应逐渐屈肘，使肘关节高于手。在划水开始前，也就是手臂约与水面成40度时，肘关节屈至150度左右。

抱水动作主要是为划水做准备，因此它是相对放松和缓慢的。抱水就好像用臂去抱一个大圆球一样。抱水时，手的运动路线为向后—向下—向外。

③划推水

手臂在前方与水平面成40度起至后方与水平面成15～20度止的运动过程都是划水动作。它分为两个阶段：从抱水结束到划至与水面垂直之前称为"拉水"，过垂直面后称为"推水"。拉水时，应保持高肘姿势，手向内—向上—向后运动。当拉水结束时，手在体下接近中线，这时，肘关节弯曲的角度为90～120度，小臂由外旋转为内旋，掌心由向内后方变为向外后方。

向后推水是通过屈臂到伸臂来完成的。在推水过程中，手是向外—向上—向后运动。肘关节要向上、向体侧靠近，并且手掌要始终与水平面保持垂直。

整个划推水过程，手掌的运动路线并不是始终在一条直线上和同一平面上，实际上是一个较复杂的三度曲线。从身体的额状面来看是一个"S"形，从身体的矢状面来看是一个"W"形。

在整个划水过程中，肩部应配合手臂进行向前—向下—向后的合理转动，这样有利于加长划水路线和加大划水力量。

④出水

在划水结束后，臂由于惯性的作用而很快地靠近水面，这时，由大臂带动肘关节做向外上方的"提拉"动作，将小臂和手提出水面。小臂出水动作要比大臂稍慢一些，掌心向后上方。手臂出水动作应迅速而不停顿，但同时应该柔和，小臂和手掌应尽量放松。

⑤空中移臂

臂在空中前移的动作是手臂出水的继续，不能停顿，一臂的动作应该放松自如，尽量不要破坏身体的流线型，要和另一臂的划水动作协调一致，并且要注意节奏。在整个移臂过程中，肘部应始终保持在比手部高的位置。

(4)爬泳配合技术

爬泳的配合技术分为：两臂配合技术、两臂和呼吸的配合技术以及完整的配合技术。

①两臂配合技术

爬泳两臂的正确配合是保障前进速度均匀的重要条件，并且有利于发挥肩带力量积极参与划水。根据划水时两臂所处的位置，可以把手臂的配合技术分为四种：前交叉、中交叉、中前交叉和后交叉。一般优秀运动员都采用中前交叉技术。

②两臂和呼吸的配合技术

爬泳时呼吸和手臂的配合为：一次呼吸N次划水。吸气时，头随着肩、身体的纵向转动转向一侧，使头在低于水面的波谷中吸气。此时，同侧臂正处在出水转入移臂的阶段。移臂时,头转向正常位置。同侧臂入水时,开始慢慢呼气,并逐渐用力加快呼气的速度。

③完整的配合技术

完整的配合技术是指呼吸、手臂和腿的整体配合。因为手臂是产生推进力的主要来源,因此在配合中,呼吸和腿的动作都应该服从于手臂动作的需要。

呼吸、手臂和腿的配合比例主要有三种:1:2:2(即一次呼吸,两次手臂动作,两次打腿的动作);1:2:4;1:2:6。也有极少数优秀运动员采用1:2:8的技术。

2. 动作难点

两腿鞭状打水和臂沿着S形路线屈臂划水以及呼吸是爬泳技术中的重点和难点。

3. 练习方法

(1)腿部练习

①坐姿:双手后撑做直腿打水动作,后放松膝、踝关节,体会鞭状打水动作。

②水中:双手扶池槽做固定打水练习。进而扶浮板进行打水练习。

(2)臂部练习

①站立(陆地或水中):上体前倾90度,两臂轮流做入水—抱水—划水—出水—移臂—入水模仿练习。

②水中:配合走动做腿部动作,待掌握节奏后用两腿夹浮板做划水练习。

(3)臂和呼吸的练习

①站立(陆地或水中):上体前倾90度,两臂轮流练习,同时转头配合做呼吸动作。

②水中:边走边划臂边做转头呼吸动作。

(4)完整配合练习

①在水中滑行两腿打水,同时做臂腿配合练习。

②在①的动作基础上配合呼吸练习。

4. 易犯的错误及纠正的方法

(1)小腿打水

纠正方法:强调大腿带动小腿和脚打水,用直腿打水进行纠正。

(2)臂入水后向下压,划水时抹水

纠正方法:强调不要过早用力向下划水,强调臂入水后屈臂高肘、掌心对准向后方划水。

(3)手沿着身体纵轴外侧划水

纠正方法:要求入水点不要偏外,强调沿着身体纵轴屈做S形路线划水。

(4)抬头吸气或吸不到气

纠正方法:强调沿着身体纵轴转头吸气,强调要先呼气后用口吸气。

四、游泳运动教学与训练

(一)游泳运动教学

1. 基本动作

基本动作指各泳式按其特定的姿势和技术要求而连续反复进行的腿、臂、呼吸等各个局部动作,是构成各种泳式完整技术的基本要素。其对发展专项素质、提高专项技术技能有很大影响。

2. 身体位置

游泳时身体平卧于水，髋部处在水中的深浅程度，是评定游泳技术优劣及技术教学是否到位的主要参考。

3. 身体姿势

身体姿势是游泳运动技术名词、技术要素之一，指游泳时人体卧在水中的基本形状和要求。各种泳式的基本姿势随不同的技术特点而略有区别：仰泳时要仰卧平展于水面，稍挺胸、展髋，防止臀部下沉；海豚泳时躯干要略加收腹、挺腹的反复交替，来协同腿臂动作，呈现有规律的上下起伏运动，形成波浪动作，有利于推进。

4. 转肩

爬泳、仰泳等以两臂轮番交替做绕肩抡臂的泳式尤为重要。游动时，以躯干中线为轴，肩部随同左右手臂的划水与移臂相互连接替换，而呈现周期性的起伏转动，甚至牵连到躯干呈左右规律晃动。

5. 划水

划水是指运用手臂在水中的合理动作来产生推进速度的技能，是游泳的重点技术环节。根据不同姿势技术要求，手臂划水动作可归纳为：双臂同时对称划水，如蛙泳、蝶泳类；左右两臂轮流替换地重复同一划水动作，如爬泳、仰泳类；此外，还有左右两臂不对称地交替重复其各自划水动作，如侧泳、狗爬泳等。

6. 划水路线

划水路线是指手臂在水中为产生推进力的划水运动轨迹。这种轨迹与手臂划水技术有关。根据物体运动中的力偶会造成转动的原理，游泳时手臂划水产生最大推进力的动作阶段，手掌小臂应合理靠近躯干，可以减少分力，保持直线游动。

7. 两臂动作配合

这是指左右手臂在水中划动的连接和协同。上肢带划水技术是产生推进的主要动力，其动作配合的协调性及用力技巧性是获取推进力的关键。竞技游泳姿势手臂划水技术，可归纳为两臂同时对称划水与左右臂轮流交替划水两类。

8. 完整动作配合

这是指游泳时由腿、臂、呼吸等基本动作，按照本泳式的动作方式、顺序、要求和节奏，组合成为符合规范的、协调的、周期性的技术。它既要求局部基本动作正确合理，更强调整体动作组合的连贯性和节奏性，表现出动作用力与放松的节律交替，达到节省体能、发挥速度、保持匀速游动的效果。

9. 靠肘伸肩

伸臂进，强调肩部积极向前伸展，两手并拢，两肘靠近，靠肘伸肩可调整人体在水中的仰角，提高身体位置；增加划臂动作幅度；也有助于在回臂过程中，减少迎面阻力，提高前进速度。

10. 长划臂

长划臂是潜泳以及蛙泳出发、转身后所做的一次水下划水动作。其动作幅度较大，可取得较大推进速度。

11. 蹬夹动作

蹬夹动作是蛙泳腿部动作组成部分，蹬腿技术的关键。两腿以脚掌及小腿内侧为对水面，向侧后方蹬出。脚掌路线呈向外、向后、向内依次作弧形鞭状的加速度伸展动作，形成边蹬边夹的连贯过程。动作结束时两腿并拢伸直，并缓慢上提大腿，呈流线型体位。

12. 鞭打动作

这是指腿部打水造成推进的瞬间动作。爬泳、海豚泳的向下打水或仰泳向上踢水，要求动作具有弹力，如皮鞭抽打状。

13. 浪状动作

浪状动作是海豚泳的基本动作。以躯干和两腿连同持续做有规律的上下起伏打水动作，形如波浪，起积极推进的作用。技术特点：动作发力点高，由躯干带动腿部做上下鞭打动作，注意腹背发力，经大腿、小腿从上到下传递力量，直至足背击水而取得推进。20 世纪 50 年代海豚泳技术发展初期，身体在水中呈大幅度浮潜，称为“大波浪动作”。此后为加快划臂频率、提高速度，不断改进技术，减小游动的起伏，身体趋向平稳，称为“小波浪动作”。

14. 动作周期

动作周期是指一次周期性动作所需的时间，以秒/次表示。各种游泳姿势按照该泳式特定动作的节奏构成完整技术，周而复始地循环，通常以手臂动作开始的一瞬，经过两臂绕行一周恢复到原先位置为一个完整周期。

15. 游泳阻力

这是游泳运动中流体力学的基本概念之一，指与人体在水中运动方向相反的作用力。主要有摩擦阻力、形状阻力和波浪阻力，是游动时人的不合理姿势、动作造成涡流和挡水面形成的阻力。

16. 熟悉水性

这是游泳教学的先进步骤，指通过一定的教学方法，引导学员认识、体验、掌握水的物理特性，随后进行游泳姿势基本动作教学。

练习内容包括：

①水中行走，体会水的阻力。

②浮体练习，体会水的浮力及人体在水中浮沉的原理，学会在水中保持平浮的能力。

③呼吸练习，了解掌握水中呼吸的特点、方法、规律及与腿臂动作配合的节奏。

④滑行练习，掌握人体在水中游动时的正确姿势、平衡和借助动作推力、蹬力的反作用，以取得滑行速度和游距的能力。

17. 踩水

踩水是实用游泳之一，指借助两腿的蹬水和两臂的划水使人体在水中垂直浮动。踩水时，两腿同时做类似蛙泳的向下蹬水，两臂在胸前做横向划水动作，也可采用两腿交替蹬踩和两臂上下压水的方式。

（二）游泳运动训练

1. 游泳训练理论

（1）间歇训练理论

20 世纪 50 年代中期，游泳界逐渐注意到了田径运动员的间歇训练法，并开始小心翼翼地在游泳训练中采用。澳大利亚人率先在准备参加 1956 年奥运会的计划中成功运用了间歇训练法，这使世界泳坛大为震惊，人们开始对这种训练法所带来的巨大推动作用表示赞叹。

澳大利亚人的经验使美国和其他国家的教练开始对训练方法进行重新审视。有人以为，假如采用一点间歇训练法就能取得好成绩，那么采用越多，就会越好，大量采用，就必然会更好。但遗憾的是，这只是出于理想。20 世纪 50 年代后期变革的结果只是越来越倾向于增加反复练习的次数，而对完成的质量不那么注意。德意志联邦共和国运动员格尔哈德·海茨就曾采用过 40×100 码，间歇 1 分钟的练习方法，格尔哈德·海茨等运动员也曾采用过 100×50 码，间歇 30 秒这样的练习方法。

这种方法在当时虽然流行一时，但仍有很多教练员和运动员都拒绝采用。在游泳运动训练科学化理论及方法的研究中取得较大成功的教练员，如乔治·海因斯、福比斯，卡莱尔、唐·泰波特、唐·甘布里和唐·索尼亚等人曾指出，在一个间歇训练的训练计划中，数量不是首要的因素。他们倾向于减少数量而突出反复游的质量，一般只采用 16－40×50 码，而不是 50－100×50 码，用减少反复的次数来达到较高的质量。当时，以美国为主的游泳教练员认为，在训练中完成强度是主要的，并且重点应放在保持比赛速度的练习上。但是后来又为一种新的倾向所冲淡，人们发现人体对各种不同的训练会产生不同的专门性反应，而仅仅局限在高强度的练习上将是一个很大的错误。如果能从其他运动项目特别是从田径运动的先前的经验中吸取有益的东西，那么在改进游泳训练方法方面就可以避免犯许多错误。

（2）大运动量训练理论

从 20 世纪中期至 70 年代初期，世界各国仍致力于各泳式技术的发展和完善，但训练已从单一主项转向全面技术训练。各种姿势的搭配和转换丰富了训练内容和手段，减小了因单一姿势训练而引起的局部疲劳，相应提高了运动员承受负荷的能力。与此同时，世界各国开始重视运动员体能的开发。20 世纪 50 年代，开始重视游泳馆的修建，为游泳的全年水上训练提供了条件。

为了保证负荷量的增长，优秀运动员从一天训练一次或两次，逐渐增加到一天训练 3 次。大负荷量训练，追求量的积累，使运动员年训练量迅速增加。20 世纪 60 年代初，美、澳运动员年训练量已增加到 130 万米，70 年代中期达到 300 万米。

大运动量阶段的主要训练特点是，运动量大，但强度比较低，采用大量的混合泳训练、间歇训练法。

1956 年澳大利亚人共打破 7 项世界纪录，从第十五届奥运会的总分第 5 名一跃成为第十六届奥运会的总分第 1 名。美国游泳界泰斗康西尔曼说，澳大利亚大运动量训练的成功经验，使许多国家都卷入了对训练方法进行变革的行列之中。苏联也对澳大利亚大运动量训练表示肯定——大多数女运动员都掌握了良好的各式的游泳技术，包括各式配合的游泳和分解游泳，并指出自己落后的原因就在于忽视了大运动量，甚至主要的运动员都没能很好地掌握各式游泳的现代技术。

在体能训练方面，是继续追求数量，还是提高强度，已日趋成为矛盾的中心。以名将古尔德从 100 米至 1 500 米自由泳包揽的全部女子世界纪录为代表的澳大利亚卡莱尔派认为，谁游的量越多，谁的成绩提高就越快。而以美国为代表的大负荷派主张，不仅训练量要大,而且要和高强度训练很好地结合。这种新的训练观点是针对20世纪60年代中期美国占有的世界纪录不断减少(1965年男女仅有5个单项)的情况提出的。

采用大负荷的训练之后,1967年美国人保持的世界纪录又重新增加了速度的间歇训练方法。同时,人们又开始重视陆上身体训练,特别是力量训练,因而出现了新的等动力量训练方法与新型的陆上和水上力量训练器械。由于重视了运动员体能潜力的开发和训练,综合训练的结构和模式初步形成,促进了游泳运动员整体训练水平的提高。

(3)大负荷综合训练理论

大负荷综合训练阶段的主要训练特点是数量大、强度高,强调力量训练,主要采用“包干”训练法。人们在采用综合训练之前几乎都认为,大数量训练和高强度训练是根本对立的。过去有人认为,既要求大数量,又要求大强度的做法必然不能持久。但到了综合训练阶段,人们已经能够把二者成功地结合在一起。

美国教练员认为低强度大数量训练不见得好于高强度小数量的训练,如果有两者综合的周密计划可能会带来更好的效果。

1973年以前,德意志民主共和国进行过这样的实验,第一组采用训练时间长的澳式训练法,第二组则采用运动员自己提高强度的方法,使四小时的训练量相当于其他六七小时的训练内容,结果第一组没有一个人选,第二组大数量高强度的训练组几乎全部人选。

从20世纪60年代末期至70年代中期,世界纪录再一次出现了较大范围的突破,这标志着综合训练已全面进入了成熟期。20世纪70年代末期,卡莱尔发表文章,表示接受关于大负荷训练的观点,并应用了速度和耐力两个系统的生理机制来论述大数量和高强度训练交替使用的合理性。

大负荷训练的成功实验,使世界各国先后转入大负荷训练的浪潮之中。但随着大负荷训练的深入,训练的效果却不再像过去那样不断提高,因而人们对训练负荷的继续加大产生了怀疑。

德意志联邦共和国的沙托利在观察1975年世界游泳锦标赛后报道,凡是被访问到的教练员都一致认为,现代训练法的特点已形式多样,调节负荷的手段已变化为时而重质、时而重量交替使用。德意志民主共和国开始重视力量训练,把陆上和水上的专项力量训练纳入大负荷训练的内容中去,并取得了惊人的成就。女队在1973年前没有一项世界纪录,而到1973年一下就获得6个单项的世界纪录。

1982年有人发表文章说,根据训练负荷的发展规律,运动水平提高到一定程度之后,还靠大数量和高强度机械式地相加交替使用的训练已经不够了,今后训练负荷的发展趋势不是向数量更大、强度更高的方向发展,而是在训练负荷的合理结构方面下功夫。

20世纪80年代中期,世界优秀运动员的年训练总量一般都保持在300万米左右。但也出现了总负荷不大却取得优异成绩的例子,如美国的比昂迪和德意志联邦共和国的格罗斯等。据报道,格罗斯有时每天只训练一次,每次两小时,游7 000 ~ 8 000米。但由于较合理地安排高强度训练,他于1985年创造了100米、200米蝶泳和200米、400米自由泳4项男子世界纪录。由于20世纪70年代末期以来,世界纪录处于增长缓慢的波谷期,因而他们的训练和成就更加引起人们的注意。正当大负荷训练还在加大之时,世界纪录的增长反而变得缓慢了。有些项目如女子400米至1 500米自由泳从1978至1986年几乎没有进展。

(4)周期训练理论

所谓“周期”是指事物周而复始、循环往复的发展过程。而“训练周期”就是表现周而复始、循环往复特点的训练过程。20 世纪 20—60 年代，游泳界主要表现的是“全年训练分期思想”。20 世纪四五十年代，在台逊·格兰登、奥卓林登学者的研究和努力下，现代周期训练理论被打下了良好的基础。20 世纪 50 年代末期，苏联马特维也夫最终确立了现代训练周期理论，他成为该理论的创始人，对现代运动训练曾产生了划时代的影响。

周期训练理论的确立和训练周期划分的主要原理包括如下内容，即：

依据运动员竞技状态形成与发展的周期性变化规律。以此为依据，各训练过程的训练周期均分成“准备性周期”“基本性或比赛性周期”“休整性或过渡性周期”，这是训练周期划分的最主要依据。

依据运动员自身各竞技能力的生物节奏变化规律。各周期中具体的节奏性安排也在一定程度上依据了运动员竞技能力的生物变化规律，即表现最大竞技能力的时间往往是表现最高竞技状态的时间和负荷与比赛的高峰期。

依据训练适应性的形成规律和负荷与恢复交互安排的基本规律。

依据重大比赛日程安排。各周期在实际安排中又往往以各种比赛的周期性安排为规律，并在很大程度上受其制约。例如，是否能在年度训练中安排双周期制，取决于全年是否有两次重大比赛。

依据气候、季节等自然条件的周期性变化规律。

依据学习、工作、生活的周期性安排规律。

游泳周期训练理论就是在运动训练周期理论的影响下产生和发展起来的。20 世纪 50 年代末期以后，绝大多数游泳运动员准备重大比赛时都开始严格划分训练周期。但是最早，人们主要还是简单地把周期训练理解为一个以年度来计划的独立的训练过程。这种方法一般只围绕一年里的一个重大比赛制定一个大周期，其中，训练期持续 6 ~7 个月，比赛期持续 3 ~4 个月，过渡期持续 1.5 ~2.5 个月。后来，随着人们对于运动训练周期性安排的生物学认识的深入以及比赛次数的增加，周期训练又逐渐发展为一年两个大周期的形式。特别是美国选手在 20 世纪 80 年代中期以前，普遍采用双周期的安排方法。

但 20 世纪 80 年代末期，随着年训练计划的结构变得越来越复杂，不同国家游泳运动员，以及不同专项的运动员的全年训练周期划分方法开始出现多样化。随着全年竞赛次数的增多，训练任务多种多样，训练安排也变得更加纷繁多样，很多运动员既要力争在全年最主要的比赛中游出本人的最好成绩，还要在一些次要的比赛上表现出较高的成绩及水准，以获得更多的奖励。

此外，为了在训练中达到不同的目标，通过不同的训练周期获得从心理到生理乃至技能、体能等比赛所需的各种竞技能力，而划分出更加纷繁复杂的训练内容。因此，全年训练安排就开始出现了一年 3 个周期、4 个周期，甚至更多个训练周期的划分形式。那么，随之而来的就是各个训练周期持续时间长短、训练内容上的差异了。

（5）高原训练理论

高原训练作为一种训练方法始于 20 世纪 50 年代中期，苏联在外高加索建立高原（海拔 1 800 米）训练基地，对中长跑运动员进行了探索性训练。20 世纪 60 年代为准备 1968 年墨西哥奥运会（海拔 2 240 米），地处平原的国家都纷纷选择相同的海拔高度（1 500 ~2 000 米）进行适应性训练，赛前多数国家又提前到墨西哥城进行高原适应性训练。从此，掀起了高原训练的“热潮”。随着高原训练实践的深入，高原训练的理论研究也获得了较大的发展。

以提高运动成绩为目的的高原训练理论基础是，依据人体对高原低压缺氧环境的适应性反应，利用这个环境刺激使运动员产生强烈的应激反应，以调动体内的机能潜力，从而引发一系列有利于提高运动能力的抗缺氧生理反应。高原引起的主要生理变化包括红细胞增多（红细胞浓度增大）——运动员在高原训练3个星期首先表现为脱水（相对红细胞增多），紧接着绝对红细胞增加1%~4%。此外，在高原还会引起有氧能力和最大耗氧量（VO_2max）下降，而返回平原后VO_2max代偿性增加，并高于以前的平原值。氧输送能力的增强，可以促进平原运动能力的提高。

关于高原对游泳运动的效应，1964年在墨西哥加拉普的游泳比赛中，美国康西尔曼教练观察到墨西哥（高原）运动员在100米游泳比赛中，比其他来自平原的运动员快3秒，每50米少划水0.6次；游200米时快2.7秒，每50米少划水1.6次；游1 500米快21.3秒，每50米少划水2.7次。由此推断，运动员经高原训练后，在适当时间里参加比赛，可提高竞技能力，而以长距离的幅度最明显，显示运动员的有氧能力通过高原训练得到了发展。

1965年的“高原训练对游泳成绩的影响”专题探讨，研究了游泳运动员不同比赛距离的成绩，其中包括50名蝶泳和蛙泳运动员的200米成绩和自由泳运动员的400米成绩，以及运动员在不同距离和形式的间歇训练和重复训练中花费的时间，还研究了运动员每次每组训练后的心率恢复时间，以及训练强度和血乳酸的关系。研究结果认为，游泳运动员对高原的适应性存在个体差异。

德意志民主共和国从1968年起，把高原训练列入游泳常规训练之一。1973年在贝尔格莱德举行的第一届世界游泳锦标赛上，德意志民主共和国游泳运动员经高原基地训练后，男女共获得了11块金牌，极大地撼动了美国游泳的垄断地位，后来又安排少年运动员投入参与，如1988年汉城奥运会200米的游泳冠军费里德里昂，从14岁时就进行高原训练，从海拔1 900米开始，从低到高，后来练到2 200米的高度。

验证高原训练的效果时，不少学者感到困难之处就是通常缺乏高原对照组。对此，美国游泳运动协会运动医学部在1987年做了专题研究，将参加美国奥林匹克节的12名游泳运动员分成实验组和对照组，分别在高原和平原执行同样的训练计划，历时4周半。训练前后的测试结果表明，高原实验组的体重减轻，最大摄氧量增加，血乳酸曲线得到更多的右移（即游速加快，血乳酸偏低），游起来感到省力，200米和400米成绩提高得多，这些都比平原组要显著，因此得出高原训练对平原比赛有益的结论。

苏联的B.C.谢拉菲莫娃提出，游泳运动员在准备期的高原训练任务是发展有氧代谢能力。运动员下山后，承担训练负荷的能力也就增强了。在比赛期，高原训练则是直接准备比赛的结束阶段。

日本游泳界于1965年墨西哥的国际比赛期前开始开展高原训练，是国际上积极进行游泳高原训练很有代表性的国家之一。近几年，日本在高原训练方面开展了系统的研究工作，并取得了较大的突破。

随着生活水平的提高，健身已成为人们的热门话题，健身的意识逐渐深入人心。并且随着全民健身运动的广泛开展，以增强体质为宗旨、以丰富人民的文化生活为目的的大众游泳活动，如康复游泳、娱乐游泳、健身游泳、减肥游泳、健身冬泳等，已在全国各地蓬勃发展，成为现代游泳运动的重要组成部分。

2. 游泳技术的训练

（1）强调运动员技术的合理性对于运动员的游进速度起到关键的作用

理解这个问题是很简单的，例如一名举重运动员虽然有很好的力量水平，但是他有可能游不过一名7岁的来自专业体校的运动员。这说明虽然力量对于游泳运动员是很重要的，但关键要看运动员在水中利用力量的能力。也就是说运动员对自身力量的利用效率对于游泳是十分重要的。所以，全力发展运动员的最大力量对于游泳项目本身并不是最重要的，重要的是加强运动员水中力量的利用效率。要做到这一点，就要使运动员掌握合理的技术。

对于技术的合理性，不同的教练员和运动员有不同的理解。首先是要符合运动员的生理和解剖学的特点。同时，合理的技术是要能够尽量地减少阻力，增加推动力。游泳运动员在水中的阻力主要有主动阻力和被动阻力。被动阻力同运动员的身体形态及在水中的姿势有很大的关系。而主动阻力同运动员在水中的游进方式有很大关系。如果运动员在水中游进时身体重心的移动比较平稳，游进速度的变化是较为均匀的、平稳的，在游进中运动员的主动阻力会比较大，相反，在游进中游速的变化是均匀的，或者说最高速度和最低速度的差小的话，那么主动阻力就会小。举个例子，波波夫在游进中的功率为87瓦特，而另外两名运动员的功率分别为117瓦特、170瓦特，但是另外两名运动员的速度并不比波波夫更快。这主要是由不同的技术造成的。波波夫的主要技术特点就是连续、连贯地用力。这种技术的形成主要是依靠长期的技术训练，而不是先天形成的。这从另一方面也给我们一个启事，就是正确、合理的技术是可以通过训练来得到的。就像我们的体操、跳水、乒乓球的训练一样，通过训练我们可以达到较好的技术水平。

(2)重视技术的效果，保持合理的划频与划幅

当今世界优秀游泳运动员的技术都较为重视技术的效果，即划频与划幅的合理配合使技术更加合理化、经济化。在保证技术效果的同时，根据比赛项目和战术采用合理的动作频率来完成比赛。划频是指单位时间内划水的次数，通常用次/分或次/秒来表示；划幅是指一次动作所划进的距离。

(3)重视“核心力量”的训练及身体协调用力在技术中的运用

美国科研人员和教练员认为，核心力量主要有3点：①发力来自臀部；②力是通过全身的协调工作进行传递；③用力时保持身体平衡。

游泳的力量自臀部发力，使力量传递到手臂，这一技术类似于垒球和棒球运动员投球一样，靠臀部转动发力传到手臂，将球扔出。在游泳技术中，就要求运动员能够协调用力。而要达到协调用力，一方面是增加运动员陆上的协调性练习，例如，采用各种垫上练习、球类练习、徒手练习来提高运动员身体的协调性和控制能力；另一方面是提高运动员在水中控制身体的能力，通过运动员在游进中身体的滚动使身体的力量传至手臂和腿部。可以采用分解游、配合游和打腿练习来训练运动员的身体控制能力、协调能力及保持动作放松的能力。

3. 力量训练

(1)基本力量训练

为了提高游泳速度，力量训练也应该根据游泳运动员的特定需要做适当调整。基本力量训练是训练全身力量基础的同义转述。在进行一般力量训练时，应该关注训练全身主要肌群的耐力，同时还要关注如何进行伤病预防和锻炼核心肌群的力量。基本力量训练的目标并不是使身体更强壮，而是建立一个良好的力量基础，有了这个基础才能进行游泳专项力量的体能训练。

具体训练时，下肢：①单腿深蹲练习，尽量使用重物或弹力带配合练习；②垫高小腿仰卧起坐；③伸背练习，俯卧在高长凳上伸背至与地面平行；④踝关节背屈训练；⑤坐式股后肌群训练；⑥提踵训练。上肢：①坐立斜推哑铃；②直体侧摆哑铃；③反向飞鸟练习；④宽/窄握侧下拉等。

(2)专项力量训练

游泳专项力量训练是描述4种不同游泳项目所需的力量的术语。4种不同的泳姿都有特殊的技术要求，需要以不同的方式运用不同的肌群。但总的说来离不开划臂、打腿两种基本动作。

具体训练时，自由泳、仰泳专项练习：①弓箭步转体训练；②脚踝负重打腿练习；③体后屈转体训练；④转体传健身实心球练习；⑤直臂划船练习；⑥单臂下投健身实心球练习；⑦俄罗斯转体训练。蝶泳、蛙泳专项练习：①健身实心球抬腿练习；②髋关节伸展/弯曲练习；③健身实心球V型仰卧起坐练习；④俯身上拉训练；⑤胸前飞鸟练习。

(3)爆发力训练

爆发力是力量和速度的结合。游泳运动中，起跳和转身时良好的爆发力对成绩的影响是显而易见的。爆发力训练的重点在于力量和速度的最佳平衡，接着便是将爆发力转化到实际的运动项目中。最大程度发挥运动员爆发力及体能训练主要包括：①较大阻力的力量训练；②提高发力频率或者提高肌肉迅速收紧和发力的增强式训练；③基于速度但动作的幅度大和频率很高的小阻力训练。

具体训练方法：①垫布跳跃练习；②侧向连续跳跃练习；③90度跳跃转身练习；④仰卧抛球练习；⑤180度跳起转身练习；⑥增强式仰卧起坐练习；⑦对墙爆发性胸前传球练习；⑧转身爆发性投掷练习；⑨健身实心球深蹲式跳跃练习；⑩伸展式转身投接球练习。

(4)核心肌群稳定性训练

维持身体在游动过程中的稳定与平衡，保持身体流线型姿态在游泳中是非常关键的。很好地控制身体可以提高游动效率，使运动员在前进时受到较小的阻力。为了达到这个目标，身体核心部位的肌肉必须要有足够的力量，能够很好地控制身体的平衡与稳定。核心肌群力量不足会导致技术变形，加大受伤概率。不同泳姿使用核心肌群目的不同，自由泳和仰泳是为了保持身体的位置和转动；蝶泳和蛙泳是为了控制身体起伏。核心肌群包括：竖脊肌(负责腰背部伸展、固定骨盆)、腹内/外斜肌(负责躯干转动、支撑躯干侧向弯曲)、腹横肌(固定骨盆、束腹)、腹直肌(负责躯干向前弯曲)、其他附着肌肉(固定骨盆和脊椎、弯曲和伸展臀部)。

具体训练方法：①俯/仰卧撑桥式循序渐进练习；②侧向撑桥式循序渐进练习；③猎鸟式循序渐进练习；④坐式胸前传健身实心球练习；⑤瑞士球收腹屈膝训练；⑥体后屈练习；⑦仰卧起坐转体练习；⑧T型练习。

4. 耐力训练

运用合理的游泳技术是运动员游得快的前提。但仅此也不够，运动员还要有足够的力量，特别是划水面越大，所需要的力量也越大。如果没有较强的力量，光有好的技术也达不到速度需求。因此，运动员要在游泳运动中具备良好的耐力。具体训练方法有：

(1)循序渐进地练习

耐力是运动员需要具备的素质。耐力的提高需要运动员遵守循序渐进的原则。运动员在训练时，无论是采用的强度还是密度，都要逐步增加，由少到多、由易到难，慢慢向更高水平过渡。

(2)选择合适的泳式和游距

运动员的耐力训练除了上面所说的要按照循序渐进原则进行之外,还要注意选择泳式和游距。一般来说,运动员在进行耐力训练时,最好采用自由泳(爬泳),因为自由泳的速度最快,也比较省力,可以满足运动员增加运动量的要求。自由泳与其他泳式相比,强度的可塑性最大,运动员可以根据需求和自身情况调节速度,因此自由泳是进行耐力训练时的首选泳式。

游距的选择,一定要突出"耐力"。游距在这里包含两个概念:一个是指一次练习的总游距,即一次练习各种内容的总和;另一个是指一口气游400米、800米、1 000米或更长距离。这里所说的"游距的选择"是指后一个概念,也就是运动员一口气所能持续游下来的距离。

当然,运动员不是只要游距长就可以,还要考虑游泳时的速度与间歇的时间(密度)。我们要把游泳的速度控制在中速或中慢速。测试速度可利用脉搏,即运动员每游完一段距离就立刻测脉搏,合适的速度应使运动员的脉搏保持在23次/10秒~25次/10秒。这个指标对大多数人都适用。

(3)重视调整与恢复

耐力训练是游泳训练的难点,对运动员身体的刺激更为剧烈和深刻,所以恢复是一个必不可少的环节。恢复的手段主要有调整运动量和强度,以及一些辅助性手段,例如肌肉和关节的牵拉、按摩放松、理疗和桑拿浴等,同时要注意补充蛋白质和维生素等营养物质,并适当增加睡眠时间。实践证明,睡眠是帮助体力恢复的一个妙方。

5. 柔韧训练

肌肉的功能需要力量和柔韧性两者之间的平衡。柔韧性可分为静态柔韧性和动态柔韧性,两种柔韧性对游泳运动员而言都非常重要,但常规静态伸展练习同样是提高动态柔韧性以及游泳成绩的必经之路。伸展练习可以保持或者提高关节的活动幅度,使划臂更持久、有效;伸展练习还可以增强肌肉力量、促进肌肉血液循环;有助于肌肉放松。

具体训练方法:①臀部屈肌伸展练习;②小腿伸展练习;③脚踝伸展练习;④臀部内收肌伸展练习;⑤4字伸展练习;⑥股后屈小腿肌伸展练习;⑦站式股四头肌伸展练习;⑧坐式腹股沟伸展练习;⑨脊椎扭转练习;⑩上背伸展练习。

6. 游泳运动训练方法手段及要求

(1)持续训练法

持续练习的时间较长,也就是一次连续练习的量比较大。由于强度不大,对机体刺激所产生的影响比较缓和,所以此训练方法效果出现得较缓慢,但是比较稳定。一般安排1 500~3 000米,甚至更长的距离;强度要求中低强度,心率130~150次/分;可采用匀速或变速的方式完成,可选择爬泳或混合泳超长距离,较少采用其他泳姿。

要求:这种训练方法在全年各训练周期中都可使用,一般年度训练早期要抓好技术,避免坏的技术定型。

(2)间歇训练法

这种方法一般多采用主项距离和短于主项距离,重复次数和组数较多,强度是比赛成绩的75%~95%,心率130~180次以上/分,间歇时间10~45秒,练习休息比1:1~1:2,休息方式采用组内静止休息、组之间放松游。

要求：变动某一因素都会使训练手段的性质发生变化；如果要发展耐力则以800～1 500米为好，重复次数不超过30次；要逐渐延长或缩短间歇时间，心率恢复不低于130次/分为宜；间歇训练对提高心脏功能具有见效快、不稳定的特点；间歇训练后糖原耗尽程度比持续训练大，大负荷后48小时才能恢复；使用间歇训练法加大负荷时，密度应由小到大，数量由少到多，速度由慢到快。

（3）重复训练法

重复训练可以提高无氧酵解供能能力和对乳酸的缓冲能力、耐受乳酸的能力，使无氧能力得到提高。一般分为两类：短距离运动员（50米、75米、100米、150米）、中长距离运动员（200米、300米、400米、500米）。心率在190～200次/分或比最高心率低10次/分，间歇时间比1∶2～1∶8，间歇方式主要以静止休息或放松为主，保证机体充分恢复，重复次数较少。

要求：重复训练法是提高训练强度的主要方法，主要用于基本期的后期和赛前减量期；要根据训练的目的选择距离；重复训练应有充分的准备活动和充分的休息，可安排得与比赛时相似；进行重复训练时应保持正确技术，尤其是在疲劳时保持正确技术对提高冲刺能力极为重要。

（4）短冲训练法

这种方法能有效发展速度和肌肉力量，改善肌肉储存能量的能力，对神经系统的灵活性也是非常好的锻炼。一般采用15米、25米、50米距离游，强度100%～110%最高速度，心率120次/分，间歇时间比1∶2，重复次数少，组间安排充分休息或放松游。

要求：短冲训练能够提高运动员的兴奋性和动员能力，所以各种年龄的运动员都可以使用，在全年各阶段中都可安排；发展速度的短冲训练多安排在准备活动后，每次课的前部，发展最后冲刺能力主要放在课的后部进行；采用短冲训练必须使用熟悉的练习手段，否则运动员的注意力将首先集中在运动技术而不是强度上；间歇最好进行放松游，有助于维持血流强度；根据运动员水平来选择重复次数。

（5）模拟比赛训练法

这种方法所需要的距离要短于比赛距离的组合，如100米：50米＋50米、75米＋25米；200米：4×50米、100米＋50米＋50米。强度要达到各段落成绩相加等于或高于最好成绩，间歇时间很短，5～15秒。

要求：这种方法适合有一定训练年限或训练水平的运动员使用；在赛前减量期使用。

（6）缺氧训练法

在正常大气环境下进行的训练，有计划、有目的地减少呼吸次数，限制人体对氧气吸入的训练方法。可以选用任何距离，强度不宜过高，一次训练课中可以有25%～50%的训练量用此方法来完成，呼吸频率根据游距来定。

要求：训练当中教练要仔细观察运动员的反应，以免发生危险；做好准备活动，缺氧训练前后要安排一些速度练习；注意循序渐进，逐渐增加距离和减少呼吸次数；禁止在憋气情况下游较长距离；在中长距离比赛时不应使用缺氧训练的呼吸节奏，这会更严重地造成人体缺氧，从而增加负荷，影响运动成绩。

7. 相关恢复措施

（1）训练学方法

在训练当中，训练的主要内容（主要强度）练习之间的转换安排很重要，通常以放松游促进恢复。一般而言,正确的放松训练应该为中速游泳,持续至少15分钟,延长放松时间更佳。比赛时间越短,放松训练的时间应该越长。

如果没有放松用的泳池,可以做一些其他中等强度的放松练习,如慢跑或蹬车,保持以最大速度的55% ~65%进行训练,这样既不至于太疲劳,还能达到恢复的效果。如果没有泳池或不方便做其他运动,可以进行伸展运动来放松。

(2)物理方法

训练前最好使用针形电极刺激关节5 ~10分钟:自由泳运动员刺激肩关节,蛙泳运动员刺激膝关节,爬泳运动员刺激脊椎旁关节。不应使用局部电刺激来恢复运动能力和消除疲劳,因为局部电刺激会导致肌肉系统的协调性遭到破坏,进而造成肌肉的损伤。可以在舒缓音乐或彩色音乐的伴奏下进行空气电离按摩、服用高氧饮料或戴罩吸氧。

第四节 游泳运动与健康

一、身体健康

随着生活水平的提高,健身已成为人们的热门话题,健身的意识逐渐深入人心,并且随着全民健身运动的广泛开展,以增强体质为宗旨,以丰富人民的文化生活为目的的大众游泳活动,如康复游泳、娱乐游泳、健身游泳、减肥游泳、健身冬泳等,已在全国各地蓬勃发展,成为现代游泳运动的重要组成部分。

1. 对心血管系统的作用

游泳对心血管系统的改善有相当重要的作用。游泳时水的压力和阻力对心脏和血液的循环起到特殊的作用,潜水时随着深度的加大,压力还会增大,游泳速度的加快也会加大压力负荷,心房和心室的肌肉组织能得到加强,整个血液循环系统能得到改善。静止状态下舒张压有所上升,收缩压有所下降,增强血管的弹性也有所提高。根据有关统计,一般人在安静状态下每分钟心脏跳动66 ~72次,每搏输出量为60 ~80毫升,而长期参加游泳锻炼的人,在同样情况下每分钟收缩50次左右,每搏输出量却达到90 ~120毫升。

2. 对呼吸系统的作用

在游泳练习时,新陈代谢过程和心血管系统的工作都离不开大量的供氧。然而由于水压迫着胸腔和腹部,给吸气增加了困难,那么要想使身体获得足够的氧气,呼吸肌就必须不断地克服这种压力。

另外,游泳时呼气一般都是在水下完成,而水的密度要比空气的密度大得多,从而大大提高呼吸系统的能力。一般健康男子的肺活量为3 000 ~4 000毫升,而经常从事游泳者,可以达到5 000 ~6 000毫升。

3. 对皮肤的作用

在游泳过程中,由于水温的刺激,机体为了保证足够的温度,皮肤血管参与了重要的调节作用,冷水的刺激能使皮肤血管收缩,以防热量扩散到体外;同时身体又加紧产生热量,使皮肤血管扩张,改善对皮肤血管的供血,这样长期坚持锻炼能使皮肤的血液循环得到加强。而水波浪对人体表皮不断地进行摩擦,能使皮肤得到更多的放松和休息。所以经常参加游泳锻炼的人，一般都有一身光洁、柔软而富有弹性的皮肤。

4. 对形体的作用

游泳不仅能使人们获得健康体魄，而且能改善体形。因为游泳时四肢肌肉处于不停顿的收缩和舒张运动之中，能量消耗大，可消除体内多余的脂肪。同时，四肢乃至全身肌群也能得到很好的锻炼，使肌肉结实而富有弹性。

5. 其他作用

众所周知，我们生活的地球上约有四分之三的区域是水，因此在生活中，我们经常需要和水打交道。游泳不只是一项体育项目，更重要的它还是生活中不可或缺的工具与技能，它渗入我们生活中的很多领域，如水上资源开发、科学考察、防洪抢险、救护打捞等都必须有熟练的游泳技术作为后盾，才能有生命的保障。

（一）游泳运动损伤

游泳肩是游泳运动员的常见损伤，对游泳运动训练和比赛造成了很大的威胁。研究表明肩关节内、外旋肌群的肌力失衡是引发游泳肩的重要因素。肩部的稳定性是依赖于肩关节周围肌肉，特别是旋转肩袖的协调运动来达到盂肱关节的动态稳定，对于游泳运动员而言，肩关节内、外旋肌群在为盂肱关节提供良好的稳定性和活动度中起到了关键的作用。游泳运动员肩关节周围维持稳定的肌群出现力量失衡，会使盂肱关节动力性稳定机制受到破坏，导致肩关节处于半脱位的状态，促进了撞击的发生，进而引起游泳肩的发生，肩部姿势前倾。

对专业游泳运动员的生物力学研究显示，其肩关节的内旋、内收肌与其对抗肌相比明显更强壮、肥大。前人研究后发现这种肩部前群肌的力量不平衡，会导致肩关节前倾，形成一种被拉长的不良体。人们怀疑游泳运动员肩关节疼痛与其肩关节的前倾和肩胛骨的拉长有关。另外研究也表明，肩关节被动伸展拉长的姿态可能使得游泳运动员肩关节受伤的风险加大。

对于专业游泳运动员来讲，肩关节是一个最易受伤的关节。国外进行的大量研究确定，游泳运动员肩关节受伤的概率范围从最低3%到最高80%。这令人吃惊的多种结果的部分原因是在研究中缺少对“肩部损伤问题”的精确表述。对肩部疼痛做出了精确定义，即干扰训练或妨碍训练进度的疼痛，并指出有35%的优秀的高水平运动员受到这种疼痛的困扰。有关研究说，游泳运动员希望从医生那里得到一些解决的办法的疾病90%是与肩关节有关的。

在竞技游泳比赛中，四种泳姿中的三种（自由泳、蝶泳、仰泳）划水前进的力量主要来源于肩关节的内收肌和内旋肌的收缩，大量的训练和比赛将会导致这些肌群与对抗肌群的力量不平衡。对专项游泳运动员肩部肌肉的分析发现，内收与外展肌肉力量的比率为2.05:1（一般人为1.53:1），内旋与外旋肌肉力量比为1.89:1（一般人为1.35:1）。肌肉的生理性适应是游泳训练的结果。肌电测试表明，冈上肌和冈下肌在游泳划水动作中起很小的作用，产生主要作用的是肩部内收肌和内旋肌。据报道，对于进行高强度训练的运动员，与对抗肌相比，主动肌对于增肌的肌肉活动出现在高水平和低水平不同层次的运动中。

由于上述神经肌肉和力量适应的原因，后来逐渐形成了我们常见的头部前伸和圆形肩关节。这种现象可能由于内旋肌和内收肌力量过强，而外旋肌和外收肌的力量较弱，从而导致内旋肌和内收肌牵引锁骨和肩胛骨向前移动。

肩部受冲击的伤者证明了在肱骨上升期间肩胛骨后倾程度的减小是一个可以减小肩下空间的因素。强壮的前群肌肉，尤其是胸小肌，在这种现象中扮演了一个关键的角色。研究表明，拉伸紧张的肌肉、加强对抗肌群的力量可能是纠正由肌肉力量不平衡引起的错误姿势的最佳干预措施。如果这种肩关节向前的姿势能够通过肌肉拉伸和力量训练来改善，那么肩关节受伤的危险便可以降低。

（二）游泳运动损伤预防

游泳者在游泳时，一不小心就会出现运动损伤，因此，很有必要了解一些常见的损伤情况，并有效预防或治疗，使游泳锻炼更科学、有效。这里主要列出两种常见的损伤情况及预防处理。

1. 肌肉痉挛

肌肉痉挛（俗称抽筋）是肌肉不自主地强制收缩。游泳时，特别是冬泳时身体各部分肌肉都有可能发生抽筋。最易发生肌肉痉挛的部位有大腿、小腿，其次是手指、桡骨、颈部，有时胃部和腹部也可能发生肌肉痉挛现象。人在水中如果发生了痉挛，就会出现局部肌肉剧痛，肌肉僵硬，动弹不得，手脚不听使唤，整个动作失调，极易发生呛水和溺水事故。有资料表明，84.7%的游泳溺水事故是因身体肌肉发生痉挛所致，以致许多游泳爱好者“望水却步”。

原因：下水前未做或未做好准备活动；精神过于紧张，动作不协调；水温过低或突然遇到冷水刺激，身体不注意保暖；游泳时间过长，运动量过大，身体过于疲劳；天气炎热，下水前出汗过多，体内水分和盐分消耗过多。

预防和处理：准备活动充分，消除紧张心理；增加体内热量，出汗过多时应补充适当的盐分；控制在水中活动时间；饭后或剧烈运动后不宜立即游泳。

2. 官能损伤

调查发现，87%的人耳、鼻、喉、眼这些器官都在游泳过程中出现过不适或病理性症状。

原因：在剧烈运动时，机体处于应激状态，中枢神经系统兴奋，血压升高，心跳加快，呼吸加强加快，肺通气量增加，除肌肉骨骼血管外，其他脏器血管收缩，这时耳、鼻、喉部位血管反射性痉挛，血供减少，造成缺血、缺氧，加之个别游泳姿势（蛙泳等）易使水侵入黏膜，而游泳时呼吸量大大超出平静时呼吸量，紧张时过滤器的作用会受到破坏，凉水刺激使黏膜的营养不良，均可削弱黏膜的抗病能力，使鼻呼吸功能失调，长期鼻功能失调与用口呼吸，会造成咽、喉、鼻部的炎症。

除上述各种因素外，水的压力、外耳道积水处理不当，易致鼓膜穿孔，对中耳及内耳耳蜗、迷路（内耳的器官）等前庭器官造成损伤，从而引起听觉及平衡觉障碍。

预防和控制：禁止在水入耳后挖耳或游泳后用力擤鼻，以避免不洁水入耳与鼻窦造成黏膜损伤。个人预防方面，应做到即病即诊。

二、心理健康

（一）树立正确的人生观

教师要给学生确定一定的目标，特别是在学习游泳的起步时期，学生要听从教师的正确指导,同时培养良好的心理素质并树立远大的理想目标,这样长此以往,就会产生心理上的巨大动力,今后遇到各种困难就会自我调节,并且处处都会严格要求自己,扎扎实实提高自己的技能。显然,教师应在训练中做到理论与技能的结合,帮助学生逐步确立正确的动机,保持良好的训练心理状态,努力激发学生在训练与比赛中的热情。同时,也要教育学生端正学习态度和训练动机,培养积极的内心动机。

(二)游泳运动促进良好道德品质的形成

“水”是进行游泳运动的基础载体。大学生在系统教学方法的引导下,逐渐克服怕水的心理。这种克服个体潜在消极心理的过程,也就是学生掌握自我解脱和救护能力的过程。内心的认知行为落实到具体的实践行为中,大学生不仅体验到应对外在压力的心理适应过程,而且通过行为的实施不断实现着身心的协调,从而由内及外形成道德倾向。

(三)对大学生良好个性素质的促进

个性是在一定的社会环境和教育模式下形成的相对稳定的个人品格,是一个人区别于他人的独特之处。良好的个性素质是成功的关键。虽然,人与人由于成长环境和生活经历的不同,在体质、气质、性格和个人爱好等方面均有差异,但当他们进入同一个集体后,会出现一定程度的趋同性,因此学校教育能够对他们个性的形成产生一些共同的影响。

对于游泳运动而言,首先带给学生的就是“自我认知”的分析。当学生,尤其是从未进行过水上活动的学生进入水中时,机体会对水产生一定的排斥,如不平衡、呛水、身体不协调、无法具备良好的水感等,这些不良的或消极的身体反应能够通过神经系统不断给学生的心理造成一定的影响,从而获得了对自身与水之间关系的正确认识和评价。这种评价并非停留在理论上的说教,而是通过切身的肢体体验带来的具体感悟。在身体—水—心理不断交互作用的过程中,学生能够逐步确立“自我感知”的意识,进而可能形成“自我分析和自我调整”的能力和习惯。

另外,游泳运动能够促进学生“个性协调能力”提高。游泳运动有特殊规范限制,其中很多并非人为的,而是大自然赋予的,如水对人体的刺激。当一个班集体进行游泳学习时,对水的适应就成为必须要遵循的基本原则。任何人都无法脱离与他人合作和适应水这一原则。在这样一个过程中,学生在潜意识中获得了个体—他人—水之间的协调意识,进而可能形成适应他人、遵守规则的行为习惯。

最后,游泳运动培养大学生丰富的情感个性。游泳运动可以给人们提供复杂多样的情感体验。当学生在自我意识的调整下,树立基本的目的后,会努力、持久地投入练习和学习过程中,从而在更高层次上进行各种体验。这种蕴含了顽强、拼搏、进取品质的体验,对他们良好个性的形成与发展具有重要的意义。

(四)游泳运动教会学生如何适应环境

一般认为社会适应能力包括以下一些方面:个人生活自理能力;基本劳动能力;选择并从事某种职业的能力;社会交往能力;用道德规范约束自己的能力。

游泳运动首先能够提高大学生的沟通能力。体育教学的一般规律是教师讲解示范与学生积极体验之间产生良性的互动。而游泳运动由于具有“水”这一介质,就更加扩展了这一过程中教师与学生、学生与学生之间的沟通渠道,从而在潜移默化中提高了学生的沟通能力。

另外，游泳运动提高了学生对身体语言的理解和驾驭能力。身体语言是沟通的有效方式之一，是社交过程中必须具备的能力。

游泳运动有着独特的动作定式，而且蕴含了其他项目所不具备的审美内涵。当学生体会到游泳动作所表现出的流畅性、动力性、美观性时，他们就能够在更高层次上感悟身体语言，从而学会运用身体语言进行交流。

（五）增强大学生的自信心

作为教师，在日常的教学训练中，切忌使学生产生自卑感，而且应给表现良好、成绩优秀的运动员以特殊的鼓励。另外，应该细心地注意每位运动员的基础，然后一一做出合适的指导。应根据学生能力的不同，分别给予相应的帮助，使之具备正确的观念和对挫折的承受力，渐渐地提高心理健康的水平。

（六）建立和谐的人际关系

要想稳定在社会中的关系，人际关系的好坏直接影响我们以后的成长。人际关系作为必经之路，时时刻刻在与别人的交往中改变着自己的活动；建立和谐融洽的人际关系，可以增进相互了解、情感交流，增加自己的生活经验，有利于建立自我形象和增强安全感，而且有助于学生的心理健康。相反，人际交往的不和谐，会使人情绪紧张、抑郁，产生不良的心理。

要关心别人的需要，尽可能帮助别人满足其合理的需要，做到平易直率、严于律己、宽以待人；要学会尊重别人，学会认真聆听别人，不在别人面前夸耀自己，对人要有礼貌。

第四章 足球运动与身体健康

第一节 足球运动的起源

足球运动是以脚支配球为主,两个队在同一场地内进行攻守的体育运动项目。足球运动是世界上最受人们喜爱、开展最广泛、影响力最大的体育运动项目,被誉为“世界第一运动”,不少国家将足球定为“国球”。一场精彩的足球比赛,会吸引世界各地的观众,当今足球运动已成为人们生活中不可缺少的组成部分。

当今国际足球的三大流派(欧洲体能派、南美技术派和欧洲拉丁派)相互融合,正朝着技能、体能和智能高度全面发展的方向前进。攻守平衡是现代足球运动的重要发展趋势。

我国足球运动有着广泛的群众基础和社会影响,但竞技水平处于比较落后的水平。1994 年,我国开始组织职业足球联赛,足球整体水平提高,并在 2004 年正式开始组织超级职业联赛。

第二节 足球运动的发展

一、足球运动各阶段的发展

足球,有“世界第一运动”的美誉,是全球体育界最具影响力的单项体育运动。标准的足球比赛由两队各派 10 名球员与 1 名守门员,共 11 人,在长方形的草地球场上对抗、进攻。

12 世纪初,英国开始有了足球赛。作为娱乐活动,一年两次,一般在两个城市之间举行。主持人把球往空中一抛,比赛就算开始。双方就会一拥而上,大叫大喊,又踢又抱,哪一方能将球踢进对方的闹市区,哪一方就算胜利。如果球中途窜入居民屋里,运动员也会一窝蜂地冲进去乱打乱踢,常常把屋里的东西砸得稀巴烂,房主只好自叹倒霉。路上行人碰到球滚来,就会遭受一场飞来的横祸。因此在当时,球赛一来,人们就像躲避灾难似的,关门闭户,一直到球赛结束,才恢复正常。这样的球赛遭到市民的强烈反对,英国政府便下了一道禁令:规定足球比赛要在空地上进行,进入闹市区者重罚,于是就出现了专门的足球场。

1848 年,足球运动的第一个文字形式的规则《剑桥规则》诞生了。所谓的《剑桥规则》,即是在 19 世纪早期的英国伦敦,牛津和剑桥之间进行比赛时制定的一些规则。当时每队有 11 位队员。因为当时在学校里每间宿舍住有 10 位学生和 1 位教师,因此他们就每队 11 人进行宿舍与宿舍之间的比赛,现代的 11 人足球比赛模式就是从那时开始的。

1862 年,在英国诺丁汉郡成立了世界上第一个足球俱乐部,后来又成立了第一个足球协会(英足总),并统一了足球规则。这次制定的足球规则共14条,它是现今足球规则的基础。

从1900年的第二届奥运会开始,足球被列为奥运会正式比赛项目,但它不允许职业运动员参加。

1904年5月21日,国际足联在巴黎成立。1904年,英国、法国、荷兰、比利时、西班牙、瑞典和瑞士七个国家的足球协会在法国成立了国际足球联合会。

1930年起,每4年举办一次世界足球锦标赛(又称世界杯足球赛),比赛取消了对职业运动员的限制。

1989年,国际足联正式把五人制足球纳入管理范围之内,成为其主管团体。

二、足球运动技术的发展

1. 全面

全面型的全攻全守,就像涨潮落潮那样的整体攻防。运动员全面发展,攻防技术齐备,掌握各个位置的技术,动作方法多样,又有特长和绝招,能完成多种位置的职责,有全面的战术意识,跑到哪个位置就能起到哪个位置的作用。在个人全面发展的基础上,促使整个队全面发展,具有多种战术形式。

现代足球要求队员攻防技术一体化、技术动作多样化,单一的锋卫职责机械分工已逐渐消失,各队都朝着攻守平衡和技能、体能和心理智能全面发展的方向努力,这种能攻善守的全面型踢法,是世界足球运动发展的主要趋势。

2. 激烈

现代足球运动,拼抢凶狠,对抗激烈,据有关资料分析,高水平的足球比赛,每场每队的进攻次数在150次以上,拼抢500次左右,铲球100次左右,围抢4次左右。由于拼抢频繁,铲球广泛地使用,加上密集防守和破密集防守战术高度发展,使用空间越来越小,攻防队员之间的接触越来越多,因而造成在技术运用和战术配合上难度愈来愈大,同时也促使技术、战术向高、精、尖的方向发展。

在这种激烈的比赛中,运动员的体能要求也越来越高,没有充沛的体能和顽强的意志,就很难完成高超的战术配合,也很难发挥技术水平。

3. 快速

在争夺、对抗激烈的足球比赛中,空余时间越来越少,所有的任务都要求运动员快速完成。球员完成各种技术动作要快、位置职能转换要快、进攻推进快、全队回防快、攻守转换快。速度是衡量一个球队水平的重要尺度。

4. 灵活

现代足球比赛,对灵活度的要求也愈来愈高,球员要做到机动灵活、快速多变,还应有快速的应变能力,才能适应快速、激烈、变化多端的足球比赛。技术上要求熟练准确、灵活自如、快速多变。战术上要求掌握多种攻防战术,同时还要具备临场时根据不同情况快速反应的应变能力,这样才能在快速的攻防中,机动灵活地调配攻防力量,充分发挥个人和全队特点,克敌制胜。在控制比赛节奏上也要求有灵活性。

三、足球运动战术发展

足球战术就是比赛中为了战胜对手，根据主客观的实际情况所采取的个人和集体配合手段的综合表现。比赛实践证明，队员熟练而巧妙地配合全队是夺取胜利的重要因素。

足球比赛是由攻和守这对矛盾组成的，攻和守不断地变换组成了比赛的全过程。因此，足球战术可分为进攻和防守战术两大系统，其中又分别包含着个人和集体战术两类。比赛的实践已证明：成功地组织战术和巧妙地运用战术是夺取比赛胜利的重要因素。扬长避短才能克敌制胜。

对于19世纪的足球运动员来说，足球并不复杂。除了守门员外的10名队员在球场上追逐皮球，没有科学的研究和严谨的战术为指导，大家的目的只有一个，就是将皮球踢入网窝。随后，球员逐渐发现足球运动博大精深，关于足球的学术研究渗透球场内，当时许多足球队员都意识到了足球那无序的滚动和飞驰的速度比人的跑动要快，如果没有一个有组织和有结构的管理，比赛场上的队员们就会为此而消耗大量不必要的体力。于是，进攻和防守这一矛盾体出现了。

最初的战术现在看起来很不可思议，当"0－0－10"战术出现后，当时的许多球员都以为进攻就是最好的防守，球场上的进球非常频繁。"0－0－10"打法在初期曾经是19世纪球员的主流打法，但后来有人总结发现，当10名前锋都在前场的时候，对手只要一个大脚解围到本方半场，本方就没有一名队员能够及时回撤，而不得不眼睁睁地看着对手面对空门将皮球踢入网内。这一现象又导致后来有人提议采用"0－1－9"战术，此战术的最大特点是从原先的前锋线撤回一名防守队员，这在一定程度上遏止了对手的单刀球，但进球仍然很频繁，守门员几乎形同虚设。

足球在19世纪中叶由英国兴起，但到了20世纪，人们才真正把足球当作学科来看待。作为现代足球的发源地，英国足球在足球运动的早期为现代足球发展做出了不可磨灭的贡献。当他们采用"0－0－10"战术和"0－1－9"战术的时候，世界各国还对足球一片茫然。随着经验的增多，已经有不少人发现了足球比赛除了前场和后场，还有一个承上启下的中场。于是，新的战术体系诞生了，当时有人将前场的9名前锋又进行了细致的划分，就好像国际象棋里的棋子一样，有的安排在前面，有的安排在后面，这是足球真正意义上的阵型，他和10名队员一字排开地平行站位，然后一起向前冲的"莽汉"打法的不同之处在于足球这一运动里出现了组织、战术和阵型。

1."2－3－5"战术

在20世纪初期，有人还坚信9名前锋的打法，而另外的一批新兴力量则在不断通过摸索和实践将前场的9名前锋不断地减少。

1900年，英格兰布利队率先推出了"2－3－5"打法并取得成功。他们让前锋里查德斯、麦克鲁基和普兰特由始至终站在对方的禁区，迫使对方的前锋不得不兼顾防守，导致他们不敢贸然出击。在布利队的三个前锋的后面又有伍德和萨加两个影子前锋，他们恰恰弥补了以前阵型上的脱节，牢牢卡住对手的要害位置，迫使对手被动挨打。在中场，则有前卫佩亚、里明和罗斯，别看只有三名前卫，由于对方的前锋攻击体系被本方的阵型所打破，他们就好像最后一道关卡，对手根本无法突破他们。而达罗科和戴维德森以及守门员托普森的后防线几乎无事可做，偶尔遇到点威胁，也可以轻松解决。这套阵容在当时引起了很多争议并引发了许多辩论，但最终取得了成功，布利队凭借这一打法取得了当年的英格兰足总杯冠军。

许多俱乐部纷纷研究这一打法的优越之处，得出的结论是布利队让球场上的每个角落都有自己的身影，他们早早地就被划分到他们的区域，所以等对手进入了这个区域，他们已经做好了充分的准备来破坏对手的进攻。而过去的打法则不同，他们是10名前锋一起追逐着皮球，许多队员把没有意义的追逐看作比赛得分的唯一手段，最后的结果是他们大量的无谓跑动消耗了体力，这和布利队的以逸待劳是有根本性区别的。

“2－3－5”打法极大地推动了足球运动的发展，由于这一攻守兼备的打法在当时有着优越的进攻和防守理论为基石，许多俱乐部开始效仿，并在当时的世界足坛风行了近30年。

“2－3－5”打法的布局给对手施加的压力是这5名前锋可以在对手的禁区来回游荡，极大地干扰了对手的部署。不擅长这个打法的球队都表示头疼和烦恼。起初，前锋没有意识到这一问题，但随着这一阵型的愈演愈烈，“2－3－5”阵型里的5名前锋越来越消极，他们一味地在对方禁区等待捕捉进球的机会，有的前锋甚至和对方的守门员站在一起，当守门员来扑球的时候，他们就等待时机来进球。这一打法展现了足球比赛的一个很大的漏洞，于是“越位”在1920年后出现了，“越位”的出现给“2－3－5”打法带来了新的课题，不久，5名前锋学会了利用巧妙地跑位来和“越位”进行对抗，并且取得了新的效果。当对手自以为可以利用“越位”而放心大胆地向前的时候，5名前锋会如影随形地和对方的后防线保持一定的距离，一旦到了反击的时候，5名前锋会突然如水银泻地般往对方的球门涌去。因此，“2－3－5”战术仍然无懈可击。1934年，意大利国家队利用这一打法夺取了世界杯冠军，教练波佐总结了英国人的战术，并且在国内实行“2－3－5”后，球迷都将这一战术视为没有漏洞的“教科书”。

2.“4－3－3”战术

采用全攻全守战术的巴西队在1962年夺取世界杯冠军后，沿用了“4－3－3”打法一直到20世纪70年代，并且通过夺取当年的冠军证明了“4－3－3”打法的多变和快速。欧洲人普遍尊崇防守理论，虽然“4－3－3”已经完善了防守，但“4－4－2”又导致欧洲的更多俱乐部相信防守中的反击才能创造胜利。在当时的欧洲，荷兰人是唯一没有遵循欧洲大陆思维的球队，他们坚信进攻是最好的防守这一道理，在“4－3－3”战术中看到了真谛。当时阿贾克斯队的教练科瓦克斯以队员普遍年轻为优势，以他们充沛的体能为基础，根据“4－3－3”的模式打出了全攻全守的战术。这个战术到了米切尔斯时更为明显。米切尔斯坚持自己的论点，那就是球场上没有固定的站位，每个球员没有真正形式上的分工，他要求队员从跑动中创造机会，并且要求后卫也敢于进球和插上。他们展示了积极进攻的总体打法，轰动了国际足坛。这个打法后来被看成了进攻则全队集体向前压，防守则集体后撤，从前场就开展拦截的全攻全守。没有位置的约束，除了守门员，每个队员都有三个职责：防守、组织和进攻。这个基本的理论必须建立在11名拥有强大体能和技术素质的全能队员的基础上，而米切尔斯就是运用此战术训练当时的荷兰国家队的。全攻全守战术确实掀起了波澜，克鲁伊夫是其中的佼佼者，他们流畅的传接穿插常常让对方不知所措。

全攻全守的足球和足球开始阶段的“1－0－10”虽然都强调的是“全”，但后者是没有规则和没有概念的“一窝蜂”。而前者则恰恰相反，讲究的是步步为营和套路的多变。同样是10个人在进攻，全攻全守中的10个人会遍及球场的每个角落，他们的进攻是意识上的进攻，即在后卫的位置上通过意识传威胁球来创造进攻。而“1－0－10”的战术则是10名队员围着球跑，而真正控球的不过一个人而已，其他队员都不知道自己在做什么。因此有人说足球走完了大半个世纪又转了一个圈回到了过去的论点是非常荒谬的。1973年，阿贾克斯队在科瓦克斯的调教下凭借全攻全守战术连续三次夺取了欧洲冠军杯的冠军，当时的队员包括前场的雷普、克鲁伊夫和凯瑟，中场的哈恩、穆伦和内斯肯斯，以及后防的苏比尔、胡索夫、布兰克博格以及克罗。

全攻全守的“4－3－3”战术彻底打破了人们过去对战术一味强调分工的概念，更看中队员的能力和素质，这也是世界足球第三次战术革命的标志，从此，足球的战术基本都围绕着这个基础而开展，此后，后卫和前锋都具备优秀射门的能力，前锋的防守同样非常霸道，这成了真正的职业足球的象征。

3.“3－5－2”战术

随着全攻全守打法的兴起，世界足球浪潮的一个趋势是夺中场者夺天下，这一论调占据了主导地位。1982年巴西赫赫有名的四大中场和“Euro 84”欧洲锦标赛得主法国铁三角在阵式上已经朝这方面发展了。但敢于向权威挑战的还是创造力丰富的阿根廷人，当时许多教练认为三后卫无疑是自杀式的表现，阿根廷教练比拉尔多手中有新球王马拉多纳这张王牌，他大胆地采用了“3－5－2”阵式；1986年墨西哥世界杯基本都在中午开球，高原反应和炎热的天气导致欧陆化的踢球难施其技，比拉尔多认为每队只用2名前锋，所以他用2名盯中卫和1名清道夫已绰绰有余。这样就可以释放一名后卫到中场，于是阿根廷在后防稳固的基础上加强中场的压迫力，因此纯粹把英格兰1/4的失利归咎于马拉多纳的上帝之手有失公正。3名后卫的打法最大的特点就是中场人员齐全，前、后、左、中、右，中场的每个位置都有了具体分工，队员配备更完善。马拉多纳和巴尔达诺仍然打前锋，中场则由巴蒂斯塔打拖后，居斯蒂、奥拉蒂科切打两边，恩里克和布鲁查加在中前场负责牵头和策划，防守上则由布朗打清道夫，鲁杰里和库茨夫打盯人，一个构思精美的阵容诞生了，这个阵容当时在一定程度上让阿根廷人又同时发现了明星战术的好处，那就是所有的队员同时围绕马拉多纳展开行动，这让阿根廷夺取了当时的世界杯。

“3－5－2”的打法同时也掀起了另外一场革命，它导致了防守比例的上升。别看比拉尔多使用的是“3－5－2”，实际上他很强调防守的作用，5名前卫里，2名边前卫充当了后卫和边锋的双重作用，所以在进攻的时候是“3－5－2”，而防守的时候则成了“5－3－2”，同时拖后中场的崛起，让以后的比赛在进球上更为困难。几乎到了20世纪90年代，每个俱乐部都有一个类似阿根廷在1986年的大胡子巴蒂斯塔那样拖后中场。20世纪90年代的德意志联邦共和国国家队取得世界杯冠军，利用的正是“3－5－2”的变体“5－3－2”，利用马特乌斯的组织，让边前卫鲁特和布雷默发挥特别能动力，同时以良好的中路防守，通过布赫瓦尔德、科勒和奥根塔勒的防守体系夺取了冠军，而阿根廷在1990年更是开创了“9－0－1”战术，让9名队员参与防守，这恰恰和100年前的“1－0－9”战术相反。

4.“4－3－2－1”战术

20世纪90年代，足球战术的研究达到了极限，许多战术的微小改动都被认为是一次成功。萨基打的攻势足球，利用了明星战术和荷兰全攻全守战术以及意大利本土混凝土战术以及自由人战术，多种组合才造就了AC米兰队，夺取了当时的冠军。足球的战术已经不可能是一招鲜吃遍天了，要想取得胜利，必须兼备各种战术于一体。所以从当时的AC米兰队能够看到20世纪60年代的“4－3－3”打法、“1－3－3－3”打法、“4－4－2”打法和20世纪70年代的全攻全守战术。

真正带来新思维的则是卡佩罗。卡佩罗在接手AC米兰队后已经发现了当时俱乐部的强悍基础，不费吹灰之力地率领俱乐部称霸当时的欧洲。荷兰三剑客离开俱乐部后，他研究出了新的战术“4-5-1”，因为前卫中的两个突前前卫有着影子前锋的作用，所以又有人根据其形状像“圣诞树”的原因叫“4-3-2-1”战术，也有圣诞树阵型一说。

这个阵型的特色在于后防线有巴雷西率领后，必须有一个优秀的拖后组织者为中枢神经，既能够和巴雷西协助防守，还能够参与全队的进攻。卡佩罗是防守方面的专家，他挖掘出了里杰卡尔德、德塞利和阿尔贝蒂尼这样的中场大师。而在前场，更有巴乔和萨维切维奇的组合以及维阿在前锋线的超群绝伦。这个阵型保证了AC米兰队当时的后防线，虽然整体年龄结构偏老，仍然取得了冠军。后来卡佩罗去了皇家马德里后，他又用“4-3-2-1”战术帮助马德里人战胜了垄断西班牙足坛的巴塞罗纳队。其特点也是以耶罗、雷东多为主心骨，卡佩罗同时也奠定了“1:0”哲学的使用主义，在充满商业色彩的欧洲职业联赛里，确实是非常实际的指导方针。

足球的战术改革仍然在继续。进入21世纪，真正意义上的大变动很难再出现。场上能够自由调动的只有10名球员，而这10名球员的布局无非就是为了取得最后的胜利，所以将来的足球发展会朝着实用型战术前进。届时的足球将会拼抢更激烈，攻防转换更快速多变，从足球战术的发展可以看到，真正取得胜利的战术一定要把握防守的重点，由此可见，未来的足球会像我们所期待的娱乐性和艺术性并重方向发展。

第三节　足球运动与高校

一、足球运动特点

足球运动是世界上最受人们喜爱、开展最广泛、影响最大的体育运动项目，被誉为“世界第一运动”。有些国家将足球定为“国球”。一场精彩的足球比赛，会吸引成千上万的观众和数以亿计的电视观众观看，成为电视节目中的重要内容。有关足球消息的报道，占据着世界上各种报刊的篇幅，当今足球运动已成为人们生活中不可缺少的组成部分。据不完全统计，2020年世界上经常参加比赛的球队约80万支，登记注册的运动员约4 000万人，其中职业运动员约10万人。

二、足球运动比赛规则

（一）比赛场地

1. 场地的介绍

（1）足球比赛场地为长方形，长90～120米、宽45～90米（正式比赛场地长100～110米、宽64～75米）；包括四线、三区、两点、一圈、一弧。

四线：边线、端线、中线、球门线。

三区：罚球区、球门区、角球区。

两点：点球点、中点。

一圈:中圈。

一弧:罚球弧。

(2)角旗与中线旗

角旗与中线旗插在边线与端线的交点外沿处,中线旗可插在场地两侧正对中线外1米处。角旗与中线旗的高度不得低于1.50米。

(3)球门区

在比赛场地两端距球门柱内侧5.50米处的球门线上,向场内各画一条长5.50米与球门线垂直的线,一端与球门线相接,另一端画一条连接线与球门线平行,这三条线与球门线范围内的区域叫球门区。

球门应设在每条球门线的中央,球门宽为7.32米、高为2.44米,为确保安全,无论是固定球门或可移动球门都必须稳定地固定在场地上。门柱及横木的宽度与厚度,均应对称相等,不得超过12厘米。球网附加在球门后面的门柱及横木和地上。球网应适当撑起,使守门员有充分活动的空间。

(4)罚球区

在比赛场地两端距球门柱内侧16.50米处的球门线上,向场内各画一条长16.50米与球门线垂直的线,一端与球门线相接,另一端画一条连接线与球门线平行,这三条线与球门线范围内的区域叫罚球区,在两球门线中点垂直向场内量11米处各做一个清晰的标记,叫罚球点。

以罚球点为圆心,以9.15米为半径,在罚球区外画一段弧线,叫罚球弧。

(5)角球区

以边线和球门线交叉点为圆心,以1米为半径,向场内各画一段1/4的圆弧,这个弧内区域叫角球区。

2. 球的介绍

球的圆周不得多于71厘米或少于68厘米。球的质量,在比赛开始时不得多于450克或少于410克。充气后其压力应相当于0.6~1.1个大气压力(海平面上)。

(二)比赛规则

1. 队员人数

一场正规的足球比赛应有两队参加,每队上场队员不得多于11人,但也不能少于7人,并且其中必须有一名为守门员。

2. 比赛时间

比赛时间应分为两个相等的半场,每半场45分钟。除经裁判员同意外,上下半场之间的休息时间不得超过15分钟。

3. 比赛进行及死球

(1)成死球的条件

①当球不论在地面或空中全部越过球门线或边线时。

②当比赛已被裁判员判定停止时。

(2)比赛进行

自比赛开始至比赛终了时,比赛均应在进行中,包括:

①球从球门柱、横木或角旗杆弹回场内。

②球从场上的裁判员或助理裁判员身上弹落于场内。

③场上队员犯规而裁判员并未判罚。

4. 越位

(1)越位位置

越位的前提是进攻队员处在越位位置。越位位置有三个条件:该队员在对方半场内;对方队员少于两人比该队员更接近于对方的球门线;在进攻方向上,该队员在球的前方。以上三个条件必须同时具备才可认定该队员处在越位位置。

(2)判罚时机

当队员踢或触及球的一瞬间,同队队员处于越位位置时,裁判员认为该队员有下列行为,则应判为越位:干扰比赛或干扰对方;企图从越位位置获得利益。

下列情况,队员不应被判为越位:队员仅仅处在越位位置;队员直接接到球门球、角球或界外掷球。队员被判罚越位,裁判员应判由对方队员在越位地点踢间接任意球。如果该队员在对方球门区内越位,那么这个任意球可以在越位时所在球门区内任何地点执行。

5. 犯规与不正当行为

(1)直接任意球

队员故意违反下列九项中的任何一项,都应判由对方在犯规地点踢直接任意球:

①踢或企图踢对方队员。

②绊摔对方队员,即在对方身后或身前,伸腿或屈体绊摔或企图绊摔对方。

③跳向对方队员。

④猛烈地或带有危险性地冲撞对方队员。

⑤除对方正在阻挡外,从背后冲撞对方队员。

⑥打或企图打对方队员。

⑦拉扯对方队员。

⑧推对方队员。

⑨用手触球。例如:用手或臂部携带、推击球(守门员在本方罚球区内除外)。

如犯规地点在对方球门区内,该任意球可以在球门区内任何地点执行。如果守方队员在本方罚球区内故意违反上述九项中的任何一项,则应判罚点球。在比赛进行中,如守方队员在本方罚球区内故意违反上述九项中任何一项,则不论当时球在什么位置,都应判罚点球。

(2)间接任意球

队员犯有下列五项犯规中的任何一项,都应根据具体情况判由对方在犯规地点踢间接任意球:

①裁判员认为其动作带有危险性。

②当球并不在有关队员控制之内时,不是为了争球而用肩部去做所谓的合理冲撞。

③队员不去踢球而故意阻挡对方者。

④冲撞守门员。

⑤比赛中守门员在本方罚球区内时:

以手控制球后向任何方向持球、拍球或向空中抛球再接住,行走6秒钟以上而未使球进入比赛状态；持球后在行走过程中及其前后，虽已使球进入比赛状态，但未经罚球区外的同队队员或罚球区内外的对方队员触球前，自己再次用手触球；同队队员故意将球踢给守门员后，守门员用手触球；裁判员认为由于战术上的目的，有意停顿延误比赛时间而使本队获得不正当的利益。

6. 黄牌

队员出现下列情况时，应被警告并出示黄牌：

(1)比赛开始后，队员进场或重新进场加入比赛或在比赛进行中离场(意外事故除外)。

(2)队员连续违反规则。

(3)用言语或行动对裁判员的判决表示不满者。

(4)有不正当行为者。

除发生更严重的犯规外，队员的行为属上述最后三项中的任何一项者，应给予黄牌警告。

7. 红牌

裁判员认为运动员出现下列情况时，应令其出场并出示红牌：

(1)犯有暴力行为。

(2)严重犯规。

(3)用污言秽语或进行辱骂。

(4)经黄牌警告后，因犯规又被给予第二次黄牌警告。

三、足球运动基本技术

足球运动基本技术主要包括踢球、接球、运球、头顶球、抢截球、掷界外球等。

1. 踢球

踢球脚法很多，有脚内侧(脚弓)踢球、内脚背踢球、正脚背踢球、外脚背踢球、脚后跟踢球、脚尖踢球等，这里简要介绍前三种。

(1)脚内侧(脚弓)踢球

触球部位是脚内侧的脚弓，即由跖趾关节、舟骨和跟骨构成的三角部位。直线助跑，支撑脚踏在球侧面约15厘米处，脚尖对准出球方向，膝关节微屈。在支撑脚着地的同时，踢球腿以髋关节为轴由后向前摆动，屈膝外展约90度，小腿加速前摆，脚尖稍翘起，踝关节紧张用力，根据出球高度需要，用脚内侧部位分别击球的中下部、中部和中上部。

(2)内脚背踢球

触球部位是脚背内侧，即第一跖骨体及跖趾关节部位。斜线助跑，与出球方向约成45度，最后一步稍大，支撑脚踏在球后侧20～25厘米处，脚尖对准出球方向，膝微屈，身体稍向支撑脚一侧倾斜。踢球腿以髋关节为轴，屈膝外展约45度，大腿带动小腿由后向前摆动，膝关节稍向内旋，脚跟提起，脚尖指向斜下方，脚面绷直，根据出球高度需要，用脚背内侧分别击球的中下部、中部和中上部。

(3)正脚背踢球

触球部位是脚背正面，即楔骨、趾骨和末端部位。直线助跑，最后一步稍大并积极着地，支撑脚踏在球侧10～12厘米处，脚尖正对出球方向，膝关节微屈，踢球腿在支撑脚着地前顺势向后摆起，小腿折叠。支撑脚着地的同时，以髋关节为轴，大腿带动小腿由后向前摆动，在膝盖摆至接近球正上方的瞬间，小腿加速前摆发力，脚背绷直，脚趾扣紧，以脚背正面击球的后中部，踢后脚随出球方向继续前摆。

2. 接球

接球是指运动员有目的地用身体的合理部位把运行中的球接下来，控制在所需要的范围内，以便更好地衔接下一个技术动作。接球是为下一个动作服务的，接球质量的好坏直接影响下一个动作能否顺利完成。

由于比赛中来球性质、状态不同，所以运动员接球应根据不同情况，采用不同的动作方法。无论采用哪一种接球方法，动作结构都是由以下四个环节组成：观察和移动、选择接球的部位和接球方法、改变来球的力量、随球移动。

接球的方法有多种，常用的有脚内侧、脚背正面、脚背外侧、脚底、大腿、腹部、胸部、头部等部位的接球，这里介绍其中五种。

（1）脚内侧接球

这是用脚内侧部位接球的一种技术。由于运动员脚触球面积大，动作简单，可较易掌握。比赛中经常使用这种技术接各种地滚球、平球、反弹球、空中球。

脚内侧接地滚球：运动员支撑脚脚尖上对来球，膝关节微屈，同侧肩正对来球。接球腿提膝，大腿外展，脚尖微翘，脚底基本与地面平行，脚内侧正对来球并前迎，在脚内侧与球接触的一刹那迅速后撤，把球接在脚下。

（2）脚背正面接球

这种技术是运动员根据球的落点及时移动到位，脚背正面上迎下落的球，当与脚面接触的一瞬间，接球脚与球下落的速度同步下撤，此时大腿、膝关节、踝关节、脚趾保持适当的紧张，脚尖微翘将球接到需要的位置。

（3）脚底接球

这种技术是运动员根据来球落点，及时前移迎球，支撑脚站在落点侧后方，脚尖正对来球方向，球落地瞬间，用前脚掌去触球的中上部，微伸膝，用脚掌将球接在体前。

（4）大腿接球

这种技术是运动员用大腿接抛物线较大的下落球时，面对来球方向，根据球的落点迅速移动到位，接球腿的大腿抬起，在球与大腿接触的瞬间，大腿下撤将球接到需要的位置上。

（5）胸部接球

这种技术是运动员面对来球站立（脚左右或前后开立），两膝微屈，重心置于支撑面内，上体后仰，下颌微收，两臂自然放开，维持身体平衡，接触球瞬间，两脚蹬地，膝盖关节伸直，胸部轻托球的下部使球微弹起于胸前上方。

3. 运球

运球是运动员在跑动中将球控制在自身范围内，用脚通过推拨不断改变球的速度和方向的技术。运球包括脚背正面运球、脚背外侧运球、脚内侧运球等，这里介绍前两种运球技术。

（1）脚背正面运球

运动员运球时身体保持正常跑动姿势，上体稍前倾，步幅不宜过大，运球腿提起，膝关节稍屈，髋关节前送，提踵，脚尖下指，在着地前用脚背正面部位触球后中部将球推送前进。

动作特点：直线推拨，速度快，但是路线单一，运球时前方需有较大的纵深。

(2)脚背外侧运球

运动员运球时自然跑动步幅偏小,上体稍前倾,两臂协调摆动,运球脚屈膝提起前摆,脚趾稍内转斜下指,摆至球体上方时,用脚背外侧推拨球的后中部,重心随球跟进。

动作特点:灵活性、可变性强,可做直线或向外变向运球,易于控制球的方向和发挥运球的速度,并便于对球进行保护。

4. 头顶球

头顶球技术在足球比赛中主要用于运动员传球、抢断球、射门时。头顶球是指运动员有目的地用额部将球击向预定目标的动作。头顶球技术由移动选位、身体的摆动、头触球、触球后的身体平衡四个环节组成。头顶球按顶球的部位可分为前额正面头顶球和前额侧面头顶球。

(1)前额正面头顶球

这种技术是运动员身体正对来球,两腿自然开立,膝微屈,两眼注视来球。随着球的临近,上体稍后仰,展腹挺胸,两臂自然张开,下颌收紧,身体自下而上地蹬地、收腹、摆体、顶送发力,当头摆至与身体垂直部位时,用前额正面顶击球的后中部。

(2)前额侧面头顶球

这种技术是运动员身体稍侧对来球,两脚前后开立,出球时支撑脚在前,身体侧后微屈,重心落在后腿上,两臂自然张开,眼睛注视来球。顶球时,后脚向出球方向猛力蹬伸,身体随之向出球方向转动侧摆,同时颈部侧甩发力,用前额侧部将球击出。

5. 抢截球

抢截球技术是一种积极有效的防守手段。抢截是防守技术的综合体现,是用争夺、堵截、破坏等方式延缓或阻拦对方的进攻。一旦把球争夺过来,就意味着组织进攻的开始。掌握和不断提高抢截技术有助于快速反击。抢截球按抢截的手段可分为正面抢截和侧面抢截。

(1)正面抢截

在对方带球队员迎面而来时运动员可采用这种抢截手段。

动作要领:运动员两脚前后稍开立,两膝稍屈,身体重心下降,并平均落在两脚上,面向对手。当对方带球脚触球即将着地或刚刚着地时,立即抢球。抢球脚的脚弓对正球,并跨出一步,膝关节弯曲,上体前倾,身体重心移至抢球脚上。如对方已有准备,在双方脚同时触球时,脚触球后要顺势向上提拉,使球从对方脚背滚过,身体迅速跟上,把球控制住。双方上体接触时,抢球人可用合理部位冲撞对方,使之失去平衡,将球控制在自己脚下。

(2)侧面抢截

当防守队员与带球进攻的队员并肩跑动,或二人争夺迎面来球时双方都可采用这种抢截手段。

动作要领:当与对方平行跑动争球时,运动员身体重心要降低,两臂贴紧身体。在对方靠近自己的脚离地时,可用肩和上臂做合理的冲撞动作,使对方身体失去平衡,从而把球抢过来。

6. 掷界外球

掷界外球有原地掷界外球和助跑掷界外球两种方式。

(1)原地掷界外球

动作要领:运动员两手手指自然张开,持球的后半部,两拇指靠近,虎口相对。两脚前后或平行开立，膝关节稍屈，将球举在头后，身体重心放在两脚上，上体后仰。掷球时，两脚蹬地，收腹屈体，同时两臂快速前摆，身体重心前移，手腕、手臂、腰和腹部同时用力将球掷出。

(2)助跑掷界外球

助跑掷界外球动作要领和原地掷界外球基本一样，但在此之前，运动员要有一定距离的助跑，便于掷得更远。

7. 守门员技术

(1)准备姿势

守门员的准备姿势是完成下步技术动作的基础。

(2)脚步移动

守门员要守住宽7.32米、高2.44米的球门，既要掌握手臂动作，又要有灵活、快速的脚步移动，这样才能接、扑对方射出的各种来球。脚步移动分侧滑步移动和交叉步移动。

(3)选位

守门员必须选择合理的位置才能更好地接球和扑球。

(4)接球的方法

接球的手形：守门员能否将球接牢，与接球的手形有很大关系。

动作要领：接球时，两手自然张开，拇指相对，食指与拇指成“桃形”，要接触球的后中部，触球部位以手指为主，手掌上端轻微触球(掌心不能触球)。在接球的一刹那，两手要有缓冲动作，将球牢牢接在手中。

接高球：单脚跳起接球应用范围较广，而且接球点比较高，多用于接远侧高球、高吊球、传中球等。

腹部接球：守门员接低于胸部来球时，两腿直立，上体前倾，两臂前伸迎球，掌心向上。在接球刹那要收腹，两臂靠拢并迅速回撤，两手手腕上翻，把球收至腹部。

接地滚球：分直立接球和单膝跪立接球两种。守门员直立接球时，两脚要自然并拢，脚尖对准来球，上体前屈，两臂自然下垂，手指自然张开，手心向前，两手接球底部。接球后，两臂同时弯曲，并互相靠拢，将球抱至胸前。单膝跪立接球时，两腿向侧前方开立，前腿弯曲，支持身体重心，后腿跪立，膝关节接近地面，并靠近前脚踵，上体前倾，手臂下垂，掌心对准来球方向，两手接球底部，接球后将球抱至胸前。

8. 基本战术

足球战术就是比赛中为了战胜对手，根据主客观的实际所采取的个人和集体配合的手段的综合表现。比赛实践证明，熟练而巧妙地运用战术是夺取胜利的重要因素。

(1)局部配合战术

比赛中经常采用的二人局部进攻配合有传切配合、掩护配合和“二过一”配合。局部二人配合是整体进攻战术的基础，不论在任何一个场区，任何两名同队队员(守门员除外)都可以采用。

完成二人配合的能力强弱，直接反映球队进攻战术的质量，而二人配合的质量与队员的技术水平及其配合的默契程度密切相关。

①传切配合

斜传直插配合：进攻队员作斜传，接球队员直接插到对方的身后空当接球，突破对方的防守。

直传斜插配合:进攻队员直线传球,接球队员从对方防守队员的内线空当斜线插入他身后空当接球。

②“二过一”配合

踢墙式“二过一”配合:进攻队员带球向前逼近后向另一队员脚下传球,该队员接球后直接将球传至防守队员背后空当,接应队员快速切入接球。

回传反切“二过一”配合:进攻队员回撤迎球,防守队员紧逼,接应队员接球后再回传,立即返身切入防守队员身后空当接球。

(2)全队战术

一个队一旦控制了球,便是进攻的开始,全队均应迅速协调地投入进攻;一旦失去了球便是防守的开始,全队均应迅速而协调地转入防守,以便尽快夺回球。

①全队进攻战术

外围吊中:一般在进攻受阻,难以从中间和边路发展时,采用斜线长传吊中和利用中锋的身高优势以完成顶射攻门或传球配合攻门任务。

快速反击:在攻方大举进攻时,由于防守队员也参与进攻而导致防守薄弱,因此空隙较大。此时守方如能抓住攻方失球后来不及回位,或在退守过程中防守位置出现错误时,可发动快速反击,必将取得良好的效果。

插上进攻:目前大多数球队在前锋线只放2名队员。然而一旦进攻,仅仅依靠2名队员是难以奏效的,所以许多球队为了保证第一线的攻击力,常常是处于中后场的前卫、后卫突然插到第一线进攻,由于插上进攻战术既可以在中路又可在边路运用,既由前卫又可由中卫或边后卫插上。这种不定点、不定人的插上进攻更增加了防守的难度。

边路快速带球传中和切底回传:边路快速带球传中和切底回传一般由边锋(或其他位置队员)完成。传球一般可传高球,但抛物线不宜太大,传中落点稍靠中间时可传平直球。由于球在运行中射点比较多,有利于同伴抢点射门。传球过顶时,一般可传内弧线球,这种球守门员不易判断而难以断截,而对包抄跟进的射门者较为有利。

②全队防守战术

目前全队防守战术有:区域防守、盯人防守、混合防守。

区域防守:此战术每名防守队员负责防守一定区域,对方谁进入该区域就由该队员负责盯防,离开这个区域,就不再跟踪盯防。这种防守战术较为节省体力,但是在同一区域出现两名进攻队员时就会比较被动,并且在邻近位置的结合部还容易漏人。因此,目前世界上只有为数不多的球队采用这种区域防守。

盯人防守:此战术分为全场盯人、半场盯人以及门前30米盯人。采用盯人战术是指被盯防的对手跑到哪个位置就盯防到哪里。其特点是分工明确,容易实行,但队员体力消耗大,对身体训练水平要求高,一旦一人被突破就容易带来防守的混乱。20世纪80年代以来,这种盯人战术已不多见。

混合防守:此战术是指有的队员进行区域防守,有的队员进行盯人防守;或者在有的区域进行盯人防守,有的区域采取区域防守,如进入门前30米区域采用盯人防守,离开这个区域就采取区域防守。混合防守的具体方法有多种,采用哪一种则应根据各队的具体特点和对手的情况而决定。

③比赛阵形

为了适应攻防战术的需要,全队队员在场上的各位置排列和职责分工,称为比赛阵形。

阵形名称一般由场上各位置的队员人数而定，顺序是由后（卫）到前（锋）。当今足坛大多数球队常用的阵形是“4－4－2”。

四、足球运动教学与训练

（一）足球运动教学

1. 足球教学目标与教学策略

（1）教学目标

①教师使学生在学习足球运动知识的基础上，通过多种多样的游戏形式，大体掌握足球的几项基本技术和简单战术，并能在比赛中运用所学的技术和战术。

②教师通过足球活动发展学生的奔跑能力、速度、力量、耐力等身体素质，综合发展学生的各项体能。

③教师通过足球游戏和教学比赛等形式，在活动中引导学生主动地与同伴合作，培养学生较强的合作与竞争意识、良好的心理品质和社会适应能力，同时培养学生对足球运动的兴趣与爱好，使每位学生都能参与其中。

（2）教学策略

①足球运动是深受学生喜爱的运动，是集快速、攻防、对抗等特点的集体项目。通过足球的教学应使学生较为系统地掌握足球运动的基本技术、战术，最终学会踢足球。

②基本技术、战术的教学遵循循序渐进的原则，从简单到复杂，从单个技术到组合技术。

③在教材的选择和处理上，重视单个技术动作的教学。在教学中，教师应将学习基本技术与运用基本技术有机地结合，体现足球运动的对抗性和趣味性的特点。

④采用多种形式的对抗练习、游戏和教学比赛，让学生在运动实践中提高技、战术的运用能力和运动能力，培养学生的足球战术意识，使学生能够参与教学比赛，在运动中提高体能、培养良好的心理品质与社会适应能力。

⑤教学中，应多采用分组合作学习的方式，激发学生学习的积极性和主动性，提高课堂效率。

⑥在实际教学中，教师应根据学生的实际情况注意区别对待，合理调整教学内容、教学进度，采用任务驱动和分层教学等方法以促进不同层次的学生进步与发展。

2. 足球教学训练原则

（1）直观性原则

直观性原则就是指教学训练过程中，通过运动员的各种感觉器官接受动作的形象，经过反复思考形成概念，然后通过练习而逐渐掌握动作技巧。足球运动的技术、战术动作多样，而且在运用中其变化又非常复杂，因此建立清楚而正确的概念是非常重要的。建立正确的概念，除由教练员示范和讲解外，还可以利用电影、录像、幻灯片、图片等方式。因为教练员的示范动作虽然可以使队员看清动作的全貌，但对某一个特定的环节并不一定能明显地看清楚。

除此之外，还可以通过助力与阻力的办法。助力与阻力是通过感觉或肌肉的本体感觉进一步体会动作要领，辨别动作的空间与时间的概念。例如，想要队员更好地领会踢球时小腿快速前摆的作用，教练员可将球固定在足球墙下，当膝关节摆至球的上方，大腿不能继续前摆时,小腿要突然加速击球,这样反复练习即可体会小腿快速前摆的作用。在贯彻直观性原则时,教练员要善于运用语言启发队员的积极思维,提高队员分析问题和解决问题的能力。只有启发队员自己思考,才能加深其对技术动作的理解。只有队员自己理解了动作的结构、要点及正确与错误动作之间的界限,才能更好地完成和掌握动作。

(2)系统性原则

系统性原则是根据人的认识规律、人体生理机能活动能力变化的规律和动作技能形成的规律,合理地安排教学训练内容、组织教法和掌握运动负荷的训练原则。从广义来讲,系统性原则包括循序渐进原则、不间断原则和巩固性原则。在足球运动的教学训练中,除要求符合足球技术本身的系统性外,还要求教学前后连贯,教法顺序要由简到繁、由易到难,运动负荷也要由小到大、从弱到强,这样才符合循序渐进的原则。例如足球运动技术中的传、接球,是最基础的技术,在开始学习足球技术时首先要学习最基础的各种脚法的传、接球,如脚内侧传、接球。因为脚内侧传、接球是足球技术中最简单、最容易学的技术。

(3)合理安排运动负荷的原则

合理安排运动负荷的目的就是提高运动员的运动水平,即提高训练质量。因此在运动负荷安排过程中,首先要规定质量上的要求,在此基础上掌握、安排好运动负荷。足球运动技术的掌握与提高,以及相应的身体素质都要通过经常性的训练来解决,并且都必须是有一定负荷强度的训练。

随着现代足球运动的发展,对技术动作的难度与准确性的要求都提高了。例如现代足球比赛运动员的传球与射门,都是在高速度与激烈的对抗中完成的。为了适应这种高速度与激烈的对抗,在训练时就必须不断地加大负荷强度,提高运动员身体的适应能力。

(4)从实际出发的原则

从实际出发就是教练员在制定教学训练任务、要求、内容、组织踢法以及安排运动负荷时,都要从当时各方面的客观实际情况出发。所谓实际情况,既包括本队队员的情况,如年龄、身体条件、训练水平、个人特点、作风及知识范围,同时也包括场地、设备、气候以及比赛对象的条件等。

(二)足球运动训练

1. 攻防与控球

技术是基础,体能是保证,对抗是重点,意识是关键。教练员把全体运动员组织到一起,每个人都有自己的优缺点,也反映了一个教练员的素质;了解本队队员的特点,发扬长处,弥补短处。进攻时抓传接球,防守时球被对方抢下时,每个队员都变成防守者,根据场上的变化寻找自己的最佳位置。

(1)进攻要求

进攻时要拉开宽度,要有局部突破,积极跑动,扯出空当,交叉换位,在进攻中要有敢于即兴发挥的能力,控制住球、掌握节奏、耐心地捕捉进攻时机。

(2)防守要求

整队防守时要弥补空当,后防线的防守一般不得少于 3 人,最好以多防少。整体防守球员要像扇面一样整体移动。后卫线不要轻易越位。

传球和跑动动作没有隐蔽性,考验队员心理承受能力。不同位置的要求、责任明确,足球是在集体的基础上发挥个人特点。

(3)控球时注意的问题

带球反击一对一突破时,要大胆过人;等待传球时,要自己控制一下;没有传球时机,这时要控带;拉出空当时,可以带一下;没有人盯防时,寻进攻时机;边锋突破后,等待我方队员上来。

(4)带球时注意的问题

能突破最好,过不了就要控制住球,等待时机配合,不要盲目过人;快丢球时,对方要抢掉打反击时,快速传给同伴;丢球以后要迅速回头抢,不要看;可以传出的球不要带;在带球最后一步时注意不要推大;不要原地带球不动,要带起来寻找战机,带球时要有传球的动作;在射门区域内能射时,要快速射门,不能再带;带球时要懂得,不要把球暴露在抢球人的一面,要护在反方向;后卫门前发生危险时,不能带球;后卫在本方禁区内不能正面一过一;在自己门前背身拿球时,不能带球。

(5)传球时的要求

传完球一定要跑动接应;传球的距离要合适;传球的速度要快、要准;在做“二过一”配合时,接球人要迎球,不要等球。接球人要有意把防守人骗出来,要根据情况判断传什么样的球。同时,传球人要掌握好传球的时间。

2. 足球训练基本准则的四要素

(1)技术和技能是对球的控制——(核心)。

(2)战术意识是指对球的控制——(主导)。

(3)身体素质是指对身体的控制——(保证)。

(4)心理品质是指对思想的控制——(决定)。

足球课的教学和训练是两个既有区别又有联系的关系。教学是使学生从不会到初步掌握足球基础理论、基础知识、基本技能的过程;训练则是由初步掌握到巩固、提高并能熟练运用的过程,两者既不能相互代替又不能完全割裂。

在具体工作中,教学是按照教学计划、教学大纲,由教师向学生传授足球理论知识、技术、战术和技能,同时对学生进行思想、道德、意志品质教育,是一个有计划、有目的、有组织的教育过程。而训练则是在教师的指导下,全面发展学生的身体素质、身体机能、技术、战术,充分发挥学生竞技能力的潜能,不断提高竞技水平,把训练和竞赛有机地结合起来。

运球遇防守队员时,应以远离防守队员的一侧脚运球。低重心、快频率推拨球为正确的运球技术动作。运球突破主要为传球或射门创造空间。变速和变向是运球突破技术的关键。运球过人主要目的是创造好的传球机会或射门机会。头顶球时用前额这个部位顶球。踢球技术动作一般由五个动作组成:助跑、支撑脚站位、踢球腿摆、脚触球和踢球后的随前动作。踢球助跑的方式有两种,一种是直线助跑,一种是斜线助跑,其中脚背内侧踢球是斜线助跑去踢球的,脚内侧踢球是直线助跑。脚背内侧踢球时,脚背应击球的后下部。脚内侧踢球时应击球的后中部。按踢球的部位可分为脚内侧踢球、脚背正面踢球、脚背内侧踢球和脚背外侧踢球。脚内侧踢球的特点是脚与球接触面积大,出球准确平稳。比赛阵型是指场上队员的位置分布,是球队攻守力量搭配和职责分工的形式。

足球比赛按场上位置职责主要分为守门员、后卫、前卫、前锋。停球技术是指运动员有目的地用身体的合理部位使运行中的球停下来。停球时应运用合理部位做好“迎”“撤”等缓冲动作。颠球是运动员作为熟悉球性的一种主要练习手段。快速进攻打法中,传球的首要选择是向前、向对方身后传。快速打法中,在进攻三区的接应距离一般为 4 ~ 5 米。

进攻技术一般有接控、传球、运过和射门。防守技术运用的第一选择一般是断截球。常见的“二过一”配合有5种。个人防守战术有盯人、选位、抢截。足球比赛进攻原则是制造宽度、传切渗透、机动灵活、即兴应变。足球比赛防守原则是延缓进攻、对口平衡、收缩保护、紧盯控制。无球跑动的原则是以球的动向而动、以近球者而动、以前者动而动。一般常见的无球跑位方式有身后跑、套边跑、斜线跑、二次进攻跑位。

3. 足球运动战术

足球运动是一项对抗性的运动项目,它是由进攻和防守这对矛盾所组成的。足球战术是指比赛双方为了充分发挥个人与集体的特长,进攻对方弱点,取得比赛胜利所采用的手段和方法。

根据攻防的基本特点,足球战术可分为进攻战术、防守战术、比赛阵型三大部分。在进攻和防守战术中,又包括个人、集体与全队的攻防战术。

(1)局部配合

①“二过一”配合

顾名思义,“二过一”是两个进攻队员,通过传球配合突破一个防守队员。“二过一”是集体配合的基础,可以在任何场区、任何位置上运用这种方法来摆脱对方的抢截或突破防线。“二过一”是进攻的两个队员之间相距10米左右时进行一传一切的配合。要求传球平稳、及时,一般多用脚内侧、脚外侧等脚法,传低平球为主。传球的位置,尽可能是接球人脚下或前面二三步远的地方。

②“三过二”配合

“三过二”是在赛场局部地区,3名进攻队员通过连续配合突破2名防守者的防守。由于这种配合有2名同队队员可以同时接应传球,因此控球人传球路线更多,且进攻面扩大。

(2)进攻战术

①边路进攻

利用球场两侧地区发起进攻的方法叫边路进攻。边路进攻是全队进攻战术的主要形式之一,其主要特点是有利于发挥进攻速度,打破对方防线制造缺口。常用的战术有两翼齐飞、声东击西。

②中路进攻

中路进攻是利用球场中间区域组织的进攻,这种进攻虽能直接射门,但难度最大,因中路防守最为严密,攻击手必须是反应极其敏锐、意识强、技术高、敢于冒险、速度快和善于路位策应的队员。常用战术有不断为站桩前锋喂球的强力中锋战术。

③快速反击

比赛中当攻方进攻时,后卫线往往压至中场附近,防守人数也由于插上进攻和助攻而相对减少,此时如能抓住对方防区空隙较大和回防较慢的机会,乘其失球发动快速反击,往往能取得良好的效果。

快速反击是最有威胁的进攻手段,有效的进攻在于突然快速反击,但其难度较大,既要冒险,又要有准确、快速的传切配合技能。快速反击要有组织,配合得要极为默契,必须进行专门性的训练,否则很难在比赛中实施。常用战术有后卫长传等。

(3)定位球

定位球战术是指在比赛中,利用“死球”后重新开始比赛的机会组织进攻与防守的战术方法。定位球战术包括中圈开球、角球、任意球、点球、掷界外球等。

在势均力敌的高水平比赛中,定位球战术有时起决定胜负的作用。在配合上要利用简练的一次配合取得射门机会,配合越复杂成功率就越低。故要进行专门性的练习,才能在比赛中奏效。

(4)现代阵型

为了适应攻守战术的需要,全队队员在场上的位置排列和职责分工,称为比赛阵型。各阵型的名称是按队员排列的形状而定。自19世纪中期,世界上第一个足球比赛阵型诞生,至今日的"4-3-3""3-5-2""4-2-4"战术,以及某些国家所采用的"水泥式""锁链式"战术等,都是沿着这一规律演变和发展的。

(5)位置职责

边后卫职责:边后卫主要是要防守对方的边锋以及其他进攻队员在边路的活动,破坏对方由边路发动的进攻。同时还可利用插上助攻式运球来直接威胁对方球门。

中后卫职责:中后卫有突前中后卫和拖后中后卫之分。前者主要任务是盯守对方突前的最有威胁的中锋,因而又被称为盯人中后卫;后者则主要担负整个防线的指挥任务,其站位经常处于其他防守队员后面,一般被称为自由中卫。

前卫重要职责:前卫通常称为中场队员。中场是一个非常重要的区域,控制了中场也就是得到了比赛的主动权,因此比赛各队往往都在中场投入较大力量。

第四节　足球运动与健康

一、身体健康

1. 有效预防心血管病

人在进行足球运动时,肌肉紧张,心脏工作量增加,心肌的血液供应和代谢加强,心肌纤维增粗,心壁增厚,心脏体积增大、外形圆满、搏动有力。这也是治疗心血管病的良方。

心血管病是当今世界上危及人类生命的头号杀手。据报道,在我国,死于心血管病的人的数量亦居首位。大量研究表明,参与一定的足球运动可以降低心血管病形成和发生的概率。

2. 降低糖尿病发生的风险

糖尿病的特征之一是人的血糖水平很高,如果不加以控制,还会引起其他健康问题,如视力减弱和肾亏等。有规律的足球运动能控制血糖水平,从而使个体患糖尿病的可能性减小。

3. 增强消化系统的功能

足球运动会增强体内营养物质的消耗,使整个机体的代谢增强,从而提高食欲;另外,还会促进胃肠蠕动和消化液分泌,改善肝脏和胰腺的功能,从而使整个消化系统的功能得到提高,为人的健康和长寿提供良好的物质保证。

4. 控制体重与改变体形

过分肥胖会影响人的正常生理功能,尤其容易造成心脏负担加重,寿命缩短。如果一个人的皮下脂肪超过正常标准的15%~25%,那么死亡率会增加30%。由于足球运动能减少脂肪,增强肌肉力量,保持关节柔韧,故可控制体重,改善体形和外表。

5. 增强心脏功能

适当进行足球运动可以增强心脏功能,使每搏输出量增加、动脉血管壁的中膜增厚、平滑肌细胞和弹力纤维增加;使骨骼肌肉的毛细血管分布数量增加、分支吻合丰富;使冠状动脉口增粗;使心肌的毛细血管数量增加。这均有利于包括心脏本身在内的器官供血和机能的提高。同时,足球运动还可以使血压有所下降,并能降低血清胆固醇含量,对于预防高血压、冠心病有良好的作用。

二、足球运动损伤与预防

(一)损伤

1. 踝关节扭伤

在进行足球运动的过程中,若有不慎,可能会出现踝关节扭伤的情况。踝关节扭伤有两种形式,踝关节内翻和外翻,外翻更加严重一些。

具体的检查方法有:看红肿程度;能否做屈伸踝动作;内、外翻韧带松不松;叩击足跟底部痛不痛等。一般单纯性关节扭伤,是关节一周痛,肿在关节缝内,能做屈伸和内、外翻动作;若是跟腓前韧带损伤,大多是内翻式扭伤,外踝上部肿胀,局部压痛,做内翻重复动作时最痛;若是跟腓后韧带损伤时,外踝下部肿胀、压痛,做内翻动作时,如足背第 5 跖骨基底部疼、局部肿胀、压痛,足前挤压痛时,需照 X 光片,除第 5 跖骨基底部骨折外,踝屈伸动作如果受限,还需考虑小关节脱臼的可能。如无骨折可疑,只是关节囊、韧带损伤,就在患处喷冻剂或冷敷,再加压包扎固定。如是内翻式扭伤的,绷带要从外调向上包裹,以囊、韧带损伤,需外敷消肿止痛,高抬患肢。3 天后开始深蹲、踝部按摩,促进囊内积液吸收。

2. 下肢顶撞或踢挫伤

在进行足球运动的过程中,若有不慎,可能会出现下肢顶撞或踢挫伤的情况。轻度受伤者,局部皮肤微肿,疼痛不严重,稍加冷敷即可继续上场。重的则皮下出血,红肿部位大,或隆起大包,手触即痛,这时需利用上述喷雾剂加包扎处理。伤在大、小腿处的,可外加护套。切不可热敷或热水浸泡,以防血管扩张,加剧出血、肿胀,这将不利于迅速恢复。

挫伤是皮下小血管、软组织损伤,肌肉纤维没有明显断者,可保持跑步、少量活动,不要停训,这有利于淤血肿胀的消散吸收。

3. 肌肉拉伤

在进行足球运动的过程中,若有不慎,可能会出现肌肉拉伤的情况。当球员带球冲刺、射门、长传、接高球、急停、急转时,都可能发生大腿前后部、小腿三头肌拉伤。一般根据伤情轻重及自我感觉进行处理。轻伤喷冷冻剂,戴上护腿又可上阵;中等受伤者,除喷剂外,加压包扎、加护腿,基本还能坚持比赛;重伤者行走困难,要抬出场冷敷包扎,高抬患肢,停止比赛。

肌肉拉伤后,除上述处理外,还可在痛点集中处,打泼尼松龙注射液局部封闭。两天后配合按摩、电脉冲按摩,以助肌纤维损伤早日恢复。

4. 大、小腿抽筋

在进行足球运动的过程中,若有不慎,可能会出现大、小腿抽筋的情况。赛中或赛后抽筋是常见现象，是由于肌肉失去正常调节功能的一种强直性收缩反应。造成的原因有跑动过多、肌肉太累、突然冲刺；或出汗太多，盐分丧失超量；或天冷肌肉发僵，受突然动作的强刺激等。抽筋后，首先精神要放松，设法使抽筋的肌肉被动伸长，痉挛现象就会逐渐缓解。

具体治疗方法可以这样进行：大、小腿后部肌肉群抽筋时，可平坐地上，伸直大、小腿，将足前掌上翘，休息几分钟就会好；厉害的抽筋，需要别人帮助扳腿。可让病人平躺地上，将大、小腿尽量伸直，再将足背上翘，静止不动3～5分钟一般可缓解。如还不行，可再重复伸脚、扳脚、点穴。

5. 足掌、脚趾下起水泡

在进行足球运动的过程中，可能会出现足掌、脚趾下起水泡的情况。地硬、鞋紧等常使足前掌内、外侧或足趾下起水泡、血泡。处理方法：先用碘酒、酒精消毒，再用注射用针头挑破水泡放水，用消毒棉球挤净，放一点消毒棉花在伤口处，帮助吸水、外贴胶布即可继续比赛。赛后还可以进一步用药膏处理，每次洗澡后更换敷药，只要不感染，三两天就会恢复。

足球运动创伤的特点是硬伤多，伤情较重。除骨折或韧带断裂外，如治疗及时，容易恢复。所以，运动创伤急救措施，对于抑制创伤的继续发展和程度的恶化，起到了极其重要的作用。

（二）预防

1. 针对在足球运动之中所能预见的损伤，我们应如何预防

（1）提高对运动损伤的认识

教师在足球教学和训练过程中，强调预防运动损伤的重要性，通过分析运动损伤的特点、常见的损伤种类及造成的原因，来提高学生对运动损伤的认识。平时要加强安全教育，在足球运动中，克服麻痹思想，认真贯彻以预防为主的方针，发扬良好的体育道德精神。

（2）要保证体育设备的质量

体育设备是学生参加体育活动的物质基础。提高学生对体育运动的兴趣，要保证体育设备的全面性。体育设备的先进性和安全性对推动学生们大胆地去参与体育活动、开展学校体育活动有重要作用。

（3）努力抽调运动水平

教师要不断提高学生身体素质及技术能力，从而最大限度地避免个人原因导致损伤的发生。

（4）科学合理地安排教学训练

教师要根据教学大纲和训练计划的要求，要遵循循序渐进、个别对待等教学原则，在全面发展身体素质的同时加强基本技术教学，使学生正确掌握各种技术并能娴熟运用，同时注意合理安排运动负荷，避免过度疲劳和局部负荷过重。

在足球运动中，有不少运动损伤是由准备活动不足造成的。因此，在运动前认真做好准备活动十分必要。

准备活动可以提高中枢神经系统的兴奋性，克服人体机能活动的生理惰性，为正式练习做好准备。准备活动能增加肌肉中毛细血管开放的数量，提高肌肉的力量、弹性和灵活性，同时也可以提高关节韧带的机能，增强韧带的弹性。同时在做准备活动时，教师也要根据足球教学的不同内容、不同的季节气候，合理地组织和安排准备活动，使准备活动充分而有效。

2. 进行足球运动的前后,需要谨记的准备工作和注意事项

学生上场前要进行充分的热身运动:走、踏步、分并跳、伸展等,尽量将身体各关节都活动开。为了预防肘、膝小腿挫裂伤,应使用护肘、护膝等防护装置。

谨记10%增加的原则:一周内不要增加运动频率、强度,每次增加的运动时间不要超过10%,循序渐进才能渐入佳境。

保持有氧运动和无氧运动的锻炼均衡。学生同时参加一些力量和柔韧练习,有助于防止受伤。一场球踢下来,身体需要时间去恢复,不要疲劳作战。

学生运动前不要空腹,运动的前中后要饮足够的水,出汗多可饮用运动饮料,及时补充微量元素。

学会摔倒时的各种自我保护方法,如落地时用适当的滚翻动作以缓冲外力等。

(三)足球运动对健康的益处

1. 足球运动可强身健体

(1)足球运动最受欢迎的一点就是人们通过踢足球这种方式,能够达到强身健体的效果。近几年,我国对于体育越来越重视,不仅将体育列为学校重点课程,而且提倡人们应该养成终身锻炼的好习惯。

(2)在足球运动当中,人体的各个器官都需要参与进来,这能够让人的身体素质得到提高,对于一些免疫力相对较低的人来说有很大的帮助,在不知不觉中就达到了强身健体的效果。足球运动适合一些身体素质不太好,平时经常容易生病的人。

2. 足球运动可培养人们对于体育的兴趣

(1)虽然现在人们都在说应该坚持锻炼、养成锻炼的好习惯,但仍然有很多人对体育根本提不起兴趣,往往感觉体育运动过于辛苦。有些人虽然身体虚弱、患有疾病或体重偏重,却因狠不下心来,平时用于体育锻炼的时间少之又少。

(2)足球运动能够让人们对于体育的兴趣有所提高。在足球运动当中,人们可以相互帮助,也可以通过踢球获得自豪感,这样人们对于体育的兴趣自然就提升了。

三、心理健康

足球是一个团队项目,随时都需要队友的配合。所以在运动中,可以深刻感到球员配合团结的重要性,这就培养了我们团结协作、密切配合的能力和集体荣誉感。

21世纪的社会,人才竞争日趋激烈,这种竞争不再是单纯的智力竞争,它也包括体能、心理等各种非智力因素的竞争,而决定竞争成败的重要物质基础之一,就是人的健康状况。大学开设体育课,其旨在增强学生体质,促进身心全面发展,培养学生的体育运动意识、兴趣、习惯和能力,为终身体育奠定基础。

足球运动要求动作和反应都要快,要求根据变化的形势迅速地改变动作、运动方向,要求能急速起动和跑动,还要求能急停、迅速判断情况、掌握时机等。因此,在这样复杂而多变的比赛中,运动员神经系统的活动是非常紧张的,这样可以提高中枢神经系统的机能。经过长期锻炼,也许你没能成为一名优秀的运动员,但你的思维会更敏捷,判断能力会更准确,视野会更开阔,意志会更顽强。

足球运动还有着陶冶性情、益智强身的功效。在激烈争夺的足球场上，集体的荣誉感，会使运动员忘记个人的一切。他深深知道，个人的一举一动关系着全队的胜负，任何的私心杂念、越轨行为，都将暴露在众目睽睽之下，遭到道义上的谴责，从而会时刻约束自己。因此，足球运动有助于培养人的组织性、纪律性和集体主义精神。

在足球训练过程中，通过科学的训练方法、合理的运动负荷、循序渐进的教学方式，会进一步发挥我们身体素质方面的优势、改善我们身体素质方面的不足，使我们的身体素质水平得到全面的提高。只要能持之以恒、不懈努力，必将拥有强壮的体魄和矫健的身手。

当然对于高校的学生而言，应该培养其对足球运动的兴趣。通过加强理论知识的学习、改进教学结构、提高教学方法的灵活性、注重师生之间的反馈交流、制定合理的评价体系、拓宽教师的知识面、组织课外教学比赛、培养学生的自我锻炼能力等，延续学生的运动兴趣，使学生离开学校教育的同时不会离开体育锻炼，为学生的终身体育发展奠定稳固的基础。

第五章 篮球运动与身体健康

第一节 篮球运动的起源

篮球运动于1891年12月初,由美国的詹姆斯·奈史密斯博士发明。当时的篮球规则只有13条,由他创建的篮球项目竟然在200多个国家流传着。为了纪念奈史密斯博士发明篮球的功绩,美国修建了美国篮球名人馆——詹姆斯·奈史密斯纪念馆。篮球运动是1896年前后传入中国的。在1910年的全运会上举行了男子篮球表演赛之后,全国各大城市的大、中学校的篮球活动逐渐开展起来,其中以天津、北京、上海开展得较好,水平也较高,而中国篮球运动水平在1926年以后才有了较大提高。

篮球运动在长28米、宽15米的长方形平面场上开展,比赛双方各出5名队员,在规则的限制下,通过掷、拍、滚或运,将球投入位于一定高度的对方球篮得分,并阻止对方获球或得分的竞技体育项目。它具有较强的集体性和对抗性、趣味性和观赏性。经常从事篮球运动能促进速度、力量、耐力、灵敏等身体素质的全面发展,提高内脏器官和中枢神经系统的功能。篮球运动深受广大群众的喜爱,在体育运动中占有重要的地位。

第二节 篮球运动的发展

一、世界篮球运动的发展

篮球运动诞生后,传播速度很快。1892年传入加拿大和墨西哥,1893年传入法国,1986年前后传入中国,1901年传入日本等国家,1905年传入俄国。1904年美国青年会男子篮球队在第三届奥运会上进行了表演。此后,篮球运动逐步在全世界开展起来。1932年6月18日在瑞士日内瓦成立了国际业余篮球联合会(简称国际篮联)。1936年第十一届奥运会上,男子篮球被列为正式比赛项目。1950年和1953年分别举行了第一届世界男篮和女篮锦标赛。1948年起,在许多国家的少年儿童中开始出现小篮球活动,受到国际篮联的重视,并于1968年成立了"国际小篮球委员会"。1976年第二十一届奥运会又增加了女子篮球比赛。

1936年至1948年间,规则的不断修改促进了篮球攻防战术的变化运用,提高了攻防的速度。进入20世纪50年代,世界各强队普遍重视发展高度,成为这一时期的显著特点。在1952年第十五届奥运会篮球比赛中,出现了身高2米以上的高大队员。他们在高空争夺中占有明显的优势,掌握了比赛的主动权。但那时的高大队员灵活性差、技术单调,篮下死打硬攻,因而战术呆板,使比赛速度受到影响。针对上述情况,国际篮联对规则进行了修改,扩大了限制区,增加了30秒(后改为24秒)和干扰球规则。

20 世纪 60 年代各国在重视发展高度的同时，加强了高大队员技术和灵活性的训练。有些强队，如巴西队，尽管身高相对矮些，但他们以短跑运动员的速度和娴熟的技术，充分发挥快速、灵活的特长，在 1963 年第四届世界男篮锦标赛上夺取冠军，震动了世界篮坛。20 世纪 60 年代中期，美国迪安·史密斯提出攻守平衡的理论，使世界各国开始重视进攻和防守的均衡发展，特别是防守有了新的发展和突破。防守不再是消极的，在防守的选位上改变了过去“以人为主”“以区域为主”的观念，利用“以球为主”使防守具有集体性、积极性、攻击性和破坏性。

二、我国篮球运动的发展

篮球运动在我国的传播、普及、发展、提高受不同时期政治、经济、文化、教育等各方面因素的影响和制约。为了便于了解篮球运动在我国的发展历史，通常可以按篮球运动传入中国后的社会变迁、篮球运动及其技、战术在中国的发展和重大国内外竞赛活动、事件等综合（或分别）将中国篮球运动发展分成 3 个时期、7 个不同阶段。

1. 第一时期（1895—1948 年）

这一时期为传播的缓慢普及时期，包括三个阶段：第一个阶段为 1895—1918 年的初始传播阶段；第二个阶段为 1919—1936 年的缓慢推广阶段；第三个阶段为 1937—1948 年的局部普及阶段。

这一时期，篮球运动传入中国以后，未能得到重视和有组织地传播、普及。但由于篮球运动特有的趣味性和健身性，其仍深受青少年学生的喜爱。经过近 10 年的传播，篮球运动才逐渐成为 20 世纪初大、中学校的主要体育活动并从学校传入社会。1910 年的第一届全运会上，篮球被列为男子表演项目，1914 年的第二届全运会上被列为男子正式竞赛项目，1924 年第三届全运会上被列为女子正式竞赛项目，此后逐渐也在社会上活跃起来，如在华北等地区性的运动会上，篮球也最先被列为正式的比赛项目。男子参加了 10 次大型运动会篮球比赛，在 1921 年获得了一次冠军。另外，在 1936 年和 1948 年曾派队参加了第十一届和第十四届奥运会篮球赛，都未能进入决赛，但这些对外交往一定程度上对推动我国篮球运动的发展起到了作用，并使我国在 1936 年奥运会期间加入了国际篮球联合会，使篮球运动在我国被更多人关注，社会篮球竞赛也较过去活跃。

进入 20 世纪 30 年代，在革命根据地，篮球运动更受广大人民群众和红军、八路军将士的喜爱。当时特别引人注目、在国内享有盛誉的是 1938 年八路军 120 师师长贺龙和政委关向应亲自组建的“战斗篮球队”，以及抗日军政大学三分校以东北干部为主组成的“东干篮球队”，他们共同的特点是宗旨明确、纪律严明、斗志顽强、技术朴实，充分反映出中国共产党领导的革命军人优良道德品质和战斗风格，给根据地军民留下了深刻的印象，其影响不仅有力地推动了篮球运动在这些地区的普及和提高，而且成为当今我国部队篮球队的优良传统。

2. 第二时期（1949—1995 年）

这一时期为有限推广、停滞困惑、复苏发展时期，包括三个阶段：第一个阶段为 1949—1965 年的普及、发展阶段；第二个阶段为 1966—1978 年的徘徊、困惑阶段；第三个阶段为 1979—1995 年的复苏、提高阶段。

在 1949 年中华人民共和国即将成立前夕举行的解放区运动会上，篮球运动就列项参赛。新中国成立后由京津两地大学生组队参加了匈牙利举行的第十届世界大学生运动会篮球赛,获第十名。此后,我国篮球运动进入了空前的普及、发展和提高时期。经过几十年的实践,我国逐步形成了一部集篮球竞赛、社会群众性篮球活动、学校篮球教学、篮球科研与篮球基础理论为一体的中国篮球运动发展史。1995 年,篮球界在国家体委指导下,坚持“积极稳妥,健康有序”的改革方针,抓住了外商注资的机遇,与国际管理集团等外资合作。

3. 第三时期(1996 年至今)

这一时期为中国篮球运动随着国家政治、经济体制的改革,进入总结经验、深化改革、解放思想、更新观念、创新攀登的新阶段。

1996 年举办全国甲级队联赛的同时,举办了 CNBA 职业联赛。这是我国职业化联赛的开端,也是一次大胆的尝试。但不久因故暂停。1997 年,国家体委成立了篮球运动管理中心,在管理体制改革上迈出了重要的一步,即把传统的甲级联赛正式命名为 CBA 职业联赛。通过至今的改革实践,我国篮球事业发生了深刻变化,有了新的生机和活力,初步展现出广阔的发展前景。CBA 联赛吸引了众多篮球爱好者和社会的关注,巨大的潜在篮球市场也提供了有利的商机,吸引了众多国内外企业,同时也推动了我国篮球运动加快职业化、产业化的新进程。在赛制改革的引导下,众多篮球俱乐部纷纷建立,一种适应篮球社会化、产业化发展需要的俱乐部管理体制已成雏形。篮球学校、训练中心、培训班等社会化篮球的形式开始出现。例如,1998 年中国大学生体育协会在企业资助下组织了 CUBA 全国大学生篮球联赛,对活跃高等学校校园文化生活和在学生中普及篮球运动起到了积极推动作用。

第三节　篮球运动与高校

一、篮球运动特点

1. 从控制论角度

篮球运动是向悬挂于高空的篮圈内投球的运动,篮球比赛双方将空间、地面与时间有机结合所展开的不同战术阵形与技术手段的攻守是现代篮球的独特魅力。

篮球比赛过程较其他球类复杂,技术动作繁多,战术形式多样,围绕空间瞬时变化展开的争夺,反映出个体单兵作战与协同集体配合相结合;空间攻守与地面相结合;空间、地面与时间、速度相结合;对抗性与计谋性、技艺性相结合,并由此显示出立体型的、各种类别的、多变性的攻守形式和方法。

随着篮球运动职业化程度逐步广泛化,必将使篮球运动的竞赛走上商业化的轨道,运动员和运动队技能水平和运动成绩越来越高、越来越具艺术性和欣赏价值,带动篮球运动的发展。

2. 从生理学的角度

适量参加篮球运动,势必会促进人的生理机能、提高心理修养,特别是对促进内脏器官的功能、中枢神经系统的支配能力、提高身体的生命基础水平、增进健康以及发展灵敏性等身体素质、锻炼意志品质、培养集体主义精神起着积极的作用。加上篮球比赛已进入科学化、技艺化、谋略化的新时期,技高与智深的渗透结合,促使运动员既能从篮球竞赛活动中吸取文化营养，又鞭策他们要具有更好、更高的文化知识，所以从事篮球活动，能充实广博的文化知识、陶冶高尚的情操。

科学地、适量地参加篮球运动，能全方位地起到健身、增知、养心的作用，这是它的特殊价值。

3. 从社会教育学角度

篮球运动应是当代体育学与社会教育学的有机结合。篮球竞赛的各种活动过程包含着丰富的教育内容。

篮球运动以球队的形式进行集体训练和比赛，而篮球运动获得胜利的重要保证之一在于队员之间的协调配合、统一行动。这种协调配合、统一行动必须以积极的、健康的道德情感为基础，视共同的责任感、荣誉感为精神支柱；忽视集体力量而过分重视“表现自己”，从而给集体造成损害的人，无疑将受到公众的批评和指责。参与者在这种以团队为基础的教学、训练中，有益于培养集体主义精神，丰富道德情感，从而促进正确道德意识的形成。

二、篮球运动比赛规则

（一）比赛场地及比赛时间

篮球比赛场地是一个长方形的坚实平面，篮球场地长 28 米、宽 15 米，无障碍物。篮球场地有土质、水泥、沥青和木质等材质。现在的篮球比赛场塑胶地面的使用较多。土质、水泥和沥青场地比较经济，大学、基层单位使用较多，但要注意地面平整，以防伤害事故的发生。

篮球比赛分为上、下两个半时，每半时 20 分钟；或 4 节，每节 12 分钟，其中第 1 节和第 2 节为上半时，第 3 节和第 4 节为下半时。半时之间休息 10 分钟或 15 分钟，在 4 节的比赛中第 1 节和第 2 节、第 3 节和第 4 节中间的休息时间为 2 分钟。每个决胜期为 5 分钟，每个决胜期前给予 2 分钟休息时间。

（二）比赛规则

1. 请求暂停

对于 2×20 分钟的比赛，每队在上半时的比赛时间内准许请求 2 次暂停，下半时准许 3 次暂停，每一决胜期内准许 1 次暂停。对于 4×12 分钟的比赛，每队在每半时（两节）的比赛时间内可以准许 3 次暂停，每一决胜期内准许 1 次暂停。每次暂停时间为 1 分钟。未用过的暂停不准挪到下半时或决胜期内使用。

请求暂停必须由教练员或助理教练员亲自到记录员处用规定的手势，明确地提出。教练员请求暂停后，在球成死球并停止比赛计时钟时均可给予双方暂停，如对方投篮得分，可给予该队一次暂停（该请求必须在球离开投篮队员的手之前提出）。

例外：在比赛或决胜期的最后两分钟期间，由于投球中篮而停止比赛计时钟时，得分的队不允许暂停。

2. 要求换人

替换必须由替补队员向记录员报告，并立即做好比赛的准备，替换应尽快完成。当裁判员宣判了争球、犯规、请求暂停被允许后、队员受伤或由其他原因裁判员中断比赛时，双方球队均可替换队员。违例后掷界外球时，只有掷界外球的队可要求替换。该替换被允许后，对方也可要求替换。跳球队员不能被替换。罚球队员只有在最末一次或仅有的一次罚球中篮后才可被替换，但该请求要在裁判员持球或不持球进入罚球区执行第一次或仅有的一次罚球之前提出。这时对方也可以获得一次替换，只要该请求在裁判员进入罚球区执行最后一次或仅有一次罚球之前提出即可。

3. 违例

违例是违反规则的行为。罚则是发生违例的队失去球权，将球判给对方队，对方队在最靠近发生违例的地点即最近的界线外掷界外球，直接位于篮板后面的地方除外。如果投篮或罚球的球中篮无效，则要在罚球线延长部分的界外掷界外球。

下列情况应判违例：

(1)两次运球、带球跑、拳击球、故意踢球、攻方干扰球、使球出界等。

(2)某队在场上控制球并且比赛计时钟正在走动时，该队队员在对方的限制区内持续停留超过3秒。

(3)持球队员被严密防守，在5秒内没有传、投、滚或运球。

(4)当一名队员在后场获得控制活球的机会时，该队在8秒内未使球进入前场。

(5)当一名队员在场上获得控制一个活球的机会时，该队在24秒内未投篮出手。

(6)某队在前场控制活球，该队的队员在前场使球回后场，且该队队员在后场又首先触及该球。

(7)跳球时，在球达到最高点前，跳球队员触及球或离开自己的位置，或在球未被拍击前非跳球队员进入圈柱体。

(8)掷界外球时发生下列情况者：

①掷界外球的队员在球离手前消耗的时间超过5秒。

②掷界外球的队员在球离手前从裁判员指定的地点横向移动超过正常的一步，并向不止一个方向移动。

③在球触及了另一队员前，在场内触及球。

④球离手前或离手时踏场地。

⑤掷球越过篮板传给场上另一队员。

⑥掷界外球离手后，在球接触场上队员前，球触及界外、停留在篮圈支架上或进入球篮。

⑦在球掷过界线前，任何其他队员使身体的任何部分越过界线。

下列情况违例后，执行特殊的罚则：

(1)守方干扰球：罚则为违例时球成死球，根据投篮的地点判给投篮队员得2分或3分，由防守队在端线后掷界外球继续比赛。

(2)罚球队员出现下列情况违例：

在球未触及篮圈前接触罚球线或罚球线前的地面；做假动作罚球；在5秒钟内未能投篮出手；投出的球未触及篮圈。

罚则：罚中无效，由对方球队在正对罚球线的延长部分的边线外掷界外球。如属教练员、助理教练员、替补队员或随队人员的技术犯规，或队员违反体育道德的犯规，或队员违反体育道德的技术犯规，或取消比赛资格的犯规的罚球，违例后，仍由罚球队在边线的中点处掷界外球；若属非最末一次罚球或仅有的一次罚球，违例后应继续执行剩余的罚球。

(3)罚球时,非罚球队员出现下列情况违例:

不占位的其他队员在球触及篮圈前或显然不会中篮前进入罚球线的延长部分和3分投篮线之前;

占位队员在球离开罚球队员的手前,进入限制区;

对方队员扰乱罚球队员。

罚则:罚球队员的同队队员违例,罚中有效,违例不究。如未罚中,由对方掷界外球;罚球队的对方队员违例,罚中有效,违例不究。如未罚中,由罚球队员重新罚球一次;双方违例,罚中有效,违例不究。如未罚中,在罚球线跳球继续比赛。

4. 犯规

犯规是违反规则的行为,包括身体接触和不道德的举止。

(1)侵人犯规:侵人犯规是不论在活球还是死球时涉及与对方队员非法接触的队员犯规。这种犯规往往是由队员伸展臂、肩、髋、膝、或过分地弯曲身体成不正常姿势而与对方队员发生身体接触所造成;分为推人、撞人、阻挡、拉人和非法用手等。

罚则:登记犯规队员一次侵人犯规,按下列情况处理:

①如被侵犯的队员未做投篮动作,应由被侵犯的球队在犯规地点最近的界线外掷界外球继续比赛。

②如被侵犯的队员在做投篮动作,投中有效再判给一次罚球;未投中,根据投篮地点判给被侵犯的队员两次或三次罚球。

(2)违反体育道德的犯规:裁判员认为队员不是在规则的精神和意图的范围内合法地、直接地试图抢球,造成的侵人犯规是违反体育道德的犯规。裁判员必须只判断动作。

罚则:登记犯规队员一次违反体育道德的犯规,判给被侵犯的队员二次罚球和被侵犯的队在边线外中点处掷界外球。

如果对未做投篮动作的队员犯规,则判给两次罚球。

如果对在做投篮动作的队员犯规,投中应判得分,再判给一次罚球;如未投中,则根据投篮地点判给该队员两次或三次罚球。对于屡次发生违反体育道德犯规的队员可以取消其比赛资格。

(3)双方犯规:两名对抗的队员大约同时互相发生接触犯规的情况。

罚则:登记每名犯规队员一次侵人犯规,不判给罚球。由下列方式重新开始比赛:由双方犯规时已经控制球的队在距犯规地点最近的界外掷界外球。如果双方犯规发生时两队都不控制球,要由有关的队员在距犯规地点最近的圆圈内跳球。如果双方犯规的同时投篮有效并得分,要由得分队的对方队员在端线使球进入比赛场地。

(4)技术犯规:有意的、不道德的或给违犯者带来不正当利益的技术性违犯为技术犯规。

队员技术犯规:是指所有不包括与对方队员身体接触的队员犯规。队员技术犯规有两种:移位掩护和拉人、推人。

犯规时,登记犯规队员一次技术犯规,并由对方队长指定罚球队员罚球两次和一次边线外中点处掷界外球,对行为十分恶劣或屡次违犯的队员,应取消其比赛资格。

队员违反体育道德的技术犯规:登记违犯者一次违反体育道德的技术犯规,判给对方队员两次罚球和一次边线外中点处掷界外球。

教练员、助理教练员、替补队员或随队人员的技术犯规:登记教练员一次技术犯规,对方队长指定罚球队员罚球两次，无论罚球成功与否，都由罚球队任一队员在记录台对面边线的中点处掷界外球继续比赛。

比赛休息时间内的技术犯规：如果宣判了队员或替补队员的技术犯规，则登记在该犯规队员的名下；如果宣判了教练员、助理教练员或随队人员的技术犯规，则登记在教练员名下；判给对方两次罚球和一次边线外中点处掷界外球。

(5)取消比赛资格的犯规：它是队员或教练员以十分恶劣的行为造成的侵人或技术犯规。

罚则：登记一次犯规，取消其比赛资格，令其离开球场附近，并不得以任何方式再和他的球队联系。判给对方两次罚球和在边线的中点处掷界外球。

(6)队员五次(或六次)犯规：对于2×20分钟的比赛，一名队员不论侵人犯规或技术犯规共达五次，必须自动退出比赛并在30秒内被替换；在4×12分钟的比赛中，一名队员不论侵人或技术犯规共达六次，必须自动退出比赛并在30秒钟内被替换。

(7)全队犯规处罚规则：在2×20分钟的比赛中，每半时，一个队的队员侵人犯规或技术犯规共达七次或在4×12分钟的每节比赛中，一个队的队员侵人犯规或技术犯规共达四次时，所有以后的侵人犯规要处以两次罚球，由那个受到侵害的队员罚球两次。控制球的队员犯规不罚球。

5. 掩护

掩护是进攻队员采取合理的行动，用自己的身体挡住同伴的防守者的移动路线，使同伴借以摆脱对方防守或利用同伴的身体和位置使自己摆脱对方防守的一种配合方法。规则指出：当队员试图阻止没有控制球的对手到达希望到达的场上位置时即为掩护。掩护在篮球教学中根据掩护的位置和方向可分为前掩护、侧掩护和后掩护。但从规则的角度来判断，掩护只有合法的掩护和非法的掩护两种。

合法的掩护，就是当队员进行掩护时，必须采用正常的身体姿势，占据一个合法的位置，这个合法的位置必须符合下列三个条件：

(1)预先占据的并且在与对方队员发生接触时有瞬间的停顿。

(2)保持一定的距离，这个距离应根据对方队员的位置、视野范围内、外和移动速度的不同而有所区别，原则是给被掩护者有改变方向、避开和摆脱掩护的余地。

(3)一旦占据合法的掩护位置后，在与被掩护者发生正常的身体接触时，不得再跟随着被掩护者的移动而移动，不得用上步，或横跨步的方法堵截被掩护者，以达到继续掩护的目的。

如果违犯了上述掩护时的技术要求，与对方发生了不正常的身体接触，都是非法的掩护，都是掩护队员侵人犯规。

在比赛中，常见的掩护队员的犯规，有以下一些情况：

(1)掩护不成功时进行所谓“二次掩护”时的侵人犯规

当进攻队员在一个静立的防守队员前面或身体的侧面掩护时，只要在不发生身体接触的情况下，掩护距离可以尽量靠近被掩护者。这种掩护是建立在被掩护者视野之内的掩护，要求掩护者面向或侧向，保持正常的身体姿势，站立在防守者必经的路线上，像一堵墙一样挡住被掩护者。一旦完成掩护后，应根据场上情况，积极投入比赛，要么及时转身切向篮下，要么突然摆脱状态去接球，绝对不允许跟随被掩护避开掩护时的移动而移动进行所谓的“二次掩护”。如果以此达到继续掩护，企图阻挡被掩护者的正常移动，即是进攻队员阻挡犯规。

(2)掩护时距离太近所造成的侵人犯规

当进攻队员把掩护建立在静立的防守队员后面时,除要求掩护队员保持正常的身体姿势外,还必须要求掩护队员与防守者保持正常的一步距离。因为这种掩护是在防守者看不见的情况下进行的,一定要给被掩护者留有避开掩护的余地。如果掩护距离太近,并且,又是在动中进行掩护,则应判掩护队员侵人犯规。

(3)掩护时,不正确的身体姿势所造成的侵人犯规

在比赛中,掩护队员虽然掩护的距离合理,并且又是在静止不动的情况下进行掩护,但是,如果掩护时身体姿势不正确,也会导致掩护时的侵人犯规。

正确的身体姿势是:面向或倒向被掩护者,两脚开立与肩同宽,两膝微屈,两行弯曲置于胸前,上作稍前倾。如果掩护队员违犯了上述掩护时身体姿势的要求,如掩护时上体压在被掩护者的身上;或者两脚的距离太宽,脚伸得太远,撤回得又太慢,绊了被掩护者,或者两手行左右伸开,被掩护者摆脱掩护时没有及时把手放下,用手臂阻拦或用手拉了对方;或者当被掩护者摆脱掩护时,用膝关节或头部顶撞对方等,都是掩护队员在掩护时用不正确的身体姿势和动作造成的侵人犯规。

在比赛中,常见的被掩护者的侵人犯规:

每当进攻队采取掩护时,防守队员根据情况则采取挤过、穿过、绕过、交换防守等防守配合方法来破坏进攻队的掩护配合,如果防守者在挤过、穿过、绕过和交换防守时,用手推、拉掩护队员;用头顶、肩撞掩护队员,都应判被掩护队员侵人犯规。

裁判员在判断掩护攻、守双方的身体接触与侵人犯规时,要做到以下几点:

(1)必须明确掩护技术要求,区分合法掩护和非法掩护,这是判断掩护中攻、守犯规的首要条件。

(2)严格裁判法的分工,无论是前导裁判还是追踪裁判,都要看清本区内进攻队员掩护与防守队员破坏掩护的全过程,特别是无球区的掩护、行进间的掩护和连续掩护,因为无球区的掩护多,行进间的掩护快,连续掩护变化大,给临场裁判员的判罚增加了难度。更为重要的是,有的临场获判员有时将注意力集中在球上或者引人入胜的比赛上,容易忽视无球区的掩护、行进间的掩护和连续掩护,这是把判掩护时攻守犯规的原因之一。

(3)临场裁判员要高度重视限制区附近的中锋“挂人”和中锋持球转身用身体挡人时攻、守犯规。

(三)工作人员及其职责

裁判员:裁判员包括主裁判员和副裁判员各一名。记录台人员:即记录员、助理记录员、计时员和24秒计时员各一名。裁判员、记录台人员或技术代表都无权同意改变规则。裁判员服装是灰色上衣,黑色长裤,黑色篮球鞋和黑色袜子。

主裁判员的权力包括:

(1)检查和批准在比赛过程中使用的所有器材。

(2)指定正式的比赛计时钟、24秒装置、秒表并确认记录台人员。

(3)不得允许任何队员佩戴对其他队员有危险的物品。

(4)在中圈执行跳球,开始每半时、每节或决胜期的比赛。

(5)当情况需要时,有权停止比赛。

(6)如果球队在得到通知后拒绝比赛,或其行动阻碍比赛的进行,有权判定该队弃权。

(7)在第二、四节以及每一决胜期终了,或任何认为有必要时候审查记录表、核定比分。

(8)每当有必要或裁判员的意见不一致时做出最终的决定。

(9)有权决定这些规则中未明确规定的事项。

三、篮球运动基本技术

(一)移动

移动是篮球运动中队员为了改变位置、方向、速度和争取高度、空间所采用的各种脚步动作方法的总称。它是完成各项技术动作的基础,也是实现篮球战术目的的重要因素。

1. 主要方式

(1)准备姿势:准备姿势是,两脚依据场上需要,平行或前后开立,距离约与肩同宽,两膝自然弯曲,身体重心的投影点在两脚之间,上体正直稍前倾,两眼平视,时刻保持起动状态。

(2)起动:起动是队员在场上由静止状态变为运动状态的突变动作,是获得位移速度的方法。起动时,上体迅速前倾或侧转,同时后脚或起动方向的异侧脚的前掌短促有力蹬地,手臂积极摆动,两脚交替蹬地,前两三步要短促而快,在最短的距离内充分发挥最快速度。

(3)跑:这是为了完成攻守任务而争取时间的脚步动作。篮球运动中跑动的方式主要有侧身跑、变速跑、后退跑、变向跑等,其中变向跑是篮球比赛中采用最多的脚步运动方法之一。

(4)跳:这是篮球运动中攻守争夺空间常用的主要手段。跳的方法有两种,一种是双脚起跳,另一种是单脚起跳。双脚起跳多用于跳起投篮、抢防守篮板等情况;单脚起跳多用于行进间投篮及抢、断球等情况。

(5)急停:这是指队员在跑动过程中与接球技术结合运用成面向对手的姿势,或在徒手跑动时用于摆脱对手的方法。

急停的方法有跳步急停(一步急停)和跨步急停(两步急停)两种。跳步急停是指停步之前以一脚蹬地姿势跳起并腾空,接着采用双脚同落地的方法;跨步急停为双脚依次落地的方法。无论采用哪种方法,都要在停步前适当降低身体重心,两脚落地时两膝弯曲,重心保持在两脚之间,上体稍前倾,目视前方,成基本站立姿势。急停动作口诀:单起双落脚平行,屈膝抬头重心低。抬头屈膝稍张臂,脚掌内侧齐蹬地。

(6)转身:这是根据篮球运动规则的要求,以一只脚为轴,另一只脚蹬地、转体并改变身体朝向的面,从而改变与对手的关系的技术方法。

转身时,两腿微屈,重心下降,一脚作轴并将脚跟稍提起,前脚掌碾地,另一脚蹬地,同时移动重心,以转头、转肩和转腰的力量带动身体进行弧形移动,使身体改变原来的面向。

转身技术包括前转身和后转身两种。移动脚蹬地在作轴脚前方进行弧形移动的叫作前转身,反之叫作后转身。

(7)跨步:这是在基本站立姿势的基础上,以一脚为轴,另一脚向侧或前方跨出的技术方法,包括同侧步(又称顺步)和异侧步(又称交叉步)两种。同侧步是向移动脚的同侧跨出,而异侧步是向移动脚的异侧跨出。跨步时,两腿屈膝,重心降低,作轴脚的脚跟稍提起,用力碾地，另一脚向身体的侧方或前方跨出，跨出后要控制好身体重心，以便衔接下一个动作。

(8)滑步：这是个人防守时应用最广泛、最主要的脚步动作方法，是一切个人整体防守战术行动的基础。滑步分为侧滑步、前滑步、后滑步、后撤步等。侧滑步时(以向左侧滑步为例)，右脚前脚掌内侧蹬地，左脚向左(移动方向)跨出，在落地的同时右脚紧随滑动，向左脚靠近，两脚保持一定距离，左脚继续跨出。在滑步时，要保持屈膝低重心的姿势，身体不要上下起伏，重心保持在两脚之间，眼要注视对手，向右侧滑步时脚步动作相反。前(后)滑步的动作方法与侧滑步相同，只是两脚前后站立，向前(后)方移动。后撤步的方法为前脚蹬地，在转腰的带动下前脚变为后脚的防守脚步动作。侧滑步动作口诀：两臂侧举腿开立，跨、蹬连接要紧密，重心侧移齐协力。

2. 移动动作难点

控制、降低身体重心，蹬、跨地有力，保持身体重心稳定性和制动性。

3. 移动练习步骤

(1)基本站立姿势，看信号做突然快速起动练习。

(2)原地做各种脚步动作，听到信号做突然快速起动练习。

(3)全体徒手一对一做变向、变速、侧身跑摆脱防守练习。

(4)慢跑三至五步做跨步急停、跳步急停练习。

(5)做原地双脚起跳摸高和跑动中单脚起跳摸高练习。

(6)一对一持球做跨步、前后转身练习。

4. 易犯错误与纠正方法

易犯错误：

(1)起动前身体重心偏高，两膝弯曲不够，不便于迅速蹬地。

(2)变速跑时，前脚掌抵地力量不够。

(3)侧身跑时上体转体不够，动作不协调，转身时腰胯用力不够。

(4)急停时，身体松展造成停不稳，重心前移，没有制动和身体自然调整重心动作。

(5)转身时，中枢脚用前脚掌作轴旋转，身体上下起伏。

(6)滑步时，两脚并步，身体重心上下起伏。

纠正方法：

(1)加强髋关节灵活性和腿部肌肉力量练习，强迫屈膝降低重心。

(2)教师用正确的示范动作引导学生练习，在练习中经常用语言提醒。

(二)传、接球

传、接球是在篮球比赛中进攻队员之间有目的地支配球、转移球的方法。它是进攻队员在场上相互联系和组织进攻战术的重要保障，也是实现战术配合的具体手段。

1. 双手胸前传球

(1)动作要领：运动员双手持球于胸腹之间，两肘自然弯曲于体侧，身体成基本站立姿势，眼平视传球目标。传球时后脚蹬地发力，身体重心前移，两臂前伸，两手腕随之旋内，拇指用力下压，食指、中指用力拨球并将球传出，球出手后，两手向下略向外翻。

(2)动作要点：运动员持球动作正确，用力协调连贯，食指、中指拨球。

(3)动作难点:运动员上下肢协调配合和手对球的控制支配能力。

(4)动作口诀:运动员持球手心空,置于胸腹中,伸翻拨指要放松。

2. 双手头上传球

(1)动作要领:运动员双手举球于头上,双肘向前。近距离传球时,前臂前摆,手腕前扣并外翻,同时拇指、食指、中指用力拨球。传球距离远时,用脚蹬地和腰腹力量带动上臂发力,前臂前甩,腕、指用力前扣和拨球。

(2)动作要点:运动员前臂前摆和手腕前扣要快速有力,手指用力拨球。

(3)动作难点:运动员翻手腕、手指弹拨球。

(4)动作口诀:运动员头上举球手心空,扣翻拨指要适中。

3. 单手肩上传球

(1)动作要领:运动员双手持球于胸前,两脚平行开立,右手传球时,左脚向传球方向跨出半步,右手靠左手指拨送球的力量,将球引到右肩侧上方,右肩关节引展,大小臂自然弯曲,手腕后屈,持球的后下方,左肩对着传球方向,重心落在右脚上。传球时,右脚蹬地发力同时转体带动上臂、前臂、手腕前屈,食指、中指、无名指用力拨球将球传出。

(2)动作要点:运动员自上而下发力,蹬地、扭转肩、挥臂扣腕动作连贯。

(3)动作难点:运动员手控制球的能力,时间、空间的判断能力。

(4)动作口诀:运动员右手持球肩上托,挥臂转体要灵活,手腕前扣指压拨。

4. 双手接胸部高度的球

(1)动作要领:运动员两眼注视来球,两臂伸出迎球,两手手指自然张开,拇指相对成"八"字形,其余手指朝前上方,两手成一个半球形。当手指接触球后,用力握球,同时两臂随球后引缓冲来球力量,双手持球于胸腹之间,成基本站立姿势。

(2)动作要点:运动员伸臂迎球,在手接触球时收臂后引缓冲,握球于胸腹之间,动作连贯一致。

(3)动作难点:运动员接球时的后引缓冲动作。

(4)动作口诀:运动员伸臂迎来球,触球后引要随球,胸腹之间紧握球。

5. 单手接球

(1)动作要领:运动员原地单手接球时,接球手向来球方向伸出,五指自然张开,掌心正对来球,腕、指放松。当手指触球时,顺球的来势迅速收臂,置球于身体前方或体侧,另一手迅速扶球,保持身体平衡,做好下一个进攻动作的准备姿势。在移动中接球时,要判断来球的时间和落点,及时向来球方向跨步移动。接球后要迅速降低重心,衔接下一个进攻动作。

(2)动作要点:运动员手指自然分开伸臂迎球,触球后引要快,另一手及时扶球。

(3)动作难点:运动员接球的手法和手脚动作的配合。

(4)动作口诀:运动员单手伸臂迎来球,指端触球腕缓冲。

6. 练习步骤

(1)原地两人一组一球各种传、接球练习。

(2)全场两人一组行进间传、接球练习。

(3)四角多球跑动的各种传、接球练习。

(4)一防二、二防三的传、接球练习。

(5)全场三人"八"字形围绕传、接球练习。

7. 易犯错误与纠正方法

易犯错误：

(1)运动员双手胸前传球时，全手掌触球，手心没有空出，两拇指距离过大或过小，持球动作不正确。

(2)运动员双手胸前传球时，两肘外展过大，两臂用力不一，形成挤球，出手后两手上下交叉。

(3)运动员单手肩上传球时，没有摆臂、拨指、抖腕动作。

(4)运动员双手胸前接球时，两手指朝前，两手没有形成半圆；伸臂迎球时臂、腕、指紧张，引球动作不及时。

纠正方法：

(1)两人一组，面对站立，一人握球，一人做双手胸前传球时的正确模仿练习。

(2)两人一组，一人对墙传球，另一人纠正动作。

(三)投篮

投篮是持球队员将球投入篮筐所采用的各种动作方法的总称。投篮是篮球运动最重要的进攻技术，是比赛中唯一的得分手段。

1. 原地单手肩上投篮

(1)动作要领：以右手投篮为例，运动员右手五指自然分开，手心空出，用指根以上的部位持球，大拇指与小拇指控制球体，左手扶在球的左侧，右臂屈肘，肘关节自然下垂，置球于右肩前上方，目视球篮。

运动员两脚左右或前后开立，两膝微屈，重心落在两脚掌上。投篮时，下肢蹬地发力，右臂向前上方抬肘伸臂，手腕前屈，食指、中指用力拨球，通过指端将球柔和地投出。

(2)动作要点：运动员上下肢协调用力，抬肘伸臂充分，用手腕前屈和手指柔和地拨球将球投出，中指、食指控制方向。

(3)动作难点：运动员前臂旋内，手指拨球，上、下肢和左、右手用力协调一致。

(4)动作口诀：运动员两腿前后微屈膝，右托左扶瞄篮立，伸臂扣腕指用力。

2. 原地双手胸前投篮

(1)动作要领：运动员双手持球于胸前，肘关节自然下垂，两脚前后或左右开立，两膝微屈，重心落在两脚之间，目视瞄准点。投篮时，两脚蹬地，两臂向前上方伸出，同时，两手腕旋内，使球通过拇指、食指、中指端投出。球出手后，两手心自然向下向外翻，脚跟提起，身体随投篮出手方向自然伸展。

(2)动作要点：运动员自然屈肘下垂，投篮时两臂用力均衡，前臂内旋，手指拨球用力与下肢动作要协调一致。

(3)动作难点：运动员双手协调控制球的力度、弧度与方向，伸臂屈腕、拨指。

(4)动作口诀：运动员胸前持球掌心空，双眼瞄篮前沿中，蹬伸翻腕拨食中。

3. 行进间单手肩上投篮

(1)动作要领：以右手投篮为例，运动员右脚向前跨一大步的同时接球，左脚迅速蹬地起跳，右脚屈膝上抬，双手举球于右肩前上方。腾空后，上体稍后仰，当身体跳到最高点时，右臂向前上方伸展，手腕前屈，食、中指用力拨球，通过指端将球投出。

(2)动作要点:节奏清楚,起跳充分,举球、伸臂、屈腕、拨球动作连贯,用力适度。

(3)动作难点:运动员身体腾空时平衡的控制和投篮的出手动作,在较快速度运球跑投篮时的命中率。

(4)动作口诀:运动员跨右接球在空中,迈左举球体腾空,伸扣拨指入篮中。

4. 行进间双手低手投篮

(1)动作要领:运动员跨右(左)脚的同时接球,左(右)脚接着跨一小步并用力蹬地跳起,跳起后身体尽量向球篮方向伸展,双手持球,前臂外旋,掌心向上,向球篮方向伸展,屈腕,食、中指拨球,通过指端将球投出。

(2)动作要点:运动员跨步节奏清楚,腾空身体向前上方伸展,出手用力柔和。

(3)动作难点:运动员速度快慢与手举球高低和投篮力量之间的协调配合。

(4)动作口诀:跨步接球在空中,迈步举球体腾空,伸臂抖拨入篮中。

5. 练习步骤

(1)原地和行进间投篮的各种模仿性练习。

(2)在半场多点、多球投篮练习。

(3)全场各种运球投篮或传、接球投篮练习。

(4)半场对抗中一对一、二对二投篮练习。

6. 易犯错误与纠正方法

易犯错误:

(1)运动员持球手法不正确,五指没有自然分开,用手心托球。

(2)运动员肘关节外展,致使上肢各关节运动方向不一致。

(3)运动员投篮时抬肘伸臂不够,导致手臂前推,形成的抛物线偏低。

(4)运动员双手投篮时,两手用力不均匀,伸臂不充分。

(5)运动员行进间投篮时第一步过小,第二步又未能缓冲,造成身体前冲,控制球能力差。

纠正方法:

(1)运动员徒手模仿练习,体会协调用力和掌握动作节奏。

(2)运动员投篮手臂靠近墙壁做徒手或持球的投篮模仿练习,纠正肘部外展。

(3)教练员用"抬肘、伸臂、压腕"等词语纠正肘关节过早前伸、伸臂不充分以及屈腕、拨指不够或球不旋转等错误。

(4)教练员用"跨步、二步小、提膝、出手"等语言信号提醒学生跨步接球、起跳、出手时机。

(四)运球

持球队员在原地或移动中,用单手连续拍击,并借助地面反弹起来的球继续原地或移动中连续拍球推进的技术叫作运球。运球是篮球运动重要的进攻技术,是个人摆脱防守,创造传球、突破、投篮得分机会的重要进攻手段,也是进攻队员发动快攻、组织全队进攻配合的纽带,是瓦解防守阵型的重要手段。

1. 高运球

(1)动作要领:运动员两脚前后开立,两膝微屈,上体稍前倾,目视前方。运球手臂自然弯曲，以肘关节为轴，用手按拍球的后侧上方，球的反弹高度在腰、胸之间。

(2)动作要点：运动员手按拍球的部位合理，手脚配合协调。

(3)动作难点：运动员运球的手形，按拍球的部位、力量。

(4)动作口诀：运动员按球空掌心，拍球肘轴心，前进高重心。

2. 低运球

(1)动作要领：运动员两腿深屈，降低重心，上体前倾，用上体和腿保护球。同时，手短促地按拍球，球的反弹高度在膝关节以下，以便控制球和摆脱防守继续运球。行进间低运球拍球的部位在球的后上方或侧后方。

(2)动作要点：运动员重心降低，上体前倾，按拍球短促有力。

(3)动作难点：运动员运球的手形，按拍球的部位、力量。

(4)动作口诀：按拍球时空掌心，手腕扬、压是核心，摆脱防守低重心。

3. 侧身体前换手变向运球

(1)动作要领：运球队员从对手右侧突破时，先向对手左侧运球，当对手向左侧移动时，运球队员突然向右侧变向，用右手按拍球的右侧上方；同时，右脚向左前方跨出，用肩、腿、上体挡住对手，接着迅速换左手按拍球的后上方，从对方的右侧运球超越对手。换手时，球要低，动作快。

(2)动作要点：运球队员变向时重心降低，转体探肩，蹬跨突然，还原快速用力，换手变向后加速要快。

(3)动作难点：运球队员手控制球能力，脚步动作的质量，手脚协调配合。

(4)动作口诀：改变方向要隐蔽，跨步过人重心移。护球一侧肩先过，侧身超越防守者。

4. 运球急停急起

(1)动作要领：运球队员运球急停时，利用跨步急停动作，用手按拍球的前上方，变为暂时的原地运球，用臂、身体和腿保护球；急起时，身体重心迅速前移，后脚用力蹬地跨出，同时用手按拍球的后上方，推球前进。

(2)动作要点：运球队员重心转移快，脚蹬、抵地要有力，按拍球部位要正确，手、脚、身体协调一致。

(3)动作难点：运球队员急停急起，重心的前、后移动，手拍球的前上、后上方部位变化。

(4)动作口诀：一迈二蹲三压球，后蹬推球急起动。

5. 练习步骤

(1)运动员做直线、曲线高运球练习。

(2)运动员原地做左、右前后低运球练习。

(3)运动员看信号做直线高运球、低运球练习。

(4)运动员绕障碍物做体前变向换手运球练习。

(5)运动员全场一对一做体前变向换手运球突破练习。

(6)运动员全场沿边线、端线做高运球、低运球、急停急起、体前变向的综合练习。

6. 易犯错误与纠正方法

易犯错误：

(1)运动员运球时低头，不能观察场上情况。

(2)运动员运球时掌心触球或单靠手指拨球。

(3)运动员手、脚、身体配合不协调。

(4)运动员运球时用手打球,不是用手腕、手指按拍运球,球停留在手上的时间过长。

纠正方法:

(1)运动员看教师手势运球,反复模仿正确技术。

(2)运动员进行运球的熟悉球性练习。

(3)运动员听信号做各种形式的运球练习。

(4)教练员设置障碍架让运动员进行变向运球练习。

(五)持球突破

持球突破是持球队员运用合理的脚步动作与运球技术相结合,快速超越防守队员的一项攻击性很强的进攻技术。根据采用的步法,持球突破可分为交叉步技球突破和同侧步持球突破两种。

1. 交叉步持球突破

(1)动作要领:以右脚作中枢脚为例,突破时,运动员左脚向左前方跨出半步,做向左突破的假动作,当对手重心向右移动时,左脚前脚掌内侧迅速蹬地,向对手左侧跨出一大步,同时上体右转探肩,贴近对手,球移至右手,向左脚右斜前方推放球,右脚迅速蹬地跨步,加速超越对手。

(2)动作要点:运动员假动作要逼真,后蹬有力,起动迅速突然,动作连贯。

(3)动作难点:运动员转体探肩应与跨步相连,推按球离手在中枢脚离地之前。

(4)动作口诀:运动员蹬地跨步重心低,侧身护球肩先过。

2. 同侧步持球突破

(1)动作要领:以左脚作中枢脚为例,突破时,运动员左脚内侧蹬地,右脚迅速向对手左侧方跨出一大步,同时向右侧转体探肩,重心前移,球移至右手并推放球于右脚斜前方,左脚迅速跨步抢位,加速超越对手。

(2)动作要点:运动员起动突然,跨步、推放球快速连贯,中枢脚离地前球要离手。

(3)动作难点:运动员跨步、运球要连贯,中枢脚离地前球要离手。

(4)动作口诀:运动员起动突然把球放,同侧蹬、跨要连贯。

3. 练习步骤

(1)运动员徒手或持球做交叉步、同侧步持球突破练习。

(2)运动员全场自抛自接做交叉步、同侧步持球突破练习。

(3)运动员摆脱防守接球做交叉步、同侧步持球突破练习。

(4)运动员半场一对一做交叉、同侧步持球突破练习。

4. 易犯错误与纠正方法

易犯错误:

(1)运动员交叉步持球突破时,由于跨步脚尖方向不对,造成转体过大。

(2)运动员突破时侧身、探肩不够,身体重心高,后蹬无力,加速不快。

(3)运动员运球突破时球的落点靠后,没有放在脚的侧前方。

(4)运动员中枢脚离地面过早或中枢脚不以前脚掌作轴,突破瞬间不提踵造成走步违例。

纠正方法：

(1)教练员反复示范正确动作，讲清动作关键，明确中枢脚概念，建立正确动作的表象。

(2)运动员先多做徒手模仿练习，体会正确的要领，再在慢速中做持球突破练习，逐步提高突破速度。

(3)教练员让运动员借助障碍架进行练习，并提醒运动员转身探肩和降低重心，强调加强蹬地力量。

(六)抢、打、断球

抢球、打球、断球是攻击性很强的防守技术，是积极性防守战术的基础。

1. 抢球

(1)动作要领：运动员抢球时动作要快而狠，果断有力，当手指接触球或控制住球的同时，利用拧、拉和身体扭转力量，同时手臂要迅速向腰腹回收，将球抢夺过来。抢球的手法一般是一手在上，一手在下直握。

(2)动作要点：运动员出手要快、动作有力、扭拉要迅速。

(3)动作难点：运动员动作要果断，以小臂、手指、手腕短促的用力动作，进行拉抢和转抢。

(4)动作口诀：时机抓得准，动作快且稳，抢球拉加转，果断用力猛。

2. 打球

(1)动作要领：打球时一般采用与持球队员动作相反时逆向迎击，这样可借助反向合力增大击球力量，易于将球击落。打球方法有自上往下和自下往上两种。

(2)动作要点：运动员手臂出击动作要快，判断要准确。

(3)动作难点：运动员动作要突然、快速，掌握好时机。

(4)动作口诀：抢占位置巧，动作幅度小，上下侧后打，准确又灵巧。

3. 断球(以横断球为例)

(1)动作要领：运动员断球时，重心迅速向断球方向移动，以短而快的助跑，单脚或双脚用力蹬地跃出，身体伸展，两臂前伸，用双手或单手将球截获。

(2)动作要点：运动员蹬地有力、跃动迅猛、两臂快伸。

(3)动作难点：运动员断球前要判断好时机，手脚配合要协调，断球后要顺势运球不准走步。

(4)动作口诀：运动员位置占得好，判断准而巧，蹬跨迅猛又轻巧。

4. 练习步骤

(1)运动员做原地抢球、打球练习。

(2)运动员做运球、起步、上篮练习。

(3)运动员做两人传球、两人在侧面或后面练习断球，体会断球的步法和手臂动作，攻守交换练习。

5. 易犯错误与纠正方法

易犯错误：

(1)运动员抢、打、断球前，时机判断不好，或过早暴露行动意图。

(2)运动员抢、打、断球时，起动、移动慢，整个动作缺乏突然性，以致抢、打、断球的实效性差。

(3)运动员手臂动作幅度过大,身体用力过猛,平衡控制不好,造成犯规。

纠正方法:

(1)运动员加强视野训练,注重防守的意识,提高行动的预见性。

(2)运动员提高脚步动作的突然性、快速性、灵活性及上、下肢动作的协调性。

(3)运动员掌握正确、合理的抢、打、断球的手部动作。

(七)抢篮板球

抢篮板球是比赛中双方队员在空中争抢投篮未中的球。依据抢篮板球的动作方法,分为抢进攻篮板球和抢防守篮板球。

1. 抢进攻篮板球

(1)动作要领:进攻队员一般位于防守队员外侧,处于不利于抢篮板球的位置。因此,进攻队员抢篮板球要突出“冲”字。当同伴或自己投篮时,近篮的进攻队员首先要准确判断球的落点,运用身体虚晃的假动作,摆脱防守队员的阻挡,绕、跨、挤到对手的前面或侧前方,抢占有利位置,借助跨步或助跑起跳补篮或抢篮板球。

(2)动作要点:进攻队员首先准确判断,然后向相反方向侧跨步,抢占有利位置,及时起跳,跳至最高点补篮或抢篮板球。进攻队员抢篮板球要突出一个“冲”字。

(3)动作难点:准确判断球的反弹方向和落点,绕步或跨步冲抢。

2. 抢防守篮板球

(1)动作要领:当对手投篮出手后,运动员首先应注意对手的动向,并根据与对手的位置,运用上步、撤步和转身抢占有利位置,把对手挡在身后,与此同时,观察判断球的落点准备起跳。起跳时前脚掌用力蹬地,向上摆臂并提腰,手向球的落点方向伸展。跳至最高点触到球时,用双手、单手抢球或将球点拨给同伴。如在空中抢到球未能传出,落地时应保持身体平衡和保护球,及时运用传球或运球转守为攻。

(2)动作要点:防守队员首先准确判断球的方向和落点,抢占有利位置,运用移动和转身动作,合理地“挡”住对手向篮下冲跑的路线。

(3)动作难点:运动员准确判断球的反弹方向和落点,先堵后抢。

3. 抢篮板球动作口诀

抢位冲挡是首要,单脚、双脚及时跳,空中抢球或点拨,落地投传运巧妙。

4. 练习步骤

(1)运动员对墙做自抛自抢篮板球练习。

(2)运动员做自己投篮自己冲抢篮板球练习或补篮练习。

(3)运动员做一对一投篮后防守挡人抢篮板球练习。

(4)运动员做半场二对二、三对三攻守抢篮板球练习。

5. 易犯错误与纠正方法

易犯错误:

(1)运动员对球反弹方向与落点判断不准,不会抢占有利位置。

(2)运动员起跳时机掌握不好。

(3)运动员抢篮板球时只顾球不挡人或只顾抢位挡人而不顾球。

(4)运动员空中抢球不伸展,动作迟钝不大胆果断,或动作过猛造成犯规。

纠正方法:

(1)运动员可做投篮后向球的方向快速移动到位接球的练习,提高预判能力和快速移动的能力。

(2)运动员多做自抛自抢的空中练习,体会起跳时机,提高判断的准确性。

(3)教练员讲明挡人抢位与抢球是相辅相成的,缺一不可。

(八)基本战术

1. 比赛方法

篮球比赛,双方各有 5 人上场,按规则要求,在裁判员的执法下,利用各种基本技、战术进行比赛。全场比赛结束时比分相等,则进行加时赛决出胜负。经常采用的比赛形式有如下几种:

(1)传球比赛:分成若干组进行相互对传或三角传球,比赛传球速度。

(2)运球比赛:分甲、乙两队进行往返运球或在中途设置障碍,绕过障碍继续运球,比赛运球速度。

(3)投篮比赛:分成若干组,在规定投篮区依次进行原地或行进间投篮,比赛进球数。

(4)半场(三对三)或全场擂台赛:谁先进 3 个球为胜队,负队下场,胜队再与另一队比赛。

2. 战术简介

在篮球比赛中两、三人之间的协同配合,是组成全队战术配合和防守战术的基础。篮球比赛中的进攻基础配合战术有:传切、突分、掩护、策应;防守基础配合有换防、补防、关门。

(1)传切

配合要领:持球队员传球给本队队员后,虚晃摆脱防守,突然加速向篮下空切,接本队队员传球投篮。

练习提示:空切队员必须有虚晃脚步,然后立即向球的一侧疾跑至篮下。

(2)突分

配合要领:因为突破动作快而突然,所以要准备投篮,随时准备得分。

练习提示:突分配合是持球队员在突破过程中受到防守队员阻截时,及时将球传给无人防守或已摆脱防守的同伴,为同伴创造进攻机会。

(3)掩护

配合要领:学生以不同站位利用身体挡住防守者,为同伴制造有利攻击机会,掩护者与防守者之间的距离以不发生身体接触为准,站在被防守者后面称为后掩护,站在防守者前面称前掩护,站在防守者侧面称侧掩护。

练习提示:持球队员必须把握本队队员进入掩护区的恰当时机,以便能及时地运球突破动作上篮。

(4)策应

配合要领:策应队员插入罚球线处,背靠要球,策应队员应双脚左右开立,屈膝弯腰。策应者接后卫传来的球后,为后卫切入时做挡人掩护,并将球回传给切入的后卫,让其上篮得分。

练习提示:策应队员必须降低重心,控制身体平衡。策应队员与后卫配合时,必须随后卫的空手切入做转身挡人的掩护动作,用身体背部挡着防守者。

(5)换防

配合要领:换人防守是指进攻队员在外围进行交叉跑动或掩护配合时,防守队员主动交换防守,保持有利防守位置和正常配合阵势。

练习提示:交换防守时配合的同伴先要有一个紧跟进攻的"护送"动作再分开换位,然后脚步要敏捷,加强观察判断,积极主动。

(6)补防

配合要领:当防守队员在对方突破或其他原因漏防时,就近的防守队员应立即放弃自己防守的队员,及时地堵阻突破队员或补防无人防守队员。

练习提示:注意观察对手和本方队员情况,以及球的动向,善于果断判断,及时地补防。

(7)关门

配合要领:当进攻队员进行突破时候,临近的队员主动迅速地向本队队员靠拢,堵住进攻队员的突破,形成二人的"关门"。

篮球运动是围绕高空的球篮和篮球而展开的集体攻守对抗,其活动都是围绕着如何激励活动者能将篮球更快、更准、更多地投进高空篮筐和破坏对手投进高空篮筐而展开。所以说"高"是篮球竞技的运动目标,"准"是篮球运动的目的,高速度、高强度的对抗条件下争高求准是篮球运动的最本质特征。

篮球运动技、战术系统的实践操作与实战运用过程,是通过在对抗变化着的特定时间、距离、场地、设施条件要求下,运用跑、跳、投等手段来完成的,在这一过程中无论智力、生理、心理都要承受各种复杂因素的综合影响。

四、篮球运动教学与训练

(一)篮球运动教学

1.篮球教学任务与内容

(1)篮球教学基本任务

篮球教学是由教师和学生共同参与的教与学相互作用的过程。在这一过程中,通过课堂教学的组织形式,学生在教师的主导下,积极主动地掌握篮球运动的理论知识和技术技能,同时开发智力,全面地发展身体形态、机能和素质,培养正确的人生观和良好的道德情操。具体任务如下所述。

①贯彻素质教育,促进、成全世界观的形成

篮球课程教学是一个培养人才的完整的教育过程,教师要重视寓政治思想、道德素质和集体主义教育于篮球课程教学之中,并结合篮球运动的特征培养学生顽强的意志和勇于斗争、敢于斗争,以及力争胜利的精神。

②掌握与提高篮球理论知识、技术和战术

理论知识是掌握技术和战术的依据,技术是战术的基础。这三方面的学习内容是相互作用和统一的整体,教学过程中必须给予同等的重视。

③发展学生的身体素质,增强体质

身体素质是从事各项体育运动的物质基础。篮球运动的学习可以促进学生身体正常发育,提高技能素质。身体素质的提高为顺利完成技术和战术的学习提供了有力的保证。因此,发展学生的身体素质是教师篮球教学的重要任务。

④培养学生正确的思想意识和坚强的意志品质

由于篮球运动是集体型对抗项目,因此篮球教学过程,具有培养学生坚强意志品质的作用,而作为教育过程,教师的篮球教学必须完成对学生的教育和教养任务,使他们形成正确的人生观和世界观,养成团结、协作和热爱集体的良好思想作风是篮球教学主要任务之一。

(2)篮球教学理论、原则与步骤

现代教学论认为,任何教学过程都是以认知活动为核心的复杂信息交流系统。因此,教师必须依据一定的科学理论来组织实施。篮球运动作为身体直接接触的集体对抗项目,教学过程较为复杂,社会学、生理学、心理学和运动技能等科学理论对篮球运动教学具有重大的指导意义。

①篮球教学理论

认知理论:篮球教学不仅是教师组织学生进行身体运动,也要传授大量与之相应的操作知识。因此,篮球运动教学是促进学生认知能力发展、提高的过程。学生对篮球教材的感知、体会、理解、巩固、运用和评价有其固有的规律,篮球教学必须遵循这些规律。

动作技能形成与发展的理论:篮球运动技能的形成与发展一般经历:粗略掌握—改进提高—巩固运用—创新发展阶段。篮球运动技能形成的生理学机制是大脑皮层相应的运动神经中枢之间建立暂时性神经联系过程。这一过程分为:泛化、分化、巩固、自动化四个阶段,是大脑皮层相应的运动中枢兴奋与抑制由扩散趋向集中和分化抑制逐步建立的过程,其本质是建立复杂的、连锁的和本体感受的运动条件反射。

动作技能形成与发展的理论:运动员篮球运动技能的形成与发展一般经历粗略掌握、改进提高、巩固运用和创新发展四个阶段。其生理学和运动技能学机制,是运动技能学习的刺激在大脑皮层相应的运动神经中枢之间建立暂时性神经联系的过程。这一过程分为泛化、分化和自动化三个阶段,是大脑皮层相应的运动中枢兴奋与抑制由扩散趋向集中和分化抑制逐步建立的过程,其本质是建立复杂的、连锁的和本体感受的运动条件反射。

体育运动技能分若干种类,各类技能的性质存在一定的区别。篮球是直接对抗性运动项目,其技术的运用完全取决于实战中攻守关系的变化,没有固定的程式。因此,篮球技能属于开放性运动技能,又称非周期性技能。篮球教学必须遵循篮球运动技能学习与认知的规律,采用与之相适应的方法。要把培养应变能力、对抗能力、配合能力以及意志品质放在重要的地位。

②篮球教学原则

教学原则是教学规律的总结和概括,是教师从事教学活动必须遵循的准则。依据篮球运动技能的开放性和对抗性的特点,教师在教学过程中,除了要遵循一般教学原则外,还应遵循篮球运动专项教学的原则。

技术教学与实践运用相结合原则:篮球运动的集体同场对抗的基本特征决定了教学过程必须把实战与对抗作为教学的出发点。在技术动作的教学中,教师必须把技术动作的学习与比赛实践相结合,培养学生篮球意识、对抗能力和实战运用能力。

技、战术的规范化与灵活性、个体化相结合原则：技术的规范是指技术动作结构符合人体运动学、动力学特征的规范动作。战术的规范是指战术配合符合比赛实战的一般性设计。两者都是为了达到最佳实效的目的。由于学生存在着身体形态、素质、智力等差异，以及比赛过程中的千变万化因素，因此，篮球教学中既要力求学生动作的规范，又允许存在符合自身条件的动作差异，允许战术配合过程中的变化。

专门性知觉优先发展原则：篮球运动是学生以手控制球、支配球进行投篮得分，以攻守对抗为主要活动形式的运动项目。因此，手对球的精细感觉对于学生学习运用篮球技术动作至关重要。为了提高学生对球的感知和控制能力，教师一般多在准备活动中安排各种球操与控制球的练习。

2. 篮球教学步骤

篮球教学步骤是教师为完成教学任务，根据学生特点而采取的策略。

（1）技术教学步骤

学生要掌握技术动作方法，建立正确动力定型和初步的对抗意识。篮球技能的形成首先从技术动作的掌握开始，教师采用各种直观手段使学生感知正确技术动作方法，在头脑中建立起初步的动作表象，然后进行体会与模仿性的练习，使动作表象得到加深。与此同时，教师通过讲解和分析使学生了解技术方法、要领和运用时机等关于所学技术的理论知识，从而使知识与动作表象之间产生直接联系，这就是所谓“知识—表象”的建立，是所学技术的认知过程。学生在“知识—表象”的定向作用下继续体会练习，就可以建立初步的动作概念，形成初步的动力定型。教师在教学初期向学生灌输技术动作运用的对抗性质，为练习操作赋予实战意义，不仅能够增加练习的趣味，还可使学生一开始就在头脑中打上对抗的烙印，初步建立起对抗意识。

学生要学会组合技术，掌握初步运用能力，建立对抗概念。由于篮球技术属于开放性运动技能，这一性质也决定了技术的组合性和对抗性，因此，要使学生学习和掌握组合技术。组合技术学习是掌握篮球技能的必然步骤，组合技术就是根据实战中技术运用的组合规律，提炼出的结合性练习单元。它们可分为先后组合、同时组合和附加组合等。例如，运投组合、运传组合、接投组合和投突组合等。运动员通过组合技术练习使动作之间合理衔接，体会技术运用的速度、节奏以及攻防意义，学会初步运用。由于组合技术练习其有变换的要素，就使得练习的意义更加深刻。此阶段的练习，教师可增加假设对手的标志物或象征性对手，使学生带着对抗的拼争意识练习。对抗的概念得到强化，会为下步实战对抗练习打下坚实的基础。

学生可以在攻守对抗的情况下提高技术运用能力。在篮球教学中，一切技术练习都是为了在实战中有效地运用，因此，对抗就成为篮球教学中最为重要的作业练习过程。对抗练习是在掌握技术动作和组合技术的基础上，在攻守对抗的条件下，学生学会根据对手的阻挠和制约而采取相应对策，准确而合理地运用技术的作业方法，是学习与掌握篮球技术技能的必然途径。

在教学实践中，对抗性强度的处理应依据循序渐进的原则，分为在规定的对抗条件下练习、在消极攻守对抗条件下练习、在积极攻守对抗条件下练习和在教学比赛条件下练习等几种形式。但是，无论采用哪种形式，都必须牢牢把握技术合理运用和实战对抗意识与对抗作风的培养有机结合，既要提高技术的运用水平，又要培养顽强的作风和意志品质。

（2）战术教学步骤

学生建立战术概念，掌握战术方法。篮球战术教学首先要使学生建立起对战术概念的认知，了解战术的配合方法，逐步建立相应的战术意识。可采用直观演示手段并结合语言阐述使学生明确战术的名称、战术的阵势、配合的位置、移动的路线、动作的时机和行动的顺序等，重点的配合环节要进行重复演示，启发学生的积极思维，加深对所学战术的理解。教学实践可按如下步骤进行：

①学生学习局部战术配合方法。篮球的全队战术是由局部基础配合构成的，因此，要从2～3个人的基础配合学起。基础配合的教学应根据战术构成的逻辑规律确定学习的先后顺序，一般先教主要配合，后教次要配合。例如，策应配合是传切和掩护的综合形式，所以应先进行传切和掩护的教学；突分是掩护后的发展形式，所以，应先进行掩护的教学等。在教学方法上要遵循由浅入深的原则，首先在固定的无干扰障碍的条件下练习配合的方法和路线。然后再设置假设的对手或标志物，进行以简单对抗条件为背景的练习，建立队员之间默契的配合时机，同时改善配合性技术，再进行消极攻守条件下的练习。最后在积极攻守对抗的条件下进行练习，提高所学战术配合的运用能力。

②学生要掌握全队战术方法。全队战术的教学是在完成了局部战术学习的基础上进行的。一般首先进行战术阵势、运用时机和配合的路线等理论知识的教学，然后在消极攻守条件下进行配合练习，最后在积极攻守对抗的条件下进行实战练习。

③学生要培养掌握攻守转化和战术综合运用能力。学生在学习掌握了基础战术和全队战术方法以后，应结合实战比赛进行攻守转化和各种战术组合的练习。其目的是培养学生的攻守转化意识和灵活运用战术的能力。

攻守转化意识是现代篮球教学中特别强调的内容，是快速进攻和攻势防御的前提条件。教师攻守转化意识的教学要在日常教学训练中坚持不懈地进行，使队员养成自觉的意识和行动，在比赛中自觉地加快攻守转化的速度，争取比赛的主动权。

战术的运用要根据实战比赛中双方的实际情况，采用不同的战术组合，以己之长攻彼之短，才能始终保证比赛的主动权，因此，要掌握多种战术组合运用的方法。

在比赛中运用战术，提高应变能力。实战比赛是战术练习的最高形式，在比赛之前要提出比赛的具体战术要求；比赛之中要对战术运用的情况进行具体的指导；比赛结束后要对成功的配合打法进行总结，找出失败的原因，吸取教训，提出改正的方法。

（二）篮球运动训练

篮球运动训练是以身体、技术、战术、意识、心理、智能训练内容为一体，为全面提高运动员专项运动素质和篮球技能水平，而进行的有组织、有计划的工作。

1. 篮球训练内容

篮球运动属同场集体性对抗项目，身体对抗是基础，技术对抗是手段，战术对抗是方法，投篮得分是目的。

（1）体能训练

篮球运动员的体能训练是运用各种身体练习，有效地影响运动员身体形态的变化、增进运动员身体健康、提高有机体机能和发展篮球运动专项素质的训练，能够提高技术动作质量、难度和对抗能力。

(2)技术训练

技术训练是通过各种练习掌握各项技术动作与各种不同技术动作组合,学生通过技术训练应学会合理应用技术动作的时机、节奏与技巧,提高技术应用与对抗能力。

(3)战术训练

战术训练是通过基础配合练习掌握战术配合方法,通过整体战术配合训练统一全队思想行动,默契队员之间的行动,提高整体效应。

(4)比赛训练

篮球比赛中技、战术应用的情境千差万别不会重复。比赛训练是通过各种对抗练习、特定规则的比赛、教学比赛、交流比赛、热身赛等方法训练技术运用能力和灵活贯彻战术配合的能力。

(5)心理训练

心理训练是学生通过谈话、自我暗示、转移注意力等心理调节方法和抗干扰的投篮、罚球、以少防多、裁判干扰等技术与心理训练结合的方法,提高自信、调节和抗干扰的心理素质。

(6)恢复训练

恢复训练是通过减小运动负荷,采用变换和游戏、调整训练环境和积极性休息的方法消除运动员生理和心理疲劳,促进超量恢复的出现,为下阶段的训练做好准备。

2. 篮球技、战术训练步骤

技术训练步骤:

(1)单个技术动作教学、技术动作的分解与辅助练习。

(2)结合脚步动作、动作节奏变化、行进间练习。

(3)技术动作熟练与质量提高。

(4)各项技术动作的多种变化组合练习。

(5)对抗练习。

(6)战术配合中的技术应用练习。

(7)根据比赛技术发挥情况,从第三步到第六步反复练习。

战术训练步骤:

(1)整体战术方法、意图讲示。

(2)战术局部单一配合方法练习。

(3)战术局部变化配合方法练习。

(4)战术局部配合对抗练习。

(5)局部战术配合组合练习。

(6)整体战术对抗和特殊规定的比赛练习。

(7)根据比赛战术运用情况,从第三步到第六步反复练习。

3. 篮球运动训练方法

篮球运动训练方法是教练员有针对性地对运动员进行身体、技术、战术、心理的训练,为完成预定的任务,并达到提高专项运动成绩的目的所采用的途径和办法。

篮球运动训练方法根据目的、项目、形式等不同标准有许多具体的训练方法分类。

篮球运动训练方法根据训练目的的不同分为:身体训练法、技术训练法、战术训练法。身体训练根据发展不同的运动项目和素质的要求分成:一般身体训练和专项身体训练;力量训练方法、速度训练方法、耐力训练方法、柔韧训练方法；有氧训练法、无氧训练法；等长训练法、等张训练法、超等长训练法、退让训练法等。

篮球运动训练方法按训练方法的组合分为：单一训练法、变换训练法、组合训练法、循环训练法。

篮球运动训练方法按负荷与间歇的关系分为：持续训练法、重复训练法、间歇训练法。

篮球运动训练方法按训练方法的组织形式分为：游戏法、比赛法、限制法、诱导法。

篮球运动训练的方法是多种多样的，为了在训练过程中能够正确地、有针对性地选择和运用训练方法，通常根据训练的目的把运动训练方法分成三类，各类还有许多具体方法。

语言法：讲解、口令、指示、讲评等。

直观法：示范、图表、幻灯片、电影、电视、录像等。

练习法：分解、完整、持续、重复、间歇、变换等。

以上三类方法中，语言法和直观法经常用在提高运动员的技术、战术、意识、智能、作风等方面的素质上。体能训练通常采用一般身体训练和专项身体训练、力量训练方法、速度训练方法、耐力训练方法、柔韧训练方法。技、战术训练通常采用重复训练法、变换训练法、组合训练法、对抗训练法、比赛训练法。

(1)重复训练法

重复训练法是指在不改变技术动作和运动负荷数据的情况下，按照一定的要求，反复地进行练习，每次(每组)练习之间的间歇时间应该达到能够使机体基本恢复的状态再做下一组练习的一种训练方法。

(2)变换训练法

变换训练法是指在不改变技术动作和基本配合的情况下，采用不同的练习方法，按照一定的要求进行练习，以达到巩固提高技术动作、提高技术应用能力和配合水平的一种训练方法。

(3)组合训练法

组合训练法是指将两种以上的技术动作和战术配合进行组合，并采用不同技术动作和战术配合的变异组合，按照一定的要求进行练习，以达到巩固提高技术动作，提高技、战术应用能力的一种训练方法。

(4)对抗训练法

对抗训练法是指在技术动作练习时，采用不同程度的防守干涉，按照一定的要求进行练习，以达到提高技、战术应用能力的一种训练方法。

(5)比赛训练法

比赛训练法是通过各种特定规则的比赛、选择不同对手的比赛和热身赛等方法，训练技术运用能力和执行战术配合的能力。

第四节　篮球运动与健康

一、身体健康

1. 篮球运动能促进大脑的生长发育

苏联教育科学院科尔佐娃教授通过电脑测验法，对出生六个星期的婴儿进行试验，结果表明：经常帮助婴儿做屈伸右手运动，能加速婴儿大脑左半球语言中枢的成长。这一试验说明，手的运动有助于人脑的生长发育。

20 世纪 70 年代，科学家用生物学和细胞计算技术进一步确定，人体大脑细胞的增长，在 16～20 岁这一年龄段生长发育最快。因此，20 岁前经常参加篮球运动可以有效地促进大脑的健康发育，尤其对青少年智力的发展具有重要影响。

2. 篮球运动能缓解疲劳，提高大脑工作效率

篮球运动不仅可以增强人的心血管系统的机能，还可以调节中枢神经系统，使大脑得到积极休息，并通过运动中枢的兴奋，以抑制大脑皮层中其他中枢活动（如语言等），使其较快地缓解疲劳，以此增加流经大脑的血流量，运走代谢废物（二氧化碳等），提高大脑工作能力。

篮球运动还可以调节人的情绪状态，不仅使人精神振奋、心情舒畅，并且能促进大脑释放啡呔等特殊生化物质，这些物质能有效促进大脑生长发育，发展智力，提高脑的工作效率。

3. 篮球运动可使脑的物质结构发生变化，延缓衰老

据测试，经常参加篮球运动的人，其脑体内核糖核酸数目不但可以增加，而且脑细胞中三磷酸腺苷（ATP）的合成也可加快，从而使脑神经细胞得到充分的能源物质，有利于智力的提高。

经常从事篮球运动，复杂的动作组合和战术变化可以使练习者始终保持“新鲜”的感觉，加上动作难度的提高和创新，又可以使大脑得到更多的刺激，强度也随之加大，从而使脑神经细胞得到充足的营养，延缓脑细胞过早衰老。

4. 篮球运动有助于促进思维能力的拓展

篮球攻守双方的技术和战术运用，都是在实际进展过程中根据对方的所作所为加以推测和做出判断，并迅速做出实际反应，然后，又在实际行动中不断对自己的技、战术进行更正和完善。这一系列复杂的过程，要根据对方的技术、战术变化进行思维活动，若稍有迟缓，就会造成失误。因此，迅速变化的活动环境，需要有相当积极的思维活动的参与，这样必将可以促进思维能力的提高和拓展。

（一）损伤

1. 篮球运动中经常损伤的部位和症状

由于篮球运动的技术特点，运动损伤很容易发生。最常见的损伤有跌倒、跳起抢球落

地不正确（踩在别人脚上或被踩）、急停、急转、冲撞或因场地不平、或场地过滑而引起的急性损伤。轻者擦伤或韧带拉伤，重者可发生骨折或脱臼。一般常见的有踝关节韧带的扭伤或骨折、膝关节挫伤及半月板损伤、胫腓骨疲劳性骨膜炎、掌指及指间关节损伤等。

（1）膝关节挫伤及半月板损伤

膝关节挫伤及半月板损伤在篮球运动中是较容易发生的损伤，大部分损伤主要是由于间接外力使屈曲着的膝关节突然扭转致伤。当膝关节处于半屈曲位时，关节的稳定性差，半月板向后方移位，此时若突然过度扭转、伸膝或外旋伸膝，半月板来不及退开而被挤压，可引起内侧或外侧半月板撕裂。

在教学中，学生争球、切入投篮时跳起或落地往往伴有身体旋转、跳跃后落地不正确、技术动作不协调或不熟练致膝关节突然扭转，都可能导致内侧或外侧半月板的损伤。

（2）踝关节韧带的扭挫伤

篮球运动的踝关节韧带损伤在篮球运动损伤中占大部分。由于篮球运动的对抗性强，跑跳频繁、高空争夺激烈、攻守变换快。如跳起投篮、“盖帽”、抢篮板球、抢断球等动作都要求运动员不断起跳，不断改变身体姿势。

由于学生在篮球比赛中的一些复杂的心理活动和技巧的不熟练，以及防御反射和灵敏性迟钝等原因，在起跳被动下落时，极易造成重心不稳，再加上碰撞、落地缓冲动作不正确或场地不平，极易站立不稳而造成踝关节的内、外侧副韧带损伤。外侧较多，内侧损失也时有发生，重者还伴有腱断裂和骨折。

（3）胫腓骨疲劳性骨膜炎

这种运动损伤是由于跑跳练习过多而引起小腿骨疼痛的一种损伤，此种损伤较少发生。引起此种损伤是由于持续运动，使小腿屈肌反复收缩，引起附着处的骨膜长期受到牵扯、擦伤，使该部位骨膜和骨的正常关系遭到破坏，并且得不到很好的放松练习的结果。

在篮球运动中，学生由于跑跳技术动作不正确、在动作中缺乏应有的放松、脚硬、长期持续运动，就会产生胫腓骨疲劳性骨膜炎。此病开始多在训练后小腿疼痛，情况严重者在运动中，甚至不运动时也痛。急性期多有局部肿胀，以小腿下段较明显。

（4）掌指、指间关节损伤

掌指及指间关节损伤的概率仅次于膝关节和踝关节的损伤。造成指间关节挫伤的主要原因是接球时的动作不正确或断球时手指过于紧张伸直、球气过硬等，指间远端向侧方过度弯曲，而引起侧副韧带损伤或关节囊损伤。这种损伤发生率较高，因为学生所选的专项不同，有的学生篮球技能的基础较差，因此在初学阶段，难免缺乏篮球的专项知识；有的学生则是准备活动做得不充分或不做准备活动，由此而引起损伤较多。损伤后即感损伤部位疼痛、肿胀、关节活动受限、功能障碍、局部产生压缩感。

2. 篮球运动中常见损伤发生的原因

（1）参与者自身对运动损伤的预防理解和认识不足

大学生由于缺乏运动损伤方面的理论学习与专业指导，在篮球运动中比较容易发生损伤。再者，参与者由于好胜心强，思想上重视度不够，盲目或冒失地进行篮球练习；或情绪急躁、急于求成，忽视了循序渐进和量力而行的原则；或在动作练习中因畏难、恐惧、害羞而产生犹豫不决和过分现象。

（2）参与前准备活动不够充分

准备活动的主要目的是在短时间内，提高参与者的中枢神经系统的兴奋性，加强呼吸、心血管系统的活动，提高肌肉的弹性和力量，加大关节活动幅度，使人的整个机体达到兴奋点，能够有较快、较好地从相对安静状态转入紧张的活动状态，适应运动训练或比赛时的运动状态及要求。如果没有进行足够的热身运动，身体机能就不能处于最佳状态，极易出现肌肉和韧带拉伤、关节部位扭伤等情况。

(3)参与者自身身体素质较差

由于各种因素(如课程、生活、网络游戏等)的影响，参与者的身体得不到更多的锻炼，自身身体素质较差，在完成强度较大或难度较大的练习时容易造成损伤。

(4)篮球技术动作掌握不够熟练、准确

大学生业余学习篮球，大多缺乏正规系统的学习和训练，因而没有形成完整、正确的动作概念。在完成各种动作时，动作不规范、时机掌握不准、节奏紊乱、不符合人体结构的生理特点和运动的力学原理，容易发生因各种错误动作、姿势等而造成运动损伤，如传接球时由于手形不正确，引起手指扭或挫伤。另外，学生掌握运动的技巧、基本功不扎实或者疲劳过度，也会增加损伤的发生概率。

(5)不良的气候、环境条件的影响

不良的气候、环境条件也是导致发生运动损伤的重要原因。气温太高，运动员容易出现中暑现象和加快疲劳的产生；气温太低，影响运动员准备活动和热身运动质量，容易出现肌肉僵硬、身体协调性下降而引起肌肉拉伤；潮湿闷热的天气容易大量出汗，影响运动员体内水盐代谢，可发生肌肉痉挛或虚脱；光线不足，影响视力，导致视线不佳，在运动中会出现反应迟钝。

(6)对抗激烈，自我保护能力差

大学生思想不够成熟，自我保护意识及对损伤的危害性认识不足，容易发生意外，另外篮球运动的技术特点也是造成运动损伤的重要原因。

(7)缺乏运动损伤知识

大学生因为缺乏运动损伤的基本常识，紧急时刻不懂得采取行之有效的预防措施，在发生损伤后不会分析原因、总结经验教训，导致伤害事故重复发生。

(8)心理素质较差

由于大学生运动员正处于身心发育阶段，心理平衡能力较差，情绪不稳定。如果遇到特殊情况就会出现急躁不安、自信心不足、缺乏勇气、赛前过于紧张、比赛场上心慌意乱等，势必会导致运动损伤的发生。由于运动员对比赛的期望值过高而最终没有赢得比赛的心理落差、大赛前或训练前心理准备不充分也是造成损伤的重要因素。

(9)运动量过大，疲劳难以恢复

大学生正处于身体尚未完全发育好阶段，运动量安排不当，尤其是大运动量过于集中，使身体局部负担量过大，容易引发运动损伤，特别是专项训练中造成损伤的概率更大。

(10)场地、器材不适

由于经费问题或者学校对体育活动的不重视，许多省市的学校篮球场地还是土地、三合土场地、水泥地面场地或柏油地面场地。由于地面不平，大学生篮球运动员在这样的场地上训练和比赛很容易发生运动损伤。

大学生不宜在水泥地或者柏油地面上进行训练，因为场地太硬，跳起后地面给的反射力太大，缓冲力度不够，其膝关节很容易受伤，但是多数的运动队不得不如此。因此，据调查，在大学生运动员中已经存在高比例的慢性劳损。

（二）预防

1. 区别对待原则

区别对待原则是指在康复训练过程中，根据运动员不同的伤病情况和个人特点，有针对性地制定和实施康复训练计划（训练的内容、方法和手段，以及生理负荷量、注意环节的原则）。从伤病恢复的角度，康复训练必须依据运动员受伤的类型、部位，以及创伤愈（早、中、晚期）的不同阶段，分别采用相应的康复训练方法。

2. 动静结合、保强补弱原则

动静结合、保强补弱原则是指在创伤康复的不同阶段，将静止的休息与动态的训练合理地搭配起来，并在康复训练过程中注意尽量保持自己原有的机能竞技状态，同时弥补自己在技、战术方面不足的立体性康复训练。保强补弱原则是在"养伤不停训"思想指导下的现代体育康复训练。创伤给运动员带来的最大负面效应，不在于伤病本身，而在于运动员对伤病的态度所导致的整体机能水平和竞技状态的大幅度快速下降。

3. 综合训练原则

在康复训练过程中，采用多种训练手段和内容，对受伤部位进行全面素质训练即为综合训练原则。受伤关节的综合训练应将等张与等长练习相结合。在训练的手段选择上要注意肌肉动力性和静力性抗阻练习的合理搭配，尤其要注重在某些力量最为薄弱的关节角度上的静力性力量练习，以加强髋关节肌群、韧带在各个运动角度上对抗牵拉和扭转的能力。（负荷）阻力的大小尺度应以在练习中受伤局部不产生明显的疼痛为原则。练习中要特别注意逐渐发力，先慢后快，切忌重复受伤动作。在发展篮球运动员腿、臂、腰部大肌群力量的同时，特别要注意对在运动中发挥协同作用的小肌群的力量训练是促进伤患尽快恢复、防止再次受伤的重要康复训练环节。在进行肌肉力量训练时，要遵循先练大肌群、后练小肌群的顺序原则，以取得最佳的训练效果。

4. 循序渐进原则

损伤局部修复后的新生组织（如肌肉、韧带等）的抗牵拉、扭转能力较弱，需要一个逐步强化的适应过程，尤其是对于伤情较重、卧床休息时间较长的运动员，不仅整体运动能力下降，而且心血管、呼吸等内脏系统机能也在一定程度上降低了，与运动系统的动态平衡关系也要在康复训练中重新建立。因此，在整个康复训练过程中，不同恢复阶段的运动强度和生理负荷量应体现逐渐加量、循环交替的原则，并应特别注意观察运动员对训练的反应，随时根据伤情反应调整训练计划。

二、心理健康

1. 篮球运动促进大学生形成良好的个性心理

篮球运动是一项对抗性强的集体运动项目。在运动过程中，参与者为了取得胜利，要面对各种困难，这就要求队员具有顽强勇敢的意志力和不服输、不怕苦的精神。为了实现目标，每名队员都要充分发挥自己的智慧和力量，以集体利益为主，在规则允许的情况下，尽最大努力争取比赛胜利。

篮球运动还可以促进大学生的人际交往能力，参与者在运动中增进友谊，在交流中得到快乐，而且在比赛中通过相互配合，可以促进大学生的集体主义和团结合作的精神，培养了大学生坚强、勇敢、机智和勇于面对困难的能力，更使大学生充分理解个人利益要服从于集体利益的优良品质，对大学生的集体主义精神有积极的促进作用。

2. 篮球运动促进大学生形成良好的意志品质

篮球运动具有高强度的对抗性，参与者在篮球比赛中经常会运用突破、篮下强打、争抢篮板球等对抗性强的技术动作，而完成这些技术动作，不仅需要队员具有较强的技术水平和良好的身体素质，而且还要具备勇敢、顽强拼搏的精神。因此，经常参加篮球运动，对培养大学生机智、顽强的意志品质具有很好的作用。

3. 篮球运动促进大学生形成团队合作的精神

团队合作是集体为了达到某种目标，团结每个人的力量，为了相同的理想和信念而共同努力，实现目标。篮球运动的特点决定了参与篮球运动的每个人都要以集体利益为主，要能够正确处理球队利益与个人利益之间的关系。为了球队的胜利，个人就要更加努力训练，提高个人能力，服务于球队，只有球队强大了，才能为球员更好地发挥个人才能提供机会。比赛中，队员之间相互配合、相互鼓励，不但使技战术水平得到充分发挥，球队实力得到增强，而且还增进了同学之间的友谊，使参加篮球运动的每一位队员都增强了自信心，从篮球运动中得到了快乐。因此，篮球运动对培养大学生热爱集体、团结合作的精神具有积极的意义。

第六章　排球运动与身体健康

第一节　排球运动的起源

一、“小网子”出世，“空中飞球”起飞

19 世纪末的美国，随着以电力技术为标志的第四次产业革命的兴起，经济得到迅速发展，劳动生产率得到很大提高，工人生活有所改善，人们的生活方式也随之发生巨大变化。学校将体育列入了课程，社区公园和娱乐计划引入城市，交通的改善使人们参加体育活动成为可能，出版物的增加传播着体育信息，富裕的时间和金钱，使人们对娱乐活动和体育活动的兴趣越来越大。

1891 年，美国人詹姆斯·奈史密斯发明了篮球运动。四年之后，离篮球发明地仅十英里之遥的美国马萨诸塞州霍利奥克城，刚刚迈出大学校门才一年的威廉·G·摩根，担当起了体育干事的工作。在工作中他发现，篮球运动对常坐办公室的人和年龄较大的人来说过于剧烈了，他们不愿在球场上上气不接下气地奔跑、冲撞，他们需要一项新的运动来满足他们既要活动出点儿汗，又要得到身心放松而不太累的需要。摩根，这位詹姆斯·奈史密斯的得意弟子没有辜负希望，他根据人们的这一需要，在体育馆内挂上网球网，用篮球胆在球网上空来回打。打法上采用网球和手球的一些技术，规则类似棒球，由 9 局组成，连胜 3 分为 1 局，双方上场人数不限，但须对等。摩根给这种运动形式取了一个颇为有趣的名字“Mintonette”，意即“小网子”。

“小网子”活动满足了中年人娱乐和体育之需，受到人们欢迎。于是，排球运动就这样从嬉戏篮球胆的球戏中发展起来了。

1896 年，美国马萨诸塞州的一场体育指导大会在霍利奥克城举行。大会期间举行了历史上最早的“小网子”比赛，两队各出 5 人，双方队长分别是霍利奥克市市长库兰和消防队长林奇。兴致勃勃观看表演的 A. T. 哈尔斯博士觉得“小网子”一词意犹未尽，提议把“Mintonette”改为“Volleyball”，取“空中飞球”之意。这一提议形象地概括了排球运动的性质，得到与会者一致同意。从此，排球——“空中飞球”开始起飞。

二、篮球球胆轻飘，块皮胶合成型

最初，排球场上用的是篮球，但篮球打起来太重、太沉，打得人们手腕发疼，且易伤手指。篮球不行，摩根又试用足球，但足球也有同样的缺陷。于是，摩根将篮球胆从篮球中取出，球胆充气后既轻又飘，打起来比篮球、足球好多了，但球胆又太轻，难以控制方向。摩根找到当时美国较大的司保丁体育用品公司，要求他们设计一种用软牛皮包制的球，这种球

既不伤手指，又不会一打就跑。就这样，司保丁公司按摩根的设计要求做出了第一批排球。球重 255～340 克，圆周 63.5～68.6 厘米，橡皮胆外包皮套或帆布套，制成了类似现在的排球。今天排球的质量和大小就是据此演变而来的。

1897 年，美国首次公布的 10 条排球比赛规则中规定，球是一个外面包有皮套或帆布套的橡皮胆，球的圆周为 63.5～68.6 厘米，重 340 克。

1947 年，国际排联成立时颁布的第一本国际排球规则规定：排球质量 250～300 克，圆周 65～68.5 厘米，气压 0.52～0.58 公斤/平方厘米。

此后，块皮缝合代替了皮套或布套，胶合技术代替了缝合技术，终于形成了现在的排球：由柔软皮革制成外壳，内装橡皮或类似质料制成的球胆。

三、气压过高球死沉，放气减压易于击

250～300 克的质量、0.52～0.58 公斤/平方厘米的气压使排球打起来手感沉重。比赛中由于球速快而中断甚多，尤其是垫球技术的出现，使手臂击球就如同用手臂击石头一般。于是，国际排联不断修改规则，减小球的气压。继将球的气压由 0.52～0.58 公斤/平方厘米减至 0.48～0.52 公斤/平方厘米以后，1982 年 1 月 1 日开始实行的规则中将球改为：质量 260～280 克，圆周 65～67 厘米，气压 0.40～0.45 公斤/平方厘米。此规定一直沿用到 1996 年。

然而，随着排球技战术的发展、排球运动员身体素质的提高，排球比赛中的中断也随之增加。据国际排联普及推动委员会 1995 年的调查，排球比赛中死球时间占 2/3。这就大大影响了排球比赛的可观赏性。在国际排联普及推动委员会 1995 年对最受群众欢迎项目的调查中，排球排在足球、篮球、赛车、田径、滑雪之后，仅名列第六。这与国际排联试图将排球推成世界第一运动项目的目标相距甚远。而造成排球比赛中死球过多的主要原因之一就是球速过快。

为此，国际排联规则委员会在其主席，我国北京体育大学教授马启伟的带领下，从 1995 年起开始实验研究不同气压的球对其飞行速度的影响及其在比赛中的运用效果。实验研究发现了一个连科学家们目前都难以解释的有趣现象：当球的气压在 0.30 公斤/平方厘米，相同击球条件下的球速最慢，队员手感最好。球的气压增大或减小，球速都快于 0.30 公斤/平方厘米。在世界一流男排强球队的比赛试验中也表明，当用现行气压的球比赛时，防守成功率为 54%，当用 0.30 公斤/平方厘米的球比赛时，防守成功率为 73%，上升了 19 个百分点。这就意味着防守得到帮助，死球率降低，比赛的精彩程度增加。

根据上述实验结果，1996 年 8 月国际排联亚特兰大代表大会通过了对 1997—2000 年排球比赛规则的修订，并从 1997 年 1 月 1 日起执行新的规则。新的规则规定：排球由柔软皮革制成外壳，内装橡皮或类似质料制成的球胆，质量 260～280 克，圆周 65～67 厘米，气压 0.30～0.325 公斤/平方厘米。

四、传播寰宇，逐流远航

排球运动出现后，逐渐传播到了世界各国。

排球传入亚洲较早。1900 年，排球传入印度；1905 年传入中国；1908 年传入日本；1910 年传入菲律宾。

当排球传入亚洲时,规则尚处于不完备的阶段。1910 年,美国人将排球运动介绍到菲律宾时,看到亚洲各国经常在室外进行排球运动,且人口众多,考虑到让更多的人能参加排球运动,介绍的是 16 人换发球制的排球。这种 16 人制的打法又随着 1913 年第一届远东运动会的采用而传播到了亚洲各国。这样,亚洲各国都经历了 16 人、12 人、9 人制排球这一过程,直到 20 世纪 50 年代才引进 6 人制排球。至今,在亚洲各国还能看到 9 人制的排球比赛。

排球在 20 世纪初进入了美洲的一些国家。

1900 年,加拿大开展排球活动,接着排球就传入了南美各国。1905 年传入古巴;1909 年传入波多黎各;1912 年传入乌拉圭;1917 年传入巴西。

在美洲各国,人们习惯将排球活动看作是一项消遣娱乐活动,并没有看重它的体育竞赛性质,直到 1964 年被列为奥运会项目,排球在美洲所受的冷遇才得到改善。

第一次世界大战期间(1914—1919 年)和第一次世界大战结束后的几年中,排球运动传到了欧洲大陆和地中海沿岸。1914 年传入英国;1917 年传入法国、意大利、俄国;1918 年传入南斯拉夫;1919 年传入捷克斯洛伐克、波兰;1922 年传入德国。

值得一提的是,1919 年,美国分发了 16 000 个排球,这一行动大大刺激了排球在欧洲的开展。1925 年,以斯大林为首的苏联共产党中央委员会批准排球为群众性体育项目,提出了"百万人排球运动"的号召,使排球运动在前苏联很快得到普及和发展。第二次世界大战后,受苏联士兵的影响,排球在东欧各国也开展起来了。

五、"华利波"传人,"队球"定名"排球"

在我国,排球运动的历史可以追溯到 20 世纪初。1905 年,排球活动首先在广州南武中学和香港皇仁书院倡行,后来主要通过留学生、外籍人士等以教学、游戏、训练班及表演等方式传播,逐步在我国部分城市的一些学校中开展起来。人们根据 Volleyball 的译音,把空中飞球称为"华利波"。就这样,"华利波"在中国大地上出现了。

1913 年 5 月,菲律宾首都马尼拉举行的大型运动会临时决定设立排球比赛项目。到了开幕那一天,只有菲律宾一国报名,他们希望我国也参加。我国同意了菲队的请求,从田径、足球队中临时选人,匆忙上阵,这便是我国参加最早的国际排球赛。

1914 年在北京举行的第二届全运会上,排球被列为男子正式比赛项目,并将"华利波"改称"队球",取成队比赛之意。

1921 年,广东省第八届运动会第一次有了女排比赛。

1930 年,第四届全运会之前,经中华全国体育协会研究,根据其球在空中被来回排击和参加者成排站位这两个特点,将"队球"改称"排球"。

从此,排球这一名称和运动形式在我国传播开来,沿用至今。

六、国际排联成立,魅力扩展全球

排球的比赛性质和世界各国对举行世界性排球比赛的要求,促使了国际排联的成立。

1947 年,巴黎召开了一场由 17 个国家排协代表参加的大会,正式成立国际排球联合会(FIVB)。法国人鲍尔· 利伯被选为主席,任职到 1984 年;而后墨西哥人阿科斯塔当选为国际排联主席,任职至今。

国际排联于1949年在布拉格举办了第一届世界男子排球锦标赛。

从排球运动的初创到1949年第一届世界男子排球锦标赛,其间过了半个世纪。在这半个世纪中,排球规则逐步形成,基本技战术日趋丰富,国际交往越来越多。

1952年在莫斯科举办了第一届女子排球锦标赛,1964年东京奥运会上排球被列入奥运会项目,1965年在华沙举办了第一届男子世界杯排球赛,1973年在乌拉圭举办了第一届女子世界杯赛。至此,排球锦标赛、世界杯排球赛、奥运会排球赛三项建全的世界大赛制度形成,各项赛事每隔四年举办一届。此后,世界排球大赛系列中又增加了世界男女青年锦标赛(1977)。世界男女少年锦标赛(1989)、世界男排联赛(1990)和世界女排大奖赛(1993)。

1981年在巴黎近郊克拉马市举行的一年一度的“一日排球赛”上,275个队,近2 500名男女运动员,从早到晚在足球场地上划定的54个排球场上进行了1 200场角逐,队员中男女老少齐上阵,背着孩子出场的大有人在。

1983年7月苏联男排访问足球王国巴西,同巴西男排在可容纳10万观众的足球场中进行了比赛,观赛者有96 000人,因天降倾盆大雨使比赛中断45分钟,竟无一人退场。

1986年地中海岛国马耳他创办了一年一度的排球马拉松。排球马拉松从每年8月的第一个周末22点正式开始比赛。比赛在六支队伍间连续轮换进行。1986年连续进行了100个小时,1987年120个小时,1988年144小时,1989年170个小时,1990年180个小时,1991年190个小时,1992年195个小时,而今已超过了200个小时。排球马拉松吸引了全城85%的人口前往观战,受到了国际奥委会、国际排联、欧洲排联等国际体育组织的祝贺。

为了进一步推动排球运动的发展,1988年,国际排联制定了《世界排球发展计划》:在世界各个地区建立二十多个排球发展中心;发展娱乐性和健身性排球;向发展中国家赠送排球器材;向各国提供技术教材和录像资料等。

1995年国际排联推出了《世界排球2001计划》,目的是在各大洲、各国树立排球为顶尖运动的形象,使排球成为观众最喜爱的运动之一,让排球引起电视网和各节目赞助商的兴趣,使排球管理机构成为现代高职业化的机构,同时使拥有高水平球队的国家数量不断增加。

100多年来,排球经历了16人、12人、9人、6人制比赛的发展演变过程。排球运动改革推动了该运动向全面、快速、多变以及向高度、纵深、立体方向的发展。近年来沙滩排球、软式排球的盛行为排球运动带来了新的发展空间。

第二节　排球运动的发展

一、世界排球运动的发展

(一)世界排球运动的发展主要可分为三个阶段:娱乐排球、竞技排球和现代排球

1. 娱乐排球(1895—1936年)

排球本就是为娱乐休闲而创造的,因此排球从诞生之初就被大众认可为一项娱乐性较强的游戏。人们进行排球运动,是以休闲、健身为主要目的。

但游戏也需要有规范,因此,从1896年摩根制定第一项排球规则开始,排球的各项规则开始逐步建立:1900年,采用21分制;1912年采用运动员轮换制和三局两胜制;1915年,采用15分制。尤其是1921—1938年,因排球技术水平的提高和技术手段的多样化,规则进行了一系列的修改和完善,除划定了比赛场地外,技术动作被归类为发球、传球、扣球和拦网,场上队员也有了明确的位置分工。

1936年柏林奥运会期间,第一个国际排球组织——排球技术委员会成立,旨在促进国际间的排球比赛和交流。但由于第二次世界大战的爆发,委员会还未正式开展工作就宣布解散。

2. 竞技排球(1947—1980年)

第二次世界大战期间,世界排球运动一度停滞不前。直到1947年7月,在法国、捷克斯洛伐克和波兰三国的倡议下,国际排球联合会在巴黎召开成立大会,制定了国际排联宪章,成立了技术委员会、竞赛委员会和裁判委员会,正式出版了通用国际排球竞赛规则,并选举法国人保尔·黎伯为第一任主席。从此,排球运动从娱乐阶段进入了竞技阶段。

根据国际排联大会的决议,1948年在意大利罗马举行了第一届欧洲男子排球锦标赛,1949年在布拉格举行了第一届世界男排锦标赛。

其后,第一届欧洲女子排球锦标赛(1949)、世界女子排球锦标赛(1952)、世界杯男子排球赛(1965)、世界杯女子排球赛(1973)、世界青年男、女排球锦标赛(1977)年先后在国际排联的领导和组织下成功举办,竞技排球在全球范围内得到蓬勃发展。

1964年,排球成为奥运会正式比赛项目,出现在了第十八届东京奥运会的赛场上。竞技时代的全面到来,也掀起了世界排坛诸强争霸和各大技术流派竞相绽放的潮流。

20世纪50年代的排坛霸主是苏联队。苏联无论男队、女队,均身材高大、力量强劲,进攻扣球势大力沉,多次蝉联世界冠军,他们被称为“力量派”。

能与“力量派”抗衡的是以前捷克斯洛伐克男排为代表的“技巧派”,他们战术细腻,以球的线路变化和落点控制为特色,曾在1956年巴黎世锦赛上击败苏联队获得冠军。但在“力量派”和“技巧派”的多次交锋中,“力量派”占据了明显的上风。

20世纪60年代初期,日本创造了“滚翻防守”“勾手飘球”等技术,排球发展较迅速。

20世纪60年代中期到70年代末,世界排坛出现了“百花齐放,百家争鸣”的局面,日本女排学习了中国的“近体快”“平拉开”等快攻技术,创造了“短平快”“时间差”“位置差”等打法,成为“速度派”;苏联队保持了“力量派”的特点并加以改进;捷克斯洛伐克队仍是“技巧派”的先锋;德国队则以高大队员的“超手扣球”和高成功率著称,被称为“高度派”。

3. 现代排球(1980年至今)

20世纪80年代开始,世界排球进入了现代排球阶段。它包括全攻全守排球,社会化、商业化、职业化排球和“大排球”三大内涵。

(1)全攻全守排球

进入20世纪80年代,各种技战术流派间的交流融合频繁,打法创新的步伐也在加快,凭一技之长就能一统排坛的时光已全然不在。于是,一场新的排球革命——全攻全守排球悄然开始。

全攻全守排球以中国女排和美国男排为代表,强调技战术的高快结合、前后结合,形成全面型进攻的打法。

(2)社会化、商业化、职业化排球

1984年,墨西哥人阿科斯塔当选为国际排联主席。上任伊始他就郑重宣布:他的目标是把排球发展成世界上最受欢迎的运动项目之一。

于是,他领导国际排联对机构本身和排球运动进行了一系列的改革和调整,将排球运动推向了市场:改革赛制、修订规则、配合并利用现代化传播媒介、创办世界男排联赛和女排大奖赛等,把排球运动推到了竞技体坛的高端,取得了巨大的社会效益和经济效益。

意大利也在国际排联的倡导下率先走上了职业化道路,大力推行排球职业化和俱乐部制度。科学的理念和运营机制带来了巨大的成功,意大利排球水平在职业化后显著提高,原先战绩平平、连进入前8名都困难的男排甚至获得了4次世界冠军、1次世界亚军。

随后,法国、德国、荷兰等西欧国家的职业排球也获得了巨大发展,中国、韩国、日本,美国等国家也都先后建立了自己的排球职业联赛。

(3)"大排球"

高水平的竞技排球已在全球范围被广泛热衷和瞩目,但国际排联的目标并不是将排球变成只有少数人"表演"、多数人"观赏"的"一条腿"运动项目,排球需要全面的普及和推广。

如今,国际排联已拥有200多个会员国,是世界上最大的单项体育协会之一。为了更好地在全世界范围内扩大排球运动的影响,国际排联已开始有计划、有目的地开展和推广各种形式的排球运动,如沙滩排球、软式排球、学校排球、迷你排球、雪地排球等,其中沙滩排球的发展已经具有相当的规模,不仅拥有自己的管理机构——国际排联沙滩排球委员会,又创办了规范的世界沙滩排球锦标赛和职业巡回赛,还自1996年亚特兰大奥运会开始,成了奥运会正式比赛项目。

竞技排球与娱乐排球并存,高水平职业排球与群众排球共举,这就是"大排球"的概念。

(二)排球运动技术的发展

排球技术是指运动员在比赛规则允许的条件下采用的各种合理的击球动作和配合动作的总称。它是排球运动的基础和重要组成部分。每项排球技术都由击球前动作、击球动作和击球后动作组成。

现代排球运动科研从过去重点研究竞技排球逐步转向竞技排球与娱乐排球并重方向发展,大众排球研究日益受到重视;在研究方式上,多学科综合研究不断加强,强调同一对象进行多学科同步综合测试、观察和研究;在研究方法上,从定性描述转向定性与定量相结合,力求做到多样化与统一;在研究手段上,从手工操作日益转向现代化,如测试仪器自动化、电脑化、遥控化、轻便化;在研究思路上,重视吸取现代科学思想,重视借鉴现代科技理论和科技成果;在研究主体上,已从专家独立作战逐步转向专家与教师结合研究。

1. 攻守平衡已成为现实

在排球发展过程中,攻强守弱的状态已持续了很长时间,国际排联为了扭转这种局面,对排球规则做了几次重大修改。如:每球得分制的使用、自由人的出现、发球区的扩大、允许身体任何部位击球等,必将会进一步促使排球技、战术的创新,充实排球运动的内涵,丰富排球运动的表现形式。

纵观世界排球技、战术的发展历程,可以看出,进攻与防守对抗始终贯穿于排球运动发展的整个过程。进攻技、战术的提高带动了防守技、战术的进步,而防守技、战术的加强,又反过来促进进攻技、战术的发展，形成了排球技、战术发展螺旋式递进的特征。

2. 技、战术向全面、高度、快速、多变方向发展

排球运动带有规律性问题是要求运动员技术全面，能攻能守，进攻上既能强攻又能快攻，既能前排攻又能后排攻，前后排融为一体。根据运动员不同特长、有效地组合不同的战术，使战术组合更具个性化，发挥整体优势。随着运动员身高和弹跳力的不断增长，后排扣球技术的应用日益普遍，成为当今高水平排球比赛的主要进攻手段。高快结合，前后排结合，进攻向着立体、全面型方向发展。运动员凭借身高、弹跳力强，爆发力好、力量大和挥臂速度快等优势，跳发球技术被大量运用，采用跳发平飘，跳发侧旋、下旋，轻发落点等多样化跳发球技术，以达到先发制人，争取主动的目的。

发球技术正向着发球高点、大力、快速方向发展。4号位平拉开结合2、3号位的跑动进攻战术，降低后攻的弧度，增加反攻的进攻点等等都是为了争取时间，夺得空间，加快进攻的速度，突破对方拦网。速度在不断加快，采用的手法是降低弧度，增快传出球的速度等。排球战术体系的构建和发展经历了“点—线—面—体”的演变过程，对战术的运用趋向合理、简练和实效。

国际排球运动的发展已经进入一个新的时期，在发展速度，提高力量，增加变化，全面发展，有所特长的基础上向更高层次、更高水平迈进，具体表现在力量、速度、高度和技巧紧密结合，攻守技术全面，战术风格独特，队有特点，人有特长，身体素质好，心理素质高，在技术、战术、身体、心理层次全面发展，是当代排球运动发展的趋势。全面、高度、快速、多变将在更高层次上不断深化和发展。

3. 排球向科学发展

现代排球教学的一个显著特征是多媒体技术手段应用于教学实践。随着排球教学实践的发展，排球教学研究范围也在扩大。对课内与课外排球活动一体化的研究；对排球教学内容的选择；手段与方法的更新；考核与评价标准的制定等方面的探讨；不断引进现代教学理论与方法；程序、发现等教学模式的推广与应用，必将推动排球教学改革的深入。

排球运动科学研究不仅涉及医学、生物化学、生物力学、心理学等自然科学的领域，也涉及哲学、经济学、教育学、史学等社会科学的领域，这些多学科、多侧面的研究为排球运动的科学研究开辟了新的领域，为进一步加深对排球运动规律的认识提供了工具，对排球运动科学的认识将更加深入广泛。

4. 排球运动科研与实践的结合日益紧密

科研直接为排球教学训练和比赛实践服务，是排球运动科学研究活动的一个显著特点和发展方向，也是促进排球运动科学研究发展的过程。

从方法论来看，科研人员越来越多地从文献研究、思辨研究，走向实证研究，正在从不同层面上去关注学校、关注课堂、关注运动训练实践，提高研究的实际应用价值；从科研的功用来看，越来越多的排球科研人员不再满足于排球教学训练的一般抽象理论论述，开始更多地追求排球运动研究成果的推广应用，促进排球教学训练的改革与发展。

5. 排球运动科研方法和手段不断丰富和发展

排球运动科研的发展和水平的不断提高，是与科研的方法和技术手段的不断进步、丰富和发展分不开的。现代科技研究的成果越来越多地引入排球运动领域中，20世纪70年代末，美国女排将计算机技术引入临场指挥和技术分析；日本队采用三维摄影分析扣球技术等。20世纪80年代以来,便携式计算机、录像和无线电通信等高科技设施进一步渗透到排球教学、训练和比赛中,排球教学训练变得更加科学化。

随着相关学科科研成果向排球科研领域的不断渗透和现代科技的应用,排球运动科研的方法和技术也有了长足的发展。它主要表现在:十分重视有效吸收和移植其他学科的研究方法,在具体运用多种研究方法时,则表现出极强的综合性,综合运用多种研究方法是排球运动科学研究发展的重要趋势。

现代排球运动科研从过去重点研究竞技排球逐步转向竞技排球与娱乐排球并重方向发展,大众排球研究日益受到重视。在研究方式上,多学科综合研究不断加强,强调同一对象进行多学科同步综合测试、观察和研究;在研究方法上,从定性描述转向定性与定量相结合,力求做到多样化与统一;在研究手段上,从手工操作日益转向现代化,如测试仪器自动化、电脑化、遥控化、轻便化;在研究思路上,重视吸取现代科学思想,重视借鉴现代科技理论和科技成果;在研究主体上,已从专家独立作战逐步转向专家与教师结合研究。

二、我国排球运动的发展

(一)中国排球运动的兴起

19世纪末20世纪初,西方文化不断地向中国渗透,作为文化现象的体育也不例外。西方不少的竞技运动项目逐步在中国开展起来,排球运动就是这些竞技运动项目中的一种。据一些体育史学家考证,排球运动在1905年传入中国。排球运动传入我国时,它最初的名字叫“队球”。我国首先开展这项活动是在华南、华东和华北地区。

华南地区:1905年,排球运动首先在广州南武中学和香港皇仁书院开展。1913年,许民辉(广东籍)积极推广排球,将这项活动向郊县城乡推广。一年后,排球运动已成了广东广大青年农民、职工都喜爱的活动,该省几十个县广泛开展、组织竞赛,发展速度惊人。在这个基础上涌现出了不少的著名排球运动员和著名排球队,并组织起了体育协会——广东排球联合会。

华东地区:上海是开展排球运动比较早的城市之一。1908年,北美爱克斯纳(M. J. Exner)医生来华担介绍了包括排球在内的多种体育运动项目。从1912年到1924年,体育干事训练班推广了排球运动,12年间,先后培养了9批体育教师和干部,其中一部分人后来成了各地推广排球运动的骨干。

华东地区是排球运动开展较好的地区,除上海外,还有地处祖国东南沿海的福建省。福州市潘竹孙将学到的排球知识、技术和练习方法带回了福建,为福建排球运动的开展打下了基础。

华北地区:早在1910年前就有少数学校开展排球活动,但尚未举行竞赛项目。直到1914年第二届华北运动会在北京天坛举行时,才正式设立排球竞赛项目。

华北运动会自第二届首设排球竞赛后,一度在比赛中取消排球项目达十年之久,直到1924年第十一届时才恢复排球比赛,华北排球运动发展之迟缓,由此可见。

但是,到了20世纪20年代末、30年代初,华北排球运动的开展已经不局限于几个大城市了。排球运动传到了山东半岛的烟台、青岛等地,这些地区也组织了许多比赛,为排球运动的推广普及做出了贡献。

(二)6 人制排球的实行

1900—1910 年,排球运动先后传入亚洲的印度、中国、日本、菲律宾等国。由于当时亚洲各国室内运动场馆条件大多不如美国,来亚洲的体育干事们根据亚洲的具体情况介绍、传授了在室外开展的 16 人制排球。亚洲部分大型运动会排球比赛也采用了 16 人制比赛。1919 年,比赛规则有了较大的修改,将 16 人制改为 12 人制,场地由 90 ×45 英尺缩小为 80 ×40 英尺。1927 年又将 12 人制改为 9 人制。9 人制排球一直延续到 1949 年。在相当长的时间里,9 人制排球一直流行于亚洲各国。

20 世纪 50 年代,世界最高水平的排球赛都是采用 6 人制比赛。例如:在捷克斯洛伐克首都布拉格举行的第一届男子排球世界锦标赛、世界青年联欢节和世界大学生运动会全都是采用 6 人制比赛。为了适应国际比赛的需要,中国开始使用 6 人制排球技术和比赛规则。1950 年 7 月,中华全国体育总会在清华大学举办了全国体育工作者暑假学习会。在学习会上,北京大学林启武教授向全国体育工作者介绍了 6 人制排球比赛的规则与办法。参加学习会的一百多人经过学习、领会对 6 人制排球产生了兴趣,并且掌握了初步的知识。这些学习班学员都成了开展 6 人制排球的"火种"。同年 8 月,虞积刚、阎维仁在《新体育》杂志上撰文,详细介绍了 6 人制排球的比赛规则及简单的攻、防战术。1951 年 5 月,林启武教授又撰文叙述了 6 人制排球的特点及打法。中国排球界在初步了解 6 人制排球的基础上,立即把注意力集中在 6 人制排球与九人制排球的不同点上。由于两者规则有很多不同,技术打法差异也很大,因而探讨规则、研究技术成为这个阶段各种学习活动的中心内容。这对中国当时学习 6 人制排球以及从 9 人制排球过渡到 6 人制排球起到了很大作用。排球界很快进入了边学习、边实践的阶段。

(三)建立等级制度及培训教练员

为了提高中国的排球运动水平,在 20 世纪 50 年代初,中国提出了学习口号。苏联推行的体育制度是当时中国学习与借鉴的重要方面之一。具体地说,就是学习与借鉴苏联运动竞赛的等级制度以及运动员、教练员和裁判员的等级制度,并根据中国的实际情况不断加以修改和完善。这有利于调动运动员、教练员和裁判员的积极性,激励他们向高一级目标奋进。

1956 年 4 月,国家体委公布了《中华人民共和国运动员、裁判员等级制度条例(草案)》。条例规定运动员等级分为运动健将、一级运动员、二级运动员和三级运动员;裁判员等级分为国家级裁判员、一级裁判员、二级裁判员和三级裁判员,并规定了达到各种等级的具体条件、证章和证书。

1958 年 6 月 21 日和 1958 年 7 月 11 日国家体委两次修订了等级制度,并制定了《排球运动员技术等级标准》,具体地规定了各级运动员取得称号的标准。

1958 年 6 月 21 日,国家体委首次公布了《中华人民共和国教练员等级制度(草案)》(注:这个草案未能施行;1963 年 5 月 10 日国家体委公布修改的《中华人民共和国教练员等级制度》,也未能在实践中贯彻落实)。

总之,中国排球界在学习、借鉴苏联的经验方面和体育等级制度方面没有生搬硬套,而是吸取其精华。

（四）加盟国际排联

中国排球队参加了世界大学生运动会和青年联欢节等排球比赛活动之后，中国排球队朝气蓬勃的精神和独特的技术引起了国际排坛的注意。

1953年中国排球协会成立，张之槐任主席。1953年11月张之槐、马启伟以中国排球协会的名义参加了在罗马尼亚首都布加勒斯特举行的国际排球联合会的行政会议。1954年1月11日，国际排球联合会正式承认中国排球协会为正式会员。1956年8月，由国际排联主办的男子第三届和女子第二届世界排球锦标赛在法国巴黎举行。国际排联正式向中国男、女排球队发出了邀请。

中国排协很重视这次学习、锻炼的机会，并于1956年2月通过选拔，组成了国家男、女排球代表队。代表队在上海、北京进行了集训，而且还在7月14日至8月9日访问了苏联、保加利亚和民主德国，在此期间男女队各进行了11场比赛。中国男、女排球队还参加了在保加利亚举行的四国排球联赛。参加的国家有中国、保加利亚、罗马尼亚和南斯拉夫。这些比赛是中国队准备参加巴黎锦标赛所进行的赛前锻炼。

8月30日至9月12日，17个国家的女子排球队和24个国家的男子排球队云集巴黎，参加了本届盛会。队数之多，是世界排球锦标赛历届之首。

（五）发球革命和修改拦网规则

1957年，广东男排根据排球比赛的对抗规律和本队的具体条件，在当时举行的全国排球甲级联赛中，大胆地运用了勾手大力发球技术。在实践中，他们通过系统的、严格的训练，摸索出一套运用大力发球的规律。他们把发球与接发球的训练比例扩大到整个技术训练的60%左右，使发球与接发球技术的训练有了数量上的保证，因而在比赛中发球得分多，一传失误少，一次进攻占了很大的便宜。1957年广东男排由全国前六名以外的队，一跃进入了前三名，这在很大程度上就是靠的勾手大力发球。1958年全国甲级联赛，广东男排又由1957年的第三名上升到第二名，大力发球仍是他们制胜的“法宝”。

在广东队的带动下，大力发球风靡全国，不仅甲级队普遍采用，乙级队以及参加锦标赛的各队都开始广泛地运用；不仅男子队采用，女子队也有不少队员采用。这个时期来华访问的外国队都尝到了中国队大力发球抢攻的苦头，一场比赛他们的一传要丢18分左右，最多高达25分。

当大力发球技术还在方兴未艾的时候，另一种攻击性很强的发球——上手飘球技术也出现了。中国最早运用这种新技术的是上海“红队”（即上海体院竞技指导科队）的龚俊平。当时，上海“红队”和上海“蓝队”都以大力发球见长，而上海红队除采用大力发球之外，龚俊平的上手飘球也是红队得分的重要手段。虽然当时还没有人从理论上对这一技术进行总结和提炼，但在实践中已经感觉到了这种发球的威力。总之，大力发球和上手飘球的出现对中国排球的技术、战术是一次推动，或者说是一种技术革命。它使排球各项技术间的发展出现了不平衡。

1964年，国际排联在日本东京举行会议，修改了有关“拦网”的规则。修改后的规则条文为：当一方扣球前，另一方前排队员身体任何部分越过球网上沿以上的垂直平面触球，即为过网触球犯规，但当一方队员扣球或吊球后，另一方拦网队员过网触球不算犯规。这明确规定了在对方扣球后拦网手可以过网拦球。这个变化对于拦网来说是一个极大的转变。

在此之前，拦网手无论在扣球前还是在扣球后，都绝不允许过网。因此，拦网的手形是手腕后仰在网侧形成一个与网平行的平面来阻挡对方的扣球。所以，人们仅仅把拦网看作是防守的第一道防线。修改后的规则允许拦网手过网拦击，完全改变了拦网技术单纯防御的性质。队员可以通过拦网将对方的扣球拦死在对方的场地内而得分或得发球权。

在中国排协获悉国际排联在1965年修改拦网规则后，国家体委球类司就决定在即将举行的全国排球联赛中执行新规则。于是，一个群众性的钻研拦网新技术的热潮迅速在全国掀起。“盖帽式”“屋檐式”“弹钢琴式”等过网拦球技术出现在中国各排球队之中。中国男排还把拦网的手法和变化总结为“捂”“变”“包”“打”“拍”“直”“放”“幌”“分”“合”十字要诀，并在训练中加以强化。

1965年7月，中国男排参加了在苏联里加举行的五国国际排球赛。在比赛中，中国男排的直臂屈腕盖帽拦网的比赛中崭露头角，中国队获第三名。同年11月，日本排球队访问中国。当时的日本男排是世界第五名，身高情况和中国差不多，但比赛时由于中国队在拦网上占绝对优势，结果比赛一边倒。中国队共拦死对方77次，而日本队只有33次。日本队称中国队的拦网是“可怕的拦网——万里长城”。日本教练松平康隆先生后来评论说：“1966年是中国男排的高水平时代”。

（六）重大的转折

1972年4月，国家体委要求各省运动队恢复正常的训练。排球界的一些老同志也从“五七”干校重新回到了排球工作岗位，他们又立即组织起有马启伟、张然、侯希臣、陆连康、曾远期等人参加的排球调研组，赴全国各赛区召开座谈会，了解情况，听取意见，酝酿改善措施，并撰写文稿，总结中国排球训练工作二十年来的经验，制订翻身计划。

1972年11月，国家体委又贯彻了中央指示，提出了三大球要在“三五”年间达到一般国际水平的要求。国家体委在王猛主任的带领下，召开了全国三大球训练工作会议。在这次会议上对排球做了三件大事，开始了中国排球史上的重要转折。

第一件：系统地总结了中华人民共和国成立以来开展6人制排球比赛20余年的经验教训，找出了目前与世界先进水平的差距，并明确了尽快实现目标的方向与措施。

第二件：根据当时世界排球的发展和中国排球运动的现状，修改并重新提出了“在技术全面的基础上，以攻为主，积极防守，发展高度，加强配合，实现快、狠、活的技术战术指导思想”，并指出：“技术全面是组织各种战术，实现快速、灵活打法的基础；快速灵活是中国排球运动的特长和发展方向，是当前在战术打法形式中要重点解决的问题；集体配合是组成战术、实现快速灵活打法的保证”。这些新的提法，实质上是中国排球20多年发展中经验教训的结晶，反映了排球界人士对排球运动规律的认识水平。

第三件：提出了解决目前青黄不接的紧急措施，狠抓青少年队伍的建设，并立即组织各种形式的集训大会战。提出“冬训是关键的环节”，必须抓紧、抓好，要掀起一个群众性的训练热潮。并提出要创造各种条件来提高教练员和裁判员的业务水平，积极开展科学研究工作。通过一年多的努力，中国的排球水平有所提高，尤其是冬训，在漳州基地各省精华聚集，水平提高很快。

1973年7月，中国排球队访问了日本。同年11月，男、女排球队又访问了伊朗。也在这一年，北京男、女排，广东男排访问了叙利亚、意大利、黎巴嫩、苏丹和坦桑尼亚。在国内，参加在基地集训的各省代表队迎战来华访问的日本国家高中男、女排球队。这些赛事使中国排球运动员获得了和世界强队实际交手一搏的机会。

1975年第三届全运会排球赛出现了形势好转的苗头。由于多年集训,使一些年轻运动员迅速成长起来,特别是女排开始形成全国多强对峙的格局,预示着中国排球运动新时代的到来。

1976年初,袁伟民和戴廷斌亲自到集训基地物色运动员。同年6月,新的国家排球队在北京正式成立。袁伟民和戴廷斌走马上任,开始担负起赶超世界水平、冲击技术高峰的重任。

1977年11月,世界杯女子第二届、男子第三届排球赛在日本东京、大阪等23个城市举行。中国排球代表队在团长黄中的带领下,首次参加了世界杯赛,这也是中国排球代表队同世界大赛阔别十余年后的第一次征战。

本次比赛,中国女排击败了实力雄厚的本届亚军古巴队,但因决赛时负于韩国等队,根据胜负局数计算而屈居第四名,这是中国女排参加世界大赛以来取得的较为不错的成绩。值得一提的是中国队在预赛时战胜了日本女排,这是自1957年日本队访华以来,也是自日本队60年代摘取世界桂冠以来,中国女排第一次战胜日本国家队。

在1977年的世界杯赛中,中国男排以崭新的面貌和独特的快速多变的打法战胜了加拿大、韩国、巴西等世界强队。在中国男排参加的国际大赛史上,首次获得世界第五名的好成绩。

(七)中国女排的腾飞

中国女排继获得第二届世界杯女子排球赛的第四名后,逐渐走向成熟。其目标是冲出亚洲,走向世界。1978年8月中国女排又参加了在苏联举行的第八届世界女排锦标赛,以7胜2负的成绩获得了第六名。虽本次比赛获第六,但与前几名强队的差距缩小了。前六名之间竞争十分激烈,各队都没有很大的优势。中国队的两场失利与经验不足有很大的关系。袁伟民教练看到了自己队伍的进步,并根据当时国际排坛发展趋势,建立起一支具有高度、攻防兼备的全面型队伍。

1979年12月5日中国女排参加了在香港举行的第二届亚洲女子排球锦标赛。这次比赛共有7支队伍参赛。中国队以六战全胜的纪录夺得了世界的桂冠,实现了冲出亚洲的愿望。

1981年3月,中国女排以亚洲冠军的身份参加了11月在日本举行的第三届世界杯排球赛。经过了7轮28场的激烈比赛,中国女排以7战全胜的成绩首次夺得世界杯冠军,实现了夺取世界桂冠的愿望。袁伟民获“最佳教练奖”,孙晋芳获“最佳运动员奖”“最佳二传手奖”和“优秀运动员奖”,郎平获“优秀运动员奖”。

在比赛中,中国女排在吸收欧亚两种流派长处的基础上,结合自己的特点,创造了一套“全攻全守”的独特战术风格,以崭新的面貌展现在世界排坛面前。

1982年9月12日至25日,中国女排参加了在秘鲁利马等地举行的第九届世界女子排球锦标赛。

预赛分6个组。中国队以3∶0分别战胜了意大利和波多黎队后,却以0∶3负于美国队,从而给中国女排的夺冠之路留下了阴影。

冠亚军决战中,中国女排经受了一场特殊的考验。在噪声的干扰中,中国姑娘斗志旺盛,奋力拼搏,终于取得了最后的胜利,夺得二连冠。

在秘鲁大赛中,袁伟民教练说:“拿了两个世界冠军,我认为还不够,因为在世界排坛上最高的荣誉是‘三连冠’(苏联女排和日本女排曾先后拿过这个称号)。”中国女排全体队员决心要夺取“三连冠”,拿下洛杉矶奥运会的冠军。

1983 年,中国女排的“大换血”是出乎人们预料的。日本女排认为她们将“从黑暗中见到光明”。美国女排则更加坚定了她们实现“加利福尼亚之梦”的愿望(美国女排在加利福尼亚建队,暂以 1984 年洛杉矶奥运会金牌为目标)。塞林格重申美国总统里根的话“在奥运会上拿第二就是失败”。

第二十三届奥运会于 1984 年 7 月 28 日至 8 月 11 日在美国的洛杉矶举行。

本届比赛虽然苏联、古巴及东欧一些国家没有参加,但从国际女排实力来看,中国、美国、日本、秘鲁等队都是当时世界上最强的队伍,因此,这次比赛仍不失为世界最高水平的较量。金牌的含金量仍是当之无愧的世界之“最”。

本次比赛的最后一场预赛是“中美之战”。中国队还是输给了美国队,这使关心中国女排的人们都捏了一把汗。但从比赛来看,中国队有了很大的进步。跟上次中国失利相比,在实力上已有好转。

在半决赛中,中国队以 3∶0轻松战胜日本队。8 月 8 日举世瞩目的中美决战的时刻到来了。比赛一开始双方就展开了激烈的争夺,第一局打了 38 分钟,中国队 16∶14 胜了关键的第一局。在第二局中,中国队越打越好,美国队防不胜防,情绪波动。最后中国女排用49 分钟拿下了第二局。第二局中国队利用巧妙的配合,越打越猛,终于以 3∶0结束战斗。

中国女排在美国本土战胜了美国女排,获得了“三连冠”的胜利,实现了夺取“三连冠”的愿望。

8 月 9 日,《体育报》以《辉煌的胜利、艰苦的历程》为题发表了专题社论,向中国女排表示祝贺。社论指出,“这是一个辉煌的胜利,历史的殊荣”。

1984 年,袁伟民离开中国女排后,国家女排主教练的人选成为人们关心的问题。为了使中国女排长盛不衰,国家体委十分重视选拔主教练的工作。在 1984 年 12 月 13 日至 15 日,由国家体委袁伟民副主任在郑州主持召开了中国排球协会教练员会扩大会议,经过反复的酝酿与讨论,国家体委任命邓若曾为中国国家女排的主教练。

邓若曾上任后,进行了队伍调整,在他上任前,张蓉芳、周晓兰、朱玲等老队员退役。他上任后,补上了年轻队员殷勤、叶萍和巫丹。邓若曾教练和女排全体姑娘们把“三连冠”的殊荣作为新的起点,又投入到了艰苦奋斗的训练生涯。

1985 年 11 月 10 日至 20 日在日本举行了第四届女排世界杯赛。在开幕式上,中国女排队长郎平把四年前夺得的世界杯流动奖杯亲手交给国际排联主席阿科斯塔,台下 8 支球队全体教练员和运动员都盯着这个奖杯。当记者问到郎平有什么感想时,她说:“我们要把杯子再夺回来!”

由于这届比赛强队之间的水平有较大的差距,中国女排以较大的优势又一次赢得了世界杯,在新的征程上又写下光辉的一页。本次比赛,邓若曾获“优秀教练员”奖;郎平获“最佳选手”及“优秀选手”奖;杨锡兰获“最佳二传手”奖及“优秀选手”奖;郑美珠获“优秀选手”奖。在这次比赛中,中、古之战是世人注目的焦点。第一局关键的时刻,古巴队曾以 14∶10 领先,路易斯的超手扣球使中国女排陷入困境,但久经沙场的中国女排临危不惧,情绪稳定,技术发挥良好,在已用完二次暂停的情况下,打得有条不紊,章法清晰,敢打敢拼,毫不手软,郎平连扣连中,终于反败为胜。最后中国女排以 3∶1获胜。

第四届世界杯赛后，邓若曾教练由于身体情况欠佳，请求辞去女排主教练的职务，这一人事变动，增加了中国女排夺取五连冠的难度，经国家体委认真研究，决定张蓉芳出任中国女排主教练，郎平、江申生任教练。

1986年9月在捷克斯洛伐克举行的第十届世界女排锦标赛上，中国女排克服了重重困难，越打越有信心，终以8战8胜的出色战绩蝉联冠军，成为世界排球史上唯一获得“五连冠”的队伍。在这次锦标赛上，女排教练张蓉芳获“最佳教练员”奖；杨锡兰获“最佳运动员”奖和“最佳二传手”奖，杨晓君获“最佳一传手”奖。

中国女排的成功，成为亿万中国人民宝贵的精神财富，激励着全国人民在伟大的社会主义建设中不断前进，也使旅居海外的侨胞扬眉吐气，使他们感到做一个中国人无比的骄傲和自豪。在中国女排夺取世界冠军之前，曾有一些外国人断言：“中国人只能在小球项目上取得成绩，在大球项目中要走向世界是不可能的。”历史是最公正的评论家。女排的成功已向全世界宣布，中国人无论是在小球项目上，还是在大球项目上都能夺取世界冠军。

1. 阵容配备

阵容配备指比赛时场上人员的搭配布置。阵容配备的目的是合理地把全队的力量搭配好，更有效地发挥每一个队员的特长和作用。为此，在组织阵容时，应该考虑根据队员的身体素质、技术水平合理安排其在阵容中的位置，把进攻力量强的和防守技术好的队员搭配开，使每一轮都有较强的进攻能力和较好的防守能力；主攻手、副攻手和二传手分别安插在对称的位置上，以便在轮转时保持比较均匀的攻防力量；根据战术需要和队员间默契程度，把平时配合较好的进攻队员和二传队员安排在相邻的位置上；扣球好的主动手一开始站在最有利的位置上，如4号位；防守好的队员，应站在后排；本方有发球权时，发球好的队员最好站在1号位；发球权在对方时，发球好的队员可站在2号位；一传较差的队员尽可能不要安排在相邻的位置上，避免形成薄弱地区。

根据各队不同的技术水平和战术特点，一般有以下三种阵容配备：

(1)“四二”配备

“四二”配备，即场上两名二传手、四名攻手(其中两名主攻手、两名副攻手)，安排在对称的位置上。每一轮次前排都有一名二传队员和两名进攻队员，便于组织前排二传传球的两点进攻和后排二传插上传球的三点进攻，但每一名进攻队员必须熟悉两名二传队员的传球特点，配合比较困难。

(2)“五一”配备

“五一”配备，即场上一名二传队员，五名进攻队员。为了弥补有时主要二传队员来不及传球所出现的被动局面，通常在二传队员的对角位置上，配备一名有进攻能力的接应二传队员。二传队员在前排时采用两点进攻，二传队员在后排时采用进攻和拦网的力量。“五一”配备中，全队进攻队员只需适应一名二传队员传球的习惯、特点，容易建立相互配合间的默契。但防反时，二传队员如果在后排，要插上传球，难度较大。

(3)“三三”配备

“三三”配备，即三名能攻的队员与三名能传的队员间隔站立，使每一轮次都有传有扣，是初学者常用的阵容配备。

2. 位置交换

排球规则规定，发球以后，队员在场上可任意交换位置。利用这一规则，各队通常采用专位进攻、专位防守的方法。一般来说,在前排的,主攻队员换在 4 号位,拦网好、移动快、连续起跳能力强的副攻队员换到 3 号位,二传队员换到 2 号位;在后排,主攻队员换到 5 号位,副攻队员换到 6 号位,二传队员换到 1 号位。这种位置交换,使队员专位化,便于发挥每个队员的特长,有利于让队员集中学习训练掌握某项实用技术。但专位化也容易造成队员技术的不全面。

换位时应注意:换位前,应按规则要求站位,防止"位置错误"犯规;当发球队员击球后,立即迅速换到预定位置;对方发球时,应首先准备接球,然后再换位,以免影响接发球;本方发球时换位队员应面向对方场区,观察对方动态;成死球后,应立即返回原位,尽早做好下一个球的准备。

3. 排球运动战术

这是指队员在比赛中,根据排球的规则要求和排球运动规律,以及双方当时的情况,合理运用技术所采用的有意识、有目的、有组织的个人和集体配合行动。全面、准确、熟练和实用的技术是组织战术的基础,而合理的运用战术又能更加充分地发挥技术的威力。

(1)进攻战术

进攻战术是指在接对方发过来、扣过来、拦过来和传、垫过来的球后,全队所采取的有目的、有组织的配合进攻行动。进攻战术又可分为进攻阵形和进攻打法两方面。

进攻战术阵形即进攻时的采取的队形。进攻时所采用的阵形是基本一致的,不外"中一二""边一二""插上"三种阵形。

①阵形

中一二"进攻战术阵形:3 号位员作二传,将球传给 4 号、2 号位队员进攻的组织形式。其优点是一传向网中 3 号位垫球比较容易,因而有利于组成进攻,适合初学者采用;二传队员在网前接应一传的移动距离近,向 2、4 号位传球的距离较短,容易传准。缺点是战术变化少,对方容易识破进攻意图。

"边一二"进攻战术阵形:2 号位队员作二传,将球传给 3 号、4 号位队员进攻的组织形式。其优点是右手扣球者在此 3、4 号位扣球比较顺手,战术变化较多。缺点是 5 号拉接一传时,向 2 号位垫球距离较远;一传垫到 4 号位时,二传传球较为困难。

"插上"进攻战术阵形:二传队员由后排插上前排作二传,把球传给前排 4 号、3 号、2 号位队员进攻的组织形式。其优点是能保持前排三点进攻,战术配合变化多,并能利用网的全长组织进攻。缺点是对插上二传队员的要求较高。

②打法

进攻战术打法是指二传队员与扣球队员之间所组织的各种进攻配合。包括强攻、快攻和两次球进攻三种基本打法。每种打法中又有若干不同战术配合。而所有这些打法又都可以在"中一二""边一二"和"插上"三种进攻战术阵形中具体运用。

强攻:强攻指在没有同伴掩护的情况下,在对方有准备的拦防情况下,强行突破的进攻。强攻的二传球较高,根据不同的二传球位置,可以分为集中进攻、拉开进攻、围绕进攻、调整进攻等,后排队员的高球进攻也属于强攻的打法。

快攻:快攻指扣二传传出的各种平快球,以及用这些平快球作掩护所组成的各种战术配合。可以分为平快球进攻、自我掩护进攻、快球掩护进攻三类。平快球进攻常用的有前快、背快、短平快、平拉开、背溜、调整快、远网快、后排快、单脚起跳快等。自我掩护进攻包括时间差、位置差、空间差的进攻。快球掩护进攻包括各种交叉进攻、夹塞进攻、梯次进攻、前排快攻掩后排进攻的本位进攻等。

两次球进攻：两次球进攻指一传来球较高，又在网前适合扣球的位置上，前排队员跳起来直接进行扣球，如遇拦网，就在空中改作二传，把球转移给其他前排队员进攻。

(2)防守战术

排球的防守战术是组织进攻或反攻或反攻战术的基础，没有严密的防守，进攻就无从组织。而一切防守战术都应从积极为进攻和反攻创造条件的角度进行设计和考虑。

①接发球

当对方发球时，本方处于防守地位，也是组织第一次进攻的开始。事先站好位置，摆好阵形，是接好发球的基础。站位的阵形，不仅要有利于接球，也要有利于本方所采用的进攻战术。同时，还要根据对方发球的特点，采取不同的阵形。通常多采用五人接发球或四人接发球。

五人接发球站位阵形：除一名二传员站在网前或从后排插上准备二传不接发球外，其余五名队员都担负一传任务的接发球站位阵形。其优点是队员均衡分布，每人接发球的范围相对减小；接发球时，已站成了基本的进攻阵形，组织进攻比较方便，适合接发球水平不太高的球队。其缺点是一传队员从5号位插上时距离较长，难度大；3号位队员接球时，不便组成快攻战术；不利于队员间的及时换位；队员之间跨地带较多，配合不默契时，容易互相干扰。

四人接发球站位阵形：插上二传队员与同列的前排队员均站在网前不接发球，其他四人站成弧形接发球的站位阵形。其特点是便于后排插上和不接发球的前排队员及时换位；其缺点是对接发球的四人要求有较高的判断、移动能力和掌握较好的接发球技术。

②接扣球

接扣球的防守与组织反攻是密不可分的，只的防守成功才能有富有成效的反攻。接扣球的防守战术是前排拦网与后排防守的整体配合，根据对方进攻情况、本队队员特长、防守后的反攻打法，一般可分为不拦网、单人拦网、双人拦网和三人拦网的防守阵形。

不拦网的防守阵形：在对方进攻较弱，没有必要进行拦网时，可以采用不拦网的防守阵形。这种阵形与五人接发球站位阵形相似，前排进攻队员要撤到进攻线后，准备防守和防守后的反攻；后排队员后退，准备防后场球；二传队员留在网前，准备接到网前的球和组织进攻。

单人拦网的防守阵形：当对方扣球威胁不大、扣球路线变化不多、轻打中吊球较多时，可以主动采用单人拦网的防守阵形。拦网队员拦扣球人的主要进攻路线，不拦网队员及时后撤防守前区或保护拦网人，后排队员后撤加强后场防守。

双人拦网的防守阵形：对方水平较高、进攻力量较强、进攻路线变化较多时，多采用这种防守阵形，即两人拦网、四人接球。通常分为“边跟进”和“心跟进”两种。

“边跟进”多在对方进攻较强，吊球较少时采用。当对方4号位队员进攻时，我方2号、3号位队员拦网，其他四名队员组成半圆弧形防守。如遇对方吊前区，由边上1号位队员跟进防守。其特点是加强了拦网；缺点是边上的队员又要防直线，又要跟进防前区，比较困难。

“心跟进”在本方拦网能力强，对方采取打吊结合时采用。当对方4号位队员进攻时，我方2号、3号位队员拦网，后排中间的6号位队员在本方拦网时跟在拦网队员之后进行保护，其余三名队员组成后排弧形防守。其优点是加强了前区的防守能力，缺点是后排防守队员之间的空档较大。

三人拦网的防守阵形：对方主要扣球手进攻实力很强，不善吊球的情况下可采用三人拦网，三人后排接球的防守阵形。这种阵形加强了网上力量，但后防的空隙也相对增大。三人拦网时，后排防守的 6 号位队员可以跟进到进攻线附近保护，也可以退至端线附近防守。

③接拦回球

本方扣球时必须加强保护，积极防起被拦回来的球，并及时组织继续进攻。由于拦网人可以将手伸过网拦网，拦回的球通常速度快、角度小，因而接拦回球的保护阵形应形成多道防线的弧形状，且第一道防线紧跟在扣球人身后。以我方 4 号位队员进攻，其他五人保护为例。5 号位队员向前移动和向左后方移动的 3 号位队员形成第一道防线，1 号位队员保护后场，为第三道防线。其他位置进攻时，保护的阵形也可按同样道理布阵。

④接传、垫球

当对方无法组织进攻，被迫用传、垫球将球击入本方时，我方的防守便称之为接传、垫球的防守。这种情况在初学者中出现较多。由于来球的攻击性小，我方的防守阵形与不拦网情况下的防守阵形相同，即前排除二传队员外，其他的队员都迅速后撤到各自的位置，准备接球后组织进攻。需要注意的是在后撤和换位的过程中，动作要迅速并随时做好接球的准备。

⑤攻防转换

在排球比赛中，攻与防是密切联系、相互转换、连续进行的。这不仅在于排球技术本身具有攻与防的双重含义，还由于全攻全守、攻防兼备是当前排球运动的发展趋势。正在进攻的一方，必须同时注意防守；处于防守的一方，必须随时准备反叛攻。

在进攻与防守的转换中，如果准备不充分，动作不连贯，一味进攻，都可能贻误战机，招致失败。因而，在进攻的时候准备防守，在防守的时候想到进攻，才能有备无患，立于主动。同时，在阵容部署上也要有相应的措施和方法。

⑥攻守转换

当球扣入对方区后，进攻的一方应立即转入防守状态。当球扣过网或二传不慎传球过网后，前排队员应迅速靠网前站位，准备拦网；后排队员由上前保护扣球，迅速退守原位，准备防守。其阵形一般有“三一二”站法和“三二一”两种站法。前者适合于“心跟进”防守阵形，后者适合于“边跟进”防守阵形。

⑦守攻转换

当对方扣球过网后，防守一方在防守的一刹那就转入了进攻。这是由于后排队员在防守来球时，必须根据本队所采用的进攻战术，有目的地将球起到预定目标，并根据保护扣球的部署，立即跟进保护前排队员进攻。前排参加拦网的队员，在完成拦网动作之后，必须立即转身或后撤，准备接应或反攻扣球。前排未参加拦网的队员，在后撤防守之后，转入接应或反攻扣球。

⑧扣球交叉

这些战术在实战中的应用是相当多的，利用多人跑动和掩护的突击战术，将会在网上形成以多打少的局面，形成很好的进攻效果。由于是多人的突击战术，所以要求一传效果也相当高（而我们接下来的介绍和讨论也不考虑一传问题了）。突击战术的丰富也是贯彻我们中国排球快速多变、全面灵活、特点突出的总体建队思路。

多人跑动和掩护的突击战术是相当多的。这里我们介绍四种战术,分别是前交叉、后交叉、反交叉和假交叉。首先介绍的是一个比较常听见,但是被人误解很多年的一项战术——前交叉。什么是交叉呢,"交叉"是指两名前排队员交叉跑动的行动。扣球队员和另一队员助跑路线相交叉,并作跑动扣球。两名队员实是互为掩护,并在换位进攻中造成局部地区中以多打少的局面,使拦网者来不及判断跑动者中谁是真正的扣球队员,故具有很大的威胁。从定义可以看出"交叉"战术的核心就是需要两名跑动着的进攻队员在互相掩护的前提下,交叉跑动,造成一项突击战术。注意,"交叉跑动"是相当重要的。

前交叉就是指二传手面向 4 号位传球时,4 号位队员上步做打近体快球动作或掩护,以吸引对方拦网;同时 3 号位队员与 4 号位队员作交叉跑动,3 号位队员在 4 号位或者 3 号、4 号位之间扣远网快球或半高球。从定义可以看出,前交叉的队员两个人的换位和交叉跑动都是在二传手身前完成的。所以真正意义上的前交叉战术,需要 4 号位的进攻队员在网前拥有比较好的掩护意识和跑动能力。而 3 号位队员则是真正进攻点,需要他/她有比较好的进攻意识和跑动能力,尤其是在交叉跑动的时候需要头脑清醒,与掩护队员配合,上步节奏控制清楚。前交叉战术,由于拦网队员移动能力的加强,而且交叉跑动和进攻全部都是在二传身前完成,隐蔽性有限制,欧美球队的 4 号位接应和主攻跑动能力有限,一传能力不好。亚洲球队 3 号位副攻手身前球和强攻能力一般。所以前交叉战术在国际比赛的实战中应用比较少。不过 20 世纪 80 年代的老中国女排和 20 世纪 90 年代初期的日本女排都应用过此战术。

后交叉是我们比较熟悉、实战中运用最多的多人跑动和掩护的突击战术之一。而和前交叉一样,后交叉也是总是被人误解和弄错的一项多人的突击战术。

那什么是后交叉呢?很多人认为真正进攻点在二传手身后,而形成的交叉跑动战术就是后交叉,实际上这是错误的。后交叉实际定义就是,二传手面向 4 号位传球时,3 号位队员在做打近体快球动作或掩护,同时位于二传手背后的 2 号位队员与 3 号位队员作交叉跑动,绕至二传手前面扣远网快球或半高球。从定义可以看出后交叉无论 3 号位的掩护队员在二传手身前还是身后做掩护,真正进攻点都是从二传手身后跑到二传手身前扣球。这点是后交叉的关键,这样形成的交叉战术才称作后交叉。

那么通过前交叉和后交叉的了解,我们得出了,前交叉和后交叉的"前""后"二字并不是和个人基本突击战术中的"前""后"有本质上的区别。这里的"前""后"是指多人跑动和掩护的突击战术中的真正进攻队员的启动位置在二传手的身前还是身后,而真正进攻点则是身前球。这样形成的交叉跑动战术我们才能称为前交叉或者后交叉。后交叉战术和前交叉战术一样,需要攻击队员,那么掩护队员和二传手之间的配合要相当默契,节奏要统一,跑动线路要有规则。但是后交叉战术的使用,能充分调动 2 号位、3 号位的进攻变化,使对手难以防范,在实战中,是相当常用的。中国女排对后交叉战术的使用是相当熟练的,后交叉战术是我们通过我们自身的特点——快速灵活多变,来充分调动 2 号位、3 号位攻击力的主要战术之一。除了中国女排,韩国、日本、俄罗斯等球队也都善于使用后交叉战术。

反交叉是后交叉的一种延伸形式。具体来说反交叉就是,2 号位队员上前,在二传手的身前或者身后打快球动作或者掩护,3 号位队员做反方向交叉跑动到 2 号位进攻。从定义可以看出,反交叉战术的核心依旧是交叉跑动。掩护队员和进攻队员的启动点和结束点,仍然有位置上的交换。反交叉进攻实际上就是 2 号位队员做掩护,3 号位队员到二传手身后进攻,这跟后交叉是刚好相反的,真正进攻点是 3 号位队员。

反交叉战术依然需要掩护队员和进攻队员之间有较好的默契,线路上有一定的规则。2号位队员做掩护可以是身前的也可以是身后的,但是真正进攻点3号位队员则需要有一个比较大的跑动范围,需要绕到二传手身后进行进攻。这样也要求3号位的队员拥有比较快的移动能力和灵活性。由于反交叉的跑动线路是和后交叉相反的,所以二传手的传球弧度不会太低,而速度也不会太快。反交叉进攻和后交叉进攻,能充分的调动起2号位、3号位的进攻点的变化性和灵活性,让对手难以防范。在实战中将这两种交叉战术充分的运用出来,能在网上局部地区造成比较好的突击效果,结合个人突击战术,能让对手在2号位、3号位顾此失彼。

中国女排对于反交叉战术的运用是相当熟练的,1998年、1999年,吴咏梅和邱爱华之间、崔咏梅和李珊之间配合的反交叉战术比较经典,可以通过录像资料仔细观察。另外苏联和俄罗斯队也对这个战术有比较好的掌握。

假交叉战术,实际并不能称其为交叉战术。假交叉进攻是后交叉进攻的演化和延伸。具体就是3号位队员在二传手身前或身后做近替快球等个人快速突击战术的掩护,2号位队员先跑后交叉战术,向3号位跑动,但是当二传手传出球之后又跑回2号位进行进攻。从定义可以看出,假交叉战术中,实际结果并不存在交叉跑动和进攻点上的换位,实际进攻点是2号位队员,而2号位队员仍然在2号位进攻,假交叉战术只不过是有交叉跑动的趋势。假交叉战术的核心实际就是队员采用假动作、假跑位,在网上形成对于对手的进一步迷惑和混乱。在网上的局部区域形成以多打少、出其不意的突击效果。

假交叉战术在实战中,与后交叉、反交叉战术相结合,能制造虚实结合、变化多样的2号位、3号位的进攻体系,运用十分普遍。假交叉战术由于2号位队员需要有假动作和假跑动,这样在进攻中要求2号位的真正攻击队员,拥有比较强的个人能力。而在位置上的横向变化,也要求其与二传手之间的配合,与掩护队员之间的呼应要相当默契。由于2号位队员跑动范围比较大,二传手传球弧度不会太低,所以2号位队员一般会使用背飞、背围绕个人战术进行突破。中国女排的假交叉战术是相当熟练和经典的。

我们所熟悉的"双背飞"就是假交叉战术的一种,刘亚男背快掩护,周苏红会先往3号位进行假跑动,接着再返回2号位进行背飞突破。这个战术在世界大赛中取得了非常好的效果,将中国女排的2号位、3号位进攻充分结合和变化,令对手防不胜防。俄罗斯女排、日本女排的假交叉战术也相当丰富。由于日本女排主攻和接应的游动特性,结合前交叉,日本女排将假交叉战术充分运用在了前排。

第三节　排球运动与高校

一、排球运动特点

排球运动是由参加运动的人,以身体的任何部位(以单手或双手为主)在空中相互击球,使球不落地,既可隔网进行比赛,也可不设球网进行击球游戏的一种体育项目。排球运动形式多种多样。依运动目的、竞赛规则、参与人数、比赛形式的不同而分类。一般来说,以提高运动成绩为目的,并在国际上设有统一竞赛规则的排球运动形式称为竞技排球。目前包括6人制排球和沙滩排球;以其他或游戏方式和参与人数的特殊规定,主要以健身为目的，在国际上还没有统一竞赛规则的运动形式统称为娱乐排球，如软式排球、气排球、妈妈排球、4人排球、9人排球、残疾人排球、草地排球、墙排球等。

排球运动技术是各项技术的基础，要求及时起动、快速移动，以便在合理位置上完成各项技术动作，达到战术目的。运动员要思想高度集中，身体处于最合适的移动和防守状态之中。正确的准备姿势按其身体重心高低可分稍蹲、中蹲和低蹲等。其中半蹲运用最多。其动作为：两脚开立，距离比肩稍宽（女子比男子更宽），两脚尖适当内扣，脚后跟抬起，膝关节弯曲，大小腿之间成90度，上体前倾，重心着力点在前脚掌拇指根部，两肩前探超出膝关节，两臂自然弯曲置于胸腹之间，抬头看球，随时准备移动。稍蹲和低蹲与半蹲基本相同，只是两膝与躯干弯曲程度大于或小于半蹲。

二、排球运动比赛规则

（一）比赛场地、器材及球网要求

比赛的区域包括比赛场区和无障碍区。比赛场区为18米×9米的长方形地面。比赛场区地面上的界线主要有中线、边线、端线、进攻限制线（包括其延长线）、发球区短线。这些界线将比赛场区分成了前场区（进攻限制区）、后场区（非进攻限制区）、发球区等几个主要区域。

比赛场区四周没有障碍物的区域为无障碍区。排球质量为260～280克，球网设置于中线上空。正式比赛，男子网高2.43米，女子网高2.24米。球网长为10米、宽为1米，两侧由左、右两根柱子固定，中间由上、下两根钢丝牵拉平行于地面。球网两侧各有一条标志带，标志带与其垂直下方场区地面的边线对齐，两条标志带的外侧各有一根标志杆。

（二）比赛空间

比赛空间指比赛区域上方的空间。在比赛空间中，最重要的是过网区和非过网区两个概念。过网区是指排球竞赛规则规定的球从比赛一方场地进入比赛另外一方场地必须通过的空间。过网区的范围是上至天花板，下至球网上沿，左右两侧至两根标志杆以及它们向上延长至天花板的延长线以内的空间。非过网区是指过网区之外的空间。

（三）比赛组织

每场比赛开始前以及每场比赛的决胜局开始前，由负责本场比赛裁判工作的第一裁判员主持比赛双方队长进行抽签，胜方首先选择发球、接发球，或者场区。比赛开始后，由第一裁判员、第二裁判员、司线员、记录员负责比赛的裁判工作。

（四）比赛状态

1. 上场阵容

每队必须有6名队员上场比赛。不足6人的情况为阵容不完整。阵容不完整可以进行正常替换补足。不能正常替换补足的，被给予阵容不完整的判罚。

2. 场上队员的位置

（1）发球时队员的位置：发球击球时，前后关系的同列队员，左右关系的同排队员，必须处于正确的位置,否则被给予判罚。

(2)换发球时队员的位置:队员按顺时针方向轮转一个位置,否则被给予判罚。

3. 界内球和界外球

(1)界内球:界内球是落在比赛场区地面(包括场区界线)区域内的球。

(2)界外球:界外球是指球接触地面的位置完全在比赛场区地面以外,球触及场外物体或者人员,球触及球网标志带以外部分的球网部分、标志杆、网绳、网柱,球的整体或者部分从过网区以外过网。

4. 比赛结果的认定

(1)胜一球:发球方得一分,继续发球;接发球方得一分,同时获得发球权。

(2)胜一局:非决胜局,先得 25 分,并且同时超出对方 2 分者获胜;24:24 时,继续比赛,直到某队领先 2 分时,该队获胜。决胜局,先得 15 分者获胜;14:14 时,直到某队超出 2 分时,该队获胜。

(3)胜一场:比赛采用 5 局 3 胜制。

(4)弃权的处理:弃权方以比局为 0:3 负,每局比分为 0:25。

(5)阵容不完整的处理:已经结束的比局、比分有效。不完整方输掉该局或者该场比赛,对方为满分。

5. 发球

发球应该依据抽签的情况和球队的位置表安排,按照一定的顺序进行。发球必须由位于后排右侧位置的队员在发球区内用一只手或者手臂进行击球。发球犯规的情形有:发球顺序错误、裁判鸣哨前发球、发球时球没有抛起或者持球的手没有撤离球、发球时发球队员脚踏及比赛场区或者发球区以外的地方、发球超出 8 秒犯规、球没有过网或触及本方队员、发球掩护、后排自由防守队员(自由人)发球、发球出界。

6. 击球

指发球和拦网之外的击球。击球时,球可以接触身体的任何部位。击球犯规的情形有:全队 4 次击球、个人 2 次击球(拦网除外)、持球、过网击球、后排队员击球犯规、自由人的击球犯规、本队队员不得将本队自由人在前场区内用上手传球方式传出的整体高于球网上沿的球击过球网、借助击球、拦击对方的发球、击球出界。击球又可以分为进攻性击球和非进攻性击球。

7. 拦网

指队员靠近球网手向上伸出高于球网阻挡对方来球的行动。拦网犯规的情形有:对方击球前过网拦网(实质为过网击球)、对发球进行拦网、后排队员完成拦网(个人或者参加集体拦网)、自由人试图拦网或者完成拦网(个人或者参加集体拦网)、从标志杆以外伸入对方空间进行拦网、拦网出界。

8. 球网附近的球

球必须从过网区进入对方场区空间。球从过网区以外进入对方无障碍区时,允许将球从同侧过网区以外击回来,然后从过网区击入对方场区空间。球进入球网后可以再行击球。球击穿球网或者使球网坠落,该球重新进行比赛。

9. 球网附近的队员

(1)超过球网:在不影响对方比赛的情况下,击球后允许手随球在网上进入对方场区上。

(2)网下穿越:在不干扰对方队员比赛的情况下,允许队员身体部分进入对方空间或者整个人从网下穿越。

(3)犯规的情形:有击球企图的触网或者干扰比赛的触网,手或脚整体越过中线接触对方场区地面,网下穿越干扰对方比赛,过网触及对方队员。

10. 后排自由防守队员(自由人)

换人不记入本队每局6人次的换人之内,并且换人时不必经过常规程序,速上速下,比较自由。自由人不被允许的行为主要有:发球、拦网和试图拦网、在场上任何位置上对整体高于球网上沿的球完成进攻性击球、在前场区内用上手传出的球、同伴在球的整体高于球网时完成进攻性击球、担任队长或者场上队长。

11. 比赛中的暂停、换人、交换场地、局间休息

(1)每队每局比赛最多可以请求2次暂停,每次暂停时间为1分钟。

(2)每队每局比赛最多可以请求6人次的换人。

(3)每局比赛(决胜局除外)之后,双方要交换场地进行下一局比赛;决胜局某队获得8分时,双方要交换场地,不进行休息,并且按照交换场地前双方队员已有的位置继续进行比赛。

(4)每次局间休息为3分钟。

12. 不良行为及其处理

(1)轻微不良行为:进行指正,不给予判罚,不记录在记分表上。

(2)给予判罚的不良行为:这类不良行为有粗鲁行为、冒犯行为、侵犯行为三种。一旦发生前述三种行为,要视情况给予失一球、判罚出场、取消比赛资格的不同等级的判罚,并将判罚记录在记分表上。

三、排球运动基本技术

(一)分类

排球技、战术从广义上讲,除了身体某一部位击球时的动作外,都称为配合动作;但从狭义上讲,只把准备姿势、移动等称作配合动作,而把击球动作前后较连续的动作也称之为有球技术,如扣球技术中的助跑、起跳等。这就是排球的技术。

排球技术有两种:一种是有球技术,包括传球、垫球、扣球、发球和拦网;另一种是无球技术,包括准备姿势、移动、起跳及各种掩护动作等。排球技术主要由步法和手法组成,同时与视野活动、躯干活动和意识活动相配合,融合为一体。

(二)垫球技术

1. 垫球的准备姿势

比赛中应根据不同情况采用相应的准备姿势。初学垫球时,由于是垫击一般的轻球,故可采取一般准备姿势。上体稍前倾,两脚开立,两脚间的距离稍宽于肩,两臂微屈置于腹前,两肘稍内收,两眼注视来球。

2. 击球手型、击球点和击球部位

垫击手型目前常用的方法有两种：叠指法两手手指上下相叠，两拇指对齐平行相靠压在上面一手的中指第二指节上，掌根紧靠，两臂伸直相夹，注意手掌部分不能相叠；包拳法两手抱拳互握，两拇指平行放于上面，两掌根和两小臂外旋紧靠，手腕下压，使前臂形成一个垫击平面。击球点、击球部位正面双手垫球的击球点，一般应尽量保持在腹前约一臂距离的位置。用腕上 10 厘米左右的两小臂桡骨内侧所构成平面击球。

3. 垫球的动作要领

插及时移动取位，降低重心，两臂前伸插至球下，使两前臂的垫击面对准来球，并初步取好手臂的角度。夹是指两手掌根紧靠，手臂夹紧，手腕下压，用平整而稳定的击球面去迎击球。提由下肢蹬地，提肩、顶肘、压腕的动作去迎击来球，身体重心要随球前移，两臂在全身协调动作的配合下伴送球。

（三）场上队员

1. 二传手

二传手也称“托手”，是一种排球运动比赛队员的职责分工，指接对方来球后专门担任第二次传球组织进攻的队员，是场上组织进攻、实施战术的组织者。要求除有娴熟的二传技术外，还善于随机应变，团结队友，发挥全体队员的特点以及组织本队的进攻力量。应意志坚强、头脑冷静、视野宽广和具有很强的战术意识以及资彻作战意图的决心。通常每队配备一至两名二传手。

2. 主攻手

主攻手是一种排球运动比赛队员的职责分工。指场上的主要攻击手，防守反击中的主要得分队员。一般站在 4 号位或换位到 4 号位。要求队员身材高大，弹跳力强，拥有强劲的扣杀力，擅长强攻，善于突破对方的防御，精于扣调整球和各种战术球。

3. 副攻手

副攻手是一种排球运动比赛队员的职责分工。指在进攻中站在 3 号位的队员。要求队员身材高大，具有较强的冲跳弹跳力和变向跑移能力。以快攻为主，并以快攻掩护队友组成各种快速多变进攻战术。防守时善于拦截和配合两侧队友拦网，以阻遏对方的各种快攻战术。

4. 自由人

自由人是一种排球运动比赛队员的职责分工。防守反击中的后排专职防守队员。根据战机的需要和防守的要求，无须请求裁判员的许可，即可随时自由地取代后排中的任一队员出场参赛。要求队员身材较为矮小、灵活、速度快、应变能力强、掌握出色的防守技术和具备良好的心理素质。着装的颜色必须有别于其他队员，以便辨认。

（四）比赛状态

1. 准备姿势

准备姿势排球运动技术名词，是各项技术的基础。为了及时起动、快速移动，以便在合理位置上完成各项技术动作，达到战术目的，要求思想高度集中，身体处于最合适的移动和防守状态之中。正确的准备姿势按其身体重心高低主要可分稍蹲、中蹲和低蹲等三种。其中半蹲运用最多。其动作为:两脚开立,距离比肩稍宽(女子比男子更宽),两脚尖适当内扣,脚后跟抬起,膝关节弯曲,大小腿之间成90度,上体前倾,重心着力点在前脚掌拇指根部,两肩前探超出膝关节,两臂自然弯曲置于胸腹之间,抬头看球,随时准备移动。稍蹲和低蹲与半蹲基本相同,只是两膝与躯干弯曲程度大于或小于半蹲。

2. 移动

移动是排球运动技术名词,是接(或击)好来球的重要条件之一。无论是第一传、第二传或后排防守、拦网和扣球,均要求面对来球,使球保持在身体前方适当的位置进行接球或击球,故必须尽快移动,取得击球的合理位置。出于来球的方向千变万化,速度、力量、弧度和落点都不固定,故有向前、向后、向左、向右的移动和并步、滑步、跨步、交叉步和跑步等方法。

3. 发球

发球是排球运动技术名词,基本技术之一,指队员站在端线之后,用手抛球后将球击入对方场内;是比赛开始第一个技术动作和一项先发制人的进攻技术。攻击性发球可以直接得分,还可以破坏对方的一传与进攻,动摇对方的士气,为本队拦网、防守创造有利条件。

4. 飘球

飘球是排球运动发球的一种。因球发出后飘晃行进,故名。

5. 上手飘球

上手飘球是排球运动发球的一种。发球时身体正面对网站立,上手击球,用力突然,并充分利用转体、收腹、挥臂的力量,使球在不旋转的情况下飞行,产生不规则的飘晃,具有较强的攻击性,对运动员的力量素质及挥臂速度要求较高。

6. 勾手飘球

勾手飘球是排球运动发球技术的一种。发球时侧对网站立,以勾手动作突然用力击球,同时利用身体伸展和转体力量,使球在不旋转的情况下飞行,产生不规则的飘晃。勾手飘球具有较强的攻击性,对击球的准确性要求较高。

7. 跳发球

跳发球是排球运动发球技术的一种,因采用跳起后在空中发球而得名。发球时要求充分伸展身体,提高击球点,并利用起跳的冲力,使球的飞行速度更快,力量更大。技术难度大,对身体素质要求较高。跳发球具有很强的攻击性。

8. 高吊发球

高吊发球是排球运动发球技术的一种。发球时,以手的虎口猛力撞击球体下部,使球高吊球场上空然后下落。发球者往往同时使球强烈旋转,形成弧度高、旋转力强、下降速度快的特点,致落点不易判断,给对方造成较大的心理威胁,能破坏接发球的一传到位率,有较大的攻击性。特别是在有阳光和风较大的情况下,合理地运用高吊发球,效果更好。

9. 下手发球

下手发球是排球运动发球技术的一种。发球时,手臂由下向前上方摆动,并利用身体的转动将球击出。按其动作,可分为正面下手发球和侧面下手发球。下手发球发出的球,速度慢,力量小,攻击性差,适合于初学者。

（五）上手发球、正面垫球、正面上手传球、正面扣球和单人拦网等技术

1. 准备姿势和移动

在排球运动中，准备姿势和移动是完成各项技术和战术的前提和基础，两者关系密切，不可分割。

（1）准备姿势

按身体重心高低主要可分为中蹲、稍蹲和低蹲三种。

中蹲准备姿势主要用于传球、垫球和拦网。动作方法：两脚斜前后开立或平行站立（稍宽于肩），脚尖微内扣，提踵，身体重心落在两前脚掌，膝关节弯曲，大小腿之间约成 90 度；上体前倾，身体重心靠前。两臂放松，两肘自然弯曲、下垂，双手置于膝上。身体适当放松，使其处于灵活的激动状态，两眼看来球。

稍蹲准备姿势主要用于速度较慢、抛物线较高的传球、垫球和扣球。动作方法与中蹲姿势基本相同，只是身体重心稍高，两膝弯曲角度较小，两手接近身体。

低蹲准备姿势主要用于接快速有力的来球和吊球。动作方法与半蹲准备姿势比，两脚开立距离大，身体前倾，两手置于膝前稍前伸。

（2）移动

移动是为了接近球，以便击球，也是为了抢占场上的合理位置与同伴进行配合，两个技术动作的衔接也常常要靠移动来串接。比赛中所做的各种技术动作，以移动的比重最大。

排球场上移动的特点：以短距离为主，要求起动快，尤其是第一步要出得快。移动的快慢既取决于腿部爆发力的大小，也取决于移动技术的好坏。

从技术角度分析有两种：第一种，移动前要迅速采取向已定方向移动的合理准备姿势，即身体重心要倾向移动方向；第二种，后蹬脚的着力点要远离重心的投影。以向前移动为例，起动要后腿用力向后蹬地，收腹，使上体向前倾，有利于身体迅速前移。

起动后的步法有多种，根据来球的不同情况，通常分四种：

滑步：来球速度不快、距离不远时可以用滑步移动。滑步特点：两脚不交叉，步幅虽小，但随时可以制动和保持身体平衡，便于碎步调整对准来球。如向左滑步时，右脚向右蹬地，左脚向左迈步，右脚再跟过来踏在左脚的右侧，再继续向右蹬地，如此连续滑步。向右、向前、向后滑步动作相同。如只滑一步，称为并步。

交叉步：落在距身体侧面 2 ~ 3 米远的球，可以采用交叉步移动。交叉步特点：动作快，步子大。如向左移动时，右脚向右蹬地后，从左脚前面向左交叉迈出一大步，然后左脚再向左跨步制动，对准来球，保持好击球前的准备姿势。向右也同样。

跨步：如果来球低而快，可向来球跨出一大步，降低重心，上体前倾，以便迎击低球。球近时可以直接跨步，球远时可以在滑步或跑步之后再做跨步。

跑步：来球远时则跑步。如球在身后，近时可以采用后退跑，远时则要转身向后跑。跑步要尽快抢占来球位置，并通过制动站稳后再做击球动作。

以上四种移动步法还可以结合起来运用。如滑步后接交叉步、跑步后接滑步等。

2. 发球技术

发球是指队员站在发球区内将球抛起后，用一只手将球击出，直接从网两标志杆内的上方进入对方场区内的一种击球方法。发球主要包括正面下手发球、侧面下手发球、正面

上手发球、勾手发球、正面上手发飘球、勾手发飘球、跳发球等。

(1)正面下手发球

动作要领是面对球网两脚前后开立,左脚在前(以右手发球为例),两膝微屈,上体稍前倾,重心偏在后脚上,左手持球于腹前。左手将球轻轻抛起。在右臂前约40厘米,离左手约20厘米高时,右臂伸直后摆。右臂以肩为轴,由后下方向前上方摆动,身体重心随之前移,在腹侧适当高度,用全掌、掌根或虎口击球的后下部。击球后,运动员迅速入场比赛。

(2)正面上手发球

此发球方法的要领是面对球网两脚自然开立,左脚在前(以右手发球为例),左手托球于腹前。左手托球上送,将球平稳垂直抛于右肩前上方约1.2米处,离头部约1米高,同时身体略右转,右臂抬起,肘与肩高,抬头、挺胸、展腹看球。击球时,利用蹬地、收胸、收腹的力量带动右臂向前上方做鞭打一样的挥摆动作。用全掌击球的中下部,手腕迅速主动做推压动作把球击出。击球后,运动员随着重心前移,迅速入场比赛。

(3)正面上手发飘球

动作要领是面对球网,两脚前后自然开立,左手托球于体前。抛球,用抬臂和手掌托上送动作,将球平稳垂直地抛起在右肩前上方,尽可能地降低抛球高度,以便控制击球点。挥臂击球,在左手抛球的同时,右臂屈肘后引。肘稍高于肩、上体右转、挺胸展腹。击球时,利用蹬地向左转体和收腹的力量,带动右臂向前,直线加速挥动,身体重心从右脚过渡到左脚。右手掌根在头的上方击球后中部位。运动员击球的手掌、手腕要保持紧张,掌根触球面积要小,用力要突然、短促,加快球的初速度,使球在飞行中不旋转。这样,通过空气对球的挤压就产生了球的飘晃现象。

(4)跳发球

动作要领是运动员在发球区起跳后在冲跳过程中完成击球动作。跳发球技术是与其他发球技术一样在强调抛球稳击球准确的要求外,特别强调助跑与起跳动作衔接的合理性和连贯性,使发球队员在冲跳过程中充分利用展体和收腹的力量,加大手臂振幅,加强手腕和手指在击球时的甩腕推送动作,保持较高的击球点,准确而具攻击力地将球发到预定位置。

跳发球以其强有力的攻击力,加之球速快、弧度平、旋转强烈,给对方造成很大的心理压力,使其接发球来不及判断,从而达到破坏一传或直接得分的目的。跳发球的出现突破了传统的发球技术动作的结构模式,使其成为现代排球比赛的主要得分手段之一。

3. 垫球技术

垫球是排球基本技术之一,是接发球、接扣球以及后排防守的主要技术动作,是组织反攻战术的基础。垫球技术的熟练程度和运用能力,是争取胜利的重要条件。有正面双手垫球、体侧垫球、正面低姿势垫球、背垫球、单手垫球、前扑垫球、鱼跃垫球、侧卧垫球、滚翻垫球、挡球和救入网球等。其中正面双手垫球是各种垫球技术的基础,适合接速度快、弧度平、力量大、落点低的各种来球,在排球比赛中运用较多。垫球是用小臂从球的下部,利用来球的反弹力向上击球的技术动作。它在比赛中用于接发球、接扣球、接拦回球,是排球基本技术之一。

(1)正面双手垫球

动作要领是运动员正面对正来球方向,两脚开立稍宽于肩,脚跟微起,两膝弯曲稍内收的准备姿势。两手手指重叠后合掌互握,掌跟靠拢。两拇指平行朝前,运动员手臂伸直,手腕下压,两臂外翻,前臂形成一个击球平面。击球点在腹前约一臂距离,用前臂腕关节以上10厘米左右,桡骨内侧平面触球。击球时,运动员手臂插入球下,蹬腿抬臂,身体重心向前上方移动。同时含胸、压腕、顶肘等动作协调配合,身体和两臂要有自然的随球伴送动作,以便控制球的落点和方向。

(2)体侧双手垫球

动作要领是当球向左侧飞来,运动员要右前脚掌内侧蹬地,左脚向左跨出一步,左膝弯曲,重心随即移至左脚上,两臂夹紧向左伸出,右肩稍向下倾斜,用向右转腰和提左肩的动作,使两臂击球面截住球的飞行路线,垫击球的后下部。

(3)背垫球动作

动作要领是判断好球的飞行方向,迅速移动到球的落点处,背对击球方向,两臂夹紧伸直,击球手形与正面垫球相同,击球点要高于肩部。击球用力是通过抬头挺胸、展腹后仰带动手臂向后上方抬送而实现的。在背垫低球时,也可以屈肘,翘手腕,以虎口处将球向后上方垫起。

(4)跨步垫球

动作要领是运动员左(右)脚向来球方向跨出一步垫球。跨步垫球用于垫低球,是滚翻垫球、侧卧垫球的基础。其方法是:当运动员判断来球落点后,及时向来球方向跨出一步,屈膝制动,身体重心落在跨出脚上,上体前倾,臀下降,两臂积极前伸插入球下,用前臀击球的后下部。

(5)单手垫球

单手垫球多在运动员无法用双手垫球的情况下采用,体侧单手垫球方法是一脚迅速向侧前方跨出一大步,重心移至跨出的腿上,以跨出腿的同侧臂迅速伸出,用虎口或小臂击球的后下部。在体前时,运动员可用手背平面击球,手臂要伸直,有抬击动作。

(6)挡球

动作要领是运动员双手或单手在肩部以上挡击来球。双手挡球有抱拳式和并掌式。抱拳式是运动员一手半握拳,另一手外包,屈肘,两手小指外侧朝前;并掌式是运动员两肘弯曲,两虎口交叉,紧贴,两掌合并成勺形。挡球时小臂放松,手腕后仰,以掌根或两掌外侧组成的平面在额前或肩上击球的后下部。手腕要紧张,如果来球力量较小,应用小臂前摆力量把球向上挡起,对追胸球则应屈膝,使击球点在脸前上方。单手挡球时,手半握拳,腕紧张后仰,击球的后下部。

4. 传球技术

传球是排球运动中最基本、最重要的一项技术。传球是由准备姿势、迎球、击球、手型、用力5个动作部分组成。其中较难掌握的是触球时的手形。因为触球时手型正确与否直接影响手控制球的能力和传球的准确性,对初学者来说掌握了正确手型才能保证正确击球点和较好地运用手指、手腕的弹力。

传球可分为正面传球、背传球、侧传球、跳传球等。正面传球是最基本的传球方法,因此传球技术学习必须从正面传球开始。传球的分类:传球一般可分为正面传球、背传球、侧传球、跳传球等。

准备姿势:运动员看清来球,迅速移动到球的落点,对正来球,两脚左右开立,约同肩宽,左脚稍前,后脚脚跟稍提起,两膝微屈,上体稍前倾。两臂弯曲置于胸前,两肘自然下垂,两手成传球手形,眼睛注视来球方向。

击球点:击球点在额前上方约一球距离处。

传球手形:当运动员手触球时,手腕稍后仰,两手自然张开,手指微屈成半球状。两拇指相对成“一”字形或“八”字形,两拇指间的距离不能过大,以防漏球。

击球用力:当来球接近额前时,运动员开始蹬地、伸膝、伸臂,两手微张迎球,以拇指内侧、食指全部和中指的二、三指节触球的后下部,无名指和小指触球两侧。手触球时,指腕保持适当紧张,以承担球的压力。用手指的弹力、手臂和身体协调的力量将球传出。

(1)背传球

动作要领是背传的准备姿势比正传时稍直立,身体重心在两脚之间,不前倾,双手自然抬起,放松置于脸前。当运动员判断一传来球之后,迅速移动到球下,双手抬起,手触球时,手腕适当后仰,掌心向上,在额上方击球的下部。传球时,用蹬地、展腹、抬臂向后翻腕及手指的弹力把球向后上方传出。

(2)跳传球

动作要领是运动员跳起在空中传球。跳传的起跳最好是向上垂直起跳,要掌握好起跳的时间,起跳过早或过晚都会影响传球的质量。根据传球的高低,及时起跳,两手放在脸前,当身体上升到最高点时,靠伸臂动作和手指、手腕的弹击力量将球传出。由于运动员在空中无支撑点,用不上蹬地力量,只有靠伸臂动作将球传出,因此,必须在身体下降前传球出手,才能控制传球力量。

5. 扣球技术

扣球是攻击性最强的基本技术,是由被动转为主动的主要方式,也是得分的主要手段,在比赛中占有重要地位。

扣球技术可分为:正面扣球和自我掩护扣球两大类。正面扣球包括扣近网球、扣远网球、扣调整球和各种平、快扣球。如平拉开、短平快、近体快、背快、背平快等。自我掩护扣球包括“时间差”“位置差”“空间差”三种。时间差有短平快时间差、近体快时间差、背快时间差;位置差有短平快错位、快球错位;空间差有前飞、背飞、拉四、拉三。扣球可用双脚起跳,也可采用单脚起跳,单脚起跳比双脚快,更适合扣各种快球。

另外,扣球在运用时有各种变化。扣球在实战中可以灵活运用以求最佳效果。如扣直线球、扣斜线球、转体扣球、转腕扣球、扣轻球、打手出界、超手扣球、快抹、吊球和二次球等。

(1)正面扣球

正面扣球是扣球技术中最基本的一种,运动员由于正面扣球面对网,便于观察来球和对方的防守布局,因此在比赛中准确性较高,并能根据对方情况随时改变扣球路线和力量,控制球落点,因而进攻效果较好,是初学者必须掌握的进攻技术。下面对正面扣球做重点分析。

准备与判断:采用稍蹲姿势。一是要观察一传是否到位;二是要看二传的方向、弧度、速度、落点;三是选择好助跑的方向、路线、节奏,根据球的高度及运行情况考虑助跑起跳的时间、地点。

助跑:助跑的作用是接近球,选择合适的起跳点,同时有利于增加弹跳高度。助跑的时机、方向、步伐、速度、节奏要根据来球不同的情况而定。以两步助跑为例:助跑时,运动员左脚先向前迈出一步,接着右脚再迅速跨出一大步,左脚及时并上,踏在右脚之前,两脚尖稍向内转。助跑第一步小,便于对正方向;第二步大,便于接近球和提高助跑速度;最后一步要以脚跟先着地过渡到全脚掌着地,有利于制动身体的前冲力,增加腿部肌肉的紧张,提高弹跳力量。

起跳:目的在于掌握扣球时间和获得扣球高度。腿部力量大的人,下蹲可深一些,反之,可浅一些。髋、膝、踝这三个关节蹬伸要充分,要有爆发力。运动员双臂侧(或后)摆动要放松,突然加速,有利于提高弹跳高度。起跳的目的不仅在于获得高度,还为了掌握扣球时机和选好击球点。在助跑跨出最后一步的同时,运动员两臂经体侧后引,自后积极向前摆动,随之以腿蹬地向上起跳,两臂沉肩垂肘加速上摆配合起跳。手摆的速度越快、越及时,对起跳的高度越有帮助。两臂的摆动可根据扣球技术需要及本人习惯,采用不同摆臂方式。在助跑制动后向上摆臂的同时,运动员两腿从弯曲制动的最低点,猛力蹬地向上起跳。双腿的弯曲程度,可依每人腿部力量或习惯不同而有所差异,但整个动作要协调、连贯,具有强烈的爆发速度。

空中击球:运动员起跳腾空后,身体呈反弓状,扣球手同侧肩后摆带动上体绕中轴转动,预先拉长收腹、收胸肌群。运动员击球时,从上体相向运动开始,猛烈收腹、收胸带动上臂屈肘,向前上方鞭甩伸直肘关节,最后通过屈腕、屈指、收肘把球猛力击出。击球是扣球的关键,其动作的好坏直接影响着扣球的质量。运动员起跳后,挺胸展腹,上体向右转,右臂向后上方抬起,身体呈反弓形。挥臂时,以迅速转体,收腹动作发力,依次带动肩、肘、腕各部关节成鞭甩动作向前上方挥动,使全身的力量依次叠加传递,最后集中在手上,以加大击球力量。触球时,五指微张成勺形,并保持紧张,以全手掌包满球,同时主动用力屈腕、屈指向前积极推压下甩,使扣出的球加速呈上旋。击球部位应根据人与球的关系、人与网的距离及高度来确定。击球点在起跳的最高点和手臂伸直最高点的前上方,击球结束后应注意避免触网。

落地:为了避免腿部负担过重,应力争双脚同时落地。运动员着地时,以前脚掌先着地再过渡到全脚掌落地。同时顺势屈膝,以缓冲下落力量,并立即准备好做下一个动作。

(2)扣快球

快球是我国传统的打法,特点是时间短、速度快、隐蔽性强、突然性大,能起到攻其不备的作用。扣快球对一传要求很高,必须在一传到位的情况下,扣球队员随一传得球同时助跑到网前,在二传队员传球前或传球的同时起跳,并迅速挥臂击球,以造成对方来不及拦网的扣球。

扣快球时,运动员助跑距离短,节奏快,运动员助跑角度一般与网成45度,上体和挥臂动作的振幅小,主要利用前臂和手腕加速甩动击球。运动员扣上升期的球时,应在球传出之前就开始挥臂,球出网口时正好挥击。要求初学扣快球者一定要牢记:在一传到位的情况下,随球助跑,球起人跳,高点击球或出网击球以及高抬肘快下手的要领。

(3)调整扣球

在一传不到位的情况下,为了不失进攻机会,运动员可进行调整扣球。其技术动作和正面扣球基本相同,但难度较大。要求扣球队员能适应来自不同方向、角度、弧度、速度的球,以灵活的步伐、良好的弹跳力、准确的空中动作,调整好人与球的位置,根据与网的距离运用不同的手法,控制球的力量、旋转、弧度、路线和落点。掌握好调整扣球也是为运动员运用后攻技术打下良好的基础。

6. 拦网技术

拦网是排球运动的基本技术之一,拦网不只是消极阻挡和被动防守,现已发展成为一项重要的进攻技术。当今比赛中,成功的拦网,既可拦住对方的扣球,减轻后排防守的压力,又可直接得分,削弱对方的锐气,给对方心理上造成压力。

拦网水平的高低,直接影响到比赛的胜负。拦网技术分为单人拦网和集体(两人或三人)拦网。单人拦网是拦网的基本形式,是集体拦网的基础,而集体拦网更注重队员之间的配合。

动作要领是运动员两脚平行站立约与肩宽,两膝弯曲,上体微微前倾,两臂自然弯曲放于胸前,两腿用力蹬地,两臂经体侧向前上摆或小划弧向上摆动,两手自脸前向上伸出,借助两臂上摆迅速起跳。运动员身体腾空后,两臂从额前平行球网向上沿的前方伸出,两手自然张开,两手和两臂间的距离以不漏球为准。拦击时,运动员两臂尽力伸向对方上空,屈指屈腕成勺形。触球时,运动员手腕用力下压,盖住球的上方,以前脚掌先着地,顺势屈膝缓冲下蹬,接着做好下一个动作的准备姿势。技术要点是运动员蹬地起跳臂上举,两手封球腕盖压;技术难点是封球盖压。

(六)基本战术

1.个人战术

个人战术是指在集体战术配合的基础上,队员根据个人的特点和战术的需要,巧妙地运用个人技术的变化,以达到有效的进攻和防守的目的。成功的个人战术,可以弥补集体战术的不足。个人战术有发球、一传、二传、扣球、拦网及后排防守等。

(1)发球个人战术

任务是运动员在观察和分析对方的具体情况后,有针对性地采用不同的发球战术,先发制人。常见战术的使用如下所述。

加强发球的性能:运动员发出力量大、速度快、弧度低平、旋转性强或飘晃度大的球。

控制发球的落点:运动员将球发到对方两个队员之间的连接区、边线或后场端线附近。将球发向对方参加进攻的队员,落在该队员的前、后、左、右。将球发给对方二传,或落在该队员跑动的必经线路上。尽量将球发给一传技术差、情绪焦躁、精力分散或刚刚换上场的队员。

改变发球的方法:

①改变发球的位置:发球队员可采用站在距端线近、中、远距离处发球;也可以站在发球区左边、中间、右边发球。

②改变发球的弧度:发球时,加强上旋或发左旋、右旋球,改变飞行弧度;还可以发高吊球。

③改变发球的速度:运动员可以采用击球点高、距网近、速度快的飘球或跳发球技术;也可采用高弧度的、慢速度的发球方法。

适时变换发球,增强攻击性和提高准确性:

①如本方得分难,比分落后较多或遇到对方进攻强轮次等情况时,可采用加强攻击性的拼发球战术,以改变落后状况。

②如本方比分领先较多时,可采用威力大的发球,以扩大战果。

③如本方发球连续失误或对方暂停、换人后及对方处于进攻较弱的轮次或接发球连续失误时,应注意发球的准确性。

④如比赛处于关键时刻,发球更要注意准确性,避免无谓失分。

(2)一传个人战术

一传任务是在第一次接对方来球时采用有目的、有意识的击球动作,用作本队战术。

常见战术的使用如下：

①组织快攻战术时，如本方快攻队员来得及进行快攻，一传的弧度要低平，速度稍快，以加强进攻的节奏；如果来不及快攻（防守后的快速反击），则应提高一传弧度。

②在组织强攻战术时，一传的弧度略高些，为二传队员创造传球便利条件。

③前排队员一传时，力量不宜过大，弧度应稍高，如来球力量不大，可用上手传球，后排队员则相反。

④当对方第三次传垫球过网时，一传可用上手传球，以便更准确地组织快速反击或传给网前队员进行两次进攻。

⑤如发现对方场区有较大的空档，或对方队员无准备时，一传可直接用传、垫、挡等动作把球击向对方。

（3）二传个人战术

二传任务是有效地组织进攻战术，给扣球队员创造有利的进攻条件，突破对方拦网。常见战术的使用如下：

①根据本方队员的特点和布局情况，进行合理的分球。如采用集中与拉开，近网、中网或远网，弧度高与低球等传球战术。

②根据对方拦网的部署，与进攻队员在时间上和位置上进行协调配合，合理选择拦网的突破口，造成以多打少的局面。

③根据本方队员的不同起跳时间，采用升点、降点传球给予配合；用声东击西的隐蔽动作和假动作，打乱对方拦网布局。

④根据本方队员一传的情况，如到位球或不到位球、高球或低球、近网球或远网球等，合理运用传球技术组织各种战术。

⑤根据对方防守队员的站位，在有利于自己的情况下，突然将球传入对方空当。

2. 集体战术

集体战术是指运动员为突破对方防守或抑制对方进攻所采用的有组织、有目的的集体配合行动。包括阵容配备、交换位置、信号联系几个方面。

（1）阵容配备

阵容配备是根据队员的特长和本队的战术思想安排队员的场上位置，以最大限度地发挥该队的技术和战术水平。一般有“四二”配备、“五一”配备、“三三”配备三种。

（2）交换位置

为了充分发挥队员的特长，加强攻防力量，弥补缺陷，运动员在规则允许的条件下可交换位置。

①前排队员之间的换位方法：为了便于组织进攻战术，二传队员换到 2 号位或 3 号位；为了加强进攻力量，进攻力量强的队员换到便于扣球的位置上；为了加强拦网，抑制对方的重点进攻，身材高大或弹跳高及拦网能力强的队员换到 3 号位，或与对方主攻队员相对的位置上。

②后排队员之间的换位方法：为了发挥个人特长，后排队员各自换到自己熟悉的防守区进行专位防守；为了在比赛中便于应用行进间“插上”战术，二传队员换到 1 号位或 6 号位，以缩短插上时的距离。根据临场情况把防守能力强的队员换到防守任务较重的区域，防守能力弱的队员换到防守任务较轻的区域。

③前后排队员之间的换位方法：后排的二传队员插上时，可从 1 号位、6 号位或 5 号位

插到2号位、3号位之间的位置，准备做二传，前排的2号位、3号位、4号位队员则后退，准备接球和进攻。

(3)信号联系

为了实现快速多变的进攻战术，必须使用信号联系来统一新行动，信号是由教练员和运动员事先商定好的，联系可采用简明语言、手势来传递。

四、教学与训练

(一)教学

排球教学应遵循教育学中教与学的关系的一般原则，如教师主导作用和学生主动性相结合原则、直观性原则、系统性原则、巩固性原则、因材施教原则、循序渐进原则等。

分科教学法分别研究各门学科的教学规律、教学原理和教学方法。各科教学法要符合各门学科自身的教学规律。因此，具体到排球学科，排球教学应有其自身的教学原则。

教学论研究告诉我们，排球教学原则主要用以阐明教师在教学过程中应怎样依据排球教学的客观规律，进行教学活动，加速教学进程和提高教学效果。它是教师在排球教学过程中实现教学最优化所必须遵循的基本要求和指导原理。

排球教学原则是科学分析排球教学手段的再认识。基于这样的观点，在教育学教育论有关教与学关系的一般原则的指导下，在排球教学原则构建及运用的过程中，应着重考虑以下六个方面的基本要素：

1. 人性化教学

在教学目标的设计中，教师必须以学生为主体，促进学生自主发展，培养学生的创造精神和竞争条件下的合作意识，使学生人格、个性得到发展。

教学对象的主体性是人性化教学原则的核心内容之一。学生的主体性表现在排球教学中应突出学生的积极性、主动性，以及创造良好的人性化排球教学环境。让传统排球教学“让我学”“让我练”的模式转化为“我要学”“我要练”的模式。

教学主导的科学性是人性化教学原则的又一个核心内容。教师理解学生、友好、负责、有条不紊、富有想象力和亲切热忱的良好情感品质，以及善于根据排球教学的规律，掌握不同年龄、性别学生的生理、心理特征，注重教材的系统性，教法的实用性、游戏性和竞争性，合理安排运动等进行组织教学的工作能力，是使学生产生积极的情感体验、成为教学双边关系中的一种动力源。

2. 教学过程元素安排的可接受性

教师的教学活动应该依据学生的可接受能力，把握好教学活动的难易程度。因此，教学目标的制定应符合学生可接受的心理逻辑，应遵循学生心理发展历程，也就是在教学目标设置时，必须依据目标难度与动机之间的关系理论，保持适宜的难度。

教师对教学内容的安排应符合教材的科学逻辑，即教材内容应具有科学、合理的逻辑。就教学过程的总体而言，教师应先教授基本技术，后教授技术运用；先教授技术，后教授战术；先进行技术战、术科教学，后进行技术、战术、竞赛规则、教法作业等理论课教学。就单个动作技术来说，排球技术由多个环节构成，各个环节又是由小到技术衔接和相关的知识组成，因此，排球技术教学应由最基本的知识与动作环节开始，进而进行完整，乃至技术细节的教学。与此同时，根据排球动作技术特点，在学习排球技术时，应从准备姿势开始，依次学习击球手型、击球点和击球用力等知识。

教学手段的运用，应根据失误认知规律、运动技能形成规律，遵循由徒手模仿练习到用球练习，由有道性练习到辅助性练习；由不使用球网到使用球网；由见到条件下的比赛逐步过渡到负责条件下的竞赛操作方式方法。

3. 球感发展领先

实践经验告诉我们，对排球运动技术、战术来说，判断人或物与自己的距离的能力、感知人和物的状况与速度的能力（不仅能迅速知觉反应的时间，而且能迅速知觉本队和对方队员的动向以及各种不同来球的方向和速度）、空间关系视觉化的能力（不仅能知觉球与人，而且能认知其场上位置与人、球空间的关系和洞察其变化）、在时间上统一运动协调的能力（迅速连续进行不同的动作时，按照动作方法或串联序列使之融合统一）等具有特殊意义和起特殊作用。因此，在排球教学过程中，根据不同的教学阶段，教师要有针对性地运用各种发展球感的有道性和辅助性练习手段训练学生。

4. 教学手段可视化

在排球动作技术教学之初，对运动知觉（如对球的本体感觉）、对球在空中运行的时空感知等状况的辨别、判断的比重很大，然而在学习的后期这种比重有减少的倾向。同样对视觉的依赖也是在学习初期比在后期更为重要。

在学习的后期，视觉的帮助几乎被肌肉运动的知觉所替代，当然继续有效地利用视觉帮助、动作技术将完成得更为准确。依次，排球技、战术教学优先运用完整与分解示范、正误对比示范、边讲解边示范以及运用挂图、图表、照片、幻灯片、电影、录像、投影灯直观教具和现代化的多媒体教学手段进行教学，则是必不可少的。

5. 合理运用各动作迁移

在排球动作技术教学过程中，学生通过学习某种动作技能而得到的能力向同等或类似的横向技能迁移的情况可以说比其他球类项目要来的多一些，例如正面上手发球与正面扣球的挥击臂动作。但就排球正面上手发球与正面上手发飘球的挥击臂动作而言，他们虽同属排球发球类动作技术，表面上看很相似，但因其挥击臂动作技术在本质和内在联系中有着截然不同的区别，所以它们之间的迁移量并不大。可见，技能之间的类似性，并不等于在动觉、运动刺激、运动反映、同一运动反应动作的形成和运动的控制方式等方面的共同性。这就提示我们在排球动作技能的教学过程中，既要注重运用动作正迁移的有利效应，又要防止动作负迁移效应的干扰。

6. 在有效操作下适度增加练习量

练习量对学生学习动作技能起着至关重要的作用。传统观点似乎认为，练习量越大，练习者在未来情景中的操作越好。排球教师指导学生学习和改进基本技术时，采用的方法大多是通过增加触球次数，让学生多做击球练习。运动程序理论与动力模式理论关于练习变异对于动作技能主要作用的研究指出，持续练习相同的动作会导致记忆动作和迁移动作能力的降低。因此，“多练有益”的大量重复练习并不是提高技能操作的最佳选择。

练习不能产生完美的动作技能，只有完美的练习才能产生完美的动作技能，亦即练习量只有与其他诸如强调动作方法、注重动作效果、变换操作条件等变量共同作用时，才能产生最佳的技能学习效果。

（二）训练

训练原则是建立在生物科学、心理科学和教育科学之上的、反映训练特征的指导训练的基本准则和规范。正确运用训练原则将有助于设计更加科学的训练计划，选择更加合理的训练内容，运用更加科学的训练手段与方法。基于这样的认识，排球训练原则应该与运动训练学有关训练一板原则的指导下，继承和发展排球训练，又应该在技术、战术、身体素质、心理、作风有机结合的“五结合”原则的基础上，有针对性地运用如下七项排球训练原则。

1. 主动参与原则

教练员只有通过与运动员进行各种沟通，让他们了解排球训练的范畴和目标、独立性和创造性，以及长期从事排球训练过程中应承担的责任、权利和义务，运动员才能主动地接受教练员的指导，并自觉、积极地进行运动技能、体能和心理特质的自我改造与完善，从而义无反顾地与训练过程中的一切困难做不懈的斗争。

2. 多元发展原则

改造身体形态和发展机能能力的多元训练是运动员器官和系统之间、生理和心理过程之间相互作用，是排球专项训练和获得高水准竞技成绩的基础。因此，不论是初级的排球运动员，还是高水平的排球选手，其运动生涯始终贯穿着多元训练。多元训练的比例，应随着训练年限逐步递增，以及排球专项运动能力的提示而逐步递减，但始终维持在一定的水准上。

3. 专项化原则

专项化训练是使排球运动员的身体形态、技能、技术、战术和心理特质适应排球运动项目特殊需求的、具有发展排球运动技能和排球运动员身体素质双重功效的专门训练，是建立在多元发展基础之上的训练形式。排球运动实践证明，只有准确把握排球运动多年训练过程中，运动员适应生理、心理强度刺激的生物学、社会学规律，科学地控制训练负荷变化节奏，才能降低运动员成才年龄，进而缩短优秀选手的培养过程。

4. 实战训练原则

强队之间比赛的实质就是依次进行高水平的实战训练，它能验证训练成果、发现薄弱环节、积累比赛经验、提高实战能力、增强经济心理能力、保持较高训练过程，特别是在赛前训练中，要有针对性地科学安排强强对抗和热身赛，以达到“以赛促训”的实战训练目的。

5. 合理符合原则

竞技能力的提升是运动员在训练过程中完成负荷率、负荷强度的直接结果，其提升的速度直接取决于负荷递增的速度和方式。因此，所有登记的运动员首先应遵循的是负荷逐年渐增的原则，但又应谨慎地通过调整阶梯高度和阶梯长度的方式、方法，逐步地增加训练负荷。与此同时，因训练周期和训练程度不同，而应采用阶梯式负荷（在由小到大的递增负荷之后，安排一个中等负荷阶段）、平台式负荷（在程序大负荷之后，安排一个小负荷阶段）等不同的负荷方式。

6. 有效控制原则

及时调控训练状态的偏离、阻止偏离继续发展、使偏离的训练状态恢复到最佳通道上来是有效调控原则的本质反映。因此，在宏观控制层面上，运动员必须遵循周期训练的理论与方法，严格地进行持续不间断的系统训练。而在微观层面上，教练员应采用量化的指标，对每次课的技术、战术、身体训练的达成度予以监控、测量与评价，以使训练过程最佳通道波动的振幅降低到最小。

7. 个别化原则

不论运动员的训练程度如何，教练员都应该按照运动员的生理、心理特点，依据其性别、生物年龄、运动经历、学习特性、专项运动能力和潜质、运动成绩和现实训练状态、大强度负荷后恢复的速率、身体形态和神经类型、技能状态和健康状况等元素，制订相应的训练计划和采取相应的训练内容、手段与方法。

第四节　排球运动与健康

一、身体健康

排球是一项对人体要求相当全面的运动，具有需要耐力性的特点，同时对力量、速度、柔韧和灵敏等素质也有很高的要求。因此，进行排球运动时，人体的神经系统、内分泌系统、心血管系统、呼吸系统、肌肉和骨头关节系统等均积极参与运动，物质代谢和能量代谢也明显加强，起到了良好的锻炼作用，有效地促进人的身心健康。但是，由于排球运动中经常伴有高强度的爆发性动作，有时也会导致运动性损伤，应注意预防。

身体素质的水平是人体各器官系统和代谢功能在运动时综合的反映，良好的身体素质往往表明了身体健康。身体素质也是掌握运动技术、提高运动能力的重要基础。在不同运动项目的训练过程中，逐渐改善与专项有关的身体素质。身体素质与专项运动能力互为制约、互为促进。

排球运动是由低等到中等强度为主的有氧运动，对人体身心健康有较大的好处。表现为多方面：

1. 有效地增强呼吸系统、心血管系统的功能和人体血液总量

红细胞总量和血红蛋白总量的增加，从总体上改善了人体氧运输的能力，各器官系统的供血和供氧能力得到增加，特别是中枢神经系统和心脏。心肌中线粒体的体积增大，数量增多，有效地提高了利用氧的能力。对于当今对人类健康威胁最大的心脑血管系统疾病有很好的效果，对延缓人体衰老过程有一定作用。

2. 改善血脂成分，消耗人体内过剩的能量

血液 HDL-C（高密度脂蛋白胆固醇）浓度升高，LDL-C（低密度脂蛋白胆固醇）浓度降低。据流行病学分析：冠心病、动脉粥样硬化的发病与人体内 HDL-C 浓度负相关，与 LDL-C 浓度正相关。血浆脂蛋白的这一变化趋势，显然对预防和改善高血压、冠心病等疾病有重要作用。

3. 改善人体内分泌系统的调节作用

改善胰岛素对糖代谢的调节作用，促进对糖的利用。因此，排球运动对预防糖尿病的发生或改善其病情有良好的作用。

4. 改善中枢神经系统的功能

排球运动能促进人体内啡肽的分泌，使人们在排球运动时不易疲劳并具有愉快的感觉。排球运动能改善人的智力、注意力、观察记忆力和思维想象力，促进人的思维敏捷性和灵活性，培养人的良好的意志品质。排球运动对人的心理健康有良好的影响，可作为一把钥匙去打开各种心理障碍的大门，能改善人的焦虑、抑郁、过度紧张等不良心理状态。心理状态不良与一些疾病的发生和病程演变具有密切的关系，称为"心身疾病"。所以心理健康和身体健康同样重要，排球运动可以有效地增进人的身心健康。提高人体的各种身体素质，特别是灵敏和柔韧性，使人保持较好的青春活力。

（一）损伤

1. 指关节损伤

在排球运动中，运用手指来完成的技术动作较多，而且作用也较大，如：跳发球、传球、扣球、拦网等，都离不开手指动作的配合。如果上述技术动作掌握得不够正确，就很容易造成指关节损伤。如在传球、扣球时，由于技术不佳，手型不正确，造成手指挫伤等。

2. 腕关节损伤

手腕动作在排球运动中有着非常重要的作用，如：传球、扣球、拦网均离不开手腕的动作。拦网时手型不正确，手腕过于后仰，被对方的大力扣球扣中或扣球时手型不正确等，都可能造成腕关节损伤。

3. 肘部损伤

运动员拦网动作要求双臂上举、肘伸直、前臂呈旋前位，双手用力拦球。当球击在手上突然发生肘过伸时，肱骨内上髁前下缘前臂屈肌、旋前圆肌附着处的牵拉新损伤。

4. 肩部损伤

扣球由于挥臂动作幅度大，运动员击球时需要克服较大阻力向前下方做鞭打动作，上肢诸关节依次加速和制动，使末端环节产生较快速度，扣出有力量的球。由于肩关节反复旋转和经常超范围地急剧转动，即不断地挥臂扣球，导致肩袖与肱骨大小结节之间反复挤压、研磨，且强度较大，久而久之造成损伤。

5. 膝部损伤

在排球运动中，运动员半蹲动作较多，膝关节运动主要依靠股四头肌和髌骨维持，且在此状态下，膝关节的稳固性也主要依靠髌骨来维持，造成髌骨软骨面承受的压力较大，时间较长，破坏了软骨的弹性，影响了髌骨、软骨面营养的吸收，易发生软骨变性。

6. 踝关节损伤

运动员在反复跑动接球中，特别是跳起拦网和扣球落地时身体重心不稳，向一侧偏转，常以脚的前外侧先落地，脚内翻位扭伤外侧韧带最为常见。在运动员跳起拦网或扣球落地时，若脚踩在他人的足背上，会使脚过度趾屈内翻，造成外侧副韧带的损伤，特别是被踩运动员把脚猛然抽走，造成的损伤会更为严重。还有些运动员常因足着地时姿势不正确，导致踝关节外翻，损伤内侧副韧带。

（二）预防

1. 指关节损伤

（1）运动员要正确掌握传球、扣球、拦网等技术动作，并佩戴护指。

（2）运动员平时要加强手指力量的练习，增强手部肌肉力量和掌指、指间关节的灵活性与稳定性。

（3）运动员在训练、比赛前做好手部的准备活动，能有效地防止和减少手指损伤的发生。

2. 腕关节损伤

运动员必须掌握正确的技术动作，及时缓解手腕的疲劳，必要时佩带护腕。

3. 肘部损伤

（1）运动员正确掌握拦网技术，掌握好拦网的时机，训练或比赛中佩戴护肘。

（2）运动员之间加强战术配合，各就各位，正确判断对方扣球的位置和方向。

4. 肩部损伤

（1）在教学和训练中，教练员要加强扣球技术的规范化，适当增加诱导练习的内容和时数，如：扣球教学时，教授徒手挥臂—原地扣球—助跑扣吊球—网上轻扣—发力扣球。

（2）在扣球教学时，教练员要抓住教学中的重点、难点，精讲多练，让运动员明确起跳点与击球点的关系，起跳点靠前，击球点偏后，手臂后引幅度增大，增加击球的难度；反之则因身体及手臂向前追球，不便于做出全身配合下的鞭打动作，造成肩部受伤。

（3）运动员要加强手臂挥击能力的训练，发展和提高腰部肌群、肩带肌群、上臂肌群、前臂肌群的绝对力量、爆发力和挥臂动作的协调性是提高手臂挥击能力的关键，也是有效预防肩部损伤最积极的措施。教学和训练中应坚持利用准备活动与结束部分进行专门性的素质练习，使发力部位的力量和柔韧性得到锻炼加强。

例：肩部肌肉分为内外两层，外层为肥厚有力的三角肌，内层为冈上肌、冈下肌、小圆肌、肩胛下肌和四个肌腱组成的腱袖，即肩袖。肩袖损伤的主要原因是肩部肌力薄弱或准备活动不够，排球专项练习中过于集中右肩部，疲劳时再做超负荷的肩部运动，或运动幅度超越正常生理范围。肩疼痛多在肩外侧，肩外展或体内、外旋转时疼痛加重，压痛局限于肩峰与肱骨大结节之间的部位。

处理：运动员使上臂处于外展 20 度位置，适当休息，理疗、针灸、按摩、外敷中药或痛封闭，均有较好效果。

5. 膝部损伤

（1）运动员通过加强股四头肌的力量来降低膝关节的相对负荷，从而保护膝关节。

（2）在加强速度训练时，运动员要加强股四头肌和股二头肌的专项训练，以预防拉伤。

（3）运动员训练和比赛时，要佩戴好护膝，加强膝关节的稳定性，防止因突然发力而造成的肌肉拉伤。

（4）训练或比赛过程中，运动员要有丰富的运动补剂、营养品补充，防止过度疲劳和运动机能下降，造成下肢发软而导致膝关节损伤。

例：膝关节内侧副韧带损伤：

膝关节内侧副韧带损伤是由于突然外翻所致，即膝关节屈 135 ~ 150 度时，小腿突然外展和旋外，症状是内侧副韧带断裂时，膝内侧疼痛、肿胀，膝关节自动保持半屈位，行走困难。如做膝关节外展分离试验呈阳性反应(方法:膝伸直,一手固定膝外侧,另一手握住小腿下部,并轻轻外展小腿时,出现疼痛。)。韧带断裂,除上述症状加重之外,还会并发关节炎,可能到韧带断裂后凹陷,膝内侧关间隙增宽和小腿异常外展活动。

处理:对于轻度韧带损伤,治疗方法主要是止痛与加快消肿。韧带损伤后,应进行局部冷敷,加压包扎,抬高伤肢,24～48小时后对伤部周围热敷或按摩,3天后再对伤部热敷或按摩。中度损伤的治疗关键是制动,使韧带处在避免牵拉的位置,以及加速愈合,可用弹性绷带固定受伤处。对于重度损伤,则应在损伤中期将韧带端进行良好的固定。

6. 踝关节损伤

(1)在排球教学与训练的准备活动中,运动员应结合专项练习,使踝关节充分活动开,为后面的跳跃性练习做好充分的准备。

(2)运动员平时应加强踝关节的力量训练,以增加踝关节周围肌肉和韧带的力量、弹性和伸展性。

(3)对于踝关节容易受伤的运动员,应上好保护支持粘胶带,加上护踝,并适当控制踝部的负荷量。

二、心理健康

1. 促进大学生形成良好的品行

在小组中通过合作的方式来学习排球,小组成员之间可以形成“荣辱与共”的关系,这使得每一位的小组成员为了获得优秀的成绩,都能自觉地互相交流和启发以及互相帮助,使得学生的自尊心和归属感可以得到满足,可以有效地预防大学生产生冷漠和自私的心理,同时为了共同的荣誉,能够宽以待人,而且可以快速合理地调节自己的情绪,能够心甘情愿地接受各方面的意见,在合作中不断地完善自我。

长远来看,在排球课教学上适当使用合作的方式,十分有利于学生快速地掌握排球的技巧和保证积极的精神状态,增强学生的上进心和注意力,锻炼学生的意志品质,形成良好的生活习惯。

2. 改善团队内部人际关系,增强集体凝聚力

在合作学习的过程中,小组成员通过互动,增进了相互之间感情和思想上的交流,这时如果彼此认同相同的学习理念,就会产生亲密感和互相依赖感,加大成员间的相互吸引、群体对个人的吸引。在这样正能量的群体中,小组成员精神振奋、心情愉快,凝聚力就高。

大学体育的排球课教学过程中,学生可以相互之间进行交流,明确自己的观点,利用探讨不同观点的方式加强小组的整体实力,而且学生通过不断地探讨和交流,对排球的具体动作能够具有深刻的理解,利用交换想法的方式明确自己小组的教学模式。在切磋和交流中,大学生可以通过合作的方式来提高自己的技术动作和能力,同时对于学生的人际交往能力起到培养的作用。

3. 转变观念,解放思想

随着时代的发展、社会的进步和人们认识水平的提高,传统体育教学模式的弊端逐渐显现。教材容量大、重复多、技术要求过高、教师主导课堂教学等问题使课堂隐入教师指挥学生服从;教师讲,学生听;教师示范学生模仿的这样一种“教者发令,学者强应,身顺心逆”的状况。我们要想改变这种状况,首先需要教师转变和更新这一传统的教育思维,其次是改变教学方式,只有这样,才可能把学生解放出来。

4. 培养良好心理品质

育人者必须要有良好的心理素质,才能培养学生良好的心理品质。这就要求教师不断地学习,不仅要了解现代学生心理上产生的一些新现象、新观念,同时也需要教师提高心理学认知水平。

第七章　羽毛球运动与身体健康

第一节　羽毛球运动的起源

最初的羽毛球类似一个毽子，而网球拍则当做毽子板。之后毽子板与毽子逐渐改良，并成为今日的羽毛球运动。

随着羽毛球运动的开展，羽毛球比赛规则也产生了。1875 年，世界上第一部羽毛球规则在印度的普那拟定。1878 年，英国人制定了渐趋完善和统一的比赛规则。1893 年，英国 14 家羽毛球俱乐部倡议并组成了世界上第一个羽毛球协会，并进一步修订了规则和规定了统一的场地标准。1899 年，英国羽毛球协会举办了首届全国羽毛球锦标赛——“全英羽毛球锦标赛”。此后，每年 3 月在伦敦举办一次，一直沿袭至今。

1934 年，由英国、加拿大、丹麦、爱尔兰、法国、荷兰、新西兰、苏格兰、威尔士等国家发起并成立国际羽毛球联合会，简称国际羽联，总部设在英国伦敦，是世界上第一个国际羽毛球组织。1978 年 2 月，一些国家和地区的代表成立了新的世界羽毛球组织“世界羽毛球联合会”（简称世界羽联），并于同年在泰国举办了第一届世界羽毛球锦标赛。

在两个羽毛球组织的共同努力下，国际羽联和世界羽联于 1981 年 5 月 5 日在日本东京正式合并，成立了新的羽毛球联合会，结束了世界羽毛球界的分裂局面，促进了世界羽毛球运动的发展。1992 年第二十五届奥运会上，羽毛球运动被正式列为比赛项目，设男、女单打和男、女双打四个项目。从此，羽毛球运动进入新的发展阶段。

第二节　羽毛球运动的发展

一、世界羽毛球运动的发展

（一）羽毛球运动的起源众说纷纭，主要的说法有以下几种：

1. 羽毛球起源于日本

相传羽毛球最早出现于 14 ~ 15 世纪时的日本，球拍是木制的，球用樱桃核插上羽毛制成。这种球由于球托是樱桃核，太重，球飞行速度太快，导致球的羽毛极易损坏，加之球的造价太高，所以该项运动时兴了一阵子就慢慢消失了。

2. 羽毛球出现在印度

大约 18 世纪时，印度的普那出现了一种与早年日本的羽毛球极相似的游戏，球用直径约6厘米的圆形硬纸板，中间插羽毛制成（类似我国的毽子），板是木质的。玩法是两人相对站着，手执木板来回击球。

3. 羽毛球诞生在英国

现代羽毛球运动诞生于英国，1800年左右，由网球派生而来。我们可以注意到现今的羽毛球场地和网球场地仍非常相似。1870年，出现了用羽毛、软木做的球和穿弦的球拍。1873年，英国公爵鲍弗特在格拉斯哥郡伯明顿镇的庄园里进行了一次羽毛球游戏表演。从此，羽毛球运动便逐渐开展起来，“伯明顿”即成了羽毛球的名字，英文的写法是“badminton”。那时的活动场地是葫芦形，两头宽中间窄，窄处挂网，直至1901年才改作长方形。

（二）羽毛球运动在各阶段的发展

1. 19世纪的羽毛球运动

（1）19世纪70—80年代阶段

1875年，世界上第一部羽毛球比赛规则出现于印度的普那。三年后，英国又制定了更趋完善和统一的规则，当时规则的不少内容至今仍无太大的改变。

（2）19世纪90年代阶段

1893年，世界上最早的羽毛球协会——英国羽毛球协会成立，并于1899年举办了首届全英羽毛球锦标赛。

2. 20世纪的羽毛球运动

（1）20世纪30—40年代阶段

1934年，由加拿大、丹麦、英国、法国、爱尔兰、荷兰、新西兰、苏格兰和威尔士等国成立了国际羽毛球联合会，总部设在伦敦。从此，羽毛球国际比赛逐渐增多。

1934—1947年，丹麦、美国、英国、加拿大等欧美选手称雄于国际羽坛。

在1948—1949年举行的首届世界男子羽毛球团体锦标赛——“汤姆斯”杯赛中，马来西亚队荣获冠军，从而开辟了亚洲人称雄国际羽坛的时代。

（2）20世纪40—70年代阶段规律

在1948—1979年间的十一届汤姆斯杯赛中，印度尼西亚队夺得7次冠军，马来西亚队夺得4次冠军。

1956年世界女子羽毛球团体锦标赛——“尤伯杯”赛开始举行，前三届冠军均被美国人夺得。

20世纪60年代中期，我国羽毛球队创造的“快、狠、准、变、活”的技术风格开创了这一时期以快攻打法创造主动的新局面。

从20世纪60年代后期起，优势转移到了亚洲，日本和印尼队包揽了历届比赛的冠、亚军。

在中国快速进攻打法的影响下，印度尼西亚队首先吸收了该打法的先进特点并且积极培养该种技术打法的后备人才，在20世纪60年代的中后期，出现了一些快速进攻打法的世界级选手。如哈托诺（梁海量）——在杀、吊上网打法中发展了劈杀的技术，曾在全英赛中8次夺冠。当时被称为“羽坛球王”。

20世纪70年代以来，男子羽毛球技术处于世界领先地位的是印尼队和中国队。印度尼西亚羽毛球队又涌现出了诸如林水镜等好手——后场双脚起跳扣杀上网是他的技术特点,他在1978、1979年两度夺得全英羽毛球公开赛冠军。印度尼西亚队也着重发展不同类型打法的运动员,注重百花齐放,如原印度尼西亚羽毛球队汤姆斯杯赛主力单打翁振祥就是采用平高球、平快球压底线结合近网吊球的拉、吊结合突击的打法,这些快速进攻类型打法的继承与发展使印度尼西亚队在这一段时期里主宰了国际羽坛(从1958年起至1980年共7次夺得汤姆斯杯冠军)。因此,快速进攻的类型打法是占主导的先进的技术类型。

20世纪70年代,欧洲选手意识到自己在羽毛球技战术方面的落后,认识到仅仅依靠技术、控制落点的类型打法已经落伍,为了赶上羽毛球运动技术发展的潮流,他们在自己原技术类型打法的基础上,注重向中国队和印度尼西亚队学习,学习亚洲两个强队快速进攻类型打法的优点,从而在该时期对印度尼西亚队构成了巨大的威胁。如丹麦队考普斯运用了网前假动作,以此破坏对方进攻节奏,又加强了拉、吊技术的进攻性,尤其是在继承了积极快速进攻的基础上发展了重力扣杀、突击扣杀等技术,使其从1960年夺回全英公开赛冠军后,将这一殊荣地位保持了长达七年之久。在以后的日子里,丹麦羽毛球队又涌现出了普里和菲明道夫,二人分别在1975、1977年里击败了"球王"梁海量而获得全英公开赛冠军,由此可见,中国独创的积极快速进攻打法已被羽坛所广泛使用。

20世纪70年代后期,日本、韩国、巴基斯坦、泰国、马来西亚等国家和地区的羽毛球技术也有了长足的进步,在国际比赛中取得了较好的成绩。欧洲的丹麦、英国、瑞典等国在发挥原有技术特点的基础上,广泛吸取了亚洲人的技术和经验,技术水平稳步提高,至今仍不失为羽坛劲旅。女子方面,可以说是中国、印尼、日本三强鼎立。

1978年2月,世界羽毛球联合会于香港成立。

(3)1980—1999年的羽毛球运动

20世纪80年代,世界羽毛球的发展趋势主要是以压底线为主,在此基础上发挥运动中各自的特点。中国选手杨阳和赵剑华为这一时期的代表人物,前者采用快速调动为主的打法,而后者采用杀上网结合的先声夺人的打法。他们的共同特点是:变速突击能力非常强。具体体现在,后场两边线起跳突击下压和上网组织进攻,给对手造成了巨大的威胁。在当时,两人都拥有"四大天王"的称号。总的来说,20世纪80年代的技术发展变化不够突出。当时的世界羽坛格局仍然是欧亚对峙状态,亚洲为代表的是中国队和印度尼西亚队,欧洲为代表的是丹麦队。

1981年5月,国际羽毛球联合会和世界羽毛球联合会正式合并。

1982年,中国队首次参加汤姆斯杯赛就荣获冠军。中国队的技术受到了世界羽坛的普遍赞扬。

20世纪90年代,男子羽毛球的优势地位重新转向印度尼西亚队,该队涌现出一大批高水平的选手,如魏仁芳、阿迪、佐戈、蔡祥林、阿尔比等选手,与他们同一时期水平接近的还有马来西亚的拉锡·西德克、中国的吴文凯,以及丹麦的劳力森、拉尔森、瑞典的奥尔森等选手。羽毛球技术这一时期主强调变速突击的类型打法,世界优秀选手均在技术全面的基础上采用该类型打法,既能攻善守,又强调控制与反控制。进攻技术除在20世纪70年代积极快攻的基础上,更着重发展具有个人特色的凶狠、变速突击技术。注重击球时机、击球效果、击球落点与战术的变化是这一时期发展趋势的主要特点。

3.21世纪的羽毛球运动

(1)世界羽坛格局

世界羽坛的格局仍然是欧亚对峙局面,唯一不同的是:亚洲已全面领先。

以亚洲为代表的类型打法——运动员继续贯彻积极、快速、进攻的主导思想，配合技术全面、灵活多变、变速突击、拉吊、拉打结合的类型打法。

以欧洲为代表的类型打法——运动员利用自己人高马大，强壮有力的身体特点，以从控制底线的类型打法转向强调积极进攻、融入亚洲类型打法的快速主动优点，突出发球抢攻，以下压控网的打法。

2005 年 11 月 25 日，国际羽联决定试行 21 分每球得分制，2006 年 2 月 1 日起正式实施羽毛球比赛新规则。

新规则最大的变化是取消了发球得分制，另外将所有单项的每局获胜统一定为 21 分。新赛制下羽毛球每场比赛的时间大约比过去缩短四分之一，比赛进攻性强、节奏快、偶然性增大。这就要求运动员必须快速进入比赛状态，处理好得失分关系，做到主动失误少；学会控制场上的比赛节奏，以快速、力量控制住对手；预期正确率高、决策及时和准确性高、应变能力强，充分发挥自身竞技能力。

总而言之，世界羽毛球运动将朝着全球普及的方向发展。

(2)世界羽坛赛事

国际羽联管辖的世界性比赛有：汤姆斯杯赛(世界男子团体锦标赛)，从 1948 年开始，每三年举办一次；尤伯杯赛(世界女子团体锦标赛)，从 1956 年开始，每三年举办一次；世界锦标赛(单项比赛)，从 1977 年开始每两年举办一次。全英锦标赛(非正式传统单项比赛)，早在 1899 年开始，每年举办一次。

世界羽毛球运动将朝着更加积极主动的方向发展。

世界羽毛球类型打法的演变已从慢速的“四方球”打法、“速度突变和强调进攻”的打法结合多种形式形成快速进攻的打法、“注重技术全面，以快速为前提，下压底线”的打法发展成为变速突击的打法。

(3)世界羽坛意识

世界羽坛意识强调三种意识：向前意识；高点意识；上手意识。

(4)世界羽坛趋势

世界羽坛趋向强调更加积极主动、技术全面、战术变化多样，以及特长突出发展。

(5)世界羽坛流派

当今世界羽毛球打法种类很多，从技术流派方式或风格流派方式来说，主要从三个大地域技术流派或风格流派划分为如下几种方式：

①第一种：欧洲式

欧洲式强调运动员重心稳、落点准，以稳准为主。技术上讲究步法的条理性(一般运用小步结合大步，速度较慢)和回中心位置；打法是用高远球和网前放、挑球结合拉吊四角以调动对方，主动伺机扣杀。这种打法击球力量大，落点准，反手颇具威力。近年来加强了速度，跑动趋向积极，打法也较以前积极主动。

②第二种：亚洲式

亚洲式是运动员在稳准的前提下快速进攻，技术特点是突出前臂和手腕的力量，脚下步法移动快(注意运用弹跳和蹬跨)，挥拍动作小，注意鞭打的协调用力，击球点高，常用扣杀、快吊和劈杀；上网快，网前多采用搓球(取代了欧洲式的网前放、挑球)和推平球，后场反手部位也多用头顶的杀、吊、击后场等技术击球。此种类型打法主要以印度尼西亚运用得最为突出。

③第三种:中国式

中国式的特点是快、狠、准、活,在技术与战术上表现为以我为主,以攻为主,以快为主,基本技术全面、熟练,特长突出,进攻点多,封网积极,劈杀凶狠,防守稳中有刁,守中有攻,能攻善守,力求快、狠、准、活有机结合。

总括起来,世界羽毛球运动技术将朝着"更加积极主动,特长非常突出,技术比较全面,战术变化多样"的趋势发展。

(三)羽毛球运动的技术发展

羽毛球运动的第一次飞跃是在开创时期,这一时期英国选手垄断整个世界羽坛,虽然他们的技术比较单一,打法老旧,几乎没有战术变化,但他们的技术水平一直处于领先地位,为羽毛球运动传播到全世界立下了头功。直到1939年,丹麦、加拿大等国选手以良好的体力和进攻型战术向英国选手发起了挑战,这才打破了英国选手称霸羽坛的局面,在第三十六届全英锦标赛上,英国选手仅获一枚混双金牌;第三十七、三十八届全英锦标赛冠军全给丹麦选手囊括而去。

羽毛球运动的第二次飞跃是在20世纪50年代至60年代中期,这是羽毛球的技术全面发展的时期,男子技术优势从欧洲全面转向亚洲,形成了亚洲人在世界羽坛上称雄的局面。

在这一时期,中国虽然没有参加正式世界比赛,但技术与战术水平提高很快,达到了世界先进水平,以汤仙虎、侯加昌为代表的中国选手体现了快攻打法的特点。从此,中国的快攻技术开始被国际羽坛所接受。

到20世纪60年代末、70年代初,在研究中国技术特点的基础上,世界羽坛注重了速度和进攻,发展了新技术;出现了以印尼梁海量为代表的劈杀技术,以林水镜为代表的双脚起跳扣球技术,使世界羽毛球技术水平迅速提高。

羽毛球运动的第三次飞跃是20世纪80年代,世界羽坛技术向快速进攻、全面、多变的方向发展,以中国、印尼、印度、丹麦、马来西亚、韩国为代表的各国选手打法更全面,变化更多,速度更快,特长突出,攻守兼备而倍领风骚,技术已达到炉火纯青的地步,进入了世界羽毛球运动史上的巅峰期。

到了20世纪90年代,诸将们的技术达到炉火纯青的地步,而新的技术又开始形成。印度尼西亚年轻集团军和韩国的凶狠拼拾作风、马来西亚西德克兄弟的拉吊技术以及中国吴文凯、刘军为代表的快攻型打法在世界羽坛上各领风骚。

世界女子羽毛球运动起步较晚,技术也是随着男子羽毛球的技术提高而提高的。中国女子羽毛球从20世纪50年代起步,20世纪60年代达到世界先进水平。当时以陈王娘、梁小牧、梁秋霞为代表的中国女选手,学习男子技术动作,以快攻、灵巧的技术在各种场合击败过世界冠军。

到了20世纪80年代,中国女子羽毛球队和男子羽毛球队一样,全面走向世界,以张爱玲、韩爱萍、李玲蔚等为代表的中国女队,技术全面、打法多变。她们以主动积极、快速突击性强的打法,开创了世界女子羽毛球技术与战术的全盛时期。

20世纪90年代出现了中国的唐九红、黄华、叶钊颖和印尼的王莲香、韩国的方珠贤等为代表的世界级优秀选手,表明女子技术动作更接近男子,比赛更加紧张激烈。

纵观世界羽坛,世界羽毛球运动技术发展总趋势正在向"快速、全面、进攻和多拍"方向发展,快速反应在出手动作、步法移动和判断反应以及战术变化等方面;全面是指技术全面，攻守兼备，控球能力强，具有良好的身体素质和心理素质；进攻是凭技术特长，采用先发制人，积极主动，以抢攻为主。

（四）羽毛球运动的战术发展

羽毛球比赛中战术的运用要因时、因地、因人而异，知己知彼，有的放矢地实施自己的战术。在羽毛球运动竞赛实战中，也靠对临场比赛情况的变化所作出的相应决策指挥，但更重要的是要使运动员有较强的战术意识。因为无论赛前的信息了解得多么周密，决策指挥如何及时，都不可能把运动员的每一个行动及相互配合的每一个行动、攻防的球路变化及位置的移动都加以逐个规定和策划。比赛场上的变化是瞬息万变的，运动员在比赛场上既要按预定的战术方案执行，但更重要的是运动员能根据临场的情况采取有效的措施。这种能力就是战术意识。

任何一次战术行动的完成，都必须靠人的思维活动，即战术意识来支配，所以说战术意识是提高战术能力的重要内容。

在比赛过程中，战术意识总是要和战术行动结合起来。战术意识支配战术行动，而战术行动的效果又反过来对战术意识的强弱进行评价。战术意识的提高是提高战术能力的重要手段。在比赛过程中，运动员战术意识的强弱通常表现在以下几个方面：能否较准确地预见和判断对手击球所使用技术的战术意图，做到行动不受骗；自己在击球之前要能分清主动、被动情况，决定采取行动前一定要根据主、被动该攻的要攻、该守的要守、该过渡的过渡，不能该攻的不攻、该守的又要去硬攻、该过渡的又去防守；经过一段时间比赛能否及时发现对方的战术意图。

战术意识对优秀羽毛球运动员的成绩具有关键性的作用。羽毛球运动是对抗性项目，在比赛中双方始终贯穿着发挥与反发挥、制约与反制约的剧烈争夺。比赛双方为了战胜对手，总是一方面尽量发挥自己的特长、保护自己的弱点，另一方面又要去限制对方的特长，抓住对方的弱点，如果比赛双方旗鼓相当，势均力敌的情况下，正确地运用战术，可减少不必要的体力消耗和无效的行动，对夺取比赛的胜利具有重要的意义，而正确地运用战术，正如前面所述，要有较强的战术意识。因此，提高战术意识对优秀羽毛球运动员获得优异成绩有着关键性的作用。

二、我国羽毛球运动的发展

1918 年羽毛球运动在第一次世界大战后传入我国，最早在上海出现，随后在广州、福建、北京、上海、天津、大连、成都、武汉等大城市的学校开始出现。当时由于条件限制，没有举办过任何较大规模的比赛，只局限在游戏和启蒙阶段。

1949 年，羽毛球运动逐渐在全国各大、中城市开展起来，成为广大人民群众喜闻乐见的项目，并逐步成为奥运体育战略的重点项目之一。半个多世纪以来，我国羽毛球运动发展的历程大致可分为以下几个阶段：

（一）1949—1952 年

建国初期，羽毛球运动仅在上海、福建、广州、北京、天津、大连、成都、武汉等几个少数大城市的体育馆和一些大学、中学校园里进行。参加人数寥寥无几，活动的宗旨和目的仅仅是为了娱乐、健身、游戏和交际，但不管怎样，这一时期的羽毛球活动为我国今后羽毛球运动的发展奠定了基础。

（二）1953—1956年

1953年是我国所有爱好羽毛球运动的人都值得纪念的一年。这一年，天津首次举行了全国规模的羽毛球比赛。虽然比赛是属于表演性质的，对参赛者的服装、球拍以及相应的器材等等都没有严格的要求，技术水平很低，动作不规范，也没有人太在乎技术水平的高与低，基本是介于表演和游戏之间性质的比赛。

这一年夏天，印度尼西亚华侨羽毛球队回国观光游览，我国的羽毛球冠军和他们进行了友谊表演赛。由于双方在技术、战术水平以及对羽毛球的理解上都相差极为悬殊，因此，每场对抗赛及每局比赛大都是以我们得零分而告终。我国的羽毛球技术也就是在这一天真正从“0”开始。

1954年，王文教、陈福寿等四位华侨青年回国后第一次发起并组建了国家羽毛球队。他们引进了当时著名羽毛球强国印度尼西亚、马来西亚的羽毛球先进技术，并通过全国各地的巡回表演、比赛、交流、讲座等形式进行先进技术的传播。从这时起，我国羽毛球技术真正走向了正规，彻底摆脱了以往羽毛球技术套用网球技术打法的框框，使羽毛球步入了规范、先进的技术范畴。我国东南沿海省市（广东、福建等地）的羽毛球活动均是在归国华侨青年的积极倡导、组织、推动下得以广泛地开展。

经过归国华侨青年数年的努力及党和政府的大力支持，1956年5月，首届全国羽毛球比赛在天津市举行。国家体育总局（原国家体委）还确定了以后每年举行一次全国羽毛球锦标赛的制度。这一举措大大推动了群众性羽毛球运动的开展，并对羽毛球的普及、发展、提高产生了积极的影响。仅就技术打法上的提高就极为显著，但也暴露出了问题——攻防技术不够全面，基本功不够扎实，类型打法基本上是积极抢攻和控制落点两种较为单一的方式。

1956年7月，中国羽毛球队首次迎来了世界劲旅印度尼西亚队的来访。该队在访华之前转战世界各地，在所进行的十场巡回表演赛中，十战十胜，取得了总共五十场友谊表演赛的四十四场胜利。

我国羽毛球队在和印度尼西亚羽毛球队的多次较量中，看到了不足。印度尼西亚羽毛球队的精湛技术、战术、球性给我国广大羽毛球工作者、爱好者留下了极为深刻的印象，也为我们在未来赶超印度尼西亚队埋下了伏笔。

（三）1957—1959年

广东、福建、上海、江苏、天津、湖南、湖北等省市先后建立了羽毛球队。1957年，上海风雨操场业余体校羽毛球班诞生，从此，羽毛球训练进入了一个从儿童少年抓起的新时代，羽毛球队伍有了后备基础。

为了以较高的技战术水平迎接第一届全国运动会，各地安排了羽毛球队集训，在这个形势的推动下，各地的业余体校羽毛球队蓬勃发展起来，群众性的羽毛球活动也在各地区“向阳院”、公园、广场等娱乐场所迅速发展起来。从1956年开始，每年举行一次全国性羽毛球比赛。这些措施有力地推动了羽毛球运动在我国的发展。在这一阶段，新手大批涌现，技术上有较大进步，加强了前、后场的速度，改进了步法（大步、蹬步增多）。1958年，我国羽毛球教练员和运动员树雄心、立壮志，提出了“十年内打败世界冠军”的响亮口号。

1959年1月,广州首次举行了全国少年羽毛球锦标赛,同年9月,北京举行了首届全运会羽毛球比赛。参加的有21个省、市、自治区代表队。在这个良好的环境下,羽毛球事业迅速发展,新手大批涌现,技术大幅度提高。技术上加强了前后场的速度,改进了步法——变以前的不规则步法、效率低的步法为规范的一步、两步、三步、三步半及前后场左右场结合的步法。新步法的投入使用既节省了运动员的体力又提高了效能。

(四)1960—1962年

第一届全运会后,我国羽毛球教练员和运动员奋发图强、刻苦训练。其间,方凯祥、汤灿虎、侯加昌、陈玉娘等华侨青年相继回国,带回了国外的羽毛球先进技术和打法,也对当时如何打败世界冠军队提供了不少依据。

这个时期,广东队首先在步法训练上大胆改革,他们抓住步法的快速到位这一主要矛盾,采用了垫步加蹬跨步,以加快上网步法;在后退步法中运用蹬跳空中击球,以加快击球时间和提高击球点,从而使全场速度得到了提高。

福建队则在手法训练上狠下功夫,突出了动作幅度小、出手快、爆发力强的动作特点,发展了后场和前场的几项进攻技术,使击球质量和效果得到了提高。

广东队在双打方面也初步形成快速封网,前、后场连续进攻的打法,使双打水平提高了一步。广东队、福建队互相学习,互相促进,其他各队也在学习广东、福建的先进经验的基础上,刻苦训练,“百花齐放”,初步形成了几种不同的流派和打法,使我国羽毛球技术水平出现了一个划时代的飞跃,摆脱了国际羽坛慢、稳、守打法的羁绊,在向快与攻的方向发展上,迈出了可喜的一步。

(五)1963—1965年

1963年夏天,蜚声羽坛、蝉联汤姆斯杯的世界冠军印尼羽毛球队来华访问。经过交锋,不仅中国队、中国青年队取得了胜利,而且广东队、福建队也都尝到了胜果。

1964年夏,印尼羽毛球队在世界男子团体赛(汤姆斯杯)中击败丹麦队,再次蝉联世界冠军。他们挟誉而来,势在挽回上次失利的局面。我国国家队再一次以4∶1取胜(对抗赛),广东队和广东、湖北联队也三次以3∶2奏捷。

1964年7月,国家体委召开了第一次全国羽毛球训练工作会议,总结经验,肯定成绩,找出差距,明确提出了我国羽毛球“快、狠、准、活”的技术风格,规定了“以我为主、以快为主、以攻为主”的发展方向。

1965年10月,我国羽毛球队访问北欧丹麦和瑞典。丹麦羽毛球队是欧洲的冠军,也是汤姆斯杯的有力争夺者。访丹麦我队出战24场,访瑞典我队出战10场,均获全胜。

我国快速进攻的打法,使世界羽坛大为震动,特别是汤仙虎在丹麦有一局以15∶0轻取六度获得全英锦标赛男单冠军的柯普斯,至今仍传为佳话。这是我国羽毛球运动员在世界羽坛的全盛时期。

在这一阶段,我国羽毛球运动员在技术上发展了快吊、劈杀、网前搓球等技术,强调了出手快、击球点高的要求。同时发展了后场高、吊、杀和网前搓、推、勾动作的一致性,并提倡中后场腾空跳起击球技术。在以“快”与“攻”为主的思想指导下,出现了几种不同打法与流派的竞相媲美。在双打上也发展了快速推压后场,积极控制网前的打法。

（六）1966—1976 年

1966 年下半年，我国羽毛球运动员的训练未能正常进行，身体素质和技术水平有所下降，出现了青黄不接的现象。

（七）1977—1986 年

1981 年 5 月，国际羽联与世界羽联宣告联合，同时恢复我国在国际羽联的合法席位，实现了我国运动员二十多年来的愿望——逐鹿国际羽坛，争夺世界桂冠。

1981 年 7 月，在美国加利福尼亚举行的第一届世界运动会上，羽毛球第一次被世界性运动会列为正式比赛项目。有 14 个国家和地区的羽坛劲旅参加了 5 个单项的激烈争夺。我国健儿夺得了男单、女单、男双、女双 4 项桂冠。

1982 年 3 月和 5 月，我国羽毛球健儿在全英锦标赛和汤姆斯杯锦标赛中再创辉煌：在全英赛中获女单、女双的冠亚军；在汤姆斯杯决赛中，顽强拼搏，反败为胜，以 5∶4勇克获得七次冠军的印尼队，捧杯荣归。

1985 年的全英锦标赛和第四届世界羽毛球锦标赛，我国羽毛球健儿夺得了男单、女单、女双的 3 项冠军，总成绩高居榜首。

1986 年 5 月在雅加达举行的第十四届汤姆斯杯和第十一届尤伯杯赛中，我国男、女羽毛球队双双捧杯，揭开了羽坛史上新的一页。

（八）1987—2005 年

20 世纪 90 年代，我国羽毛球队由于老队员纷纷退役，新手各方面又不够成熟，所以羽毛球项目一度落入低谷。但这种情况只持续了短短几年，在 1995 年世界羽毛球男女混合团体赛及单项赛中又夺得冠军，中国队走出了低谷，再执世界羽毛球之牛耳。

（九）2006—2015 年

2006 年后，中国羽毛球队一路斩金夺银，在羽坛树立了不可动摇的霸主地位。而近年来中国羽毛球队的成绩出现波动，如 2014 年 9 月 28 日，仁川亚运会的羽毛球比赛，中国羽毛球男子团体未能夺金。

2014 年汤姆斯杯羽毛球团体赛半决赛中，上届冠军中国队 0∶3 不敌日本队，自 2002 年以来首次无缘决赛。

如今世界羽毛球赛场变幻莫测，各国羽毛球水平整体呈现上升趋势，对中国羽毛球运动的冲击巨大，但中国还在技、战术上不断创新，竭力保证自己在世界羽坛的霸主地位。

第三节　羽毛球运动与高校

一、羽毛球运动特点

人的本性是自由、富于幻想的。自由、创造性的生活使人精神充实，有所寄托。一旦生活中失去了自由创造的条件，人们就要寻求新的寄托，羽毛球运动无疑是人们寻求满足的较好选择。人寄情于此，能够在娱乐和竞争中克服各种心理和生理的障碍，同时使自由、创造的本性回归。通过不同的羽毛球技术练习，用美妙的身体语言尽情地挥洒自我、表现自我，不仅能锻炼身体，还能陶冶情操。

羽毛球运动可以在室内进行活动，既不需要多大的场地，又可免去风雨的困扰，打起球来上手快、规则简单，因此深受运动者的喜爱。

羽毛球活动的设备比较简单，只需两个球拍、一个球、一条绳索即可。在无风或风不大的情况下，也可以在户外进行活动。只要把球网架起来，在一定长度和宽度的空地上画上几条线，人们就可以开始双方对练。户外的活动可以促使锻炼者吸入更多新鲜空气，接受阳光照射，有助于改善全身血液循环的速度，加速新陈代谢，最终，在运动中怡心健体。

羽毛球运动游戏性较强，运动量可调控。身强力壮的年轻人可以将球打得又刁又重，拼尽全力扑救任何来球，尽情散发青春气息；年老体弱的练习者可以把球轻轻地击来打去，根据自己的要求来变换击球节奏，从而达到锻炼身体、延年益寿的功效，既活动了身体，又娱乐了心情。

“球小”能锻炼练习者的反应、观察能力；“速度快”能锻炼练习者的应变能力，以及起动和动作速度；“变化多”则能锻炼练习者的判断力和思维能力；“球网高”又使练习者不会轻易将对手置于“死地”，相对击球回合较多，既提高了趣味性，又对练习者的速度、耐力起到很好的锻炼作用。通过羽毛球运动不仅可以提升打球的技术，而且能很好地提高身体素质、增进健康。

二、羽毛球运动比赛规则

（一）竞赛规则

1. 计分方法

（1）除非另有商定，一场羽毛球比赛以三局两胜定胜负。

（2）双打和男子单打先得 15 分的一方胜一局；女子单打先得 11 分的一方胜一局。

（3）如果比分为 14 平（女子单打 10 平）时，先获得 14 分（女子单打 10 分）的一方，可以选择下列规定：不加分，即比赛至 15 分（女子单打 11 分）；加分，比赛至 17 分（女子单打 13 分）。

（4）一局的胜方，在下一局首先发球。

2. 交换场地

以下情况运动员应交换场地：第一局结束后，第三局开始前；第三局或只进行一局的比赛中，当总分为 11 分一局，领先的一方为 6 分；或总分 15 分一局时，领先的一方为 8 分。

第一局结束，运动员未交换场区，一经发现即在死球时立即交换，已得分数有效。

3. 发球

（1）发球时任何一方都不允许非法延误发球。

（2）发球员和接发球员都必须站在斜对角发球区内接发球，脚不能触及发球区的界线，两脚必须都有一部分与地面接触，不得移动，直至将球发出。

（3）发球员的球拍击中球瞬间，整个球要低于发球员的腰部。

（4）击球瞬间，球拍杆应指向下方，从而使整个拍头明显低于发球员的整个握拍手部。

(5)发球开始后,发球员的球拍必须连续向前挥动,直至将球发出。

(6)发出的球必须向上飞行过网,如果未被拦截,应落入接发球员的发球区内。

(7)发球员须在接发球员准备好后才能发球,如果接发球员已试图接发球则被认为已做好准备。

(8)一旦发球开始,发球员的球拍击中球或未能击中球均为发球结束。

(9)双打比赛,发球员或接发球员的同伴站位不限,但不得阻挡对方发球员或接发球员的视线。

4. 发球区错误

发球区错误的情况有:发球顺序错误;从错误的发球区发球;在错误的发球区准备接发球,且球已发出。

处理:如果发球区错误,在下一次发球击出时或击出后发现,则错误不予纠正;如果发球区错误,在下一次发球击出前发现,双方都有错误,应"重发球";错误一方赢了这一回合,应"重发球";错误一方输了这一回合,则错误不予纠正。

如果因发球区错误而"重发球",则该回合无效,纠正错误重发球。如果发球区错误未被纠正,比赛也应继续进行,并且不改变运动员的新发球区和新发球顺序。

5. 重发球

以下情况由裁判员或运动员(没有裁判员时)宣布"重发球",用于中断比赛:

(1)遇不能预见或意外的情况。

(2)除发球外,球过网后挂在网上或停在网顶。

(3)发球时,发球员和接发球员同时违例。

(4)发球员在接发球员未做好准备时发球。

(5)比赛进行中,球托与球的其他部分完全分离。

(6)司线员未看清,裁判员也不能做出决定时。

(7)"重发球"时,最后一次发球无效,原发球员重新发球。

(二)违例

1. 发球不合法:发球员发球时未击中球;发球时,球过网后挂在网上或停在网顶。

2. 其他违例:比赛时,发生以下情况均属违例:

(1)球落在球场界线外;球从网孔或网下穿过;球不过网;球碰屋顶、天花板或四周墙壁;球触及运动员的身体或衣服;球触及场外其他人或物体;球拍与球的最初接触点不在击球者网的这一方(击球者击球后,球拍可以随球过网)。

(2)运动员的球拍、身体或衣服触及网或网的支撑物。

(3)运动员的球拍或身体从网下侵入对方场区,妨碍对方或使对方分散注意力。

(4)妨碍对方,如阻挡对方紧靠球网的合法击球。

(5)运动员故意分散对方注意力的任何举动,如喊叫、故作姿态等。

(6)击球时,球夹在或停滞在拍上紧接着又被拖带,被同一运动员两次挥拍连续击中球两次。

(7)同方两名运动员连续各击中球一次;球触及运动员球拍后继续向其后场飞行;运动员严重违反或一再违反规则的行为。

三、羽毛球运动基本技术

羽毛球运动的基本技术主要由上肢基本手法和下肢基本步法两大部分组成。上肢的基本手法又由握拍、发球与接发球和击球三个技术部分组成；下肢的步法则由基本站位、前上网、中场左右和后场后退步法组成。

1. 握拍

羽毛球技术中的握拍法和指法多种多样，基本的握拍方式有两种：正手握拍法和反手握拍法。

（1）正手握拍法

运动员握拍之前，先用左手拿住球拍，使拍面与地面垂直，再张开右手，使手掌下部靠在球拍的握柄底托部位，虎口对着球拍框，拇指和食指贴在拍柄的两个宽面上，小指、无名指、中指自然并拢，食指与中指稍稍分开，自然弯曲并贴在拍柄上。掌心不要紧贴，拍柄端与近腕部的小鱼际平行，拍面基本与地面垂直。

（2）反手握拍法

反手握拍是运动员在正手握拍的基础上，拇指和食指将拍框外转，拇指前内侧部位贴在拍柄的宽面部位，食指与中指、无名指、小指并拢握住拍柄，柄端靠近小指根部。

2. 发球

基本的发球技术有：发高远球、发平高球、发平球和发网前球。

（1）正手发球技术

①发球站位：单打发球在中线附近，站在离前发球线1米左右处。双打发球站位可靠近前发球线。

②准备姿势：运动员身体左肩膀侧对球网，运动员左脚在前，右脚在后，重心在右脚上。右手持拍向右后侧举起，肘部放松微屈，左手拇指、食指和中指夹住球，举在胸腹前。发球时，身体重心由右脚移至左脚。此发球站位和准备姿势适合于各种正手发球动作。

③正手发球方法

高远球：发出的球既高又远，使球垂直下落在底线附近。

动作要领：运动员发球时，左手持球于身体右前方使球自然落下，右手大臂带动小臂，随转体从右后向左前上方挥动，当球与拍面接触一刹那，握紧球拍，并利用手腕力量，向前上方击球；使球向对方的后场上方飞行，在对方场区底线附近形成垂直下落。球击出后，手臂向左上方自然挥动，击球后身体重心由右脚移至左脚。

网前球：运动员运用手腕和手指的力量把球轻轻发出，使球贴网而过，落到对方短发球区的区域内。

动作要领：发网前球就是运动员把球发到对方发球线附近。运动员击球时站位稍前、握拍要放松，大臂动作要小，主要靠小臂带动运动员手腕向前切送，用力要轻。球拍触球时，拍面从右向左斜切击球，使球刚好越网而过，落在对方前发球线附近。

（2）反手发球技术

反手发球一般都以发平球和发短球为主。这种发球运动员主要用拇指发力，并以拇指及其他手指来控制球速和落点。为使发球的效果好，在球与球拍弦接触的一瞬间，要用手臂带动手腕向前横着切送，以保证球体飞行的稳定性。

①发球站位:运动员站在前发球线后 10 ~ 50 厘米或发球区中线附近,也可站在前发球线及场地边线附近。

②准备姿势:运动员面向球网,两脚前后站立,上体稍前倾,重心落在前脚上。右手反握拍,左手拇指和食指捏住球的两三根羽毛,球托向下,球体与拍面平行或球托对准拍面放在拍面前方。

③反手发网前球方法:运动员面向球网,两脚前后站立在发球线后 10 ~ 50 厘米附近,也可以站在前发球线及场地边线附近。运动员手反握拍,左手捏球,球托明显朝下,球托对准拍面放在拍面前方,上体稍前倾,身体重心在前脚上。运动员用小臂带动手腕,采用弹击的方法将球击出,使球过网后即下落在对方前发球线附近。

3. 接发球

接发球是指运动员还击对方发过来的球。与发球一样,接发球技术也是羽毛球运动最基本的技术之一,在比赛时也起着重要作用。发球与接发球是一对矛盾,发球方想方设法发出各种不同弧线的球,以此来控制对方;而接发球方则后发制人,来达到反控制的目的。

(1)接发球的站位

单打的接发球站位:离前发球线约 1.5 米处,在右发球区要站在靠中线的位置,在左发球区则站在中间稍偏边线位置。

(2)接发球的准备姿势

单打接发球,运动员应左脚在前,右脚在后,侧身对网,重心在前脚,后脚脚跟稍提起,双膝微屈,收腹含胸,持拍于右身前,两眼注视前方。

双打接发球准备姿势同单打基本一样,但运动员的重心可随意放在任何一只脚上,球拍高举在肩上,注意力要高度集中。

在接对方发来的高远球或平高球时,运动员可用平高球、吊球或杀球还击,抓住进攻机会,还击得好,就掌握了主动权。相反,后场技术没掌握好,还击球的质量较差,就会遭到对方攻击。

在接对方的网前球时,运动员可用平推、放网前球、挑后场高球、勾对角球还击;如对方发球质量不好,也可用扑球还击。

在发现对方发球抢攻意图时,如果自己防守能力又不强,那就放网前球或平推球还击,控制住球,落点要远离对方的站位,不让对方进攻。

当对方连续发球抢攻时,接发球一定要冷静、沉着、准确判断,提高接发球质量,以牵制对方发球抢攻。

4. 击球

(1)肩以上的基本技术

正手高远球:运动员首先要判断好来球的方向和落点,侧身后退,使球处在自己的右肩稍前上方位置。左肩对网,左脚在前,右脚在后,重心在右脚上。左臂屈肘,左手自然高举,右手持拍,手臂自然弯曲,将球拍举在右肩上方,两眼注视来球。

击球时,右上臂后引,随之肘关节上提至明显高于肩部,将球拍后引至头部,自然伸腕(掌心朝上),以肩为轴,上臂带动前臂快速向前上方甩腕,在手臂伸直的最高点击球。击球后,持拍手臂顺惯性往前左下方挥动并收拍至体前。与此同时,右脚向前迈出,左脚后撤,身体重心由后脚转移到前脚上。

正手头顶平高球:击球前准备姿势以及击球动作与正手击高远球基本相同,只是击球点稍前,拍形角度稍前倾。

扣杀球:正手杀直线球的准备姿势与正手击高远球相似,不同的是最后用力的方向朝下。运动员在右脚起跳后,身体后仰成反弓后收腹用力,靠腰腹带动大臂、大臂带动前臂、前臂带动手腕,形成鞭打向下用力,球拍正面击球托的后部,无切击,使球沿直线向前下方快速飞行。击球后立即还原成准备姿势。

吊球:吊球的准备动作和挥臂过程,基本上与高远球的动作一样,所不同的是,在吊球的刹那用手腕、手指的力量,把球轻轻地吊到对方的场区内。

正手吊直线球:击球前动作同正手击高球。击球的一刹那,运动员将拍面稍倾斜,手腕快速切击球托的右侧后下部。关键是用力方向朝前下,使球越网,后旋即下落。击球后,手臂随惯性自然收回到胸前。

正手吊斜线球:击球前动作同正手击斜线高球。当击球的一刹那,运动员用较轻的力量击球(切击),关键是用力方向朝对角线斜下方。击球后,球拍随惯性自然回收到胸前。

(2)肩以下的基本技术

搓球:在球与球拍接触的一瞬间,运动员运用手指的灵活性和爆发力,将球拍面自下而上用力搓,让球带着旋转和滚动飞行。

切球:切球的动作要领与搓球一样,但挥拍的方向恰与搓球相反。运动员击球时,将球拍面自上而下切下来,把球切向对方网前的场区。

扑球:扑球就是当对方过来的球刚刚过网时即上前,在网的上方,运动员举拍把球扑向对方的场区内。扑球速度快、路线短,是得分的重要手段。

推球:推球也属于前场的进攻技术,一般在对方把球击到我方网前区稍远和偏远之处并欲冲向网前时,运动员上前运用手指和手腕的力量,快速果断地把球推向对方的后场区域。击球点要高,球的弧度要平,速度要快。

勾球:勾球是把在本方左、右边的网前球击到对方右、左边网前去的技术动作,分为正手和反手两种。勾球是一种技巧性较高的技术,它与搓球、推球等交替运用,常能达到声东击西的战术效果。

挑球:运动员把对方击来的网前球、吊球挑高回击到对方后场去,称为挑高球。

5. 步法

进行羽毛球比赛时,运动员在场上为了跑到适当的位置击球,而采取的快速、合理、准确的移动方法,称为步法。步法可称为羽毛球运动技术之母,步法和手法是相辅相成的,羽毛球的步法根据移动的方向又可分为上网步法、退后场步法和中场两侧移动步法。

(1)上网步法

上网步法是指运动员从场地中央位置向网前移动的步法。

跨步上网:起动时,运动员左(右)脚先向前迈出一小步,然后右(左)脚向前跨出一大步,成弓步状击球。击球后,用并步或交叉步退回中心位置。

垫步上网:运动员右(左)脚先迈出一小步,随后左(右)脚立即垫一小步靠右(左)脚跟,右(左)脚在左(右)脚垫步尚未着地时迅速向前跨大步。

交叉步上网:起动后比跨步上网多加一步,其他则相同。

(2)退后场步法

退后场步法是指运动员从中心位置后退到底线的步法。

正手后退右后场：如果运动员右脚在前的站位，则右脚后蹬—臀部后转—成侧身站位，然后采用三步并步后退或交叉步后退。

反手后退左后场：反手击球时，运动员必须先使身体向左后转，以侧身或背对网形式，两步或三步交叉后退击球。

(3)中场两侧移动步法

中场两侧移动步法是指运动员从中心位置向左右两侧移动到击球点上击球的步法。

向右侧移动：运动员两脚开立，右脚脚跟稍提起，身体重心略倒向左侧，左脚掌内侧用力蹬地，同时右脚向右侧跨出一大步到位击球。

向左侧移动：动作同向右侧移动方向相反。

6. 基本战术

(1)压后场战术

运动员通过采用高远球或平高球反复压对方后场两角，造成对方被动，然后伺机采用杀球和吊球攻击对方空当。

(2)发球抢攻战术

运动员主要以发网前球和平快球为主，限制对方的进攻，迫使对方挑球，然后用杀球和吊球进攻对方的空当和弱点。

(3)控制网前战术

运动员通过各种手段主动抢先放网或故意让对方先放网，然后上网重复放网，并与搓、推、勾、扑球结合运用，造成对方网前直接失误或被动挑球，此时抓住有利时机大力扣杀和快速吊球。

(4)打四方球结合突击战术

运动员以快速准确的落点控制对方场区的四个角落，迫使对方前后左右奔跑，当对方来不及回中心位置或身体失去平衡时，抓住空当和弱点进行突击(扣杀)。

(5)打对角线战术

无论是在进攻或防守前场或后场，都是以打对角线球为主。

(6)双打战术

①攻人

攻人是双打中常用的一种战术。运动员在对付两名技术水平高低不一的对手时，一般都采用这种战术。集中攻击对方一名队员，在另一名队员赶来协助时，又会暴露出空当；另一名队员不解围时，又可突袭他。

②攻中路

攻中路是指守方左右站位时，运动员把球打在两人中间，造成守方两人抢接这一球或同时让球，限制守方在接杀时挑大角度的高球调动攻方，有利于攻方的封网。守方前后站位时把球下压或轻推在边线半场处，这多半是在接发网前球和守中反攻抢网时运用。这种球守方前场队员拦截不到，后场队员只能以下手击球放网或挑高球，后场两角便会露出很大空当，因而有隙可乘。

③攻后场

攻后场是指运动员用平高球、平推球、挑底线把对方一人紧逼在底线两角移动，在对方还击出半场和网前高球时即可大力扣杀。如在逼底线两角时对方同伴要后退支援，则可攻击网前空档或向后退者打追身球。

④后攻前封

后攻前封是指后场队员积极大力扣杀，在对方接杀放网、跳高球或企图反击抽挡时，前场队员以扑、搓、推、勾等动作控制网前，或拦截吊封前半场，使整个进攻连贯而又凶狠。

四、羽毛球运动教学与训练

（一）羽毛球运动教学

1. 教学原则

羽毛球的教学原则是羽毛球教学过程客观规律的反映，是长期羽毛球教学实践中成功经验的总结和概括，它对羽毛球的教学工作具有普遍的指导意义。

2."一元化理论"原则

当今，以茅鹏老前辈为代表的体育理论界，以丰富的理论和马克思主义哲学为依据创造了"一元化"教学、训练理论（一元化教学、训练理论的大意是：任何体育项目的专项训练与专项素质训练一体化、有机化和顺序化），在教学中，我们要严格贯彻"一元化理论"的原则，避免走弯路，杜绝学生掌握技能慢、产生外伤等现象。

3."竞技状态"原则

"竞技状态"原则来源于心理学、生理学的理论基础，它是严格按照人体的心理、生理规律而产生的。"竞技状态"原则在教学中意义非常重大，教师不仅能根据学生的身心状况、特点来掌握教学内容，而且依据这一原则，可以控制学生的运动量、强度，使学生最大限度地掌握运动技能，锻炼身体，避免外伤。

4. 自觉性、积极性原则

教师贯彻自觉性、积极性原则首先要抓好思想教育工作，使学生明确学习目的，端正学习态度，自觉勤学苦练，勇于克服困难，形成生动活泼的学习局面。

在教学中，教师要注意教学组织、练习形式的多样性，让学生明确教学安排和练习内容的目的、要求，善于激发学生的兴趣，提高学习的主动性。

教师要用自己积极工作的精神风貌去感染学生，用自己的实际行动和教学效果去赢得学生的信赖，这对于提高学生的自觉性和积极性具有重要意义。

5. 直观性原则

直观性原则是根据人对事物的认识规律提出来的。它是指教师在羽毛球教学过程中，通过学生的各种感官，丰富学生的感性认识，使学生获得生动的表象，从而掌握羽毛球的知识、技术和技能。

羽毛球教学中常用的直观方法有：教师（或优秀运动员）的技术动作示范、技术动作挂图、技术电影、各种大型比赛的技术录像、教具模型演示、徒手挥拍动作以及富有生动形象的口诀和要领等。通过这些直观教学过程，学生"从生动的直观到抽象的思维"，能清楚地认识各项基本技术的特点、运用范围、动作方法和要领、动作结构和动作之间的相互内在联系，建立正确的技术动作概念，从而进行有意识的模仿，达到尽快掌握技术动作的目的。

贯彻直观性原则时应注意：

（1）教师在运用各种直观方法进行教学时，应让学生明确"看什么"和"怎么看"。

(2)教师正确的示范,生动、形象的讲解,适宜的讲解示范时机,对提高直观效果能起到积极的作用。

(3)教师要善于抓住教学的间隙和学生练习中存在的普遍性问题,进行正误对比,有助于启发学生的积极思维,提高他们分析技术动作的能力。

6. 循序渐进与突出重点相结合的原则

技术教学、战术教学和身体练习,应按照“学习—巩固—提高,再学习—再巩固—再提高”的程序进行。教师对教学内容、教学进度、运动负荷及练习方法的安排,要由易到难,由简到繁,由浅入深,由低到高,符合学习掌握知识、技术和技能的渐进规律。

贯彻循序渐进原则的同时,还应注意突出重点。在教学的不同时期和不同阶段,切实抓住主要矛盾,重点突破,推动全局。

7. 统一安排与区别对待相结合的原则

教师在组织教学工作时,首先要根据教学工作的任务和要求,制定出统一的大纲和进度。教学大纲和教学进度是教师开展教学工作的依据。

由于羽毛球的打法类型多样,技术特点各异,因而教师在统一安排的同时,要注意区别对待。

在教学过程中,教师根据学生的打法类型、技术特点、训练水平和身体条件的不同,可在练习内容、练习方法、练习负荷的安排上加以区别对待。

8. 合理安排运动负荷的原则

教师在教学过程中,运动负荷的安排必须科学合理,要适合学生的能力和训练水平。如果操之过急,势必适得其反。

运动负荷的安排要由小到大,逐步提高,形成一个“加大—适应,再加大—再适应”的过程。加大运动负荷时要注意处理好负荷量和负荷强度的关系,合理进行安排。运动负荷的大小是相对的,应针对学生的不同情况,区别对待。

9. 练习与比赛相结合的原则

练习和比赛是提高技术水平的两个不可分割的基本手段,教师在教学过程中要注意把两者有机地结合起来。当学生在比较简单的条件下掌握了技术之后,应逐步转到比较复杂的或接近于比赛的条件下进行练习,使掌握的技术能够在比赛中合理运用,正常发挥。

羽毛球的教学原则是相互联系、相互促进的,教师在教学工作中要全面贯彻执行,才能获得良好的教学效果。

(二)羽毛球运动训练

1. 启蒙阶段训练的基本任务、主要内容及要求

(1)基本任务

①培养学生参加羽毛球运动的兴趣和爱好

针对参加羽毛球运动的对象不同,教练员应采取多种多样的方法,使其对羽毛球运动感兴趣。所以,向青少年、儿童进行宣传,引导他们关注羽毛球运动、逐步养成对羽毛球运动感兴趣的习惯,形成强烈的爱好,是羽毛球教练员一项艰巨且重要的任务,也是贯彻全民健身计划和奥运争光计划的百年大计所需。

对于参加学习的少年儿童,教练员要根据他们的年龄段及生理、心理特点——爱动、爱玩、爱模仿、接受新动作较快等特点，进行因势利导的系统的启蒙训练。在训练中，同样根据少儿的生理、心理特点——经常出现的注意力集中时间较短、学习运动技能时容易有厌烦情绪，采用讲优秀运动员的故事、经历、典故结合表扬等手段激发其学习兴趣，使其在接受羽毛球运动的实践中，感到心情愉快，形成美好的印象。

教练员对中学生和大学生，也是要根据他们的生理、心理特点——比较成熟，有独到的见解，多介绍羽毛球运动的特点、作用，对健身、健美、祛病等价值，使他们先从心理上接受羽毛球这项运动并积极投身于该项活动。

②培养掌握基本技术的能力和手段

运动员在学习基本技术的基础上，要逐步打好主要技术动作的基础，并建立良好的动力定型，为很更快从启蒙阶段过渡到下一阶段奠定基础。

③促进身体机能的提高

运动员增强体质，促进身体机能、身体素质和身体形态的良好发展。教练员要根据运动员的生长发育特点、规律，采用科学合理的训练手段、方法，诱导促进其全面健康的发展。

④培养掌握羽毛球初级知识的能力

运动员应学习和掌握羽毛球运动初级知识，增加对羽毛球运动的了解，提高对羽毛球运动的兴趣，为今后在羽毛球运动方面的深造打下基础。

(2)主要内容及要求

①技术训练部分

握拍法：正手、反手握拍的基本方法。

发球法：正手发高远球、网前球的基本动作方法。

击球法：正手高远球、吊球的基本动作方法；正手与反手放网前球、挑高球和推球的基本动作方法。

步法：包括垫步、并步、跨步、蹬步、跳步等基本步法。

基本要求：教练员想方设法创造运动员模仿正确技术动作的学习条件，如正确的示范、技术录像和观摩等。教练员采用多种辅助练习手段(助力法、限制法)、帮助运动员形成正确的击球动作。初步建立所学技术的基本动作方法。学习训练要控制进度，防止急于求成，但技术规格要求严，进行各种握拍的定点单线击球练习。

②身体训练部分

加强发展柔韧素质的训练。

加强各种类型的反应起动训练。

加强各种球类活动的训练。

基本要求：运动员要通过各种练习，促进身体的全面发展。同时，教练员要注意运动员生理特点、素质发展的敏感期，有侧重地安排发展各项机能的训练，并要注意增加对运动员羽毛球飞行的时空感觉的训练。训练中应多采用游戏性强、具有吸引力的项目，采用能引起运动员兴趣的训练方法。

③心理训练部分

加强运动员球感的训练。

加强专门化运动知觉、空间知觉、时间知觉的训练。

加强羽毛球运动主体知觉练习。

基本要求：心理训练内容应与技术训练法、身体训练融为一体，以在训练过程中同时达到心理训练的效果。运动员可进行掂球、对击球等球感练习，使自己熟悉球性，增加球感，充分利用念动训练手段协同其他训练手段共同完成训练任务，同时通过训练课的要求，发展自己集中注意力的能力。

④理论知识训练部分

了解羽毛球运动对促进人们身体健康的益处。

了解羽毛球运动的场地、器材、使用方法及注意事项。

了解羽毛球运动的主要比赛规则。

了解羽毛球运动中的卫生保健常识。

2. 基础阶段训练的基本任务、主要内容及要求

(1)基本任务

教练员要进一步培养运动员参加羽毛球运动的兴趣和爱好，激发参加训练、比赛活动的强烈动机，使运动员初步建立积极向上、努力拼搏、不断提高羽毛球运动技术水平的愿望和决心。

①培养虚心好学的精神

要经常向优秀运动员学习，初步建立为国争光的意识，不断提高专项意识水平，促进全面素质水平的提高。

②稳步提高

在启蒙阶段，运动员要全面学习基本技术，初步掌握各种发球法、击球法和步法。

③掌握比赛基本方法

运动员要比较熟练地掌握羽毛球的基本技术，并通过学习和实践培养基本的技术配合运用能力和基本的战术意识。

④提高体能

运动员要全面提高身体素质水平，增加专项身体训练的比重，逐步发展专项能力，提高体能。

⑤提高心理品质

运动员要进一步发展心理品质，培养自己的观察力、洞察力、分析能力。

⑥提高文化素养

运动员要进一步学习和掌握羽毛球的基本理论知识，提高文化素养，增强自己对羽毛球运动的深刻理解。

(2)主要内容及要求

①技术训练内容与要求

本阶段技术训练应以运动员个人打法制定个人的综合球路组合训练为主。运动员一方面要提高全面基本技术的质量，另一方面要熟练地将技术应用于比赛之中，并达到在不利的条件下、在移动中运用自如；训练内容要全面，既有特长技术，又有基础技术、全面技术；既有进攻技术，又有防守技术。运动员应根据不平衡—平衡—不平衡—平衡的原则，将比赛中暴露的薄弱环节及时抓紧练习，迅速提高。

②体能训练内容与要求

速度素质为基础：运动员的速度素质是本阶段身体素质训练中的重要素质，速度素质的好坏直接影响运动员的运动成绩能否提高。速度素质的练习要结合本人的打法特点，重点加强起动速度、变向速度、动作连接速度、挥臂速度的练习。

力量素质是重点：力量素质的练习对运动员运动成绩的提高也是非常重要的。根据羽毛球运动的特点，运动员最需要的是爆发力和力量耐力。

运动员在力量的训练中应注意以下几点：首先，练习力量动作的结构或肌肉用力的特点应尽量接近羽毛球的技术动作，如上肢力量练习挥重拍、哑铃、颈后举重；下肢力量的负重半蹲练习、负重弓步练习和负重步法练习等；其次，练习方式以动力性力量练习为主，如腕力练习可采用跳绳等练习。

耐力素质应重视：要重视耐力素质的提高。随着运动员技术的全面掌握与技术质量的提高，耐力的提高对运动成绩就显得更为重要。

羽毛球运动的特点决定了运动员需要的是速度耐力、力量耐力，供能的主要形式是无氧与有氧供能相结合。

③心理训练内容与要求

加强思想政治教育：教练员要对运动员进行思想政治教育，增强其责任感，激发其克服困难、顽强拼搏的斗志，提高其练习的积极性并对胜利充满信心，使其逐渐树立正确的世界观。

加大训练难度：教练员要以增大训练难度的方式，设置训练障碍，并要求运动员完成，以增强运动员克服困难的信心，并培养其意志品质。

培养分析评估能力：培养运动员自我分析和评估的能力，要及时肯定自己的成绩，找出差距，并能自觉地向他人学习，主动练习，不断提高自己的技术水平。

进行针对性训练：运动员在比赛前需有针对性地进行心理训练，如：运动员经常出现过度紧张情况，造成战术意识模糊等，就必须进行专门的心理放松、心理暗示、表象重现等针对性训练。另外，运动员需根据自己的特点和比赛对手的情况进行模拟训练，以达到扬长避短、战胜对手的目的。

及时做好心理调整：运动员在比赛中应及时做好心理调整。比赛的情况是复杂的，比分的领先与落后也是正常的，主动与被动的转换是经常的。因此，不管在何种情况下，运动员都应掌握控制心理的稳定性的方法，保持稳定的情绪状态，打好比赛。

第四节　羽毛球运动与健康

一、身体健康

（一）损伤

1. 肩部部位的损伤

（1）损伤原因

肩袖损伤的发生：部分患者是因一次急性损伤而引起，由于未及时、合理地、彻底地治疗而继续受损，以致逐渐转变为慢性损伤；部分患者可无明显外伤史，是因为局部负荷过度，肩袖肌腱受到多次、反复地磨研或牵扯，使其微细损伤、逐渐劳损和退行性变而引起。此外，羽毛球技术动作存在问题或有错误、准备运动不充分、肩带肌肌肉力量发展较差、肩关节的柔韧性不佳或肩关节周围软组织的伸展性发展不平衡等因素，也是促使肩袖损伤的一些因素。

(2)损伤表现

①肩痛

除急性和严重损伤病例肩痛较为剧烈、敏锐，疼痛范围也较广泛些，甚至可能向三角肌部或颈根部放射外，大多疼痛位于肩外侧的肩峰或大结节附近。在肩关节外展或同时伴有旋转运动时，往往出现疼痛或疼痛加重现象。

②痛弧

在肩关节主动或被动外展在60～120度的弧度内出现疼痛，超越120度后即减轻甚至消失。当肩内收放下到120～60度之间时，疼痛又出现。这是诊断肩袖损伤，特别是冈上肌损伤的一个重要特征。

③压痛

主要的压痛部位在肱骨大结节或肩峰下的间隙中。伴有肩峰下(三角肌下)滑囊炎者，压痛范围较广泛。

④肌肉抗阻痛阳性

患者做肩关节外展、外旋用力动作，术者给以一定的阻力作对抗(内收内旋)，出现疼痛者为阳性。

⑤肿胀

慢性病例多不明显，急性患者可有局部肿胀，若滑囊被波及，往往肿胀广泛、较明显。

⑥肌肉和关节运动功能障碍

慢性病例有三角肌、冈上肌萎缩、肩部无力症状，在做举臂扣杀动作时发生肩软或失手现象。急性患者或有急性滑囊炎者，三角肌可发生痉挛，关节运动受限明显。

2. 肘部部位的损伤

(1)损伤原因

肘关节内侧软组织损伤是运动员在羽毛球正手扣杀或击球过程中出现技术上的错误动作，特别是在上臂外展、肘关节屈曲90度、肘部低于肩部时进行羽毛球扣杀动作最易致伤；其次为运动员突然地或是猛烈地做前臂旋前和屈腕的主动收缩或肘关节爆发式过伸动作，而肌肉或韧带的物理性能差，不能适应和承担该动作的力学要求；其他如局部负荷过度、局部受到过度的牵扯或出现疲劳；准备活动做得不充分；运动员的肘关节携带角过大，存有肘外翻的畸形者，则更易诱发这种损伤。

在羽毛球运动过程中，任何会使前臂突然被迫外展、旋后或过伸(被动损伤)，或旋前圆肌和屈腕屈指肌群突然猛烈收缩(主动损伤)，致使肘内侧肌肉、韧带发生牵扯、拽动时，都有可能造成肘内侧软组织损伤。前者如运动员正手回击或扣杀时，由羽毛球拍的反作用力导致，或进行鞭打击球时肘关节爆发式过伸；后者如做抽球、快打、扣杀动作时所要求的屈腕动作时导致。

肘关节外侧软组织损伤的发生原因主要是由于反拍扣球、抽打训练过多、肌肉性能较差、准备活动不充分、局部存有滑囊等因素而致。

(2)损伤表现

大多数病例都能诉出急性受伤的历史或过程。急性损伤者，伤后即感觉肘内、外侧疼痛，局部肿胀，甚至皮下瘀血(以内侧软组织损伤为多见，大多表明有组织撕裂)，肘关节活动受到限制，常不能完全伸肘或屈肘。如慢性病例，肿痛往往表现不明显，但患者常诉述在完成扣杀或抽球、快打时，动作质量不高，甚至出现压痛点；外侧软组织损伤压痛点多在肱骨外上髁、肱桡关节间隙、桡骨小头附近等处。

患者做肘关节被动外展外旋或屈肘屈腕、前臂旋前抗阻力收缩活动时（检查内侧伤）；或做腕关节背伸、前臂旋后抗阻力活动和肘关节稍弯曲、手半握拳、腕关节尽量掌屈，然后前臂旋前并逐渐伸直时（检查外侧部损伤），均可能出现疼痛明显加重。

3. 腕部部位的损伤

（1）损伤原因

在羽毛球运动中，腕部三角纤维软骨盘损伤的发生，绝大多数是由于慢性损伤或劳损所致。主要是因运动员在训练中前臂和腕部反复地旋转负荷过度，软骨盘长期受到碾磨或牵扯，以及桡尺远侧关节受到过度的减力作用而引起。如准备活动不充分、握拍或击球技术存在问题、前臂与腕关节柔韧素质较差等亦是造成损伤的一些原因。急性损伤者，大多是因摔倒时手掌着地而引起。

（2）损伤表现

患者往往诉述腕关节尺侧或腕关节内疼痛，腕部感到软弱、无力，当前臂或腕部做旋转活动时，疼痛加重，或出现单一清脆的弹响声（“嗒”的一声），但几乎没有人诉述有关节卡住或交锁的现象。

4. 髋部部位的损伤

（1）损伤原因

腰部肌肉筋膜炎的发病原因比较复杂且多种多样，有些病因至今尚未清楚。在运动员中，髋部损伤大多是由于疲劳积累、局部劳损或慢性细微损伤而逐渐形成，如腰部活动过于频繁、负荷过度或太集中、长时间地保持一定体位或姿势进行运动、躯干部肌肉力量较弱、发展不平衡或不对称、脊柱存在着先天性的发育异常（如腰椎骶化、骶椎腰化、隐性脊柱裂、椎弓不连接、两侧椎间关节不对称等）等；或由于腰部扭伤后未及时地、良好地彻底治愈而逐渐转化成慢性损伤所致。此外，腰部受风寒湿的侵袭、维生素 E 的缺乏也可能诱发本症。

（2）损伤表现

患者多数无明显外伤史，部分患者可能回忆出以往曾有腰部受伤的历史。患者常诉述腰部有酸软、发胀、沉重、僵硬、酸痛或钝痛感，往往在早晨起床和天气阴冷时较明显；在维持某一姿势过久后，如弯腰、站立或坐姿过久时即会出现腰部症状，而改变姿势或活动开后则即见缓解。

运动员在运动后，腰部不适或疼痛多会加重，但大多数仍能坚持正常训练。严重病例或腰痛急性发作时，运动不但疼痛较剧烈，而且腰部功能障碍亦较明显，常常须直腰行走或转体。有些患者可有腰臀部麻木或刺痛感，或向臀部、甚至大腿后部出现串痛、串麻现象。检查时常可发现骶棘肌张力增高，摸之较硬、少弹性感；在腰 II—IV 横突处、骶棘肌外侧级髂嵴等部位可以发现有压痛点，有些患者压之可同时出现向臀部放射痛麻现象；在肌肉筋膜内，尤其是在骶棘肌的外侧缘，有时可摸及硬性条索或结节；除严重或急性发作病例外，大多数脊柱较正常，功能活动亦无明显障碍。

X 线检查，除少数患者可能发现脊柱先天性发育异常外，大多数无阳性征象可见。

（二）预防

1. 肩部部位的损伤

（1）损伤处理

理疗、针灸、按摩、外敷伤膏药或局部药物封闭注射等，都可取得较好的效果。急性患者应将上臂在外展30度的位置下固定休息，久治无改进的顽固病例、肌腱有断裂者，则须进行手术治疗。

急性损伤或慢性损伤急性发作的患者应适当休息，暂停肩部超范围的急剧转动活动或专项技术训练，急性期过去之后，即应开始练习肩关节的绕环及旋转，但在开始练习时，应在上肢下垂放松位下练习，然后逐步增加肩的抬举角度进行练习，基本不痛后可进行负重练习和逐步过渡到专项训练。

慢性病例可从事肩部的各项活动，但因此可能会引起疼痛或使损伤会加重，因而在专项训练中，可先做些难度和强度要求较低的动作，或改变一些训练方法或技术动作的样式（如扣杀的出手动作宜在肩关节外展130度以上进行），要控制专项训练中的局部负荷量。

（2）伤后训练

在伤后训练与康复中，运动员要注意发展肩带小肌肉群的力量和柔韧训练，在加强肩袖肌群肌力训练时，宜采取上肢外展80～90度的屈肘静力负重练习，如能采用Cybex等训练器练习，则效果更好。

在伤后训练与康复时，运动员可推广训练前后痛点按摩，练习后适当做些理疗或热敷，休息时宜将肩关节置于适当的外展外旋位。

（3）损伤预防

教练员要科学地安排训练计划，合理安排运动员的局部负荷量；运动员运动前要充分做好准备活动，运动间隙和运动后要重视和加强恢复性措施；教练员要及时纠正运动员错误的技术动作；运动员要注意并均衡地发展肩部肌肉力量和肩关节的柔韧性，特别要重视肩带小肌肉群的训练。

2. 肘部部位的损伤

（1）损伤处理

急性损伤期，患肘应适当休息制动。损伤早期可局部冷敷、压迫包扎、外敷新伤药。24～28小时后，可考虑进行理疗、按摩，并继续外敷中药。局部封闭注射肾上腺皮质激素类药物，往往能收到较好的疗效。

对慢性病例，应以理疗、按摩、针灸治疗为主；对顽固不愈病例，非手术治疗长期无效者，可考虑做手术治疗；对有肌肉韧带断裂或伴有撕脱骨折者，宜及时进行手术修补缝合术或骨片固定、切除术。术后须用石膏托固定3～4周。

（2）伤后训练

在进行伤后训练与康复安排时，急性期要停止进行易导致再次受伤或加重损伤的一些活动，如正、反手的扣杀、抽球等，运动员要待到损伤部位已基本没有疼痛后才可开始恢复这些动作的训练，一般需要2～3周的时间。

恢复正规训练后，运动员的运动量和负荷强度、练习动作剧烈程度等要逐渐增加。运动员在伤后训练与康复训练时，应佩带保护装置，如护肘或粘膏支持带；要加强前臂肌肉群的力量练习和伸展性练习，对肘内侧软组织损伤者，特别是肘关节有一定松弛现象者，进入正式训练的时间更应长一些，否则很容易再损伤和导致肘关节的进一步松弛，从而发展成慢性劳损，甚至成为骨关节病。

（3）损伤预防

运动员要提高专项技术水平，改正错误技术动作，充分做好准备活动，加强肘与前臂肌群力量和伸展性练习，合理安排训练，避免局部负荷过度，重视训练后的局部恢复。

3. 腕部部位的损伤

（1）损伤处理

要及时治疗新的单纯性损伤，运动员应暂停或控制腕部运动。运动员局部外敷消肿止痛中药，或痛点和腕关节内注射肾上腺皮质激素类药物，同时给以适当固定，将前臂固定于中立位并限制腕与前臂的旋转活动，一般都能取得良好的治疗效果。如有尺骨小头向背侧隆起者，则须用压垫加压包扎固定。对慢性顽固不愈病例，特别是伴有关节脱位者，可考虑手术治疗。

（2）伤后训练

对患有腕部损伤的运动员，在伤后和康复训练安排方面应注意的是：急性患者应暂停腕部活动，特别是腕部旋转活动，待损伤组织修复、愈合后才可进行腕部正常练习活动。一般来说，需 3 ~4 周时间。在腕关节屈伸和支撑动作无疼痛反应后，运动员可逐渐加入腕与前臂的旋转动作练习，练习时必须佩带保护支持带。

慢性病例进行训练时，所佩带的保护带应对腕关节背伸和旋转活动有较大的限制，如在伤部贴上胶布膏药后，戴上护腕，甚至在护腕外再用绷带给以包扎，以防训练时再损伤。

（3）损伤预防

运动员应合理安排腕部的局部负荷量，加强前臂与手腕的力量练习和柔韧性练习，佩带护腕，做好准备活动，改进和提高握拍和击球技术等。

4. 髋部部位的损伤

（1）损伤处理

理疗、按摩、针灸、拔罐、外敷伤膏药、内服跌打损伤药或吲哚美辛、痛点封闭等，都是经常选用的一些治疗方法，服用较大剂量的维生素 E 对减轻症状也可能有一定帮助。急性发作或症状明显者，宜睡硬板床或进行牵引治疗。顽固病例可考虑手术治疗。

（2）伤后训练

运动员在伤后康复和训练时，要用宽腰带进行保护。运动后腰痛无明显加重者，可按原计划进行训练；运动后疼痛加重者，经一夜休息后疼痛虽未完全消失，可是亦未见加重者，要减少运动量和腰部活动的强度，要练治结合，增加康复体育训练的内容；严重和急性发作病例，或不训练时也常见腰痛者，则应暂停专项训练，甚至应以休息、治疗和康复训练为主。

康复体育训练的内容，主要是加强躯干肌的力量和柔韧性的练习，运动员在练习中不但要注意发展骶棘肌的功能，同时也要充分注意发展和提高腹肌的一些功能训练，此外也要重视两侧躯干肌的平衡发展。运动员在训练前要做好充分的准备活动，练习后应做好放松与恢复，如热敷、按摩、伸展性练习等。

(3)损伤预防

运动员要合理安排运动训练,在训练间隙中多坚持做些伸展练习和自我或相互按摩;腰部疲劳未消除时要严格控制其负荷量和活动强度;腰部有损伤后,彻底治愈后才允许参加大运动量训练和比赛;训练中和训练后要注意保暖,及时将汗擦干或换掉湿衣服,日常生活中要注意防止风寒湿邪的侵袭;训练中和平时都要注意脊柱正确姿势和体位的维持,以减少和防止过劳和劳损;要重视身体的全面发展,注意躯干肌肌力和柔韧性的均衡发展。此外,在选材或选拔运动员时,要重视体格检查,对脊柱有先天性发育异常者,应不宜选为专业运动员。

二、心理健康

1. 确立练习目标

在羽毛球练习中,一些学生心理年龄小,对自己的目标不明确,只是认为羽毛球好玩,不用在户外,不用晒太阳,省力,其他项目选不上了,就尝试选羽毛球。这种想法是没有正确认识到自己要做什么以及羽毛球项目对人体的积极作用,因此练习动机不明确。

人的任何活动是由一定的动机引起的,并指向一定的目标。动机就是行动的内部原因,目的则是行动的结果。学生在教师正确诱导下,形成良好的学习动机和远大的目标,就会产生内部的巨大动力,就能自觉克服练习中遇到的种种困难,高标准、严要求、扎扎实实地提高自己身体、技术、战术和心理水平,一步步实现既定目标。显然,动机上具有显著的动力特性,学生有直接的动机(代表学校去参加比赛,取得一个好成绩等),也有间接动机(提高身体素质,更好地为学习专业知识服务、为终身体育打下基础、作为人际交往的一种手段等)。

教师应在练习中结合练习内容,帮助学生逐步确立积极动机,保持与发展正常心理状态,进而鼓励学生投入练习的热情。同时,教师要教育学生明确练习动机,从而使他们的动机正向发展,成为积极的学习内因。

2. 培养自信心

培养自信心很重要,自信心是成功的一半,教师在平时练习中要注意避免出现可能使一个学生产生自卑感,而使另一个学生产生优越感的事情,应避免加以评论,注意在了解大部分学生个性的基础上,分别给予具体指导。按能力的差异,具体给予帮助,使之既有自我观念,又有外部条件的适应能力,久而久之,使挫折耐受力加强,心理健康水平提高。

3. 建立融洽的人际关系

我们的学生来自不同的学院、不同的专业,建立融洽的人际关系,创造良好的课堂氛围,有利于学生的心理健康。

人际关系是个体社会化的必经之路,人总是在和别人交往中调整自己的活动。建立和谐融洽的人际关系,可以增进相互了解,情感交流,相互关心,互相帮助,扩展自己的生活经验,有助于自我形象的建立和增强安全感。因此,有益于学生彼此的心理健康。反之,人际关系不协调,必定导致情绪紧张、抑郁或者怪癖,造成社会适应不良的心理。

想要建立融洽的人际关系,教练员就必须教育学生,要关心他人的需求,尽可能帮助别人满足其合理的需求,做事光明磊落,严于律己,以礼待人;要学会尊重别人,认真倾听他人意见,不在他人面前炫耀自己,对人有礼貌。对其他队员取得的成绩和荣誉要诚心实意地赞扬,对其挫折、失败与缺点要给予实际的帮助或善意的批评。

4. 学会调节与控制情绪

教师要教育学生学会控制自己的情绪,用理智驾驭情感,而不做情感的俘虏,这是心理健康的重要标志。教师在练习中要教育学生对正常的情绪可进行适当合理的宣泄,对不良情绪要控制,以其他有意义的活动来转移注意力,使情绪缓解。在失败面前对自己宽慰,以减少内心的失望,或以幽默的方式来超然洒脱地对待窘困的场面。

心理的自我调节训练是帮助学生进行心理与身体放松的好方法,教师应使学生学会适当休息与放松,对学生强调心理松弛训练是非常有益于身心健康的。如紧张的学习可通过打羽毛球得到身心放松。

第八章 乒乓球运动与身体健康

第一节 乒乓球运动的起源

一、乒乓球运动的来历

乒乓球运动的起源有多种说法,一说是最早始于19世纪后半叶的英国。在英国首都伦敦,有一天室外天气炽热难忍,两位年轻人在看完一场网球比赛后,来到一家饭馆吃饭,饭后两人在闲聊时感到闷热难耐,于是拿起雪茄烟盒的盖子当作扇子扇风,后来他们又捡起酒瓶上的软木塞子,把烟盒盖子当作球拍,仿照英国当时最流行的网球运动打起球来,旁人见了觉得十分有趣,便纷纷模仿着玩这种游戏。最初,这种游戏不叫作"乒乓球",而是叫作"弗利姆—弗拉姆",又称为"高西马"。总之,是有着多种多样的名称。后来玩这种球的人渐渐多了起来,于是它便成了一种家庭游戏。

早在1888年的日本,有人用盛饭的木勺子打乒乓球。1903年,日本就已经有了正规的乒乓球运动设备,并且成立了乒乓球运动组织。

据史料记载,清朝初期我国就已经有台球流传于民间,并深受人民喜爱。我国四川与云南交界处山区的苗族人就把这种台球游戏作为饭后闲时的消遣。他们用晒干的梧桐树或柑树的果子作球,用带柄的长板作拍,用门板作球台,两边对打,人们称此为"臭柑子"游戏。据资料记载,清朝末年,珠江流域盛行与之相类似的游戏,不过不用干果当球,而是用猪尿泡吹气做成小球,比干果弹性要大,在桌上、地上或向空中对打,这可能是乒乓球运动的前身。《世界青年》杂志1954年曾刊文说,台球,也就是乒乓球的创始最初是在中国和日本,英国则是欧洲最早输入的国家。

1890年左右,英国一位退休的越野跑运动员詹姆斯·吉布(Jams Gibb),从美国带回了一个玩具赛璐珞球,于是便产生了用这种小球来代替软木球和橡胶球的想法。当时用拍击球和球碰桌面时发出的是"乒""乓"的声音,所以"乒乓"的名字也就由此产生了。后来也叫作"桌子上的网球"(table tennis)。

1891年,英格兰人查尔斯·巴克斯特(Charles Baxter)把"乒乓球"作为商业专利权来申请许可证,其登记号码为19070号。

1902年英国人库特(Goodea)发明了胶皮颗粒拍。

从1904到1918年间,乒乓球始终停留在游戏阶段。直到20世纪20年代,相继举行了许多次的乒乓球邀请赛,乒乓球才逐渐引起人们的重视,并视之为运动,但主要在知识分子、学生及职员中间传播。

二、国际乒乓球联合会成立

国际乒乓球联合会(International Table Tennis Federation,ITTF)简称国际乒联,1926 年成立于伦敦,现有 226 个协会会员,分属国际乒联承认的欧洲乒联、亚洲乒联、非洲乒联和南美洲乒联,是国际单项体育联合会总会成员。

1988 年,乒乓球被列为奥运会比赛项目,设有男、女单打和男、女双打共计 4 个小项。2011 年世界乒乓球单项锦标赛,当地时间 5 月 10 日,国际乒联年会在鹿特丹世乒赛期间召开,会上沙拉拉主席宣布,国际乒联的成员协会新增 5 个,达到 215 个国家和地区,实现了平稳的逐年递增,这个数字也是对乒联全球推广工作的肯定。

1926 年 1 月 15 日柏林正在举行比赛的时候,德国的乔治・勒赫曼博士的倡导成立国际乒联,并由他和英国的伊沃・蒙塔古(Ivor Montayu)、乔治・罗斯(George Ross)、波佩(PoPe),匈牙利的雅可比(Jacobi)、密可罗维茨(MeChlovits)以及奥地利的几个人举行了一次座谈会,会议决定成立临时国际乒联,并由此决定召开第一次国际乒联全体代表大会和第一届欧洲锦标赛,同年 12 月在伦敦举办。

1926 年 12 月 12 日,伊沃・蒙塔古的母亲斯韦思林女士的图书馆里举行了第一次全体会议,通过了国际乒联章程:国际乒联的主要宗旨是协调规则,促进乒乓球运动在全世界开展,筹备和组织世界乒乓球赛,全体代表大会为乒联的最高权力机构。

会议同样通过了乒乓球比赛规则草案,使规则统一起来,同时成立了第一届主席团,选出了国际乒联的领导机构,伊沃・蒙塔古被选为第一任主席。会议决定 1927 年在斯德哥尔摩举行下次代表大会和下届锦标赛。这时,参加国际乒联的成员国有德国、奥地利、匈牙利,以及新增加了捷克斯洛伐克、瑞典等。

第二次国际乒联全体代表大会和第二届锦标赛,因举办国经济困难而推迟到 1928 年 1 月在斯德哥尔摩举行。此次会议有 14 个国家参加,会议讨论了这项运动的名称,最后定为"乒乓",同时通过了"21 分记分法"为各国统一的比赛记分方法。

国际乒联自 1926 年诞生以来,吸引着各国乒协不断地参与进来。1963 年它已经拥有 50 个会员协会,到了 1979 年已成为有五大洲共 124 个会员协会的大家庭,是国际体坛中享有较高声誉又引人注目和向往的世界体育组织。1961 年 12 月,非洲 19 个国家的乒协成立非洲乒协时,国际乒联给予了支持;之后拉美乒协诞生时也给予了赞助;1972 年由 16 个国家和地区发起成立亚乒联盟,它又给予了承认。这一切标志着国际乒联重视亚、非、拉国家的作用,也表明了它忠实执行并努力推动、发展世界各国乒乓球运动的宗旨。

1905 年出生于英国的伊沃・蒙塔古在大学时期就积极参加了乒乓球运动。21 岁时,他参加了在柏林举行的乒乓球比赛,同时参加了成立国际乒联的座谈会。由于他能够流利地讲两种语言,组织能力突出,性格热情幽默,受到了与会人员的注意,被选为第一任国际乒联主席,并连续 40 年担任此职。他是乒乓球运动项目规则的创始人之一,也是世界乒乓球锦标赛的组织者和开展乒乓球运动的积极鼓动者。

1952 年中国举行第一次全国乒乓球比赛大会时,伊沃・蒙塔古愉快地接受邀请前来北京,并对参加比赛的全体中国运动员发表了热情洋溢的讲话,并预言不久的将来,中国队将以世界强队的姿态出现在国际乒坛上。尤其值得称颂的是,他一贯欢迎和支持乒乓球技术的革新。伊沃・蒙塔古先生喜欢把自己比作世界乒乓球运动中的一匹老马。他于 1967 年退休,荣任国际乒联名誉主席。

三、世界乒乓球锦标赛诞生

第一届欧洲乒乓球锦标赛的组织者从伦敦的弗里特(Fleet)大街附近的小礼堂的礼仪厅向各国发出请帖,接受邀请并参加的有德国、印度和丹麦等9个队共64名男女运动员。由于印度提出应更改原定“欧洲锦标赛”的名称,国际乒联当即做出决定,改名称为“第一届世界乒乓球锦标赛”。

现在我们查阅有关这一届比赛的历史性记载,能够知道当时的比赛分散在几个小厅举行,采用英国式的21分一局记分法。比赛前没有编印秩序册,因而所有的运动员都必须待在场地,以便听候裁判员根据自己的临时安排随叫随到地进行比赛。运动员比赛时穿着各式各样的衣服——男子都穿长裤,有的穿毛衣,有的穿西服打着领带;女运动员则穿着不适合运动的长裙。没有一位运动员穿运动鞋,有几位甚至穿着皮鞋上场。门票是免费的,观众有几百人。这一切说明这届比赛还是处于萌芽时期的新事物。但重要的是,过去作为“游戏”或是商业性的“乒乓”变成了竞赛项目,正式冲向世界体坛。当时,英国的《泰晤士报》对决赛作了报道,并给予好评,这引起了人们的关注和兴趣。因此,第一届世界乒乓球锦标赛是谱写乒乓球运动少年时代的历史性篇章,为此后的世界锦标赛奠定了基础。

第二节　乒乓球运动的发展

一、欧洲乒乓球运动的全盛时期(1926—1951年)

1928年以前,乒乓球作为体育项目在英国和匈牙利开展较为广泛。之后,德国、南斯拉夫、瑞典、奥地利、澳大利亚、捷克斯洛伐克、美国、埃及等国乒乓球运动都较为发达并参加了世界比赛。

1926—1951年,国际乒联共举行了十八届世界锦标赛,锦标赛的地点除1939年仅有一次在埃及外,其他均在欧洲国家,参加比赛的也主要是欧洲队。在十八届锦标赛共117项(本应118项,由于第十一届女单决赛没能确定冠军,故为设有117项)冠军中,除美国选手取得8项冠军外,其余109项全部为欧洲选手所得;匈牙利获57项半(有3项双打与奥地利及苏格兰选手合作,计为1项半),成绩最突出;捷克斯洛伐克获25项半(1项混双与罗马尼亚选手合作);英国获10项;奥地利获5项;罗马尼亚获4项半;德国获4项。由此可见,1926—1951年间,欧洲在比赛成绩上占绝对优势。

在打法方面,虽然第一位男单世界冠军雅可比(JaCObi)和女单冠军玛丽亚·梅德扬斯基(M·Mednvanszky),都是横拍左右开弓的进攻型选手,而且梅德扬斯基连续保持了五届冠军,雅可比也先后获得4枚金质奖章,但其后的世界冠军,男子的密可罗维茨(Mecklovits)、彼里(Perry)、班拿(Barna)、沙巴都士(Szabados)、鲍格曼(Bergmann)、李奇(Leach)等,女子的西波斯(Sipo)、法卡斯(Farkas)、罗齐亚娜(Roz eanu)等,均是以削为主或削攻结合的打法。因而就这一阶段总体而言(尤其是第二次世界大战后),其技术发展是后一种打法占主导地位。这后一种打法之所以取得这样的地位以及匈牙利队占突出优势的秘密,很重要的因素是英国发明的胶粒拍,既能进攻,还可有效地制造旋转,而匈牙利队很好地发挥了

“武器”的特长。乒乓球技术由木拍时代单调的打法，进入了胶粒拍使球产生旋转的有趣时代。因此，在乒乓史册中不应忘记英国发明的胶粒拍和匈牙利队技术进攻，并且也还应归功于规则和比赛器材的改革。

1940—1947 年，全世界乒乓球运动处于停滞的阶段。直到 1947 年，巴黎才恢复举行中断了八年之久的世界锦标赛。由于战争使不少前世界冠军不能重新挥拍上阵，其他的参加者也由于战争耽误了技术的提高，因此第十四届世界锦标赛是处于低水平的状况。

二、日本队进入世界乒坛(1952—1958 年)

日本乒协于 1928 年就加入了国际乒联，但它的队伍迈进世界乒乓球锦标赛行列却是 1952 年在孟买举行的第十九届比赛，他们震动了整个世界乒坛。他们以直握球拍的长抽进攻型打法展现了锋芒，夺得女团、男单、男双、女双 4 项冠军。其后又在第二十一至二十五届的比赛中蝉联男团桂冠，获第十九、二十一、二十二、二十三、二十四届男单冠军，第二十三、二十四、二十五届女单冠军，以及多次女双、男双、混双冠军共 24 项。尤其是在 1954 年的第二十一届，日本男、女队同时获得团体冠军。到了第二十五届全盛时期，日本队又夺走了 7 项冠军中的 6 项(男单冠军由我国容国团所获)，女单、男双、女双均是在他们自己队员之间进行争夺。

他们取得偌大成绩的原因：一是有所发现，佐藤博治在第十九届比赛中成功地运用了海绵拍，在一定意义上将乒乓球技术推进到快速阶段；二是打法的独创；三是运动员的勤奋努力。他们的技术、战术独具一格，并在这一阶段中始终坚定不移，从而冲破了欧洲防线，解除了保持 20 多年优势的欧洲“禁区”，而将乒乓球技术的发展推向一个新的高峰，使乒乓球运动的优势从欧洲转到亚洲。

三、中国和朝鲜队的崛起(1959—1970 年)

20 世纪 50 年代末，正当日本队处于高峰状态时，我国运动员容国团以其独特的直拍近台快攻打法，在第二十五届世界乒乓球锦标赛中连续打败了许多世界强手，为我国夺得有史以来的第一个世界男子单打冠军。

1961—1965 年，中国队又以独特的快速进攻打法和旋转多变并配以有效反攻的积极防守打法，获得 11 项世界冠军。在第二十八届世界锦标赛中，中国队共得 5 项冠军，标志着中国男、女队均已进入世界先进行列。中国队的成功，把这项运动在快速和技术全面发展方面推向了一个新的发展阶段。

20 世纪 60 年代后期，中国队没有参加第二十九届和第三十届世界乒乓球锦标赛。7 项锦标是在日本与欧洲、朝鲜各队之间进行争夺。进步较快的朝鲜男队，在第十九届世界锦标赛中连续打败许多欧洲强队，获得了团体亚军；女队也成为世界强队之一。第二十九届、三十届世界锦标赛的大部分冠军还是被日本运动员夺走，但瑞典运动员获第二十九届的男双冠军，苏联女队获第三十届团体冠军，这表明欧洲各国开始回升，亚洲各国仍然领先。

四、欧洲复兴，中国、日本、朝鲜队继续前进(1971—1979 年)

第三十一届世界锦标赛中，19 岁的瑞典新手本格森(Bengtsson)连胜中国、日本队的强手，一跃成为男子单打世界冠军。他在继承、发展欧洲打法的基础上，学习了日本的弧圈球以及中国快攻的长处，把快攻和弧圈结合在一起，打得得心应手。

与此同时，欧洲各国也出现了一批像本格森一样具有实力的年轻新手，如约尼尔（Jonysr）、克兰帕尔（Klampar）、舒尔贝克（Surbek）、斯蒂潘契奇（Stipancyc）、奥洛夫期基（Orlowski）、萨尔霍扬（Sarkhojan）等，这使整个乒坛欣喜，更给多年失去优势的欧洲各国带来希望，同时说明欧洲已经结束了它20年来由于各国发展的猛烈冲击，技术发展缓慢的状况，掌握了较符合自己情况的打法，具备和亚洲强队抗衡的实力。

欧洲成功的经验值得我们以及其他洲的乒乓界借鉴；只要有百折不挠探索成功道路的勇气，根据自己的情况和特点，大胆地吸取国外的先进技术，而不是盲目跟在别人后面跑，勇于创新，最后总能获得成功！

第三十二届世界锦标赛女团冠军为韩国队所获，瑞典男队打破了亚洲保持长达20年的团体冠军纪录，为欧洲国家获得了男子团体冠军的称号。

第三十三届世界锦标赛中，最受人注意的男单冠亚军之争，是在欧洲选手约尼尔与斯蒂潘契奇之间进行的。欧洲的进步对亚洲各国技术的提升起到了促进作用，中国、日本运动员伴随着新的挑战，也在继续努力。

第三十三、三十四届世界锦标赛，中国男、女队再次获得了团体冠军的荣誉。日本运动员战胜了欧洲强队，河野满荣获第三十四届世界锦标赛男单冠军。朝鲜队的朴英顺两次获得女子单打冠军。这些都表明20世纪70年代世界乒坛力量对比发生了变化，在1977年以前亚洲国家虽还占一定上风，但与欧洲国家的实力已相当接近了。

近年来，匈牙利、南斯拉夫、瑞典、捷克斯洛伐克、英国等一些男选手，在弧圈球或快攻结合弧圈球打法的主要技术方面有了明显的提高，拉、冲、扣结合自如。特别是匈牙利男选手，他们吸取了中国队发球、发球抢攻及接发球的一些特点，研究出了对付两面不同性能球拍攻守结合打法的有效战术，在整整27个年头（距匈牙利队前一次获得男团冠军）之后，终于在第三十五届世界锦标赛中，赢得了斯韦思林杯。南斯拉夫取得了男子双打冠军。欧洲选手还获得了5项第二名、2项第三名。至此，充分证明欧洲得到了复兴。在这届锦标赛中，日本队的小野诚治夺得男单冠军；中国队获女团、女单、女双、混双冠军，男团、男单、男双亚军。这些，虽仍显示了亚洲的实力，但男子方面欧、亚两洲势均力敌的局面已经形成，只是女子方面亚洲仍然领先。

五、进入奥运时代，竞争更加激烈

1988年，乒乓球被列入奥运会的正式比赛项目，这大大推动了世界乒乓球运动进一步发展。世界各国尤其是欧亚乒乓强国，更加重视乒乓球的普及和提高。进入奥运时代的乒乓球运动，欧亚竞争更加激烈。

乒乓球运动在中国长盛不衰的关键在于乒乓球爱好者组织起来后产生的强大凝聚力。乒乓球运动想要发展壮大并保持旺盛的生命力也需我们在世界范围内推广，将其打造成具有中国乒乓球文化品牌的世界运动。

第三节　乒乓球运动与高校

一、乒乓球运动教学现状

乒乓球运动基本技术简单易学，比赛规则容易掌握，而且器材简单、经济，在室内外都可以进行，运动量可大可小、运动强度可高可低，不受年龄、性别的限制。球小，速度快，变化多，乒乓球这项运动因此成为目前普通高校体育选修课中的热门选项。

我国高等院校的高水平乒乓球运动队一般都隶属于学校的行踪管理体制之下。基本上都是由一名学校主管副校长或副书记直接领导。学校领导重视、协调部门配合邀请主管领导举行相关比赛，通过授予名誉教练等方式获得主管领导重视，从而在政策上获得一定的支持。体育部对高水平乒乓球运动队可以直接进行日常训练和管理工作，并协同招生办公室、教务处、学生处等部门进行招生、教学管理、学籍管理等工作。

目前乒乓球教师的年龄多数集中在中年，表明他们既有丰富的教学经验，又有充足的体力和精力，对高校乒乓球教学进一步的发展起着基本保障作用。教学经验影响教师的教学能力，从一定意义上说明其教学工作的质量。高校乒乓球教师的学历直接影响到高校教育教学的质量。乒乓球教师的学历多数集中在本科，而研究生、博士生的比例偏低。由于高学历的教师很少，代表其学习经历的时间比较短，知识渊博程度不够，对教学质量产生一定影响。

随着教学工作的不断深入，高校对教师的学历要求也越来越高。因此，如何提高教师自身的学历，提高教师自身的业务能力是现阶段的首要前提。

高校社团内部由社长、副社长、宣传员、策划员和社员组成团队根据学校团委活动安排、学生的需求利用课余时间有组织、有计划地开展不同类型的乒乓球比赛，号召全校学生积极参加乒乓球社团，增长技术水平、强身健体、愉悦身心，丰富学生业余生活，养成锻炼身体的良好习惯和终身锻炼的意识，推动学校体育活动的开展。

二、乒乓球运动比赛规则

1. 相关定义

(1)回合：球处于比赛状态的一段时间。

(2)球处于比赛状态：从发球时球被有意向上抛起前，静止在不执拍手掌上的一瞬间，到该回合被判得分或重发球。

(3)重发球：不予判分的回合。

(4)一分：判分的回合。

(5)执拍手：正握着球拍的手。

(6)不执拍手：未握着球拍的手。

(7)击球：用握在手中的球拍或执拍手手腕以下部分触球。

(8)阻挡：对方击球后，处于比赛状态的球尚未触及本方台区也未超过比赛台面或其端线，即触及本方运动员或其穿戴的任何物品。

(9)发球员:在一个回合中,首先击球的运动员。

(10)接发球员:在一个回合中,第二位击球的运动员。

(11)裁判员:被指定管理一场比赛的人。

(12)裁判助理:被指定在某些方面协助裁判员工作的人。

2. 一场比赛

(1)一场比赛应采用三局两胜制或五局三胜制或七局四胜制。

(2)一场比赛应连续进行,但在局与局之间,任何一名运动员都有权要求不超过一分钟的休息时间。

3. 一局比赛

在一局比赛中,先得11分的一方为胜方;10平后,先多得2分的一方为胜方。

4. 一分

除被判重发球的回合,下列情况(均是在比赛状态下)运动员得一分:

(1)对方运动员未能合法发球。

(2)对方运动员未能合法还击。

(3)运动员在发球或还击后,对方运动员在击球前,球触及了除球网装置以外的任何东西。

(4)对方击球后,该球越过本方端线而没有触及本方台区。

(5)对方阻挡。

(6)对方连击。

(7)对方运动员或其穿戴的任何东西使球台移动。

(8)对方运动员或其穿戴的任何东西触及球网装置,包括对方运动员因抛乒乓球拍击球时乒乓球拍触网。

(9)对方运动员不执拍手触及比赛台面。

(10)双打时,对方运动员击球次序错误。

(11)执行轮换发球法时,接发球运动员或其双打同伴,包括接发球一击,完成了13次合法还击。

5. 合法发球

(1)发球时,球应放在不执拍手的手掌上,手掌张开和伸平。球应是静止的,在发球方的端线之后和比赛合面的水平面之上。

(2)发球员须用手把球几乎垂直地向上抛起,不得使球旋转,使球在离开不执拍手的手掌之后上升不少于16厘米,抛球上升路线与垂线之间夹角不能大于45度。

(3)当球从抛起的最高点下降时,发球员方可击球,使球首先触及本方台区,然后越过或绕过球网装置,再触及接发球员的台区。在双打中,球应先后触及发球员和接发球员的右半区。

(4)从抛球前球静止的最后一瞬间到击球时,球和球拍应在比赛台面的水平面之上。

(5)击球时,球应在发球方的端线之后,但不能超过发球员身体(手臂、头或腿除外)离端线最远的部分。

(6)运动员发球时,有责任让裁判员或副裁判员看清他是否按照合法发球的规定发球。

(7)如果裁判员怀疑发球员某个发球动作的正确性,并且他或者副裁判员都不能确信该发球动作不合法，一场比赛中此现象第一次出现时，裁判员可以警告发球员而不予判分。

(8)在同一场比赛中，如果运动员发球动作的正确性再次受到怀疑，不管是否出于同样的原因，不再警告而判失一分。

(9)无论是否第一次或任何时候，只要发球员明显没有按照合法发球的规定发球，他将被判失一分，无须警告。

(10)运动员因身体伤病而不能严格遵守合法发球的某些规定时，可由裁判员做出决定免予执行，但须在赛前向裁判员说明。

6. 合法还击

对方发球或还击后，本方运动员必须击球，使球直接越过或绕过球网装置，或触及球网装置后，再触及对方台区。

7. 比赛次序

(1)在单打中，首先由发球员合法发球，再由接发球员合法还击，然后两者交替合法还击。

(2)在双打中，首先由球员合法发球，再由接发球员合法还击，然后由发球员的同伴合法还击，再由接发球员的同伴合法还击，此后，运动员按此次序轮流合法还击。

8. 重发球和暂停比赛

回合出现下列情况应判重发球：

(1)如果发球员发出的球，在越过或绕过球网装置时，触及球网装置，此后成为合法发球或被接发球员或其同伴阻挡。

(2)如果接发球员或同伴未准备好时，球已发出，而且接发球员或其同伴均没有企图击球。

(3)由于发生了运动员无法控制的干扰，而使运动员未能合法发球、合法还击或遵守规则。

(4)裁判员或副裁判员暂停比赛。

(5)在双打时，运动员错发、错接。

可以在下列情况下暂停比赛：

(1)由于要纠正发球、接发球次序或方位错误。

(2)由于要实行轮换发球法。

(3)由于警告或处罚运动员。

(4)由于比赛环境受到干扰，以致该回合结果有可能受到影响。

三、乒乓球运动基本技术

(一)乒乓球运动基本步法

目前世界乒坛的顶尖高手在步法方面具有独到之处。所以我们对步法技术的探讨、分析和研究应予以充分重视。

1. 原地步步法

原地步指运动员在原来的位置上保持不动，但却时刻准备着起动和移动。通常运动员在对方做移动、击球等动作之前采用这种步法，其作用在于使身体在挥拍击球、移动之前始终处于一种“动态”状,便于根据突然来球情况而移动步法,挥拍击球。

动作要点:运动员两脚在原地不停地进行着快速的、应急的、放松的、时刻准备着为还击对方来球的左右脚的重心交换。两脚可以是原位置的换动,也可以是原地的旋转旋动,既可以向内旋转,也可以向外旋转,并且同换动一样不停地进行着两脚重心交换。

2. 预动步步法

预动步是将原地步步法与其他移动步法有机地连接起来的一种步法,能使运动员从原地步步法状态快速地过渡到下一个步法。在判断清楚对方的移动意图、击球意图后,迅速使用预动步步法,并根据来球快速地过渡到所需步法,使击球前的起动与完成击球所用的步法协调配合,紧密连接。

动作要点:当运动员判断出对方的移动、击球意图后,由原地步步法的两脚不停地、快速地交换重心并迅速降低重心,变为弯腰屈膝,身体前倾,两脚同时轻微地弹离地面,并快速回落到地面,紧接着就是根据来球情况准备衔接其他的移动步法。此时的双脚有制动作用。

3. 碎步步法

碎步,顾名思义即很碎、很小的步法。由此可知,这种步法的最大特征是步伐小,最大特点是重心稳,保证击球准,简单、实效性较强。击球前,运动员使用小碎步调整位置,对重心进行微调。

在乒乓球运动实践中,任何高水平的运动员都不可能对对方击过来的球的动点旋转性质、旋转强度做到准确无误的判断。为了更合理、更有效地调整移动步法,“碎步”步法应运而生,起到了衔接、调整步法的作用。

动作要点:运动员在很小的范围内做前、后、左、右不停地快速移动,借以调整自己的位置,以处于最佳的击球位置。运动员不停地小范围移动,首先保证了身体一直处于“动态”起动状态,其次因移动范围小,重心起伏不大,保证了击球的稳定性。

运动员进行碎步移动时,要不停地完成两脚的重心交换、两脚的位置移动、两脚的蹬地与内外旋动作,同时注意腰、髋的发力及大腿、小腿、足与腰、髋的配合。注意发力的协调与配合,腰、髋发力在先,大腿、小腿及足的发力在后。

运动员进行碎步移动时,一定要清楚碎步移动不是最终目的而是过渡,因此,要时刻注意来球情况,由碎步过渡到其他移动步法上去。

4. 单步步法

单步步法的动作简单实用,移动范围小,重心起伏不大,比较平稳。当遇到以下三种情况时,运动员可使用单步步法:

(1)来球离身体很近。

(2)来球是台内短球。

(3)其他步法来不及反击时,运动员用单步步法最适合。

动作要点:单步步法是运动员以两脚的任一脚为轴,另一只脚可以向前、后、左、右任何方向移动。移动时,摆动腿抬起的幅度要小,保证重心的稳定;支撑腿(蹬地腿)根据不同的来球,确定不同的蹬地方向和用力程度。当步法移动完成后,运动员身体重心也随之落到摆动腿上,然后再挥拍击球。脚落地、转髋、引拍挥拍、击球同步进行。

5. 并步步法

并步步法动作实用又简单,移动范围较大,可以使不稳的重心稳定下来,是一种救球时常用的步法，女运动员使用居多。并步步法的运用时机是：

(1)救球时，前、后腿距离太远，重心降低、前倾、偏斜，不利于快速再起动，故此时采用并步步法既可提高重心、稳定重心，又有利于再起动。

(2)削球选手退后场时也经常采用此步法。

(3)女选手和腿部力量较差的男选手，为了节省体力，减少步法的移动，也经常使用这种步法。

动作要点：并步需要运动员以重心所在的腿为支撑腿，另一腿快速地向支撑腿并拢，离支撑腿距离的远近因来球情况及还击需要而定。无论哪种情况，并步步法都是使两脚之间距离变近，故称之为并步步法。

运动员支撑腿的蹬地，以及摆动腿的迅速并拢，使身体重心的高度快速回升，腿部肌肉由很紧张的负重收缩状态立即恢复到放松或积极性的待发肌紧张状态，击球点回到较有利的制高点上。最后挥臂击球，运动员完成还击球动作。击球后的重心还原到准备姿势。

6. 跨步步法

跨步具有动作简单、实用性强、移动幅度中等的特点，但由于跨步属一步的步法，常会降低身体重心的高度，所以这种步法有利于运动员应急、借力还击，有宜于主动发力。

跨步步法多在球离运动员身体较远，用多步步法来不及，且来球速度较快、角度较大的应急、相持时使用，用于及时跟上来球节奏，借力"打"力，快速还击，扭转劣势。

动作要点：运动员在移动前身体重心首先向将移动的方向倾斜，倾斜角度依移动范围的大小而定。之后，移动方向的异侧脚用力蹬地，用力的大小依移动范围的大小而定；同侧脚向移动方向迈出一大步，这一步距离的远近同样是根据来球情况而定。同侧脚移动到位后，重心迅速移至该脚，而蹬地脚也随着蹬离地面力量的惯性贴着地面跟上一小步，使重心重新落在两脚中间。跨出脚的脚尖可以指向体侧，也可指向体前，可根据选手个人落地脚旋内、旋外或不旋的习惯而定。转腰、挥拍、击球要与跨出脚的落地同步进行，这是腰、脚、手在击球瞬间协调配合的最关键的一个环节。

7. 滑步步法

滑步步法的特点是移动范围较大，重心平稳，重心转换迅速，非常具有时效性。当相持且来球离运动员身体较远时使用，移动后两脚距离基本不变，利于连续快速回击来球。滑步是大范围移动步法中重心最稳的一种，使用此步法便于攻守平衡，不易失位，是攻守转换、结合其他步式的极重要的中介步法。

动作要点：运动员移动方向的异侧腿、脚首先蹬地发力，脚外侧离开地面，脚内侧着地并与地面有一不定期的夹角，角度的大小依发力的大小、移动范围的大小而定；异侧脚蹬地发力后快速靠拢支持腿、脚，并迅速落地站稳；与此同时，移动方向同侧腿（原支撑腿）的脚外侧用力蹬地，并向移动方向滑出一步。移动过程中，移动方向的异侧腿，先为摆腿，后为支撑腿；移动方向的同侧腿，先为支撑腿，后为摆动腿，最后重心移至两脚中间。移动中重心虽有短暂的在两腿间交换的过程，但基本上是一直保持在两脚之间的位置。移动方向同侧腿落地与转踩、挥拍动作同步。整个移动过程中两脚均贴着地面滑动，膝关节始终微屈。

（二）乒乓球运动基本手法

1. 直拍握拍法

球拍柄右侧贴在运动员食指第三指关节处，运动员以食指第二指关节压住球拍的右肩,食指第一指关节自然向内弯曲。拇指第一指关节压位球拍的左肩(拇指与食指之间的距离要适中)。其他三指自然弯曲斜重叠,以中指第一关节托于球拍背面,使球拍保持平稳。

这种握拍法,运动员由于手腕比较灵活,可以在发球时利用手腕动作,发出动作相似而旋转落点不同的球;也可以随心所欲地打出斜、直线球;对台内球的处理也较为有利。

由反手位用反手击球后再打出正手位的来球,以及由反手位用反手击球后进行侧身正手攻球时,有利于正、反手两项技术动作的协调结合。

对于中路追身球,运动员手腕可以自然下垂,通过手腕来调节拍形,对来球进行合理的回击。

运动员用这种握拍法进行正手攻球时,拇指与中指协调用力,食指相对放松起支持作用,无名指微离中指,指尖轻托球拍背面,以保持发力时球拍的稳定。

进行反手攻球或推挡球时,食指和中指协调用力,拇指相对放松起支持作用。用手腕发力时(包括正、反手击球),以中指发力为主,拇指和食指保持拍形的稳定,同时作辅助用力。

2. 横拍握拍法

此法分为攻击型和防守型。横拍攻击型(包括快攻和弧圈两种)和防守型(包括以攻为主结合削球及以削为主结合进攻)的握拍方法基本相同。不同的是可分为浅握和深握两种。

浅握是运动员以中指、无名指、小指自然地握住拍柄,拇指在球拍的正面轻贴在中指旁边,食指自然伸直斜放于球拍背面,虎口轻微贴拍。

深握与浅握的握法基本相同,但深握要求运动员虎口紧贴球拍。

这两种握法,运动员在正手攻球时食指要用点力,也可将食指往上移动一些帮助压拍。反手攻球或快拨时,拇指要用点力,也可用拇指往上移动一些帮助压拍。正、反手削球时,手指基本不动。

浅握的优点是运动员握拍较松,手腕灵活,对台内球的处理方法较多,既可用拉,也可用“撇”“摆短”等方法回击。进攻时,对低球起板较容易。左右结合协调较灵活。削球、搓球、发球时,搞旋转变化动作小,对方不易判断。缺点是进攻时,上臂、前臂的力量较难全部集中到手腕上,因而发力略受影响。削球时,因手腕较活,拍形不易固定,特别是削弧圈球较难控制。

深握的优点是运动员握拍较紧,拍形比较固定。进攻时上臂、前臂的力量能集中到手腕上,发力比较集中。拉高“吊”(加转弧圈球)、前冲弧圈球比较转、凶,扣杀球比较有力。削弧圈球比较好控制,加转削球有力、旋转强。缺点是由于握拍较紧,手腕不够灵活。对攻时左右结合的灵活性稍差一些。处理台内球比较困难。正手贴身球比较难打。削球时对中路靠右的短球比较难处理。削转与不转球动作差别较明显,易被对手识破。

3. 发球手法

平击发球是初学者最基本的入门发球,是一种几乎没有旋转、球速中等的发球,是掌握其他复杂发球技术的基础。

正手平击发球动作要点:运动员左脚稍前,身体略向右转,左手掌心托球置于身体右侧前方。左手将球向上抛起,同时右臂内旋,使拍面角度向前倾,向身体右后方引拍。右臂从身体右后方向右前方挥动。击球后，手臂和手挖继续向右前方随势挥动，快速还原成准备姿势。

4. 发下旋球

旋转是乒乓球的技术之一，虽然有无穷无尽的变化，但其弱点就是球速较慢。发转球与不转球的手法相似，可以迷惑对手，使对手接球困难的同时给自己创造得分的机会。

正手法下旋球与不转球动作要点：运动员左脚稍前，身体略向右倾斜，左手掌心托球置于身体右前方。左手将球向上抛起，同时右直握拍手腕作伸，横握手腕作略外展和伸。右臂从身体右后上方向左前下方挥动。球击出后第一落点接近于球网。击球后，手臂继续向左前下方随势挥动，然后迅速还原。

5. 正手快攻

运动员使用正手快攻技术时，站位要近台。此技术的特点是运动员动作小、球速快、借来球反弹力还击，与落点配合可为得分创造机会。

动作要点：左脚稍前，身体距球台 30 ~ 50 厘米。手臂自然弯曲并做内旋收拍面稍前倾，以前臂小幅度的后因为主，将球拍引至身体右侧后方。手臂向前方略左迎球。在上臂带动下前臂快速向左前方挥动，手腕配合外展。击球后，手臂继续向左前上方随势挥动，并迅速还原。

6. 反手快攻

动作要点：运动员两脚平行开立或右脚稍前，身体离台 30 ~ 50 厘米。手臂自然弯曲并外旋使拍面稍前倾，上臂、肘关节自然靠近身体，手腕作屈和内收，将球拍引至腹前偏左的位置。前臂向右前方来球方向迎球。肘关节内收，前臂加速向前上方发力并外旋，手腕同时配合作伸和外旋。击球后，前臂继续向右前方随势挥动，并迅速还原。

7. 反手挡球

动作要点：运动员两脚开立，身体与球台平行，距球台约 30 ~ 50 厘米。前臂与上臂自然弯曲做外旋，拍形角度接近垂直，前臂与台面几乎平行，将球拍隐于腹前。前臂由腹前伸向来球。当来球在球台上跳至上升期时，前臂和手腕稍向前迎击。击球主要借助对方来球的反弹力将球挡回。运动员击球后，手臂、手腕略微向前挥动，并迅速还原。

8. 正手扣杀

运动员在采用正手扣杀技术时，动作较大、力量大、球速快、攻击力强。运动员大多在出线机会时采用该技术，它是比赛中得分的一种重要手段。

动作要点：运动员左脚稍前，身体距球台 50 厘米左右站立。手臂自然弯曲并做内旋使拍面稍前倾，随着腰、髋的转动，手臂向后移动将球拍引至身体右后方。向来球方向转动，手臂向前迎球。当来球跳至高点期，蹬地、转体，要带动上臂，上臂带动前臂（有时前臂带动手腕）发力击球。击球后，手臂继续向左前略下方随势挥拍，并迅速还原。

9. 正手拉加转弧圈球

正手拉加转弧圈球的球速慢，弧线较高，曲度较大，上旋特别强，球着台后向下滑落快，球的第一弧线较高，第二弧线较低，运动员可以给自己创造机会，甚至直接得分。

动作要点：运动员左脚稍向前，身体离台 40 ~ 50 厘米。手臂稍内旋使拍面角度稍前倾，腰、髋向右转动，前臂自然下沉，同时直握球拍选手手腕作屈，横握拍选手手腕作内收，将球拍引至身体右下方。腰、髋向左上方（略前）转动，手臂从下向上（略前）迎球。当来球跳至下降前期时，提踵，脚掌蹬地，腰、髋向左上方（略前）转动带动上臂和前臂，同时直握拍选手手腕作伸展，横握拍选手手腕作外展，加速向左前上方（略前）发力。击球后，手臂继续向前上方随势挥动，并迅速还原。

10. 反手拉加转弧圈球

动作要点：运动员两脚平行开立或右脚稍前，身体离台 40～60 厘米。手臂稍外旋，使拍面角度稍前倾，腰、髋向左转动，手臂自然下沉，手腕内收，将球拍引至身体左前下方。腰、髋向右上方（略前）转动，手臂从下向上（略前）迎球。当来球跳至下降前期，腰、髋向右上方（略前）转动，以肘关节为轴向下内收，前臂加速向上发力（略前），手腕外展。击球后，手臂继续向前上方随势挥动，并迅速还原。

11. 正手拉前冲弧圈球

球的力量较大，速度快，上旋力强，弧线长，落台后，前冲力大，并向下滑落。

动作要点：运动员左脚在前，身体离球台 40～50 厘米。手臂内旋，拍面前倾，腰、髋向右转动，手臂几乎伸直，直握拍手腕作屈，横握拍手腕作内收，将球拍引至身体右后略下方。腰、髋向左转动，手臂向来球方向迎击。但来球跳至高点期或下降前期，腰、髋向左转，左上臂带动下前臂加速向前为主，略向上发力，同时直握球拍手腕作伸，横握球拍手腕作外展。击球后，手臂继续向前略向上方随势挥动，并迅速还原。

12. 反手拉前冲弧圈球

动作要点：运动员右脚稍前，身体距球台 40～60 厘米。手臂外旋时拍面角度前倾大些，腰、髋向左转动，上臂、肘关节靠近身体，钱币向左后方移动，手腕内收将球拍引至身体左后略下方。腰、髋向右转动，手臂向来球方向迎击。当来球跳至高点期或下降期，腰、髋向右前上方转动，肘关节内收，前臂加速向前略向上，同时手腕外展。击球后，手臂继续向前上方随势挥动，并迅速还原。

13. 正手快搓

正手快搓时，运动员动作小，球的速度较快。运动员回球有一定的旋转，主要借助对方来球的力量进行回击。快搓与其他搓球技术配合，能改变击球节奏，缩短对方击球时间，为我方创造强攻机会。

动作要点：运动员左脚稍前站立，身体离台 30～50 厘米。手臂外旋使拍面角度略后仰，后因动作较小，前臂向右上方提起，将球拍引至身体右前上方。腰、髋左转，手臂向左前下方迎球。当来球跳至上升期，借助对方来球前进力，前臂向左前下方用力。击球后，手臂继续向左前下方随势挥动，并迅速还原。

14. 反手快搓

动作要点：运动员两脚几乎平向站立或左脚稍前，身体离台 30～50 厘米。手臂内旋使拍面角度后仰，后因动作较小，前臂在上臂带动下向后上方提起，将球拍引至胸腹之间偏左位置。手臂向右前下方挥击迎球。当来球跳至上升期，借助对方来球前进力，前臂、手腕向右前下方用力。击球后，运动员手臂继续向右前下方随势挥动，并迅速还原。

四、乒乓球运动教学与训练

(一)乒乓球运动教学

乒乓球的教学原则是乒乓球教学过程客观规律的反映,是长期乒乓球教学实践中成功经验的总结和概括,它对乒乓球的教学工作具有普遍的指导意义。

1. 自觉性、积极性原则

教师贯彻自觉性、积极性原则首先要抓好思想教育工作,使学生明确学习目的,端正学习态度,自觉勤学苦练,勇于克服困难,形成生动活泼的学习局面。

教师在教学中,要注意教学组织、练习形式的多样性,让学生明确教学安排和练习内容的目的、要求,善于激发学生的兴趣,提高学习的主动性。

教师要用自己积极的工作的精神风貌去感染学生,用自己的实际行动和教学效果去换取学生的信赖,这对于提高学生的自觉性和积极性具有重要意义。

2. 直观性原则

直观性原则是根据人对事物的认识规律提出来的。它是指在乒乓球教学中,教师通过学生的各种感官,丰富学生的感性认识,使学生获得生动的表象,从而掌握乒乓球的知识、技术和技能。

乒乓球教学中常用的直观方法有:教师(或优秀运动员)的技术动作示范、技术动作挂图、技术电影、各种大型比赛的技术录像、教具模型演示、徒手挥拍动作以及生动、形象的口诀和要领等。通过这些直观教学过程,学生"从生动的直观到抽象的思维",清楚地认清各项基本技术的特点、运用范围、动作方法和要领、动作结构和动作之间的相互内在联系,建立正确的技术动作概念,从而进行有意识的模仿;达到尽快掌握技术动作的目的。

贯彻直观性原则时应注意:

(1)教师在运用各种直观方法进行教学时,应让学生明确看什么和怎么看。

(2)教师正确的示范,生动、形象的讲解,适宜的讲解示范时机,对提高直观效果能起到积极的作用。

(3)教师要善于抓住教学的间隙和学生练习中存在的普遍性问题,进行正误对比,以助于启发学生的积极思维,提高他们分析技术动作的能力。

3. 循序渐进与突出重点相结合的原则

技术教学、战术教学和身体练习,应按照"学习—巩固—提高,再学习—再巩固—再提高"的程序进行。教师对教学内容、教学进度、运动负荷及练习方法的安排,要由易到难,由简到繁,由浅入深,由低到高,符合掌握知识、技术和技能的渐进规律。

贯彻循序渐进原则的同时,教师还应注意突出重点,在教学的不同时期和不同阶段,切实抓住主要矛盾,重点突破,推动全局。

4. 统一安排与区别对待相结合的原则

教师在组织教学工作时,首先要根据教学工作的任务和要求,制订出统一的大纲和进度,教学大纲和教学进度是教师开展教学工作的依据。

由于乒乓球的打法类型多样,技术特点各异,因而教师在统一安排的同时,要注意区别对待。在教学过程中,教师要根据学生的打法类型、技术特点、训练水平和身体条件的不同,可在练习内容、练习方法、练习负荷的安排上加以区别对待。

5. 合理安排运动负荷的原则

在教学过程中,教师对运动负荷的安排必须科学合理,适合学生的机能能力和训练水平。如果操之过急,势必适得其反。

运动负荷的安排要由小到大,逐步提高,形成一个“加大—适应,再加大—再适应”的过程。加大运动负荷时要注意处理好负荷量和负荷强度的关系,合理进行安排。运动负荷的大小是相对的,应针对学生的不同情况,加以区别对待。

6. 练习与比赛相结合的原则

练习和比赛是提高技术水平的两个不可分割的基本手段,教师在教学过程中要注意把两者有机地结合起来。当学生在比较简单的条件下掌握了技术之后,教师应逐步将学生转到比较复杂的或接近于比赛的条件下进行练习,使学生所掌握的技术能够在比赛中合理运用,正常发挥。

乒乓球的教学原则是相互联系、相互促进的,教师在教学工作中要全面贯彻执行,才能获得良好的教学效果。

(二)乒乓球运动训练

乒乓球的训练原则:客观规律的反映和内在本质的体现,乒乓球训练长期积累起来的具有普遍意义的经验总结和概括,它决定着乒乓球训练的基本方法和结果,是乒乓球教练员组织指导教学训练的基本方法和结果,也是乒乓球教练员组织指导教学训练工作必须遵循的准则。

1. 系统性原则

系统性,是指从训练的最初阶段开始,直到出成绩、保持成绩并不断提高技术水平的整个训练过程,前后连贯、紧密相关而不中断。实践证明,要取得优秀成绩,必须经过多年的系统训练。短期、零碎、时断时续、彼此脱节的训练,是绝对不可能培养出优秀乒乓球运动员的。这是因为,训练中的各个训练过程、训练内容都是彼此相关、相互影响和相互促进的。另外,学习和掌握运动技能的本质是建立运动条件反射。简短训练,容易使已建立起来的条件反射消退。要使已获得的条件反射得到巩固,必须经过长期不间断的系统训练才能实现。贯彻系统性原则应妥善处理以下几个方面的问题:

(1)坚持从小训练、多年训练和系统训练。乒乓球运动员出现优秀成绩,一班需要6~8年的训练时间。应将这6~8年的训练时间划分为若干个训练阶段,并使每个训练阶段紧密相连,成为一个统一的整体。

(2)课与课、周与周、周期与周期,以及训练阶段与阶段时间,在训练内容、重点、方法和运动负荷的安排上要有机地结合起来,使上一次训练(课、周、周期、阶段)为下一次训练做准备,使下一次训练成为再下一次训练的准备,使下一次训练成为上一次训练的继续提高。总之,应使每次训练都能相互结合、取长补短,达到更好的训练效果。

(3)科学地安排好训练和休息,合理地控制好疲劳和恢复的相互交替,是进行持续不断训练的根本保证。如果不顾实际情况,一味加大运动负荷,只能导致过度疲劳和伤病的出现,而过度疲劳和伤病是进行系统训练的主要障碍。

2. 从难、从严、从实战出发,合理安排运动负荷原则

这一原则的实质是练为战。平时的一切训练,都是为了适应比赛的需要。结合乒乓球训练的特点，在训练中贯彻这一原则应注意以下几个方面：

（1）从难，主要是指随着训练水平的提高，要不断加大技术、战术以及身体训练的难度，使训练尽量在多种条件刺激下进行。

（2）对训练还应该不断提出新的、更高的标准，以使训练的技术、战术、身体心理素质水平达到或超过比赛的要求。乒乓球的从难训练，主要从如下两个方面去体现：

①应该把比赛中那些带关键性的、常用的技术和战术分门别类地组合起来，使其配套，进行反复训练并运用于比赛。

②要多进行综合性训练，如不同击球位置、不同击球节奏、不同旋转和力量等的结合训练，使训练在多种条件刺激下进行。

随着技术水平的提高，对每一套技术、战术的练习，都应在速度、旋转、力量、准确性、落点以及变化能力、应变能力等方面提出新的更高的要求。

当然，从难训练一定要从实战出发，要难得可行。如配套的技术、战术，一方面要注意比赛的实际需要，另一方面还要结合本人的特点，所提要求应符合运动员的训练水平。要求过高或过低，都不能达到从难训练的目的。

3. 统一安排与区别对待相结合原则

教练员在整个训练过程或训练的某一阶段，安排训练内容、方法、手段以及提出要求时，既要考虑全队需解决的共性问题，又要根据运动员的不同情况解决个人需解决的问题。因此，训练中既要有统一的安排，又要有区别对待，顾及运动员的不同特点。

统一安排，主要是对全队共同需要解决的问题，规定一定的时间，按一定的方法、步骤进行训练，以达到共同提高的目的。而区别对待，则主要应从训练内容、方法、步骤、手段以及要求上，根据个人不同的情况加以区别。

在教学训练过程中，教练员必须善于根据不同的训练期、本队的训练水平、个人不同的技术、身体素质情况，使统一安排与区别对待有机地结合起来，灵活地加以运用。比如，在统一安排与区别对待的训练时间分配中，对少年儿童运动员，或训练时间较短、训练水平较低的运动员，或在训练的最初阶段，统一训练的时间可以多些，以便有更多的时间打好技术基础。对于训练水平较高的运动员，或接近比赛的训练阶段，区别对待的训练时间则可以多一些，以利于根据个人的不同特点形成各自不同的技术风格。实践证明，只有真正贯彻统一安排与区别对待的原则，才能使训练取得积极的效果。

4. 全面技术训练与特长技术训练相结合原则

由于世界乒乓球技术的发展，运动员要想战胜对手取得优异成绩，必须掌握本垒打法的全面技术，并形成自己的特长技术。

技术全面，主要是要求运动员在技术上没有明显的漏洞，能根据对方的来球灵活地运用推（拨）、拉、扣（冲）、点、带、搓、削等不同技术，有效地还击对方来球；能应对各种不同类型的打法；进攻型（包括快攻和弧圈）打法具备一定的相持和防御能力，削攻型打法具备一定的进攻能力。

乒乓球运动员特长技术的建立和个人技术风格的培养是密切相连的。没有特长技术风格的运动员，是很难攀登世界乒乓球技术高峰的。特长技术的建立可以从几个方面入手：根据个人打法的特点，从发球和攻、推、拉、搓、削等方面去确定和建立个人特长和线路；根据个人身体素质的特点和使用球拍性能去确定和建立特长技术等。

在整个训练过程中，教练员要善于正确处理好全面技术训练与特长技术训练的关系。

在训练初期阶段或运动员训练水平较低时,可侧重全面技术训练。随着训练水平的不断提高,特别是到了训练后期,应注意逐步突出特长技术的训练。在以全面训练为主的同时,应建立运动员的特长技术;在以特长技术训练为主的同时,也应注意对全面技术的巩固和提高。总之,不能等技术练全面了再去练特长,但也不能过早地去抓特长技术的训练。

5. 全面身体训练与专项身体训练相结合原则

身体训练包括全面身体训练和专项身体训练两个部分。前者使运动员身体及各种素质得到全面发展;后者是为了直接有效地提高水平所必需的专项素质。在训练中,只有两者有机地结合,才能取得好的效果。

教练员必须在提高全面身体素质的基础上,逐步加大运动员专项身体训练的比重。一般在少年儿童的提高阶段、训练后期、竞赛期,应多进行专项身体训练。

教练员应根据不同的身体训练水平,确定不同的运动员训练比重。如运动员身体训练水平较低,则全面身体训练的比重大些;如运动员身体训练水平较高,则应逐步加大专项身体训练的比重。

6. 训练与比赛相结合原则

平时训练掌握的技术和战术,要通过在各种形式的比赛中加以巩固;比赛中暴露出来的问题,要通过平时的训练加以解决。所以,训练和比赛是相辅相成的。从局部来说,比赛要服从训练的需要,但只有把两者有机地结合起来,才能促进运动员更快地提高技术水平。

在训练的初级阶段、少年儿童的初学阶段或训练水平较低时,一般都以基本技术训练为主,不宜多安排比赛(或用比赛训练法)。随着运动员训练水平的提高,特别是到了训练后期(竞赛期或赛前期),一般都以战术训练为主安排各种形式的比赛以提高运动员战术运用的能力,使运动员能在各种形式的比赛中正常地发挥技术水平。

平时训练如能接近正式比赛的条件,对提高运动员的心理素质、战术意识、比赛风格等均具有积极作用,但平时训练很难达到正式比赛的各种要求,因此应给训练水平较高的运动员创造更多的比赛机会,加强实际锻炼,不断提高临场比赛经验和适应各种形式比赛的能力。运动员训练水平愈高,愈需参加更多的比赛。

第四节　乒乓球运动与健康

一、身体健康

(一)损伤

1. 技术动作不正确

在乒乓球运动中,错误地掌握乒乓球的技术动作,是导致运动损伤的主要原因。在教学和训练过程中,乒乓球专项技术动作训练不够,不能正确掌握乒乓球技术要领,动力定型不能完全形成,就会导致运动损伤的发生。

乒乓球是一项技术动作要求很高的项目,初学时必须在专业教师的指导下,学习正确的技术动作,经过反复练习,形成动力定型才能正确掌握乒乓球运动的基本技术。很多初学者没有认识到掌握技术动作的重要性，急于求成，不注意对正确技术要领的把握，形成错误的击球动作，击球时盲目发力，长此以往就会造成运动损伤。

2. 准备活动不足

乒乓球是一项隔网对抗项目，虽然场地小，距离短，但变化多，对运动员的灵敏度、速度和爆发力都有很高的要求。

在运动前如果准备活动做得不充分，身体的生理机能就会达不到运动时需要的状态，稍有不慎就会造成运动损伤。所以必须注意对腰、肩、膝盖、肘这些在乒乓球运动中常见损伤的部位提前做好准备活动。

3. 局部负荷过重

乒乓球运动具有对单一动作重复多次练习的特点，一次练习的时间过长，单个动作的重复次数就会多。

乒乓球运动员无论是训练还是比赛，在球场上始终保持身体前倾和膝关节半屈位状态，从而使得局部肌肉主动强烈地收缩或被动过度拉长而超过了肌肉或关节本身所能承受的负荷，就会造成急性肌肉拉伤或断裂。肌腱和关节反复过度牵拉，很容易造成局部负荷过重，导致关节劳损。

4. 场地、器材不适

乒乓球运动需要运动员在场地上来回移动，如果场地太滑或者太粘，就容易跌倒，很可能造成下肢关节扭伤、擦伤等。场地太硬的话，地面对下肢关节的反作用力强，从而使踝、膝关节的负担就越重，容易造成下肢关节的损伤。不合适的球拍、球鞋、场地和器材也是造成损伤的原因之一。

（二）预防

运动员应掌握正确的乒乓球技术，因为它是一项技术性很强的运动项目。从一开始，运动员就应在专业教师的正确指导下，学习规范的乒乓球击球动作和正确的移动步法，不要急于求成，应循序渐进，掌握乒乓球运动的基本技能，对预防运动损伤具有非常大的意义。

1. 做好准备活动

乒乓球运动损伤的发生，大多与乒乓球运动者准备活动做得不充分有很大的关系，特别是肩、腰、膝等运动损伤发生率较高的部位，必须在运动前做好准备活动，除了一般性的准备活动要认真对待外，还要做好专项准备活动，从而使全身各关节及肌肉群充分地活动开，在心理和生理两方面做好充分的准备，以减少运动损伤的发生。

2. 合理安排运动负荷

在乒乓球教学与训练中，应该循序渐进，运动负荷的安排要大、中、小结合，遵循一定的周期特点。练习强度增大时就要缩短练习的时间，当练习时间延长时就应该降低负荷强度。避免在局部负荷过重和身体疲劳的状态下进行复杂技术动作的练习和过度用力，将训练中产生的感觉与教师及时沟通，让教师能够了解训练的效果，把握训练的强度。

3. 注重身体素质和专项素质的增强

在训练中，运动员提高身体各方面素质是预防运动损伤的重要途径之一。乒乓球运动要求运动员具备速度、灵敏度、爆发力、耐力等多方面的综合素质，因此在教学训练中，要安排适当的身体素质的训练,加强专项素质的练习。对容易发生损伤的部位,运动员应加强训练,对肌肉群的力量、关节和韧带的柔软性也要加强专门性的训练,最大限度地减少损伤。

4. 加强自我保护与医务监督

任何体育活动都要求练习者亲自参与,这种参与应该是全身心的。参加学习和训练的运动员必须学会和掌握自我保护的方法,这是预防运动损伤的重要环节。还要加强医务监督,它既能够为练习者提供科学依据,也能使练习的过程得到保障,又能及时发现、避免损伤的发生以及正确处理损伤事故。

5. 加强腰、肩、膝等局部的放松

在乒乓球运动中,腰、肩、膝部位的负担比较重,在训练结束后可采取热敷、按摩等手段,加快这些部位的血液循环,也可在运动过程的间隙,有意识地放松这些部位的肌肉,这些都是减轻局部负担、缓解疲劳的好办法。

二、心理健康

新一代的大学生将会是未来面向国际的社会主义建设人才,不但要有健康的体魄,更要有健全的精神。学校体育作为学校教育的重要组成部分,其目的和任务是增进学生健康,增强学生体质,促进学生身心的全面发展。因而教师既要重视体育对学生身体发展的作用,又要重视体育对促进学生心理发展的研究,从而对高校体育课程改革取得突破性进展奠定基础。

在体育项目中,乒乓球运动属于隔网对抗项群,需要的设备器材简单,运动量可大可小,易于控制。乒乓球项目的运动特点有利于增强大脑神经系统的灵敏性,提高大脑思维敏捷度。当今社会的重大特征是学科交叉,知识融合,技术集成,需要的是一专多能型的人才,大学生在校园学习期间需要不断拓展自己的知识面,提高自身综合素质,变革思维,努力成为复合型人才,适应社会的需要。拥有敏捷的思维能够提高学习效率,使大学生能够自如地运用各学科知识,使知识的融会贯通变得游刃有余。

大学生承载着我国未来建设发展的希望。现阶段因大学生心理健康问题引发出各种社会问题事件,因此,学校、社会和家庭应给予更多的关注。

乒乓球项目作为我国普通高等学校开展较为普及的体育运动项目在调整大学生心理状态方面有着明显的优势,对于提高大学生学习效率、增强大学生社会适应能力、培养坚忍不拔的意志品质有着积极实际价值。鉴于乒乓球运动的这些特点,普通高等学校可以长期开展该项目,并可考虑将乒乓球运动作为塑造大学生健康心理的有效手段之一。

社会适应能力是指人为了在社会更好生存而进行的心理上、生理上以及行为上的各种适应性的改变,与社会达到和谐状态的一种执行适应能力,从某种意义上来说就是指社交能力、处事能力、人际关系能力。它是个人为与环境取得和谐的关系而产生的心理和行为变化,是个体与各种环境因素连续而不断改变的相互作用过程。乒乓球比赛不管在单打、双打还是在团体项目中,竞争都非常激烈,成功和失败的条件经常转换,大学生在比赛中不仅要调整自己的技、战术主动赢得每一分,还要揣摩对方战术意图,不让对手轻易得分,这使其情绪状态非常复杂,需要不断调整自己的心理状态,调整技、战术,不断适应赛场变化取得制胜分。大学生通过这种胜负难料、变幻莫测、激烈竞争的锻炼,能提高自己面对顺境和逆境时的应变能力,增强社会适应能力。

第九章　网球运动与身体健康

第一节　网球运动的起源

一、世界网球运动起源

网球运动历史久远，关于其起源之说众说纷纭，基本可以归结为以下两点：

一种说法是，网球运动的起源可以追溯到“百年战争”（1337—1453 年英法两国战争）以前在法国民间流传的一种名叫海欧·德·巴乌麦的球类游戏。这是一种两个人进行的，每人手持一个球拍，球场四周筑有围墙，球撞到墙上后被弹回去之后过网的游戏。

另一种说法是，网球运动起源于 12 至 13 世纪时，法国人常在教堂回廊里，用手掌击球的活动方式。而后，这种活动方式很快流行于法国宫廷之中，并由室内移向室外。成为在一块开阔的空地上，将一条绳子架在中间，两边各站一人，双方用手来回击打一种裹着头发的布球的游戏。

网球运动其与生俱来就带有着贵族特性。古式网球具有较强的游戏性和娱乐性，适合于贵族休闲享乐的生活方式和人际交往方式。因此，在大小贵族和社会上层人物的亲自参与和提倡下，很快就成为一种高贵身份的象征，打上了“贵族运动”的烙印。然而，古式网球运动的发展不是一帆风顺的。

路易二世时期，网球运动一度传入宫廷，国王认为这种运动有损贵族的高贵风度而禁止，直到路易十世才解除这个禁令。为了使网球更有弹性和加快速度，制球人在球内掺入砂子、金属、锯屑之类物品。为了防止伤人，路易十一世为此发出公告，禁止在球内增加金属和砂子一类物品。英国早期因为担心玩球而耽误射箭等军事训练，国王也曾下令限制这一活动。

15 世纪起，随着科技的发展，有关网球运动的各种器材都有了初步改进。

首先，这种游戏不再用手掌击球而是改用板拍打球了，并很快出现了一种用羊皮纸做拍面的卵形球拍。其次，场地中央的绳子也改换成了球网。

16 至 17 世纪，这项游戏转变成了一项相对正规的比赛。当时的人们制定了相应的比赛规则，即四个球一局的 15、30、40（45 的简呼）记分法，并专门建造了球场，规定了它的大小。与此同时，球拍也有了进一步的变化，击球的拍面不再用羊皮纸，而是换成了有一定弹性的弦线。

同样，网球运动的名称也由起初的法文“jeu de paum（掌球游戏）”逐渐演变成英语“tennis”。

1399 年，在旅法英国诗人约翰·高尔的作品中“tenetz（tennis）”最早作为“网球”见诸文字。后来又有变动，1602 年“tennis”出现在莎士比亚的剧作之后，才固定下来。而多数人认为网球的名称主要还是因为球的表面是用埃及坦尼斯镇所产的最为著名的绒布—斜纹法兰绒制作的,英国人将这种球称为"tennis(网球)",并流传下来。直到现在,我们使用的球还保留着一层柔软的绒面。

二、我国网球运动起源

1885年前后,网球运动经英、美、法等国的商人传入中国。先是上海、广州等城市出现网球运动,后来一些学校也开展起这项运动,当时活动用球都是从国外带来的。

1898年,上海圣约翰书院举行斯坦豪斯杯赛,这是中国网球史上最早的校内比赛。

1906年,北京汇文学校、协和书院、清华学校之间,上海圣约翰大学、南洋公学、沪江大学,以及南京、广州、香港的一些学校开始举行校际网球赛,促进了网球运动在中国的传播。

19世纪30年代是中国网球水平的鼎盛时期,涌现了一些杰出的网球高手,如许承基在英国公开的网球赛上力挫群雄,击败当时的世界网球名将奥斯丁,夺得男子单打冠军。而后他又参加了温布尔顿国际网球比赛,进入了单打前十名。

1910—1948年,我国共举行了七届运动会,网球一直被列为比赛项目。

1924至1946年,我国虽6次派队参加戴维斯杯比赛,但技术、战术水平较低。

中华人民共和国成立后,网球运动快速发展。

1953年,天津首次举办了包括网球在内的四项球类运动会(篮、排、网、羽)。

1956年,全国网球锦标赛举办,后来全国网球等级联赛定期举行,并实行升降级制度,还定期举办全国网球单项比赛、全国硬地网球冠军赛、全国青少年网球比赛,近年来又举办起了巡回赛,另外还有老年网球赛、高校网球赛、少年网球赛。这些竞赛对促进网球技术水平的提高起到了积极的推动作用。

1956年10月23日,中国网球协会正式成立,同年举行了全国网球锦标赛。

1964年,吕正操将军担任中国网球协会名誉主席。

1974年,我国网球队在第七届亚运会上的男女团体比赛上,均取得了第二名。

1978年,我国网球队在南斯拉夫第二十四届国际网球锦标赛中,取得了女子单打冠军、男女混合双打冠军、女子双打亚军。同年在第八届亚运会上,我国网球又取得了女子单打和男子双打亚军。

1979年10月,我国网球运动员参加了在日本举行的博登国际网球比赛,余丽桥和陈娟获得女子双打冠军。

1980年10月13日—19日,中国网球协会与世界网球选手协会理事会在广州联合举办了"万宝路广州网球精英大赛",这是30多个城市举办的90多个大奖赛的"沃尔沃国际网球大奖巡回赛"的一部分,是在中国第一次举办的大规模网球比赛。

1981年1月在美国白宫杯少年网球锦标赛上,胡娜和李心意获得女子双打冠军。

1982年5月16日,国务院副总理万里担任中国网球协会名誉主席。同年,在第九届亚运会上,我国网球男选手刘树华、男双选手刘树华和马克勤、女单选手余丽桥均取得第三名。

1986年,在第十届首尔亚运会上,我国选手李心意获得女子单打第三名。

1990年第十一届北京亚运会上,我国男子获得团体冠军,潘兵获男子单打冠军,夏嘉平和孟强华获男子双打冠军。

1991年,女子队参加联合会杯网球团体赛,在58个参赛队中进入16强,李芳从国际网球排名200号位跃升到155位,夏嘉平参加世界大学生运动会网球比赛获得男子单打冠军,上述成绩说明我国网球运动有了长足的进步,令人鼓舞。然而从世界角度看,我国网球技术水平与其他国家存在的差距是相当大的。1991 年从国际网联世界排名看,我国男子排名最前为第 300 位,女子排名最前为第 155 位。

1992 年,在西班牙巴塞罗那举行的第二十五届奥运会网球比赛上,我国网球选手在历史上第一次参加奥运会。中国选手有 5 名参赛队员,女单李芳、陈莉,女双李芳/唐敏,男双孟强华/夏嘉平,除女双进入第二轮外,其他均在第一轮被淘汰。

中国网球公开赛是一项在中国北京举行的职业网球锦标赛。1993 年,该项赛事在北京奥体中心进行。在当时与卡塔尔公开赛和迪拜网球冠军赛一同作为职业网球联合会新设在亚洲的巡回赛。

1994 年,年终国际网联世界排名中我国夏嘉平为第 313 位,潘兵为第 215 位,李芳第 66 位,陈莉第 233 位,唐敏第 237 位。

1999 年李芳、易景茜在美国西雅图 WTA 国际女子巡回赛上分别夺得冠、亚军。

2000 年 1 月 7 日我国优秀女选手易景茜一举闯入澳网公开赛前 32 名,这一战绩给在世界四大网球公开赛上很少亮相的中国带来了惊喜。

2001 年,在北京举行的世界大学生运动会上,我国又取得了女子单打、双打冠军。

2004 年,中国的双打选手李婷与搭档孙甜甜站在了迈阿密大师赛的女双半决赛赛场上,能够进入迈阿密女双四强,这对中国姑娘已经创造了中国网球史上新的纪录:在总奖金高达 650 万美元的 WTA 一级赛事的半决赛上留下了中国人的足迹。同年雅典奥运会,李婷、孙甜甜夺得女子双打冠军。

2006 年澳大利亚网球公开赛上,郑洁、晏紫夺得女子双打冠军。中国网球公开赛成为在美国以外首次使用鹰眼系统(Hawk-Eye)的巡回赛。

目前,我国网球运动正在蓬勃发展,室内外网球场地不断兴建,参与网球运动的人与日俱增,网球比赛此起彼伏。各省市业余体校设立了青少年网球训练班,为我国网球运动培养后备人才。

第二节　网球运动的发展

一、网球发展特点

网球发展的特点:一是普及;二是水平高,争夺激烈;三是随着器材的改革,尤其是球拍的研制,网球将向着力量、速度型方向发展;四是随着网球各种大赛奖金的不断提高,网球的职业化、商业化程度会越来越高。

总之,作为世界第二大运动的网球运动将以其无比的魅力和不断发展的技术赢得越来越多的爱好者和观众。

(一)当今网球发展趋势

1. 快速

快速并不是指击球或跑动一味求快,而是一种急停、急起、急转的专项速度和预判能力在快速中保持相对稳定，是一种有节制的专项的快速。快速与一个人对球的预见性有很大关系。

2. 进攻

按传统观念，运动员进攻时应站在底线范围击球，看谁失误少，谁失误越少谁取胜的机会就越大。现今发展的方向，强调的是一种进攻意识和愿望，以攻为守，进攻是最好的防守。

3. 全面

这里所说的"全面"并不等于面面俱到，而应当是在没有明显技术缺陷下特长突出的全面，绝对的全面是不可能的。

4. 变化

变化是指改变打法的单一性，根据不同的对手采用不同的打法，方式、方法越多越好。

5. 稳定

稳定并不是说运动员要在某一次击球或是某一次比赛中稳定地发挥，而是要在整个赛事中或网球生涯中稳定地发挥。

总之，世界网球技术将朝着"积极主动，特长突出，技术全面，战术多样"的方向发展。今后的世界网球运动将向着符合奥林匹克精神的"更快、更高、更强、更团结"的方向发展。

（二）主要的网球机构——国际网球联合会（ITF）

国际网球联合会（International Tennis Federation，ITF）的任务是制定、修改和实施网球规则、在各级水平上促进全世界网球运动的发展、在国际上维护网球运动的利益、促进和鼓励网球的教学、为国际赛事制定和实施规则、裁定国际网联认可的正式网球锦标赛、增强协会会员的影响力、维护联合会的独立、确定运动员的资格、管理业余、职业及业余—职业混合型比赛、合理使用联合会的资金、维护网球界的团结及监督这些规则的实行等。

二、战术发展现状

（一）战术指导思想

网球的战术指导思想是：全面贯彻快、狠、准、变、转的技术风格和以我为主、以快为主、以攻为主、积极主动的打法。

快——判断快、反应快、起动快、回动快、步法移动快、抢位快、击球点高、完成击球动作快、突击进攻快、守中反攻快。

狠——进攻凌厉，球路变化多，落点刁，抓住有利战机突击、连续进攻或一拍解决战斗。

准——在快速多变中抓得准，掌握技术准确并应用自如，落点准。

变——分两大部分：一是战略上的"变"。"战略"顾名思义是指两方作战整体的、大范围的、全局的变化。用在网球实战中，即是指某一次比赛整个比赛的赛程的变化。例如，第一阶段如何打、第二阶段如何打、小组赛如何打、出线后如何打、进入决赛如何打、进入冠军争夺赛如何打、团体赛如何打、单项赛如何打；二是战术上的"变"。落实到战术，其是战略的具体实施。战略需要战术来表现，那么不同的"天时"、不同的"地利"及不同的"人和"将对应着具体的、变化的战术。

转——转在网球运动中占有极其重要的地位。现代的网球人经常戏称“转”为网球技术风格的核心、网球技术要素的灵魂、网球运动节奏的关键。因此，“转”的变化将决定力量的重组、速度的再分配、弧线的合理与否、落点的精准度。

（二）战术运用原则与要求

战术运用原则主要是：知己知彼，有的放矢；机动灵活，随机应变；以己之长，制彼之短；勤于观察，善于分析；勇猛顽强，敢打敢拼。

战术要求。运用战术是要达到以下几个目的：

1. 调动对方移动

对方一般站在场区的中心位置，全面地照顾各个角落，运动员要使对方击不到球是较困难的，但如果把对方调离中心位置，场区就会出现空当，这空当就成了运动员进攻的目标。

2. 迫使对方被动

运动员利用场区内大角度的调动以及搭配重复球的使用，充分调动对方，迫使对方始终处于被动的情况下。而后，运动员再通过底线和网前结合等方式，使对方完全失去控制场上局面的能力，从而被迫跟随本方选手的节奏进行回球。

3. 诱使对方被骗

运动员利用重复球或假动作打乱对方的步法，使对方身体重心失去控制，来不及还击或延误击球时间导致回球质量差，造成被动。

4. 消耗对方体能

运动员控制球的落点，最大限度地利用整个场地把球击到场区的四个角上或离对手最远的地方，使对手在每一次回球时尽量消耗体力。运动员在争夺一球的得失时，也应以多拍调动对手，让对手多跑动、多做无效击球。

三、战术发展趋势

纵观网球运动100多年的历史，我们可以看出网球战术与网球运动员的技术、身体素质、心理素质、智能、适应能力等息息相关。运动员每一个因素的变化都左右着网球战术的变化，但总体来说，当前世界网球运动正朝着“快速、全面、进攻、多拍”的方向发展。

在网球比赛中，运动员根据自己和对手的具体情况，正确而有目的有意识地运用所掌握的各种技术，充分发挥自己的特点，限制对方的长处，紧紧抓住对方的弱点，为战胜对手而采取合理有效的方法，就形成了战术。

战术是以基本技术为基础的，掌握得越全面、越熟练、越实用，才能更好地完成比赛中的战术实施。在运用战术过程中，运动员要体现以我为主、积极主动、机动灵活的思想，打出风格、打出水平。

一般说来，技术的发展必然带来新的战术，而后战术又促进技术的提高和发展。

（一）因人而异

因人而异，因“敌”而异，克“敌”制胜。运动员不但对自己的技术情况要心中有数，而且要通过观察了解和分析对手整体的作战情况，客观地摸清对手的球拍性能、基本打法、技术战术运用特点、主要弱点，及精神状态、心理素质、身体状况等，然后有针对性地制订切实可行的作战方案，真正做到知己知彼、有的放矢，以取得比赛的好成绩。

（二）随机应变

运动员考虑和制订战术时，必须灵活多变，不能只采用单一刻板式的战术，要提高观察力、洞察力、记忆力、思维力、想象力。某种打法或某种战术，在开始的时候对方可能不适应。随着比赛的进行，要随时调整战术。

（三）扬长避短

每个运动员都有自己的打法和风格，不管哪一层次的运动员也都有自己的长处和不足，所以根据具体情况扬长避短，要有足够的自制能力、创造能力、应变能力、适应能力。

（四）具体分析

网球比赛时，运动员要及时观察场上战局的变化，特别要注意分析对方的心理，及时调整和变化自己的对策，鼓舞斗志，增强信心。

首先，要贯彻以我为主的战术指导思想。战术只是一种方法，就其本身并无先进落后之分，也没有好坏之别，所以在选择战术时不要好高骛远，要脚踏实地。

其次，要处理好战术质量与战术数量的关系。质量是战术的生命，没有质量的战术是不会使运动员取得好成绩的；数量是战术质量的一个重要方面，没有数量也就没有质量。

运动员在保证重点战术质量的前提下，再根据个人的技术特点，选择几项辅助的战术，其目的是为战术的变化奠定物质基础，或在主要战术、特长战术打不通时，也有应急的辅助措施。

最后，要注意战术的全面性。

（五）勇于拼搏

制订战术，必须体现积极、主动、快速的思想，具体实施时要果断大胆、勇猛顽强、敢打敢拼，比分领先时乘胜前进，相持时不手软，主动进攻，落后时不气馁奋起直追，才能使比赛中各种战术的运用取得明显效果，达到预期目的。

第三节　网球运动与高校

一、网球运动特点

学校相关部门对网球运动的态度具有直接导向作用，直接影响网球运动发展。学校在政策上应有所倾斜，资金予以大力支持和鼓励，学校通过传媒提高相关领导部门对网球运动的认识，必将对网球运动的基础设施建设、业余比赛活动的开展等产生重要影响。因此，应积极争取学校相关部门支持，在学校资金基础上，积极挖掘网球商业价值，从社会获得一定的支持，切实做好网球场地和器材建设，改善网球场地环境，实施科学管理，提高场地利用率。

体育教师对理论课教学重视不够。长期以来，在公众的眼中，学校体育课就是让大学生锻炼身体、增强体质。在这种思想下，学校体育过多地强调大学生对运动的参与，而对于如何参与和什么时间参与则很少介绍，重视运动技术、淡化理论知识，公共体育活动更是这样，教师对于体育理论教学不肯下功夫，仅仅停留在完成学时上。事实上，面对公共体育课大学生多而且个体运动需要不同的状况，公共体育教师需要在理论方面花更多的精力，来向大学生传授体育理论知识和练习方法。

网球社团教师只有少部分出身于专业运动员，大多数人运动技术水平不高，许多教练员都是从非网球项目转项过来，并且网球教学的经历和年限较短，这就要求网球社团课教师要有一定的自学能力，要善于接受新知识、新技能，这样才能使网球社团课程的整体质量得以保障。

大学生参加网球社团活动对提高社交能力有很大的帮助。由于社团活动接触到人和事的层面较以往更宽广，积累的交际经验或教训较多，交际能力也相应得到增强，交际技巧也日趋成熟。

二、网球运动比赛规则

1. 定义

(1)运动员：运动员指参加网球比赛的人。

(2)发球员：发球员是指在开始比赛时发出第一分球的运动员。

(3)接发球员：接发球员是指准备回击发球员所发出球的运动员。

(4)一场比赛：一场比赛是指双方各出一名或两名运动员，决定出胜负的最基本单位。

(5)单打：单打是指双方各出一名运动员进行一场比赛。

(6)双打：双打是指双方各出两名运动员进行一场比赛。

(7)界内球：界内球是指比赛中，活球能够落于网球场区的有效范围内的球。

(8)压线球：压线球是指，如果球接触到线，则这个球被认为是落在有该线作为界线的场地之内。

(9)界外球：界外球是指比赛中，活球落于网球场区有效范围外的球。

(10)活球期：活球期是指除了做出发球失误或重发的呼报之外，球从发球员击出的那一时刻开始直到该分结束的时期。

(11)死球：死球是指球处于活球期外的球。

2. 计分方法

(1)一局中的计分方法：

①常规局

在一场常规局的比赛中，报分时应首先报发球运动员的比分，计分如下：

无得分——0

第 1 分——15

第 2 分——30

第 3 分——40

第 4 分——一局比赛结束

若两名运动员/队都获得了三分，则比分为“平分”。“平分”后如果一名运动员/队获得了下一分,则比分为"占先",如果"占先"的这名运动员/队又获得了下一分,他即赢得了这一局。

如果"占先"后是另一名运动员/队获得了一分,则比分仍为"平分"。一名运动员/队需要在"平分"后连续获得两分,该运动员/队才能赢得这一局。

②平局决胜局

在平局决胜局中,使用0、1、2、3分等来计分。首先赢得7分并净胜对手两分的运动员/队得这一局及这一盘。在需要时,决胜局必须继续进行,直到一方运动员/队净胜对手两分为止。

轮及应该发球的运动员在平局决胜局中首先发第一分球,随后的两分由他的对手发球(在双打比赛中,对方队中轮及应该发球的运动员进行发球)。此后,每一名运动员/队轮流连续地发两分球直到平局决胜局结束(在双打比赛中,两队应按照与该盘中相同的发球顺序轮流连续发球)。

在平局决胜局中,首先发球的运动员/队应当在下一盘的第一局开始时首先接发球。

(2)一盘中的计分方法

一盘中的计分有不同的方法。主要的计分方法是"长盘制"和"平局决胜局制"两种。比赛中,两种计分方法中的任何一种都可以使用,但必须在赛前事先宣布。

如果使用"平局决胜局制"的计分方法,还必须声明决胜盘将采用的是"平局决胜局制"还是"长盘制"。

"长盘制"先赢得六局并净胜对手两局的运动员/队赢得这一盘。如果需要的话,这一盘必须持续到一方运动员/队净胜两局为止。

"平局决胜局制"先赢得六局并净胜对手两局的运动员/队赢得这一盘。如果局数比分打到6:6,则需进行"平局决胜局"。

①一局中的计分:"无占先"计分法这种备选的计分方法可以被使用。

在一个"无占先"局的比赛中,应先报发球运动员的比分,计分如下:

无得分——0

第1分——15

第2分——30

第3分——40

第4分——一局比赛结束

如果双方运动员/队都赢得3分,这时的比分叫"平分",然后要打一个决胜分。接球方将选择从场地左半区还是从右半区接发球。

在双打比赛中,进行决胜分比赛时接球方的两名队员不能改变接球站位。赢得决胜分的运动员/队赢得这一局。

在混双比赛中,与发球员同性别的接球员应当接决胜分的发球。接球方的两名运动员不能改变接球站位去接决胜分的发球。

②一盘中的计分如下所述。

短盘制:先赢得四局并净胜对手两局的运动员/队赢得这一盘。如果局数比分达到4:4,将进行一场"平局决胜局"的比赛。

7分制平盘决胜局:当比赛的盘数比分达到1:1,或在五盘三胜制的比赛中盘数比分达到2:2时,用一个"平局决胜局"来决定比赛的胜负。这场"平局决胜局"代替最后的决胜盘。

先赢得对手10分并净胜两分的运动员/队，将赢得“平盘决胜局”和整场比赛。

十分制平盘决胜局：当比赛的盘数比分达到1:1，或在五盘三胜制的比赛中盘数比分达到2:2时，用一个“平局决胜局”来决定比赛的胜负。这场“平局决胜局”代替最后的决胜盘。

先赢得对手10分且净胜两分的运动员/队，将赢得“平局决胜局”和整场比赛。

关于交换场地，下述这个备选的交换场地次序可以在“平局决胜局”中采用：在“平局决胜局”比赛期间，运动员应当在第1分后和随后的每4分之后交换场地。

③一场比赛的计分方法。

一场比赛可以采用三盘两胜制，先赢得两盘的运动员/队赢得这场比赛；或采用五盘三胜制，先赢得三盘的运动员/队赢得这场比赛。

关于交换场地，运动员应在每一盘的第一局、第三局和随后的每一场单数局结束后交换场地。运动员还应在每一盘结束后交换场地，除非在这盘结束后双方所得局数之和为偶数时，在这种情况下运动员则在下一盘第一局结束后交换场地。

在平局决胜局中，运动员应在每6分后交换场地。

3. 发球和接发球

(1)发球

在开始发球动作前，发球员必须立即双脚站在底线后(即远离球网的那一侧)，中心标志的假定延长线和边线的假定延长线之内的区域里。

然后，发球员应当用手将球向任何方向抛出并在球触地前用球拍将球击出。在球拍击到球或没有击到球的那一刻，整个发球动作即被认为已经完成。

对于只能使用一只手臂的运动员，可以用球拍完成抛球。

(2)发球的程序

在一个常规发球局中，每一局的发球员都应当从场地的右半区开始，交替站在同侧场地的两个半区后面发球。

在平局决胜局中，第一分发球应当从场地的右半区开始发出，然后交替从场地的两个半区后面发球。

发出的球应当越过球网，在接球员回击发球之前落到对角方向的发球区内。

(3)发球的次序

①单打发球次序

每盘第一局开始时，由发球方选手开始发球，第二局交换至上局接发球方选手发球，以此反复交替，直至比赛结束。

②双打发球次序

每盘第一局开始时，由发球方决定由何人首先发球。

对方则同样地在开始第二局时，决定由本方选手中的哪一位先发球。

第三局由第一局发球方中的另一名球员发球。

第四局则由第二局中发球人的同伴发球，以下各局均按此次序发球。

4. 发球失误

下列情况为一次发球失误：

(1)发球员违反了发球的程序和脚误的规定。

(2)发球员试图击球时未能击中。

(3)发出的球在触地前碰到了永久固定物、单打支柱或网柱。

(4)发球的球触到了发球员或发球员的同伴,或发球员和发球员同伴所穿戴的或携带的任何物品。

5. 脚误

在发球的整个动作过程中,发球员不可以有以下动作:

(1)通过走动或跑动来改变位置,但脚轻微地移动是允许的。

(2)任何一只脚触及底线或场地内的地面。

(3)任何一只脚触及边线假定延长线外的地面。

(4)任何一只脚触及中心标志的假定延长线。

如果发球员违反了这些规定就是一次"脚误"。

6. 第二次发球

如果第一次发球失误,发球员应当立即从他该次发球失误的同一半区后面的规定位置再发一次,除非发球失误的这次发球是从错误的半区发出的。

7. 发球中的重发球

如果出现下列情况应重新发球:

(1)发出的球触到了球网、中心带或网带后落在有效发球区内;或在球触到了球网、中心带或网带后落地前触到了接发球员或其同伴,或他们所穿戴的或携带的任何物品。

(2)球发出后,接发球员还没有做好准备。

8. 场地和发球的选择

在准备活动开始前,双方通过掷币的方式决定获得挑选场地和比赛的第一局谁作为发球员或接发球员的权利。掷币获胜的运动员或队可以进行以下方式的选择:

(1)在比赛的第一局中选择发球员或接发球员,在这种情况下,对手应选择在比赛的第一局所处哪一边的场地。

(2)选择在比赛的第一局所处哪一边的场地,在这种情况下,对手应选择在比赛的第一局作为发球员或接发球员。

(3)要求对手对以上两种方法做出任何一种选择。

9. 接发球——双打接发球次序

在每一盘的第一局,首先接发球的队伍要决定哪一名运动员在该局接第1分发球。

同样,在第二局开始前,他们的对手也应当决定哪一名运动员在该局接第1分发球。先接第1分发球的运动员的同伴应当接本局的第2分发球,这个次序一直延续,直到该局和该盘结束。

接球员接完发球后,该队中的任何一名运动员都可以回击球。

10. 有效还击

如果是下列情况,属于一次有效还击:

(1)球触到了球网、网柱(单打支柱)、网绳或钢丝绳、中心带或网带并且越过上面后落到有效场地内;规则永久固定物和运动员失分的除外。

(2)在活球状态下球落在有效场地内后由于旋转或被风吹过网,该轮到击球的运动员越过网击球,将球击到有效场地内,并且运动员没有违反规则、运动员失分的规定。

(3)回击的球:从网柱外侧,无论该球是高于还是低于球网的上部高度,即使触到网柱,只要落在有效场地内,规则永久固定物和运动员失分中的除外。

(4)球从单打支柱及其附属网柱之间的网绳下面穿过而有没有触及球网、网绳或网柱,并且球落在有效场地内。

(5)运动员的球拍在回击自己球网一侧内的球后随球过网,球落入有效场地内。

(6)在活球状态下,运动员击出的球碰到了停在正确场地内的另一个球。

11. 运动员失分

如果出现下列情况,运动员将失分:

(1)发球员连续两次发球失误。

(2)在活球状态下,运动员在球连续两次触地前不能将球回击过网。

(3)在活球状态下,运动员回击的球在落地前触到有效击球区外的地面或其他物体。

(4)在活球状态下,运动员回击的球在落地前触到永久固定物。

(5)接球员在球没有落地前回击发球员发出的球。

(6)运动员故意用球拍托带或接住处于活球状态的球,或故意用球拍触球超过一次。

(7)在活球状态下的任何时候,运动员或他的球拍(无论球拍是否在他手中),或他穿戴的或携带的任何物品触到球网、网柱(单打支柱)、网绳或钢丝绳、中心带或网带,或他对手场地的地面。

(8)运动员在球过网前击球。

(9)在活球状态下,除了运动员手中的球拍以外,球触及运动员的身体或他穿戴的或携带的任何物品。

(10)在活球状态下,球触到了运动员的球拍,但球拍不在其手中。

(11)在活球状态下,运动员故意并实质性地改变了球拍的形状。

(12)双打比赛中,再一次回击球时,同队的两名运动员都触到了球。

三、网球运动基本技术

(一)网球运动基本步法

1. 原地步步法

原地步步法是指网球运动员在原来的位置上未做任何移动,但却时刻准备着(根据来球情况)起动和移动,在对方做移动、击球等动作之前经常采用这种步法,能使身体在进行挥拍击球、移动、预动步法之前始终处于一种“动态”状,便于根据突然来球情况而移动步法,挥拍击球。

动作要点:运动员两脚在原地不停地进行着快速的、应急的、放松的、时刻准备着为还击对方来球的左右脚的重心交换。两脚可以是原位置的换动,也可以是原地的旋转旋动,既可以向内旋转,也可以向外旋转,并且同换动一样不停地进行着两脚重心交换。

2. 预动步步法

预动步步法是将原地步步法与其他移动步法有机地连接起来的一种步法,能使网球运动员从原地步法状态快速地过渡到想使用的步法。在判断清楚对方的移动意图、击球意图后,迅速做预动步步法,并快速地过渡到根据来球的需要所要做的步法,使击球前的起动与完成击球所用的步法协调配合，紧密连接。

动作要点：当运动员判断出对方的移动、击球意图后，由原地步步法的两脚不停地、快速地交换重心并迅速降低重心，变为弯腰屈膝，身体前倾，两脚同时轻微地弹离地面，并快速回落到地面，紧接着就是根据来球情况准备衔接其他的移动步法，此时双脚有制动作用。

3. 碎步步法

碎步，顾名思义即很碎、很小的步法。由此可知，这种步法的最大特征是步伐小，最大特点是重心稳，保证击球准，简单、实效性较强。网球运动员击球前使用小碎步调整位置，对重心进行微调。

在网球运动实践中，任何高水平的运动员都不可能对对方击过来的球的动点旋转性质、旋转强度做到准确无误地判断，为了更合理、更有效地调整移动步法，"碎步"步法应运而生，起到衔接、调整步法的作用。

动作要点：运动员在很小的范围内做前、后、左、右不停地快速移动，借以调整自己的位置，以处于最佳的击球位置。不停地小范围移动，首先保证身体一直处于"动态"起动状态，其次因移动范围小，重心起伏不大，保证了击球的稳定性。

进行碎步移动时，要不停地完成两脚的重心交换、两脚的位置移动、两脚的蹬地与内外旋动作，同时注意腰、髋的发力及大腿、小腿、足与腰、髋的配合。注意发力的协调与配合，腰、髋发力在先，大腿、小腿及足的发力在后。

进行碎步移动时，一定要清楚碎步移动不是最终目的而是过渡，因此要时刻注意来球情况，由碎步衔接过渡到其他移动步法上去。

4. 单步步法

单步步法动作简单实用，移动范围较小，重心起伏不大，较平稳。网球运动员在遇到来球距离身体较近时使用此步法。

动作要点：单步步法是运动员以两脚任一脚为轴，另一只脚可以向前、后、左、右任何方向移动。移动时，运动员摆动腿抬起的幅度要小，保证重心的稳定；支撑腿（蹬地腿）根据不同的来球，确定不同的蹬地方向和用力程度。步法移动完成后，身体重心也随之落到摆动腿上，然后再挥拍击球。脚落地、转髋、引拍挥拍、击球同步进行。

5. 换步步法

换步步法动作简单，实效性大，移动范围适中，重心起伏很小，多用在回击中近距离的来球，进攻类型的网球运动员使用较多。进攻类型的网球运动员从基本站位向左、右移动时采用（主动、被动情况均适用）。攻、防转换时使用此步法极为有利，既可以用于进攻，也可以用于防守。

动作要点：换步步法要求运动员根据来球情况灵活运用，一脚可以向任何方向移动，另一脚随即跟着移动一步。移动后的两脚间距、身体姿态与移动前保持一致，只是由于来球方向的缘故，身体的朝向也随之改变。移动时，运动员蹬地腿、摆动腿移动的幅度都较小，保证重心的平稳。当步法移动完成后，身体重心、身体的状态都还原到移动前的姿态，重心仍然放在两腿之间（偏前）。

移动中始终保持着支撑脚（蹬地腿）与摆动腿之间的轮流交换，先移动的腿为摆动腿，另一腿为支撑、蹬地腿；而当摆动腿着地后成了支撑、蹬地腿时，原来的支撑、蹬地腿跟上移动动作又使其成了摆动腿。这种轮流的支撑腿、摆动腿的协调交换，保证了此步法的顺利完成及击球动作的顺利进行。

6. 并步步法

并步步法动作简单实用，移动范围较大，是一种救球、应急时常用的步法，以女选手使用居多，使用此步法可以迅速稳定重心。救球时，前、后腿距离太远，重心降低、前倾、偏斜，不利于快速再起动，故此时网球运动员采用并步步法既可提高重心、稳定重心，又有利于再起动。女选手和腿部力量较差的男选手，为了节省体力，减少步法的移动，经常使用这种步法。

动作要点：并步是以重心所在的腿为支撑腿，另一腿快速地向支撑腿并拢，离支撑腿距离的远近依来球情况及还击需要而定。但无论哪种情况，并步步法都是使两脚之间距离很近，故称之为并步步法。

支撑腿的蹬地、摆动腿的迅速并拢使身体重心的高度快速回升，腿部肌肉由很紧张的负重收缩状态立即恢复到放松或积极性的待发力肌紧张状态，运动员的击球点重新处在较有利的制高点上。运动员挥臂击球，完成还击球动作，击球后的重心仍然还原到准备姿势。

7. 分腿垫步步法

当网球运动员采用该步法时，不论遇到何种情况都是先分腿（分腿分在自己最自然、最适宜保持自身重心的程度），再垫步（垫步的目的就是将身体无论向何方向运动的惯性制动住，以便再次起动）。由此可见，这种步法的最大特征是分腿和垫步。另外，运动员重心稳，便于再次起动，保证最基本的起动和回动。

此步法已被广大网球高手所使用，被公认为最行之有效、使用率最好的衔接使用步法。此步法应用于所有主动、相持及略为被动情况，除特殊接发和特别被动的应急情况外。

无数网球运动实践证明，该步法是最有效的“中转站”。之所以这样称呼，是因为它可以让所有形式、所有步法进行制动，又可以使所有形式、所有步法由该步法起动。

动作要点：运动员可以在任何范围内、任何区域内、任何状态下来完成该动作。进行分腿、垫步动作时根据自己所处的状态（主动、相持、被动），分腿的大小根据上述条件来决定。主动时，分腿距离相对较小。这样做的作用是重心高且不稳，而不稳的重心恰恰是利用该特点来完成势能与动能的转换（高重心具有高势能）；相持时，分腿距离适中；被动时，分腿距离较大。这样做是为了降低重心，因为较低的身体重心是身体稳定的保证。至于分腿后的垫步动作就变得顺理成章、自然天成了。

这里需要特别注意的是垫步宗旨：为了制动才使用垫步，若没有出现制动那么该步法视为未完成。

这里还有一点需要指出，在通常情况下，分腿垫步后身体重心是在两腿之间。制动的腿、脚被两条腿、脚均匀分布。而在主动状态下，往往制动的脚落于后腿上。被动状态下，制动的脚落在选手移动方向的远侧腿上。

8. 跑动步步法

跑动步步法移动最迅速，行动最自然，是一种网球运动员下意识的步法。因其形同“跑步”，故称之为“跑动步”步法。多半来球情况如出一辙，例如擦网而过的来球、从球网绕过来的球、双打时从对手同伴身后飞来的来球等，这时运动员多半采用下意识的、应急的、随机的跑动步步法。

动作要点：步数上没有限制，以达到回击球目的为原则。方向上没有限制，根据出现的特殊情况来调整移动方向。步幅与节奏没有限制,以自然、流畅为原则。基本动作类似小步快频率转向跑。腰、膝、踝动作及用力程度根据来球情况而定。运动员可向前跑、向后跑、后退跑。

9. 跨步步法

跨步步法动作简单,实用性较强,移动的幅度中等。但由于跨步属一步的步法,常会降低网球运动员身体重心的高度,所以,这种步法有利于运动员应急、借力还击,有宜于主动发力。运动员多在球离身体较远,用多步步法来不及且来球速度较快、角度较大的应急、相持时使用。运动员及时跟上来球节奏,借力"打"力,快速还击,扭转劣势。

动作要点:运动员在移动前,身体重心首先向将要移动的方向倾斜,倾斜角度依移动范围的大小而定。之后,移动方向的异侧脚用力蹬地,用力的大小依移动范围的大小而定;同侧脚向移动方向迈出一大步,这一步距离的远近同样是根据来球情况而定。运动员同侧脚移动到位后,重心迅速移至该脚,而蹬地脚也随着蹬离地面力量的惯性贴着地面跟上一小步,重心重新落在两脚中间。

对于运动员而言,跨步的重点是跨出的这一步,而另一腿从感觉上而言应该没有感觉到有多大移动(或未移动),只是地本能、自然地跟进。跨出脚的脚尖可以指向体侧,也可指向体前,可根据选手个人落地脚旋内、旋外或不旋的习惯而定。转腰、挥拍、击球要与跨出脚的落地同步进行,这是腰、脚、手在击球瞬间协调配合的最关键的一个环节。

10. 滑步步法

滑步步法移动范围较大,重心平稳,重心转换迅速,实效性强。当相持且来球离身体较远时,网球运动员使用此步法,移动后两脚距离基本不变,有利于运动员连续快速回击来球。滑步是大范围移动步法中重心最稳的一种,使用此步法便于攻守平衡,不易失位,是攻守转换、结合其他步法的极重要的中介步法。

动作要点:运动员移动方向的异侧腿、脚首先蹬地发力,脚外侧离开地面,脚内侧着地并与地面有不定期的夹角,角度的大小依发力的大小和移动范围的大小而定;异侧脚蹬地发力后快速靠拢支持腿、脚,并迅速落地站稳;与此同时,移动方向同侧腿(原支撑腿)的脚外侧用力蹬地,并向移动方向滑出一步。

运动员移动过程中,移动方向的异侧腿,先为摆腿,后为支撑腿;移动方向的同侧腿,先为支撑腿,后为摆动腿,最后重心移至两脚中间。移动中重心虽有短暂的在两腿间交换的过程,但基本上是一直保持在两脚之间的位置上。移动方向同侧腿落地与转体、挥拍动作同步。整个移动过程中,运动员两脚均贴着地面滑动,膝关节始终微屈。

11. 交叉步步法

交叉步步法动作最复杂,移动幅度、范围最大,网球运动员能充分用上腰、髋的转动及腿、脚的蹬跳力量。无论是在正手位大角度返回到反手位大角度,还是在反手位大角度扑向正手位大角度;也无论是从前向后大范围移动,还是从后向前大范围移动,运动员均可使用这种步法。往往看似非常被动、很难接住的来球,运动员采用这种步法能变被动为主动。

动作要点:运动员的腰、髋迅速转向来球方向,且转动幅度较大。两脚迅速蹬旋,同侧脚外旋,异侧脚内旋。膝关节始终保持较大的弯曲角度,并使同侧膝关节旋外,异侧膝关节旋内。

使用正交叉步时,运动员以靠近来球方向的脚作为支撑脚(同侧脚),使远离来球的脚(异侧脚)迅速横向向同侧腿方向跨出一大步,而原支撑脚跟着前脚的移动方向再迈一步。

迈前腿与转腰、挥拍、击球同步进行，其姿势有点跨栏瞬间的姿势。这一击球时机使运动员的身体完成了交叉扭转的动作，这也是此步法的关键所在。

（二）网球运动基本握拍方式

1. 大陆式

（1）击球性质

大陆式握拍的实质是网球运动员通过挥拍传导给球的合力作用，力线大部分通过球心，从而产生平击回球的状态，即球的飞行曲线较为平直，弧度较小，进攻性和威胁性不大。但在当今快节奏多回合对抗中，因该握拍方式不适合用于对底线球的处理，所以使用大陆式握拍方式进行底线还击球的情况并不多。

（2）适用场地

大陆式握拍方式最常使用在土地球场上。

（3）使用时机

依据大陆式握拍方法的特点，其常被使用在高压球、截击球和发球等形式中。

2. 东方式

（1）击球性质

东方式握拍的实质是网球运动员挥拍击球的合力作用，力线部分通过球心，从而产生上旋球。这种方式击出的球飞行弧线大，过网会产生急坠的现象，同时运动员也可以通过力量的调整增减还击球的威力。

（2）适用场地

东方式握拍方法侧重于在土地上使用，偶尔也会应用于草地中。

（3）使用时机

依据东方式握拍方法的特点，其以底线击球为主，也经常使用于中场凌空抽击中。

3. 半东半西式

（1）击球性质

半东半西式握拍的实质是网球运动员击球的作用力线部分通过球心，使有效向前的力量减少，而产生旋转的力量增加（有时候作用力也会均分于两者之间），从而产生比东方式更强烈的上旋球。此类球的飞行弧线弧度更大，飞行路线相对前两者要短些，但进攻性和威胁性大大增强。

（2）适用场地

半东半西式握拍方式是现今公认的最流行，最实用的握拍方式，其适用于所有类型的场地。

（3）使用时机

依据半东半西式握拍方法的特点，其主要应用于底线击球和中场凌空抽击。

4. 西方式

（1）击球性质

西方式握拍的实质是网球运动员的作用力线大部分不通过球心，力量多用于产生旋转。旋转强烈的上旋球是该握拍方式的重要表现，同时，这种还是命中率最高的握拍方式。

（2）适用场地

西方式握拍方法适用于所有类型的场地。

(3)使用时机

依据西方式握拍方法的特点,其主要应用于底线,也经常使用于中场凌空抽击。

5.超西式

(1)击球性质

超西式握拍的实质是网球运动员的作用力主要用来产生旋转,只有极少的力量用来使球向前飞行。该方式击球效果依旧是产生强有力的上旋球,只是因旋转的力量多于前两者,因而其飞行距离和弧线都会相应地变短与增大。

(2)适用场地

超西式握拍方法仅仅适用于硬地和土地。

(3)使用时机

超西式不能用在对方来球较平且急时,而要应用于对方回球较浅或回球较慢的时候,还适用于应对中前场来球。

(三)网球运动基本手法

1.发球

发球为比赛的开始部分,具体动作为网球运动员将球抛起并用球拍将球击出的过程。

从出球效果上区分,大致划为旋转类和非旋转类两种发球。旋转类包括上旋发球、下旋发球和侧旋发球;非旋转类主要为平击发球。

平击发球速度最快,也被称为“炮弹式”发球;侧旋球是当球向前飞入对方发球区落地后,发球者会看到球向侧面弹跳,将接球人拉出场外;上、下旋发球会产生过网急坠或是飞行弧线平直的现象。根据各种类型发球的特性,运动员通常会在一发中使用大力平击发球或是侧旋球,而在二发中大部分采用的则为侧旋发球、上旋发球,偶尔配合使用下旋发球。

2.接发球

接发球与发球相组合成为比赛开始的首要环节。其主要动作是在底线附近接对方发来的落地反弹球的过程。

接发球根据发球的效果分为应激接发球和非应激接发球两类。其中,应激接发球是指接发球选手无法对对方发来的球落点、旋转做出及时的反应和动作;非应激接发球与应激接发球相反,并分为下列三种情况:

(1)主动

主动情况多为应对对方较低质量的二发时出现。

(2)相持

相持情况为应对对方较好质量的二发时出现。

(3)被动

被动情况多为应对对方与一发质量相当的二发时出现。

3.正手击球

正手击球是网球比赛中最为常用也是最基础的技术动作。这项技术掌握的好与坏将严重影响运动员的技术水平及成绩。正手击球是验证选手核心实力的重要指标。

正手的准备姿势:想要对任何一种击球动作进行技术分析,首先要观察的是准备姿势。好的准备姿势能让运动员更有效地击球和保持身体平衡,但它的重要性常会被很多教练员忽略。如果运动员准备姿势不好，就不应该做进一步的深入练习。

正手的握拍：一般建议初学者和青少年运动员在开始学球时采用东方式正手握拍。

正手的站位：半开放式站位，站位幅度适当。

正手的引拍：需要运动员提早转肩。提早转肩引拍，用挥拍控制来球，体轴保持稳定，高点击球。

正手的迎挥：在准备动作完成之后，运动员需要同时做三件事情：转移重心，向球网方向转动身体，落下球拍使之自下而上挥向击球点，这一动作轨迹从旁边看很像字母“C”。击球点大致在身体侧前方、齐腰高度。上身此时应该正对球网，而拍面在触球时要与地面保持垂直。

正手的随挥：随挥就是运动员在击球之后逐渐降低挥拍速度，以最简单有效的方式守住球拍。

正手的步法：一开始需要运动员大步跑动，但在接近击球点时要用小碎步调整。

击球力量的来源通常在 3 个方面：

(1)臂力。

(2)脚蹬地配以转腰、转肩产生的力量。

(3)重心从后脚转移到前脚时传递的向前的力量。

触球时，拍面不外乎有几种角度：

(1)垂直于地面。

(2)仰面朝天——称为“开放的”。

(3)俯面朝地——称为“关闭的”。

在击球过程中，球拍与球接触的空间位置称为击球点。在击球时，球拍的拍颈大致平行于地面，握拍手的位置与击球点在同一水平面上，手的高度即为击球点的高度。击球点相对于身体的位置与握拍方式有关，随着握拍方式的“由东到西”，击球点的高低位置逐渐增高、前后位置逐渐前移。

击球点相对于身体的左右距离，由大臂与上身之间的角度以及大臂和小臂的角度共同决定，这两个角度因人而异。一般情况下，在击球点处，大臂自然地贴近身体即可。

有一个常用于纠正大臂与身体的夹角过大的方法：运动员击球时，将一个网球夹在腋下，不要让其落下，初学者可以体会一下。大小臂的角度都远远超过 90 度，但不是绝对的，比如，费德勒在很多情况下角度都远远超过 90 度。总之，自然、易于发力即可。

正手击球常用步法(腿部姿势)有两种：两脚前后站立的“关闭式步法”、两脚平行于球网的“开放式步法”。

4. 反手击球

反手击球也是网球比赛中最为常用且最基础的技术动作。与正手击球技术具有相同重要的作用及意义。

反手的握拍：运动员单反手握拍时，建议采用东方式反手握拍；双反握拍时，靠近拍面的手起主导作用，控制球拍，决定球拍的运动方向，远离拍面的手提供辅助的支撑力，帮助手臂向前运动，完成良好的随挥动作。

反手的准备姿势：运动员单反击球时，准备姿势和双反一样，非持拍手握住拍喉或扶住拍框，拍面稍关闭。

反手的站位：关闭式站位，站位幅度适当。

反手的引拍:所有击球从脚下和转肩开始。这意味着,我们的转体要从腰部开始,使用体轴、肩部和髋部来参与完成引拍。双脚之间的间距不要过大,以能保持平衡的站位为宜,引拍到臀部以上,拍柄指向来球。

反手的迎挥:运动员挥拍时,靠近拍面的握拍手向前推,在前腿的膝部高度击球。击球之后,手继续向前、向上推送,手臂放松,在肩部高度停止随挥。

反手的随挥:运动员单反随挥的结束动作在肩部之上,应该击打出上旋球。之后,后脚前移,恢复成准备姿势。

反手的步法:运动员反手击球时,左脚先向旁边侧迈一小步,脚尖方向与球的飞行方向一致,然后朝这个方向转肩转髋,拍头指向后方。双臂保持在离身体较近的位置,但不要和身体接触,因为离身体过远,勉强击到球,却导致身体失去平衡,打不出力量。需要注意的是,击球力量来自腿部,而不是球拍。

5. 高压击球

高压击球是网球比赛中对方被动击出的高于本方头顶的来球,本方运动员需要采用由高处进行下压的击球方式。高压击球往往是运动员直接得分的优选方式,同时,使用该技术可以转变被动局面。

高压击球的握拍——大陆式,拍面垂直地面,右手虎口对准拍柄上平面,中指、无名指和小指适度放松。

高压击球的身体动作——分腿垫步准备,根据来球引拍同时侧身转体。

高压击球的击球点——左臂伸直上举(右手握拍),以左手瞄准前上方的网球,在握拍手臂挥直的最高点击球。

高压击球的发力——向来球的方向释放力量,而不是瞄准对面场地憋足力气去打球。

6. 截击击球

截击是网球运动员在比赛中由底线快速移动至网前进行拦截对方来球的技术。由于其打的是不落地的空中球,击球点会接近或高于球网。正是因为这些条件,截击球技术成为了一种主动的技术。

截击技术分为单手截击和双手截击。其中,双手截击只限于在双手反手截击中使用。

单打中,运动员由于无法快速从底线冲至网前,所以使用较少;而在双打比赛中截击技术是选手制胜的“利器”。

截击的手腕角度:引拍时,很重要的一点是要保持手腕放松状态,因此手腕呈自然形态为宜,即小臂与球拍呈 120 度就可以了。

截击的拍面朝向:不要用手臂引拍,而要在转体的同时调整拍面朝后(右脚单脚站立)。上半身基本不动,球拍仅向后。运动员由下半身主导转体,拍面呈打开状态。

截击的轴心脚的作用和动作:运动员做准备动作时右脚(轴心脚)移动,最后的踏步决定击球位置,并承截体重(以右手持拍为例)。不管来球的方向如何,运动员上半身的姿态都是固定的,调整依靠下半身来进行。这时,站位的跨步幅度要足够大,才能使击球产生威力。

截击的反手:运动员反手击球时要打开胸部,这时左手的作用非常重要。反手击球和正手截击一样要利用转体,但也需要靠左手来引导球拍的运动,左手不要向身体后方伸展,而要以支持球拍的感觉向击球方向伸出。站位的跨步幅度要大,这样可保证足够的挥拍幅度和稳定性。

截击的准备位置:运动员身体呈前倾姿势。踏步的方向朝向正前方,接下来再向前方跨出一大步,身体自然形成这一姿态。运动员面对身体正前方的来球时,不可在身体的横向移动过程中拦截,身体的移动要朝向前方。

截击的球拍轨迹:截击中,球的旋转以少许的削球或平击为主。拍面垂直的状态下,只有足够力度的挥拍才能使球的飞行距离加长,因此,运动员要适当地向前上方挥拍击球。这时一定要采用水平挥拍,以从球网上沿滑过的感觉,保持球拍角度不变。向下的挥拍无法保证击球的稳定性。

截击的视线:球场上,我们所获得的信息大多来自眼睛。在练习中,教练员应注意观察运动员的视线是否稳定,特别在反手截击中,这是相当关键的。

7. 凌空抽击球

凌空抽击球是网球运动员在比赛中由底线冲至中前场,将对方打来的头顶左右高度的来球凌空抽击回去的技术。它的技术动作与底线反弹抽击球相同,只是前者抽击时关节稳定性要强于后者。所以凌空抽击时手腕要锁死,肘要夹紧于腋下,肩部稍放松即可。

8. 挑球

挑球是比赛中本方运动员相对较为被动时使用的避开对方攻击、延缓本方时间的、减小回击压力的一种技术。多半用于对方主动情况下的双上网,或为特别被动的缓冲。

挑球从出球效果上可分为:挑高球和挑平高球两类。

而从击球方法上又分为:上旋挑高球、下旋挑高球和平击挑高球。

9. 放小球

放小球技术是比赛中网球运动员完全处于主动时还击对手的技术,与大力平击球配合使用效果最佳。

四、网球运动教学与训练

(一)网球运动教学

1.“运动技能形成”原则

“运动技能形成”主要分为四个阶段:①泛化阶段;②分化阶段;③巩固阶段;④动作自动化阶段。

在网球教学中,教师需严格根据此教学原则对学生进行合理的训练安排,以便于学生更加快速地掌握网球运动技能。

2.“一元化理论”原则

现阶段以茅鹏老前辈为代表的体育理论界,以丰富的理论和马克思主义哲学为依据创造了“一元化”教学、训练理论。

“一元化”教学、训练理论的大意是:任何体育项目的专项训练与专项素质训练一体化、有机化和顺序化。

在网球教学中,教师要严格贯彻“一元化理论”的原则,避免走弯路,杜绝学生掌握技能慢、易出外伤等现象。

3.“竞技状态”原则

“竞技状态”源于心理学、生理学的理论基础,它是严格按照人体的心理、生理规律而产生的。

“竞技状态”原则在教学中意义非常重大，不仅根据学生的身心状况、特点来掌握教学内容，而且依据这一原则，可以控制学生的运动量、运动强度，使学生最大限度地掌握运动技能，锻炼身体，避免外伤。

4. 自觉性、积极性原则

教师贯彻自觉性、积极性原则首先要抓好思想教育工作，使学生明确学习目的，端正学习态度，自觉勤学苦练，勇于克服困难，形成生动活泼的学习局面。

教师在网球教学中，要注意教学组织、练习形式的多样性，让学生明确教学安排和练习内容的目的、要求，善于激发学生的兴趣，提高学生学习的主动性。

教师要用自己积极的工作态度去感染学生，用自己的实际行动和教学效果去换取学生的信赖，这对于提高学生的自觉性和积极性具有重要意义。

5. 直观性原则

直观性原则是根据人对事物的认识规律提出来的。它是指在网球教学中，教师通过学生的各种感官，丰富学生的感性认识，使学生获得生动的表象，从而掌握网球的知识、技术和技能。

网球教学中常用的直观方法有：教师（或优秀运动员）的技术动作示范、技术动作挂图、技术动作类电影、各种大型比赛的技术录像、教具模型演示、徒手挥拍动作以及生动形象的口诀和要领等。

通过这些直观教学过程，学生“从生动的直观到抽象的思维”，清楚地认清各项基本技术的特点、运用范围、动作方法和要领、动作结构和动作之间的相互内在联系，建立正确的技术动作概念，从而进行有意识的模仿，达到尽快掌握技术动作的目的。

贯彻直观性原则时应注意：

(1)教师要在运用各种直观方法进行网球教学时，应让学生明确看什么和怎么看。

(2)教师正确的示范，生动、形象的讲解，适宜的讲解示范时机，对提高直观效果能起到积极的作用。

(3)教师要善于抓住教学的间隙和学生在网球练习中存在的普遍性问题，进行正误对比，有助于启发学生的积极思维，提高他们分析技术动作的能力。

6. 循序渐进与突出重点相结合原则

技术教学、战术教学和身体练习，应按照这样的程序进行：①学习；②巩固；③提高；④再学习；⑤再巩固；⑥再提高。

正如某位哲人所说：“简单的事重复做；重复的事准确做；准确的事复杂做”的道理一样。

网球教学内容、教学进度、运动负荷及练习方法的安排，要由易到难，由简到繁，由浅入深，由低到高，符合学习掌握知识、技术和技能的渐进规律。

贯彻循序渐进原则的同时，还应注意突出重点。在教学的不同时期和不同阶段，教师要切实抓住主要矛盾，重点突破，推动全局。

7. 统一安排与区别对待相结合的原则

组织网球教学工作时，教师首先要根据教学工作的任务和要求，制订出统一的大纲和进度。教学大纲和教学进度是教师开展教学工作的依据。

由于网球的打法类型多样，技术特点各异，因而在统一安排的同时，要注意区别对待。在教学过程中，根据学生的打法类型、技术特点、训练水平和身体条件的不同，可在练习内容、练习方法、练习负荷的安排上加以区别对待。

8. 合理安排运动负荷原则

在网球教学过程中，教师运动负荷的安排必须科学合理，适合学生的机能能力和训练水平。如果操之过急，势必适得其反。

运动负荷的安排要由小到大，逐步提高，形成一个这样的过程：加大→适应→再加大→再适应。

加大运动负荷时要注意处理好负荷量和负荷强度的关系，合理进行安排。运动负荷的大小是相对的，应针对学生的不同情况，加以区别对待。

9. 练习与比赛相结合原则

练习和比赛是提高网球技术水平的两个不可分割的基本手段，在教学过程中要注意把两者有机地结合起来。当学生在比较简单的条件下掌握了技术之后，应逐步转到比较复杂的或接近于比赛的条件下进行练习，使掌握的技术能够在比赛中合理运用，正常发挥。

网球的教学原则是相互联系、相互促进的，教师在教学工作中要全面贯彻执行，才能获得良好的教学效果。

（二）网球运动训练

1. 步法训练

在网球运动中，步法是关系运动员能否在落地前把球回击到对方场区的重要技术。步法的好坏直接影响到练习者的最终成绩。因此，掌握步法的方法并能熟练应用于比赛之中是网球训练的重要任务之一。在观摩比赛和观看录像中，让运动员了解各种步法的基本特点，并进一步理解步法的重要性。

2. 手法训练

网球手法的训练，必须遵循网球技术动作形成的规律，从训练对象的实际出发，恰当地选择训练内容，科学地安排训练步骤，正确地选择练习手段，合理地运用训练方法，不断地提高训练质量。

3. 击球法的训练

练习是掌握击球技术的基本途径，正确科学的练习方法能促进击球技术掌握的程度及速度，由于网球发球技术的多样性，所以练习方法也是多而复杂的，为使练习者能提高练习的效率，应按由浅入深，由易到难，由简到繁的思路，将练习方法　　做介绍。

4. 战术训练

战术训练的培养需要按照设计有计划、有步骤地循序渐进，抓好教育、训练、比赛三个环节的结合。在培养的过程中，应针对不同网球运动员的水平和条件，贯彻和启发诱导与严格要求相结合、阶段与系统相结合、全面与重点相结合、常规与创新相结合的原则。

5. 比赛训练法

实战比赛战术训练法是要求练习者利用掌握的各种战术，以计分的方式进行训练。是检验运动员战术的有效性和灵活性最常用的训练手段。实战训练可提高运动员战术配合运用的能力，培养运动员的战术意识，是培养战术能力的有效手段。

6. 身体训练的方法

(1)力量训练

根据力量的表现形式、构成及能力把力量划分为最大力量、快速力量和力量耐力。其中最大力量是基础。网球运动员不仅需要具有相当大的肌力和非常好的快速力量，而且还需要有非常好的力量耐力，若以肌肉收缩的特点来看，网球练习者既需要良好的等长收缩能力，又需要良好的等张的离心收缩能力。

(2)速度训练

速度是网球运动员身体素质中一项十分重要的素质，是决定一名网球运动员运动成绩好坏的关键的素质。因网球技术、战术都是以速度的形式表现出来的，所以国内外网球界都重视速度素质的训练。

(3)柔韧训练

柔韧素质是指人的各个关节活动的幅度，活动的范围，肌肉和韧带的伸展能力。柔韧素质是灵敏的基础，网球运动员在场上迅速改变体位，转换动作和随机应变，除需要神经系统的灵敏度外，柔韧素质起着重要的作用。尤其是高水平运动员，更需要良好的柔韧素质，以保证掌握高难度技术动作，以至在比赛的各种困难条件下能准确无误地完成每一个击球动作，取得比赛的胜利。

(4)灵敏训练

网球运动是一项非周期性的复杂的运动，运动员在场上的每一个动作，都要经过视觉的感知，大脑的分析，支配肢体去完成，而这一系列动作恰是运动员灵敏素质的表现。因此，提高运动员的灵敏素质是掌握网球技术，提高竞技能力，取得优异成绩的重要一环。

7. 心理训练

网球运动不单纯是靠运动员的身体进行的，而是需要生理、心理功能的综合参与的一种整体的人的活动。所以，在网球训练过程中，掌握运动技术训练的心理学基础，并以此理论指导训练实践，对运动员准确、快速地掌握网球技、战术有着重要作用。

运动心理学认为，实质上，学习动作，就是学会自我控制。具体来说，动作学习的心理学实质就是运动员按照某一具体的动作技术在空间(躯体和四肢活动的方向、范围、幅度)；时间(躯体和四肢活动的速度、持续时间、节奏、速率等)；用力强度(躯体和四肢有关肌肉群的紧张、放松程度等)等方面的参数来学会控制、调整自己相应的效应器官使之产生相应的活动来表现出技术动作。

为更好地提高网球的训练质量，在网球的训练中，应注意运动员心理能力的培养。

首先，应培养运动员认知心理能力。网球练习和比赛中要求运动员稳定、有效地集中、分配和转移注意力；准确而迅速地感知人、拍、球和场地的各种时空关系及自身运动的状况；正确判断场上变化的情况、动向，预见对手的意图；精确地把握时机，适时地采取对策，迅速而准确地调整自己的行动。这就需要运动员形成具备各种空间知觉、时间知觉、运动知觉的准确性；注意力的集中、分配、转移；思维和敏捷性、灵活性、正确性等心理能力。

其次，要培养运动员的情感、意志品质。在网球练习和比赛中，运动员要面临战胜对手比赛任务的压力；身体要忍受极度的紧张；领先、落后起伏不定，顺利、困难迅速转换；客观条件的影响而产生复杂多变的情绪体验等，要求运动员具有高度的政治责任感、道德感、集体荣誉感;情感体验强烈、迅速、鲜明;组织性、纪律性、独立性、主动性;坚定、果断、沉着、勇敢、顽强、自信等意志品质。

最后,应培养运动员良好的个性心理特征。网球专项的特点和专项运动心理特点,要求运动员在精神运动特征方面、气质类型方面、性格特征方面都必须具有从事网球运动的特点,这些特点构成了网球运动员个性心理特征。

第四节　网球运动与健康

一、身体健康

(一)损伤

1. 关节韧带损伤

网球关节韧带损伤的原因,主要是运动前准备活动不充分、网球场地不平整,还有就是在奔跑、跳起后落地踩到了散落地面上的网球,以及鞋子不合适。重者韧带完全断裂,常见是内翻扭伤,轻者就是韧带、关节扭伤。

2. 软组织挫伤

软组织挫伤指各种急性外伤或慢性劳损,以及网球运动员自身疾病病理等原因造成人体的皮肤、皮下浅深筋膜、肌肉、肌腱、腱鞘、韧带、关节囊、滑膜囊、椎间盘、周围神经血管等组织的病理损害。在初学者中发生较少,常见于球龄较长的运动员或爱好者,主要由于长时间运动,造成了损伤的堆积。

3. 肌肉损伤

肌肉损伤主要是网球运动员在运动中动作过大或者用力过猛造成的,如背部肌肉损伤主要是在快速救球时过度转体或下蹲救球时造成的。腹部肌肉损伤主要是发生在运动员击打高压球时用力过猛。而三头肌等损伤主要是因为运动员握拍过紧,造成击球时手腕运动遭到阻碍,或是肘关节快速伸展造成。很多网球运动员都有过多次受伤,或者有不同部位受伤的经历。

4. 网球肘

网球运动员应预防网球肘的发生,提高持拍手臂的肌肉力量,练习时防止其过度疲劳,认真做好准备活动及练习后的放松活动。正确掌握反手击球的技术动作,用力均匀,协调。

(二)预防

在网球运动中常伴随着各种运动损伤,损伤不仅影响学习、训练和生活,并且能给人的心理造成一定的影响。事实证明运动损伤的发生,往往是由于运动员本身缺乏运动医学知识、体育教练员教学经验不足等原因造成的。如能注意总结经验,增强人们预防运动损伤的意识,运动损伤还是可以预防的。对于网球运动损伤的预防拟提出以下几点建议:

1. 掌握正确的网球技术

网球运动入门难,学习一段时间以后,容易提高。因此,无论是网球教学还是俱乐部培训，初学者都应在教练的正确指导下，以学习规范的网球动作为重点，并严格按照循序渐进的原则，学习和掌握网球基本技能。

循序渐进与系统性原则对预防运动损伤具有很重要的意义。一个技巧的掌握和动作的形成，需要经过一段过程，因而在学习时，应先学分解动作，再学连贯动作，由简到繁，由易到难。

2. 做好充分的准备活动

做好充分准备活动的目的是使身体在进入剧烈运动以前，在心理和生理上做好充分的准备，主要是增强肌肉的活动能力、弹性和机械耐力，调动各器官的功能，以适应剧烈运动的需要。

准备活动以全身体操、肌肉牵拉、活动关节、慢跑为主，感到全身发热、微微出汗为原则。此外，要做好结合学习内容、结合网球运动特点而设计的专门性准备活动，用来提高机体的兴奋性和各器官系统的功能。

3. 合理安排运动负荷

运动负荷是由运动时间和负荷强度两大因素决定的。练习强度增大时就应缩短练习时间，而当练习时间延长时就要降低负荷强度。

在系统训练中，运动负荷要大、中、小相结合，有一定周期特点，提高波浪式。同时，要注意有选择性地采用辅助练习，注意避免在身体局部负担过重和身体疲劳的状态下过度用力。

4. 全面提高身体素质

网球运动要求参与者具备力量、耐力、灵敏、速度、技巧等多方面的综合素质，因此在发展网球专项素质的同时，还要加强一般的身体训练。尤其要加强易发生损伤部位肌群的力量和关节、韧带的柔韧性练习。网球运动多用单手击球，西班牙网球协会医生鲁伊斯·科托罗曾提出建议，网球运动员应做些补偿性练习，以避免两臂发育不对称和脊背受伤。

5. 加强医务监督工作

医务监督工作在一般性体育课堂和健身时，应由教练员或运动员自身完成。

教练员应充分认识网球损伤的原因和预防损伤的重要意义，训练前耐心地向运动员说明教学目的、任务、要领和注意事项，除传授正确的技术动作和合理地安排运动负荷外，在教学过程中应讲授预防运动损伤的理论知识，并安排预防肌肉酸痛、缓解疲劳、放松肌肉、减缓运动员身体局部负担和过重的放松练习，使他们不仅要接受这些知识，而且要自觉地执行与运用这些知识。

6. 选择合适的运动装备

网球运动员应根据自己的情况选择合适的球拍及网球用品。要根据自己的力量、打法，选择不同材质、大小、质量的球拍。同时，还必须根据运动项目的易损伤部位选择好保护支持带，如护腕、护踝等。

在训练前，应对运动场地进行检查，保证有良好的外界环境，避免因场地、房舍及器械的不良条件影响安全和健康。

二、心理健康

近年来，高校网球运动的开展越发如火如荼。随着各种级别的比赛越来越多，大学生运动员竞技水平不断提高，高校网球技、战术训练方法也趋于成熟完善。运动员们参加的网球赛事激烈程度的不断升级，要求大学生运动员们除了具备高超、娴熟的网球技、战术，还必须有过硬的心理素质以应对运动场上瞬息万变的形势。

另外，由于大部分高校组建运动队层次较低，专业运动队所必备的心理训练师在高校中非常少见。因此，高校大学生运动员很少接受心理技能训练。鉴于此，为了在比赛中能充分发挥运动员的技术水平，达到最佳技术状态，必须进行有效的心理技能训练。

（一）培养自信心

心理技能训练(mental training)是有目的、有计划地对运动员心理过程和个性心理特征施加影响的过程，也是采用特殊的方法和手段使运动员学会调节和控制自己的心理状态并进而调节和控制自己的运动行为的过程。

在现代竞技运动训练系统中，心理技能训练是必不可少的重要组成部分，它制约和影响运动员技术、战术水平发挥和身体状态的改善，能够不断完善运动员的心理过程，调整运动员心理状态以适应比赛和训练要求，奠定良好的心理基础，最终调整机体达到最佳竞技状态，创造优异成绩。

自信心是一切心理技术的基础。在网球运动中，良好的自信心是建立在扎实稳定的基本击球技术上的。同样，自信心可以反作用于击球技术的稳定和提高。运动员自信心的培养主要由运动员自身和外围环境两种因素共同作用完成，要做到以下几条：

第一，为大学生网球运动员创造一个和谐融洽的学习氛围，鼓励队员之间多交流，增进队员互相了解。对缺乏自信的队员多给予理解与支持，在其训练、比赛前后及时进行正确的评价，使这些队员感觉到受人关注和支持，让队员对自己的实力有正确认识。

第二，训练运动员达到最佳体能状态。心理学研究表明，身体体能达到最佳状态时，个体自信心以及承受心理、生理和情绪等压力的能力更佳。

运动员要时刻保持积极进取的态度，无论是比赛还是训练都要做到每球必争。增加运动员参加激烈比赛的欲望或者在训练中打出难度大的击球练习，从而坚定自信心。

第三，系统学习网球理论知识。对网球运动员进行力学、生理学等基础知识培训，详细讲解网球规则、技、战术等理论知识。具备完善的知识系统，对运动员在处理赛场上的危机状况有着稳定军心的作用。例如在争夺赛点、盘点或者其他一些关键分的时候，自己紧张的同时应该了解到对手也在同样紧张，此刻最保险的击球就是将球打深、打稳，做到自己不失误，和对手比耐心。

对网球运动了解得越透彻，获胜的概率就越大，这些知识的合理运用会使运动员在球场上取得百倍的自信心。

第四，运动员应学会积极思考。平衡的心态是保持自信心的重要法宝，不能因暂时的失败否定自我。一场或一时的比赛得失并不重要，应该将眼光放得长远，从比赛得失中总结经验，不断完善自我。

（二）注意力集中与分散合理分配

网球运动员在比赛中要学会合理分配注意力。在比赛中，要求注意力高度集中，不但要时刻关注对手动作和网球行进路线，还要时刻关注自身技能状况和战术运用是否合理。过分关注对手活动或者太注重自己发挥都将导致比赛失败。所以，在训练中必须要锻炼，

不仅要将注意力高度集中在网球场中,还要随时关注场地中的所有动向。注意力训练要做到以下几条:

第一,将注意力集中在固定的、值得关注的方面。由于高校网球比赛受场地环境影响很大,观众素质较一般,这使运动员在比赛中经常会受到来自场外的干扰。这就要求在平时训练中运动员要学会将注意力集中在赛场之中。例如在底线对打练习中,运动员要将注意力集中在球的弹跳声、击球声或者击球发力的声音上。运动员要做到将自己的注意力转移到训练场,而不是游离在场地之外。

第二,训练时也要树立以分为单位的比赛意识。发球的人在球发出去的瞬间就开始了一场全新的比赛,球出界或下网的瞬间这一分的比赛就结束。每分完成的同时,胜者和败者就已出现。这种以分为单位的训练,每分中间相互独立、互不干扰。前一分的胜负和对整场比赛胜利的欲望会不时浮现在头脑中,在下一分的过程中运动员将会带着压力和动力,其注意力也会高度集中。

运动员进行这种训练可以使训练效率大大提高,也能创造出一个带有压力的、模拟真实比赛的环境,从而学会以平常心对待整场比赛,提高注意力集中、分散的分配能力和对比赛比分的承受能力。

第三,教练员教学中要针对每名网球运动员设立长期、中期、短期目标,使运动员把注意力集中在自身能力的提高上。

长期目标是个人在大学期间能够获得的最高网球水平,如取得省级高校网球比赛冠军等。

中期目标包括在本学期或者某个月内应该达到的目标,如提高击球稳定性、提高一发命中率到何种水平等。

短期目标指一周或者一个月内的训练计划,包括每天、每周的具体训练内容和训练的意义等。

将长远的、整体的、抽象的目标转化为近期的、零散的、具体的目标,找到具体的点,才能使大学生网球运动员集中注意力,使其更好地进行高效的网球训练。

(三)合理运用想象

优秀的网球运动员在比赛和训练中,应具备根据当时的情景、状况积极合理地运用想象和心理模拟,使自己注意力高度集中并保持自信心的能力。

在每一分开始前,应该在脑中模拟马上能用到的技术动作,回忆以前的比赛和训练中自己最成功、最顺畅的应用动作过程,并暗示自己当前状态饱满,可以打出流畅有效的击球。无论哪种技术在脑中回忆正确的动作之后,对当前技术的发挥都具有重要的提示作用,想象越生动越清晰,其引导动作发挥就会越好。

另外,动作的模拟想象可以使注意力高度集中到即将开始的比赛环节。在处于劣势或者关键分时刻,想象"镇定"或者模拟化解危机状况的战术,对运动员对危机状况的理解和应对能力有重要作用。

在平时的训练中,网球运动员应合理应用念动训练提高训练效果。念动训练能够通过回忆或想象技术动作引起神经、肌肉响应,从而达到训练的作用。

大学生网球运动员通过念动训练,可以增加训练时间,克服比赛恐惧心理,学会控制压力,大大缩短新技、战术的学习过程,最终使比赛或训练计划能更好地实施。

(四)心理控制能力

网球运动员的心理能量决定了其在网球运动发展方面的决心、自信心、自尊心、意志力及各种特征的情绪、情感等心理力量的展示。心理能量是生命力的源泉,充足的心理能量会使运动员向往比赛,积极应对比赛,并从比赛中获得乐趣。

心理能量在日常生活中每天都在消耗。最常见的原因是工作、学习和生活的压力产生的紧张焦虑的情绪,消耗着一个人的心理精神能量,让人产生“心累”的感觉。心理精神能量的储量相当重要,储量越大,应对能力越强,因此储量越大越好。

提高高校网球运动员的心理能量应该为运动员提供合理的饮食营养条件、安逸充足的休息、睡眠时间,使其拥有健康活泼的身体状态和心理状态。

心理能量的充足表现是内心的宁静,而不是斗志高昂、豪情万丈。运动员必须学会将能量保持在一定水平,保证在比赛过程中保持坚定不移的信心。

比赛时过于放松,将出现不能专注于比赛、有气无力等现象;反之,过于兴奋将产生紧张、焦虑、愤怒等不利情绪。另外,过度的兴奋会导致运动员体能和心理能量消耗加速,在长时间的网球比赛中后期难免出现体能不足、精神涣散等问题。

第十章　武术运动与身体健康

第一节　武术运动的起源

一、武术起源可追溯到原始时代

中国武术是中华民族在长期的生产劳动、与大自然的搏斗和冷兵器时代的战争中逐步形成与发展起来的一个体育项目，具有健身、护体、防敌、制胜的作用。中国武术的起源可以追溯到原始社会。

在原始社会，兽多人少，自然环境十分恶劣。在与自然进行斗争的过程中，人们产生了拳打脚踢、指抓掌击、跳跃翻滚等初级攻防手段，后来又学会了制造和使用石制或木制的工具作为武器，产生了一些徒手的和使用器械的搏斗捕杀技能，这就是武术的萌芽。

从现有的考古发现中可以看到，在旧石器时代，已经出现了尖状石器、石球、石手斧、骨角加工的矛。到了新石器时代末期，又出现了大量的石斧、石铲、石刀和骨制的鱼叉、箭镞，甚至还有铜钺、铜斧等。这些原始生产工具和武器，后来大部分成了武术器械的前身。

原始社会末期，部落战争的频繁发生促进了武术的发展。在部落战争中，距离远时使用弓箭、投掷器，距离近时使用棍棒、刀斧、长矛。凡是能用于捕斗搏击的生产工具都成了战斗武器。

二、商周时期：重视格斗技术在战场中的运用

商周时期，军队利用“武舞”来训练士兵，鼓舞士气。故认为武术可以以舞蹈形式演练。周代设“序”，“序”等学校中也把射御、习舞列为教育内容之一。春秋战国时期，各国诸侯都非常重视培养和训练将士们的搏击技术，以及格斗技术在战场中的运用。齐桓公举行春秋两季的“角试”来选拔天下英雄。在这时期，剑的制造及剑道都得到了空前的发展。

在殷商时期，青铜业发展，以车战为主，出现了一些铜制武器，如矛、戈、戟、斧、钺、刀、剑等。同时，也出现了这类武器的用法，如劈、扎、刺、砍等技术。为了提高战斗力，这时已有了比赛的形式。如《礼记·王制》所载“凡执技论力，适四方，裸股肱，决射御”，意即较量武艺高低。

春秋战国时期，铁器出现，步骑兵兴起，为了在步骑战中发挥作用，长柄武器变短，短柄武器(特别是剑身)变长，这样，武器的内容就更加丰富了，武术的技击性进一步突出。这时比试武艺的形式已广泛出现，更加推动了武艺的发展。据《管子·七法》载，当时每年有“春秋角试”。据《庄子·人间世》和《荀子·议兵》所载，当时比试武艺已非常讲究技巧，拳术打法有进攻、防守、反攻、佯攻等。

三、秦汉时期：盛行角力、击剑、宴乐兴舞

秦汉时期，盛行角力、击剑，有宴乐兴舞的习俗。鸿门宴中即有项庄舞剑，其形式更接近于今天武术的套路。秦时盛行的角抵和手搏，比赛时有裁判、有赛场、有一定的服装。1975 年湖北省江陵县凤凰山秦墓出土的一件木篦背面就彩画了当时一场比赛的盛况：台前有帷幕飘带，台上 3 名上身赤裸的男子，只穿短裤，腰部系带，足穿翘头鞋，2 人在比赛，1 人双手前伸作裁判。

汉时，有了剑舞、刀舞、双戟舞、钺舞等。这说明，汉时的武舞已有明显的技击性，有招法，又多以编排起来的攻防连续套路的形式出现。汉时是武术大发展的时期，已形成了多种技术风格的流派。如《汉书・艺文志》收入的“兵技巧”类就有 13 家、199 篇，都是论述“习手足，便器械，积机关，以立攻守之胜者也”的武术专著。

四、两晋、隋唐：练武有“口诀要术”

两晋南北朝时期，战乱频繁，官僚贵族或耽于宴乐或追求长生不老之术，其影响也渗透到社会各阶层的生活中，如视剑为具有神秘色彩的法器，甚至以木剑代刀剑，用荒诞无稽的说法取代练武，致使武艺停滞不前。在晋代，练武活动已有“口诀要术”，武术初见雏形。

隋唐五代时期，随着封建社会经济的发展和繁荣，武术重新兴起，唐初天罡拳开始流行。

唐朝开始实行武举制，并用考试办法授予武艺出众者以相应称号，如“猛殷之士”“矫捷之士”“技术之士”“疾足之士”，获得每个称号都有具体标准。这一通过考试选拔人才的制度，促进了社会上的练武活动。回族武术也在此时开始形成。

随着步骑战的发展，在战场上，戈、戟逐渐被淘汰，剑作为军事技术多被刀所代替，但作为套路的演练仍在发展。

五、宋代：出现了民间练武组织

宋代出现了民间练武组织，见于记载的有“锦标社”（射弩）、“英略社”（使棒）、“角抵社”（相扑）等。这些社团因陋就简，“自置裹头无刃枪、竹标排、木弓刀、蒿矢等习武技”（《宋史》卷 191）。在城市中，据《栋亭十二种都城记胜》所载，在街头巷尾打场演武，十分热闹。表演的武艺有角抵、使拳、踢腿、使棒、弄棍、舞刀枪、舞剑以及打弹、射弩等，对练叫“打套子”，有“枪对牌”“剑对牌”等，这时，集体项目也发展较快，例如，《东京梦华录》卷 7 载：“两人出阵对舞，如击刺之状……出场凡五七对，或以枪对牌、剑对牌之类。”但对抗性的攻防技术由于受了宋理学家倡导“主静”的影响，都逐渐走向衰微。

六、元明时期：出现了不同风格的技术流派拳术

元代统治者对民间要求“……二十人之上不许聚众围猎”（《元典章》卷 3，赈饥贫），连民间私藏武器也属犯罪。武艺多以秘密家传的方式冒着生命危险进行传授。

明代是武艺大发展的时期，出现了不同风格的拳术技术流派、器械都得到了发展，特别是在理论上总结了过去的练武经验，具有代表性的著作有《纪效新书》《武篇》《耕余剩技》等。这些著作不同程度地记载了拳术、器械的流派、沿革、动作名称、特征、运动方法和技术

理论等,有的还附有歌诀及动作图解,明洪武年间,洪武拳开始流行,为后世研究武术提供了重要依据。

七、清及民国:"社""馆"等传播和发展了武术

清朝禁止汉人练武,民间则以"社""馆"的秘密结社形式传授武艺,其中著名的拳种,如太极拳、八卦掌、形意拳、劈挂拳等,多在清代形成。回族武术广泛传播,影响力很高。清代人对回族的认识显得更深入了一层,有了一句乾隆年间众所周知的"中土回人,性多拳勇,哈其大族,每出将种"的评价。

民国期间,社会上存在着各种形式的拳社,对传播和发展武术起了积极作用。

八、有记载的拳种有300多种

中国武术自唐宋后,就逐渐传向国外。日本、朝鲜及东南亚国家习武者不少,形成一些武术门派。在欧美国家,中国武术的影响也非常深远,被称为"功夫"。很多西方人认识中国文化首先是从了解中国武术开始的。中国武术是中国人民对世界文化的重要贡献。

中国武术门派之多,在世界武术中也是非常少见的。据统计,中国目前有"历史清楚,脉络有序,风格独特,自成体系"的拳种300多种。

郭希汾的《中国体育史》中提到门派众多是由于南北地理、气候、人的不同造成的。北方人身材高大,北方气候严寒使北派拳术气势雄劲,大开大合。南方多水,南方人身材矮小,拳术也比较细腻。谚语也有"南拳北腿"之说。当然这并不是绝对的,例如起源自北方的八卦掌就很少用腿攻击,而南方的咏春拳却有不少腿击技巧。

中国武术的流派繁多,却没有统一的命名方法。有些按地区命名(如河南派心意拳);一些按山脉、河流(如武当派);有以宗师姓氏命名(如杨氏太极拳)……以往,这些流派会以主修内功、外功来粗略划分,成为内家拳和外家拳两大类。

第二节　武术运动的发展

一、世界武术运动的发展

作为世界武术的最高组织——国际武术联合会于1990年成立至今,已拥有142个正式会员,成功举办了四届世界武术锦标赛,并于1994年加入了国际单项体育联合会。武术已被列入亚洲运动会和其他地区综合性运动会的比赛项目。五大洲也相继建立了洲际武术联合会,举办了形式多样的洲际武术比赛。各国的武术组织已日趋统一和健全,国际间的武术交流亦十分频繁。这些都说明了中国武术已成为世界性的体育竞技项目。武术进入奥运会的条件也已基本成熟。

随着国际武术组织的建立和各种世界性武术比赛的相继举办,各国的武术竞技水平都有了明显提高。在比赛中,外国选手已能较规范、熟练、准确地完成动作,有相当一批运动员表现出良好的武术素养和功底,在部分项目上几乎接近或达到中国运动员的水平。

中国武术的健身养生功能越来越得到世界各国人民的广泛认同,世界习武健身养生的

队伍日益扩大。不同肤色、不同年龄、不同职业的外国人都对东方这一古老的健身术抱有极大的兴趣和爱好。他们感到这种内外兼修的运动形式对身心的调节和锻炼有着独到的作用,的确能防病、健身、延年益寿。尤其对太极拳和一些传统拳种、功法更是爱不释手,甚至达到迷恋的程度。由此,以武术和太极拳命名的健身院等遍及世界,习者甚众。

国外在掌握武术技能的同时,也把思想触角伸向了武术的深层,他们从理论高度上讨论武术技术、健身养生,研究武术的哲理和文化。从举办的几届世界武术锦标赛论文报告会和一些国际间的武术研讨中,可以明显看出,国外对武术的研究已不仅仅是教学、训练、技术原理上的,更涉及中国传统文化、艺术、养生等,以及武术多功能价值上的研究成果。其范围之广,成果之多,水平之高,令我们振奋和惊喜。各国出版的武术刊物和理论书籍也相当丰富。从中说明了国外对武术研究的开展已十分重视和活跃。

二、我国武术运动的发展

中华武术作为中国历史发展遗留下的宝贵财富之一,对于中华文明的传承与发展有着不可替代的作用。作为炎黄子孙的我们,无论是自身素质的培养还是自我修养都有着积极的效果。所以,作为大学生,应对中华武术抱以崇敬,热爱的态度,依据自身条件,了解学习相关知识,为以后自身素质的养成和良好的行为习惯的培养打好基础。

20 世纪 50 年代,中国武术运动开始得到权威认可,采用全面系统化的方法进行编码、科学化的实验研究等,并建立中央武术团体、学术组织体系,武术水平不断得到提高。

同时,武术开始走向国际舞台,中国武术家们参加了一系列世界级的比赛和展示,武术受到了世界各国人民的关注。

综上所述,中国武术未来在国际领域的影响和地位也将越来越突出。

第三节 武术运动与高校

一、武术运动特点

(一)既有搏斗运动,又有套路运动

中国武术最大的一个特点是既有相击形式的搏斗运动,又有舞练形式的套路运动,这是其他民族和国家所没有或少有的。

在古代,武术由军事技能发展为搏斗运动的体育项目,有“角抵”“手搏”“相扑”“击剑”等;发展为套路运动的体育项目,有“打拳”“舞剑”“盘戟”“舞轮”“使棒”“使枪”等。武术一直是循着相击的搏斗运动和舞练的套路运动这两种形式向前发展着。后来随着岁月的流逝,套路运动在发展过程中逐步占有了武术的主要地位,而且内容、形式和流派越来越绚丽多彩,灿如众星。

根据拳种和类别的不同,套路有长有短,有刚有柔,有单练有对练,有徒手有器械。风格不同,各具特色。

通过套路运动的练习,有利于发展人体的速度、力量、灵敏、协调和耐力以及勇猛、顽

强、坚韧不拔的意志。太极拳柔和缓慢,就更适合年老体弱和慢性病患者进行锻炼,是一种良好的体育医疗的手段。

(二)具有攻防技击性

攻防技击性,是武术运动的主要特点。即使是套路运动,在它的动作和练法中,一般也都具有攻防技击的意义。如组成武术套路运动主要内容的踢、打、摔、拿、击、刺等动作,它们都有着不同的技击特点和攻防规律。由于攻防技击性这一特点的存在,人们通过武术锻炼,不仅能够增强体质,而且能够掌握一些格斗的攻防技术,为国防建设服务。

(三)具有内外合一、形神兼备的练功方法

内外合一、形神兼备的练功方法,也是武术运动的一大特点。所谓内,指的是心、神、意、气等内在的心志活动和气息运行;所谓外,指的是手、眼、身、步等外在的形体活动。许多拳种和流派,都十分强调内外合一、形神兼备的练功方法。例如:华拳强调"心动形随,意发神传";太极拳强调"以心使身""用意识引导动作";形意拳强调"心与意合,意与气合,气与力合""手与足合,肘与膝合,肩与胯合";南拳强调"内练心神意气胆,外练手眼身腰马";通背拳则强调"势要稳固""气要下沉"。这些练功方法,对外能够利关节、强筋骨、壮体魄,对内能够理脏腑、通经脉、调精神,使人的身心得到全面的锻炼。

二、武术运动比赛规则

(一)竞赛类型

1. 个人赛。
2. 团体赛。
3. 个人及团体赛。

(二)套路竞赛运动员年龄的分组

1. 成年组:18 周岁(含)以上。
2. 青少年组:12 周岁至 17 周岁。
3. 儿童组:不满 12 周岁。

(三)套路运动按练习形式分类

1. 单练。
2. 对练。
3. 集体演练,成绩分为:甲、乙组。

注:竞赛性质由竞赛规程决定。

(四)武术竞赛项目

1. 长拳。
2. 太极拳。
3. 南拳。

4. 剑术。

5. 刀术。

6. 枪术。

7. 棍术。

8. 其他拳术。

9. 其他器械。

10. 对练项目(徒手对练、器械对练、徒手与器械对练)。

11. 集体项目(集体拳术、集体单器械、集体双器械、集体软器械)。

其他拳术又可分为四类:一类,形意、八卦、八极;二类,通臂、劈挂、翻子;三类,地躺、象形拳;四类,查拳、花拳、炮拳、红拳、华拳、少林拳。

其他器械又可分为三类:一类,单器械;二类,双器械;三类,软器械。

(五)武术竞赛服装

1. 裁判员应着赛会规定的统一服装,佩戴统一的裁判标志。

2. 武术竞赛运动员服装。

比赛时,必须穿规定的服装;服装上不得有多余的附带物。

3. 鞋子为武术鞋或运动鞋。

(六)竞赛场地

1. 个人项目的场地在长 14 米、宽 8 米的地毯上进行,其周围至少有 2 米宽的安全区。

2. 集体项目的场地在长 16 米、宽 14 米的地毯上进行,其周围至少有 1 米宽的安全区。

3. 场地四周内沿,应标明 5 厘米宽的白色边线。

4. 场地的地面空间高度不少于 8 米。

5. 两个比赛场地之间的距离在 6 米以上。

6. 根据实际情况,比赛场地应高出地面 50 ~ 60 厘米。

7. 场地灯光垂直照度和水平照度在规定范围之内。

(七)比赛通则及评分标准

1. 运动员身体的任何部位开始做动作,即开始计时;运动员结束全套动作,计时结束。

2. 长拳、南拳、刀术、剑术、枪术、棍术自选套路不得少于 1 分 20 秒。太极拳自选套路为 3 ~ 4 分钟,太极拳规定套路为 5 ~ 6 分钟。

3. 青少年组和儿童组不得少于 1 分 10 秒。

4. 裁判员组用两块表计时,时间不足的扣分,以规定时间的一块表为准。

5. 运动员应在同侧场地完成相同方向的起势和收势。

6. 裁判长对裁判员的评分有异议时,应在宣布最后得分之前进行调整。

7. 运动员因客观原因造成比赛中断者,可重做一次,不扣分。如自身原因造成的重做须扣 1 分。

8. 运动员的应得分数,只取小数点后两位数,第三位数不能四舍五入。

9. 在比赛中,运动员的器械或服装违反规定,应取消该项成绩。

10. 除太极拳外,参加其他拳术比赛的运动员,必须系软腰带。

11. 如果一位运动员,出现两次以上第一个出场比赛的情况,应做适当调整。

12. 当评分中出现明显不合理现象时,裁判长可以公开调整分。

13. 当运动员行抱拳礼时,拳、掌与胸之间的距离为 20 ~ 30 厘米。

14. 运动员上场比赛时,不允许佩戴耳环、项链、手镯等装饰品及手表。如违反上述规定,一经发现将取消比赛成绩。

15. 武术比赛中参加评分的裁判员是由三个组组成的。由评判动作质量分的裁判员 3 ~ 5 名(A 组)和评判演练水平分的裁判员 3 ~ 5 名(B 组)及由评判难度分的裁判员 2 名(C 组)组成。

18. 出界:身体的某一部位接触线外地面,均为出界。

19. 倒地:由于失去平衡,使两肩、臀部、膝部、躯干着地,都称为倒地。

20. 裁判员评分:各项比赛的满分为 10 分,其中动作质量的分值为 5 分;演练水平的分值为 2 分;难度的分值为 3 分。

21. 裁判员应在大会领导下严肃、认真、公正、准确地进行裁判工作。

22. 其他错误的扣分:在一个动作中,同时发生两种以上其他错误,应累计扣分。

(八)武术竞赛长拳套路内容规定

1. 拳、掌、勾三种拳型和弓步、马步、虚步、仆步、歇步五种步型,其中弓步不得少 4 次,马步和虚步不得少于 2 次。

2. 五种拳法(其中冲拳不得少于 5 次)、五种掌法和两种肘法(其中必须有一种进攻性肘法)。

3. 屈伸、直摆、扫转、击响四种不同组别的腿法(其中屈伸性腿法不得少于两种三次)。

4. 三种不同组别的平衡,其中必须有一种持久性平衡。

5. 三种不同组别的跳跃。

6. 指定动作。

(九)武术竞赛南拳套路内容规定

1. 拳、掌、爪三种主要手型和马步(或一字马步、二字马步)、弓步(或丁字弓步)、虚步、跪步(或骑龙步及单、双蝶步)、独立步五种步型。其中弓步不少于 6 次,马步不少于 4 次,虚步、独立步不少于 2 次。

2. 手法、肘法、桥法、步法中的一种。

3. 三种不同的腿法动作。

4. 三种不同的跳跃动作。

5. 指定动作。

(十)武术竞赛刀术套路内容规定

1. 弓、仆、虚三种主要步型。弓步不少于 4 次,仆步和虚步不少于 2 次。

2. 不得少于八组不同组别的主要刀法。

3. 刀术套路缠头刀和裹脑刀均不少于 3 次。

4. 指定动作。

（十一）武术竞赛剑术套路内容规定

1. 弓步、仆步、虚步三种主要步型。弓步不少于4次，仆步和虚步不少于2次。

2. 不得少于八组不同组别的主要剑法。

3. 剑术套路必须有三种不同组别的平衡，其中必须有两种持久性平衡。

4. 指定动作。

（十二）武术竞赛枪术套路内容规定

1. 弓步、仆步、虚步三种主要步型。弓步不少于4次，仆步和虚步不少于2次。

2. 不得少于八组不同组别的主要枪法。完整的“拦、拿、扎枪”不得少于10次。

3. 指定动作。

（十三）武术竞赛棍术套路内容规定

1. 弓、仆、虚三种主要步型。弓步不少于4次，仆步和虚步不少于2次。

2. 不得少于八组不同组别的主要棍法。

3. 指定动作。

（十四）武术竞赛枪的规格要求

枪的长度不得短于本人直立举手，从脚底到指端的长度。枪杆（除枪尖外）下半段的直径为：成年男子不得少于2.30厘米；成年女子和男子少年组不得少于2.15厘米；少年女子组不得少于2.00厘米；儿童组不受限制，枪缨的长度不得短于20厘米。

（十五）武术竞赛棍的规格要求

棍的长度最短必须等于本人身高。棍身下半段的直径与枪杆相同，上半段的直径不得少于如下规定：成年组男子：1.80厘米；成年组女子：1.60厘米；少年组男子：1.60厘米；少年组女子：1.40厘米；儿童组不受限制。

（十六）武术竞赛配乐规定

除集体项目外，任何项目在比赛时均不得配乐。

（十七）运动员比赛顺序

运动员的比赛顺序应在竞赛委员会的监督下，由编排组用电脑抽签决定，或赛前由各队派代表抽签决定。临场由运动员自己抽签决定。

（十八）武术套路的完成时间

1. 长拳、南拳和刀、剑、枪、棍的自选套路，不得少于1分20秒。

2. 太极拳自选套路3～4分钟（到3分钟时，裁判长鸣哨示意）。

3. 太极拳竞选套路5～6分钟（到5分钟时，裁判长鸣哨示意）。

4. 太极剑、集体项目3～4分钟（到3分钟时，裁判长鸣哨示意）。其他项目：单练不得少于1分20秒。对练不得少于50秒。

5. 如分年龄组时，长拳、南拳和刀、剑、枪、棍的自选套路，成年组 1 分 20 秒，少年组 1 分 10 秒，儿童组 1 分钟。

（十九）武术套路比赛的礼仪

抱拳礼：并步站立，左掌右拳相抱于胸前（左指根线与右拳棱相齐），齐胸高，拳、掌与胸间距为 20 ~ 30 厘米。

抱刀礼：并步站立，左手抱刀，刀刃向上；屈臂抬刀横于胸前右手成掌，掌心附于左拇指第一指节，齐胸高并与胸距 20 ~ 30 厘米。

持剑礼：并步站立，左手持刀，屈臂抬剑，剑身贴前臂斜横于胸前；掌附于左食指根节，高与胸齐，两手与胸距 20 ~ 30 厘米。

持枪礼：并步站立，左手持枪（棍）把（靠把端三分之一处），屈臂于胸前，枪（棍）身直立；右手成掌附于左拇指第二指节上，两手与胸距 20 ~ 30 厘米。

三、武术运动基本技术

（一）长拳的基本技术

长拳的基本技术包括姿势正确、方法清晰、身法多变、手眼相随、精神贯注、劲力顺达、呼吸得法、节奏鲜明等几方面。这几方面不是孤立的，而是互相联系、互相作用、互相影响的。

1. 身体姿势

身体姿势主要是指静止动作的定势，同时也包括空中短暂相对的静止姿势。长拳的基本姿势要求是：头正、颈直、挺胸、塌腰（或立腰），上肢动作要舒展、挺拔，下肢动作要轮廓清楚，虚实分明，整体动作的姿势要匀称。过渡动作的姿势也要合乎运动规律，同样要求姿势正确。从姿势和精神状态上要体现攻防含义。

2. 动作方法

动作方法是指在套路演练过程中出现的踢、打、摔、拿等技击动作的方法。动作的起止路线要清晰，方法要准确，把动作应有的攻防技击特点表达出来。弄清楚了攻防方法，不仅容易掌握动作技术，而且为表达内在的精神意识提供了有利的条件。

动作方法要和呼吸方法紧密配合，正确合理地使用“提、托、聚、沉”的呼吸方法，以显示出精神饱满、气势雄伟的特点。

3. 身法

身法是指以躯干为主结合攻防的变化方法。身法在长拳套路里有“吞、吐、闪、展、冲、撞、挤、靠”等变化。身法不是孤立的上体活动，而是与整个动作的攻防含义以及全身的活动紧密结合的。

身法要以腰为轴，结合各种手法、腿法而选择拧转、俯仰收放、折叠等表现方式。拳谚云：“练拳容易，身法难。”要使身法运用恰到好处，除刻苦修炼之外，还要琢磨体会技术要领和动作的攻防含义。

4. 眼法

眼法是指眼神与各种动作配合的方法。眼法是体现精神的重要环节。练拳时，善于把眼神与招式配合,就会把内在的精神意识表达出来,使整个动作做到协调而富有生气。反之,动作就没有生气,套路也成了呆板的动作罗列。

眼神与动作配合的方法是多种多样的,有注视、随视等。注视是眼神盯住一定的目标,随视是指眼神追视运动着的身体某一部位,直到动作结束。眼法与动作配合,要以动作的准确性为前提。动作不准确,必然会影响内在精神意识的显示,反之,只要求动作准确,眼神与动作配合不得法,也会影响动作本身的质量。“形似”是“传神”的基础,“传神”是“形似”的最高表现。忽略任何一方,都不能起到“传神”的效果。

5. 精神

精神是指在演练拳械套路以及散打格斗时,首先要精神贯注,精力充沛,表现出勇敢、机智和无所畏惧的气概。这种精神表现在脸部,应该是“含而不露,神志舒展”。

6. 动作劲力

动作劲力是指做动作时用劲的力度和方法。长拳的劲力要体现有刚有柔,发力的顺序要合理。发劲要顺达而有爆发力,要运用先柔后刚的“寸劲”,使劲力顺达于动作的力点部位,而且要刚而不僵,柔而不松,刚柔相济,还要以意识支配动作来发力,以呼吸配合发力,做到内外合一。

7. 动作呼吸

长拳运动的呼吸方法有“提”“托”“聚”“沉”四法。

提气:这是一种胸式深呼吸方法。有利于人体重心提高,如旋风脚,腾空摆莲、腾空飞脚等动作出现时,用“提气法”。

托气:当呼吸将结束时,紧接着进行一次由慢渐快的半呼气,并骤然止于闭气称为“托气”。在完势平衡动作完成时,一般采用“托气法”。

聚气:吸气后“闭气以待”,随着冲拳、劈拳等动作,用力呼出相应量的气体称为“聚气法”。

沉气:这是一种“气沉丹田”的腹式呼吸方法,可使胸部宽舒,充实腹部,身体重心降低。

以上四种呼吸方法,应根据动作特点灵活应用,务求使呼吸顺畅。

8. 动作节奏

节奏是指动作起伏、高低以及速度的快慢、动静的转换过程。长拳动作的节奏变换要明显、多样。动、静、快、慢、起、落、转、折、轻、重、刚、柔等都是体现节奏的主要因素。

在长拳演练中,没有轻的动作,就显不出重的动作;没有柔的烘托,刚劲就体现不出来;没有慢的起动,就显不出快的速度;没有停顿的稳健,也反映不出动的急速。长拳“十二型”形象的比喻,生动地反映出长拳运动中的节奏感。

以上姿势、方法、身法、眼法、精神、劲力、呼吸、节奏八个方面是相互联系、紧密配合、协调一致的,以此构成了长拳技术的八个要素。其影响和决定着长拳技术水平的高低,只有全面掌握,才能在演练时得心应手,内外合一。

长拳的传统技法,有“四击”“八法”“十二型”之说。“四击”指踢、打、摔、拿,它是长拳的技术核心,一切手法、身法、腿法都要贯穿“四击”内容。

“八法”指手眼身步、精所力功,即手法、眼法、身法、精神、气息、劲力、功夫八个方面。其传统的要求及说法是,拳如流星,眼似电,腰如蛇,步赛粘,精力充沛,气宜沉,力要顺达,功宜纯。

“十二型”是对动、静、起、落、站、立、转、折、快、缓、轻、重十二种运动方式,以生物动态和大自然中事物的现象作比喻，可概括为，动如涛，静如岳，起如猿，落如鹊，站如松，立如鸡，转如轮，折如弓，快如风，缓如鹰，轻如叶，重如铁。

（二）太极拳的基本技术

太极拳虽有不同风格和特点的各种流派，但基本技术原理是一致的，除遵循武术技术原理外，还具有自己独特的技术要求。下面从静态的姿势技术和动态的运动技术两方面分析太极拳的技术原理。

1. 身体姿势

规范的姿势是练好太极拳的重要环节。虽有“不在形式，在气势；不在外面，在内中”和“重意不重形”的说法，但这是指功夫深者。对初学者来说，还是应该先重形，后重意的。只有力求姿势的正确，并在连贯的复杂动作中处处保持正确的姿势，才有利于技术的提高。

太极拳的基本姿势要求是：头上顶，即虚领顶劲，下颌微收，面部自然，眉心舒展，口齿自然合闭，舌尖轻抵上腭，沉肩垂肘，两腋松虚，含胸拔背（胸部肌肉自然松开，背部肌肉自然展开），腰胯松沉，尾闾中正安舒，敛臀收肛，上下肢伸屈要适度，坐腕舒指，重心稳定。

2. 动作方法

练习太极拳，除了要求头部、躯干和四肢的基础姿势正确，动作合乎要领外，还要特别注意动作方法，才能提高锻炼效果和技术水平。

心静体松，缓慢柔圆所谓“心静”，就是在练习过程中，要排除杂念，保持心理上安静状态；“体松”是指全身的肌肉、关节、韧带和内脏器官都处于自然、舒展的状态。

缓慢柔圆，是处理太极拳运动节奏和劲力的方法。指练习太极拳时，肢体移动速度要缓慢，动作要柔和，劲力要适中，使动作连贯，转换圆活，一气呵成。以意主导，形息互引这是太极整体运动的基本技术。练习太极拳时，要求以意识为主导，用意识控制呼吸（即息），控制肢体动作（即形），而肢体的运动又引起呼吸的配合，使意、气、形、劲协调和统一。达到“以意导体，以体导气”和“以心行气，以气运身”交融的境界。

上下相随，内外合一拳谚云：“一动而无有不动”“由脚而腿而腰总须完成一气”这些都是对“上下相随，周身协调”的要求。要做到上下相随，必须以腰为轴，用躯干带动四肢，并与手、脚动作的变化相互配合。同时还要以意识为主导，内外配合，使动作形神合一。

虚实分明，刚柔相济与虚实是太极拳运动中的主要矛盾；从整体动作来分，一般达到终点定势的动作为“实”，动作变换过程为“虚”；从局部来看，主要支撑体重的腿为“实”，辅助支撑或移动换步的腿为“虚”；体现动作的主要内容的手臂为“实”，辅助、配合的手臂为“虚”。“实”的动作用力要沉着、充实，“虚”的动作要轻灵、含蓄。刚柔相济，也是太极拳练习中需要掌握的技术。不同的太极拳有不同的要求，如杨式太极拳以柔为主，而陈式太极拳则刚柔各半。刚中有柔，柔中有刚，刚柔相济是对各式太极拳总的要求。

（三）南拳的基本技术

1. 身体姿势

南拳的身体姿势是，头颈正直，精神贯注，神态严肃。上体身型有挺胸塌腰和含胸拔背两种。多桥法的南拳多是挺胸塌腰，擅发短劲的南拳多为含胸拔背。无论哪种姿势，都要收腹、敛臀。下肢要沉稳，重心在两腿间，移动要快，防止上重下轻。

2. 运动方法

南拳的运动方法要求稳健沉着。南拳的特点是身正、步稳，多短拳，擅摞手。腿法多是屈伸性的，要求高不过肩，低不过腰。步型以四平马步为基础，此外还有双蝶步、骑龙步、跪步、拐步等，都要求较低的重心。步型与步法在相互转换时要清楚、干脆。另外南拳还要求突出劲力，以声助力。要根据各种不同形式的动作做不同的发声，达到以声助力、以声助气、以声助威的良好效果。

3. 劲力、节奏

南拳的劲力，要求整、紧、刚烈，一般不出现柔的动作。而节奏服从劲力，以刚劲快捷的节奏为主。

（四）形意拳的基本技术

1. 身体姿势

顶垂扣抱，上下相照，是形意拳静止姿势的技术要求。练习形意拳时，要求头向上顶领；肩、肘、腕、腰、胯、膝、足各部关节由上向下节节松垂；两肩微向前扣合，手指和足趾梢节屈扣；两肘环抱两肋。由于上顶下垂，使头正脊直；由于两肩松垂内扣，使躯干形成含胸、圆背状。“上下相照”包括“三尖”相照和“外三合”。“三尖相照”指顺势拳势的鼻尖、前手指尖（包括器械的尖部）、前脚尖在一个矢状面内上下相照。拗势拳势的这三尖向同一矢状面合聚，形成上下相照。

2. 运动方法

犁行踩砸，疾动紧随，是形意拳步法的基本技术。“犁行踩砸”指两脚移动要像犁耕地一样，有向前掀翻障碍的意识和推进力，保持脚贴地面（不能拖地）行进。脚落地时，要有欲踩死毒虫般的砸劲，踏地有声。“疾动紧随”指一足动，另一足紧随。一足进步，另一足必跟步；一足退步，另一足必撤步，动作要疾速有力。

沿直钻翻，护中夺中，是形意拳手法动作的基本技术。指两肩要护住自己身体正中部位，进攻时要进攻对方正中部位。臂的伸屈出入要循着这个正中面中的直线起钻（臂旋外）落翻（臂旋内），转旋出入要借助臂的拧转，加强击打力度。

形意拳的整体技术，讲究齐蓄齐发，内外六合。蓄劲时心意内导，吸气敛劲，肢体屈缩束身，发劲时心意外催，呼气助力，肢体伸展。“内三合”与“外三合”相合为一，使拳势表现出鲜明的节奏。

（五）八卦掌的基本技术

1. 身体姿势

练习八卦掌时，对身体姿势的要求是：“顺项提顶”，即头向上顶，劲项竖直，下胯微内收。眼神始终注视两掌，神态力求自然；胸部要宽松开展，不挺不缩，自然内含；腰脊中正，以腰带动肢体的运动；要空胸实腹，敛臀收胯；在行圆走转过程中，要采用坐胯屈膝的姿势，使力量贯注于两腿，以提高行进中身体的稳定性。行步时两脚贴地前进，如蹚地之状，落地时，脚趾抓地，脚掌、脚跟平落地面，要使两脚尖向圆心扣摆；两肩下沉，在沿圆走转时，两臂尽量向圆心方向伸出。

2. 运动方法

身灵步活，势势相连，是八卦掌身法和步法技术。以行走沿圆走转为主，左旋右转姿势连贯。身灵步活，随走随变。

纵横交错，协调圆活，是八卦掌的手法技术。在走转过程中，要交错运用推、托、带、领、搬、拦、截、扣等技法。要求动作连环纵横，上下协调、圆活。

劲力沉实，刚柔相间，是八卦掌劲力技术。八卦掌的劲力主要有：滚、钻、争、裹等。“滚”是指向左右做圆形旋臂动作；“钻”是指螺旋形向前旋臂动作；“争”是指向外撑开；“裹”是指向里扣抱。

呼吸自然，气沉丹田，是八卦掌气法技术。呼吸自然，做到“气似行云”。同时，要使意识、呼吸、力量和身形合为一体，才能使动作和谐、协调、完整。

（六）通臂拳的基本技术

1. 身体姿势

前空后丰，探肩长臂是通臂拳静态的基本技术。“前空”指空胸，即含胸收腹，形成空畅的形态；“后丰”指拔背、立腰、敛臀，使背脊有绷圆丰满的形态。“探肩长臂”，指肩向前探，臂尽量伸长。

2. 运动方法

腕灵臂活，放长击远是通臂拳的手法技术。通臂拳区别于其他拳种的显著特点是放长击远，遥劈远打。因此必须要摇腕运指，使上肢各关节松活、放长。放长击远要以腰为轴，通过含胸拔背，使力量通过肩背透达于掌指，加强掌的攻击力。

催探抖弹，脆快如鞭，是通臂拳运劲的基本技术。该拳喻人体为鞭，以催、探、抖、弹四劲完成动作。挥“鞭”时，两脚蹬地催劲上传，以腰脊发力上送，催促腰、背、肩依次向进攻方向探伸，催劲通臂至腕，通过抖腕使劲传于手，爆发出一弹即松的脆快劲力。

四、武术运动教学与训练

（一）武术运动教学

武术教材的内容多，课时紧张，学生的学习起点底，授课者绝大部分仅是初步掌握武术教材的体育教师。因此，现阶段学校武术课堂的教学方法还是以讲解示范法、分解完整法、纠正错误法等传统的教学方法为主。

这种情况反映了学校武术教学必须遵循的教学规律，同时也反映出这些方法用于学校武术教学时的自身特色。多年来，很多一线教师试图把新的教学方法引入武术教学之中，做了很多有益的尝试，下面分成学校武术传统教学方法和新方法两部分。

1. 武术教学中的传统教学方法

（1）武术教学中的讲解法

讲解的内容：

①武术教材中具有普遍规律性的技术要求。如：长拳的冲拳、推掌都是从腰间的抱拳开始出击。

②武术教材中的动作规格。如：马步两脚之间的距离是三个脚或三个半脚的长度；两

大腿要蹲平等。教师要通过讲解使学生明确具体动作的质量标准和要求。

③武术动作的关键环节。如:弓步的关键环节是后脚跟不能离地,后腿膝关节要挺直。讲解动作的关键具有画龙点睛的作用,有助学生尽快掌握正确动作。

④武术动作的易犯错误。如:冲拳容易出现“端肩”。对每个动作的易犯错误可以提前讲解。提示学生防止错误的发生,防患于未然。

⑤武术动作的攻防含义。每个武术动作都有相应的攻防含义,讲解这些内容可以使学生了解武术动作的用途,有助于准确地理解和掌握动作。但教学武术套路时,不宜过多向学生讲解武术动作的攻防含义,以免学生兴趣转移,完不成套路教学任务。

⑥武术动作的动作名称。武术动作是按照动作结构、形象取名,一般能表达动作的全貌。如“弓步冲拳”,就是弓步和冲拳相结合的动作;“马步架打”就是马步和架冲拳相结合的动作等。

讲解的方法:

①用简要的语言进行讲述。主要用于宣布课的任务、内容、要求、组织措施的安排等。

②用术语进行讲述。术语是武术的特有语言,如:手法、腿法、劲力等。用武术术语进行讲解可以起到简明精练的作用,但初期使用要做适当解释。

③用形象的语言进行讲述。用形象的语言进行比喻,便于学生理解和记忆动作,但要结合学生的生活经验。

④用单字的语言进行讲述。武术动作复杂,可把复杂的动作过程归纳为简明扼要的几个字,进行讲解时可以起到明确提示的作用。如“腾空飞脚”可把蹬地起跳、摆腿、提腰提气、拍手拍脚击响的过程,归纳为“蹬、摆、提、拍”4 个字。

⑤用口诀化的语言进行讲述。武术动作复杂,可把复杂的动作过程归纳为简明上口的口诀,便于学生记忆。如弓步的口诀可以编为“前腿弓,后腿绷,挺胸立腰莫晃动”。

⑥用对比的语言进行讲述。常用在纠正学生的错误动作时。对比并指出正确与错误之间的差异、正误、优劣等的区别。进行对比讲解可使学生加深对正确动作的理解,并具有启发性。

⑦用提问的语言进行讲述。这是教学过程中经常要用的方法之一。教师可以先向学生提出问题后再由教师进行讲解,也可以让学生提问再由学生回答。

提问可以集中学生的注意力,引导学生积极思考。但提问时要注意必要性和时机的掌握,过于频繁地提问,会失去对学生的吸引力。

此外,还有温故法、鼓动法、复述法等多种讲法。教学中可根据实际需要,分别或结合采用。

讲解的要求有:

①讲解时教师的口齿要清楚,表达要生动,语言精练,简明易懂。

②解释术语要准确,讲解的层次要分明。

③讲解的“量”要适宜,不要因讲而影响了练习。

④讲解武术动作的顺序一般是先讲下肢,再讲上肢,然后讲上下肢配合。再有就是身体的哪部分先动就先讲哪部分。

武术教学中运用的口令主要有四种。运用时口令的声调和节奏要依据拳种和动作的特点有所变化。

①一动一令。武术中武术基本功、基本动作、动作组合、基本功串联、拳术套路中的完

整动作和分解动作,都可以用这种口令。运用这种口令时,发力的动作口令要短促、洪亮有力,一般过渡性动作的口令可柔缓并稍加延长。

②提示性口令。在动令之前,先说动作名称作为预令的口令,如"弓步冲拳—1"。

提示性口令是武术新授课常用的口令。对于比较容易遗忘或出错的动作,也用提示性口令。运用时,预令与动令之间要给学生留有思考的时间,时间的长短要根据实际情况而定。

③单字口令。这是指把动作名称中最能突出攻防特点的一个或两个字作为口令,如"搂手弓步冲拳"可呼号为"搂—冲"。

单字口令主要用于分解动作和学生掌握基本动作之后的练习之中。运用口令时,教师的声音要洪亮,发音要准确,仪态要端庄。

(2)武术教学中的示范法

武术示范的种类有:

①全套动作示范

把一个完整的武术套路展示给学生。常用在新授课的开始和套路教完之后。

②一段动作示范

把一段武术套路的动作展示给学生。常用在一段动作教完之后。

③完整动作示范

把一段完整的武术动作展示给学生。常用在完整动作的教学前后。

④分解动作示范

把一段完整武术动作分成若干环节展示给学生。常用在教学完整动作的过程中。

⑤局部动作示范

把一个完整武术动作中的某个重点部位的动作展示给学生。常用在强调动作重点的时候。

武术教学中的领做:领做是武术教学中教师常用的一种示范形式,也是武术教学的主要手段。领做是教师实地做动作带领学生进行的模仿练习。它既可以引导学生尽快掌握动作,也便于统一指挥学生的行动。领做是教师带着学生一起练,示范是教师练,学生看。

武术教学中的示范面:武术教学中常采用的示范面有正面、背面、侧面和镜面等。教师应根据动作的结构特点和教学重点来选择合适的示范面,同一个动作也可以采用多个示范面,以便学生弄清不同方位的动作特点。

教师在选择示范面时要注意避免造成学生的视觉紊乱。武术教学中,领做套路动作时通常采用背面示范。弓步和马步的教学示范则可以采用多个示范面。

武术教学中示范的位置:教师示范位置选择的基本原则是让全体学生都能看清楚动作示范。因此,示范位置的选择要根据所教内容和队形的不同而变化。

领做武术操和单个动作时,一般站在以横队为底边的等腰三角形的顶点。领做武术套路时,武术套路教学中一般是采用多列横队,此时教师的示范位置应始终保持在队伍前进方向的右前方(或左前方),根据动作方向的变化及时调整示范位置。

武术教学中示范的速度:教学的重点不同,示范的速度也就不同。例如在强调动作细节或教授一些复杂、有难度的动作时,采用慢速示范可以使学生更清楚地了解动作信息。而当教学重点在动作的节奏上时,通常采用常速示范。在教学最初,教师做整套动作的完整示范时也是常速示范。

运用示范法时应注意的问题有:

①示范要正确熟练

这是对从事学校武术教材教学的体育教师的首要要求。熟练和比较准确有力的武术动作示范,可以马上引起学生的学练兴趣和愿望,便于学生积极学习,尽快掌握正确动作。

②示范要便于学生观察

为了让学生观察到示范动作,教师要注意示范面、示范速度以及学生观察示范动作的距离和视角。

③示范要有明确的目的

教师要根据课的任务和学生出现的问题有针对性地进行示范。盲目的示范会使学生不明白学习目的和学习重点,还会被示范中非示范目的要求的某些因素所吸引而转移注意力。

④示范、讲解与启发学生思维相结合

教师要把动作示范、讲解和启发学生积极思维结合起来,要有教学方法的整体意识,从而提高学练效果。

武术教学中的错误动作纠正法:武术动作对学生来讲是有难度的。因此,学练过程中出现错误是正常现象,教师应耐心对待,并加以预防和纠正。

武术教学对错误动作的预防和纠正,不仅是正确掌握武术动作技术和知识的必需品,也是有效避免运动损伤的重要方法之一。

武术动作错误产生的原因是多种多样的,主要的原因有以下四个方面:

①学生的学习目的不明确,积极性不高。

②学生对所学动作的技术要领和要求不明。

③学生受原有技能的干扰。

④教学要求高于学生的实际情况。

教师要采用相应的方法预防这些错误的发生。教师应当提前了解学生,根据学生的实际情况加强备课,钻研教材教法,合理安排教学过程,切合实际地运用各种教法,并在纠正小学生的动作错误时要有耐心。

根据教材特点和动作错误的性质,教师可采用以下方法进行纠正:

①慢速领做:大部分学生对武术的接受能力和协调性较差,由于这方面原因出现记不住动作和动作错误时,教师就可以用慢速领做的方法带领学生集体进行练习纠正。

②语言提示:学生因为遗忘动作或对动作反复出现同一个错误时,教师可以用语言提示来纠正学生所做的动作。

③站桩定型:大部分学生的肌肉本体感觉差,同时对空间方位的认知不确切。教师可以把学生出现错误的动作抽出来,摆好正确的姿势进行“站桩定型”。

④目标辅助:由部分学生对身体的支配能力和自控能力不强,有些武术动作可能做不出来。教师可采用设定标志的方法帮助学生克服缺点和错误。如有的学生踢不起腿来,可要求学生踢腿要过肩,或用手做出一定的高度标志,有了具体目标学生就容易做出动作。

⑤正误对比:对于学生反复出现的同一种错误动作,教师自己或其他学生做出正确和错误的示范对比,让学生自己分析差异,弄清两者的不同之处。如有的学生做“弹腿”时不绷脚尖,就可以用勾脚尖的“蹬腿”进行对比。

⑥讲示攻防:有些学生的动作不准确是因为不了解动作的攻防含义。对于这类错误,教师可以讲解该动作的攻防含义,并让学生略加体验。

学生学习武术经常会出现动作错误，这时教师要做到细心讲解。教师在课堂上纠正学生的错误动作时，应注意以下几点：

①纠正中要肯定学生的进步，再指出动作错误之处，这样易于学生接受和提高改正的信心。

②个人出现的个别错误要在分组或个人练习时纠正，个人出现的规律性错误要在集体练习时纠正。

③纠正动作错误要和练习紧密结合，及时真正解决问题。

④如果是因为学生身体的某些素质差而出现动作错误时，教师要采取发展相关素质并弥补错误动作的措施，逐步提高动作的质量。

纠正错误动作在学校武术教学中十分重要。如果让错误动作形成动力定型后才去纠正，就要付出比学会相应动作多成倍的时间和精力，拳谚“学拳容易改拳难”，正是这个道理。

2. 新教学方法在武术教学中的运用

对于武术、健美操、韵律操等技术较为复杂，动作数量较多的体育课教材，特别是对于初涉教学的年轻教师来讲，在有限的课时时间内，运用传统教学方法完成教学任务是非常重要的教学基本功。因为传统教学法遵守人的学习和掌握知识技能规律，教学时循序渐进，程序性强，特别是在人数较多的班级教学时，便于年轻教师整体控制和把握课堂，使全班学生掌握所教技术动作，收到教学效果。

在此基础之上，年轻教师可以参照其他领域的教学法和体育教学中创造的教学方法，根据所教学生的具体情况，在传统教学方法上做一些变革，或创造出更有利于学生掌握武术教材的教学方法，使学生更好地受到民族传统文化的熏陶。以下是一些实用的学校武术教学方法：

（1）游戏教学法

此方法主要用于武术基本功、基本动作和对抗的徒手动作的教学，用来培养学生对武术的兴趣、竞争意识。

（2）达标教学法

此方法主要用于武术基本功、基本动作和对抗的徒手动作教学，用来培养和提高学生竞争意识和积极进取的能力。

（3）学生喊练教学法

此方法主要用于武术组合动作和武术套路、以及对抗的徒手动作的教学，用来强化学生对教学内容的记忆，培养和提高学生展现自我的能力。

（4）难易归类教学法

此方法主要用于武术组合动作和武术套路、以及对抗的徒手动作的教学，用来培养和提高学生逻辑思维能力和理解能力。

（5）比喻要点教学法

此方法主要用于武术套路和对抗技术的要点教学，用来培养和提高学生形象思维和理解能力。

（6）想练结合教学法

此方法通过让学生主动自觉地动脑和练习，使学生全身心地提高武术套路的熟练程度和徒手技术，用来培养和提高学生学习的主动性。

(7)变速教学法

此方法通过快速、慢速、中速、变速练习武术套路，让学生感兴趣地提高武术套路的熟练程度和徒手技术的单动练习，提高学生的练习兴趣。

(8)分组互导教学法

此方法主要通过学生团体的相互辅导，目标明确地掌握所学内容。鼓励学生在课外的时间进行交流指导和启发互补，增强学生自主学习的信心与积极性。

(9)目标考核教学法

此方法主要督促学生目标明确地掌握所学内容，引导学生的互帮和互评，提高学生的参与意识和社会适应能力。

(10)继承创编教学法

此方法主要用于强化学生对所学内容的掌握。在教师的明确要求下，引导和培养学生的合作学习并合作创新的能力。培养学生在继承的基础上增强自主创新的意识。

(11)学生叙述教学法

此方法主要用于强化学生对所学武术内容的掌握。培养学生对武术的口头表达能力和表现能力，引导学生进行探究性学习。

武术教学时应注意的问题有：

①要行“抱拳礼”。

②要培养“小干部”。

③必须提示安全注意事项。

④要用多种形式组织学生反复练习。

(二)武术运动训练

中华武术源远流长，支派繁衍、技法深湛，是我国民族文化宝贵遗产之一。而武术的训练法，同样也是这份遗产的组成部分。武术传统的训练特点如下所述。

1. 系统的练功方法

武术的传统训练中很注意由易到难，由简单到复杂的循序渐进原则，对练功者的一般身体素质和专项身体素质的全面发展有很大的作用。

2. 内外结构形神兼练

武术训练中强调“外练手、眼、身、步、法，内练精神、气、力、功”，将形象、技法和形体动作等方面紧密地结合，使技术发展到炉火纯青的境地。

3. 图书技击体用兼备

武术训练中不但强调功架、劲力、形象、节奏等方面要求，而更要注意突出技击特点，体现出武术独特的风格。

4. 拳为基础

武术训练中是以拳术为基础，在练好拳术的前提下，再学习各种器械及对练项目。

5. 常年训练

武术讲究“冬练三九、夏练三伏”，强调全年训练和多年训练，所以有“拳不离手”之说。基本功训练的任务如下所述。

1. 提高身体训练水平

基本功训练能促进身体正常发育和提高健康水平，为技术训练打下良好的基础。

2. 掌握武术基本技术

基本技术多是选择武术中最常见的基本功和基本动作进行训练。因此，通过大量和严格的基本功训练，能精确和熟练地掌握武术基本技术，为掌握套路打好坚实的基础。

3. 培养武术风格

武术风格的培养贯穿于整个武术训练过程中，需要长期的培养过程，特别是在基本功训练过程中培养武术风格是至关重要的。

4. 培养顽强的意志品质

基本功训练时，消耗体力较大，要求严格，较单调枯燥，因此它能培养学生吃苦耐劳的意志品质。

第四节 武术运动与健康

一、身体健康

武术内容繁多、运动形式丰富多样、风格各异，并且演练起来可快可慢、刚柔并济，运动量根据自身情况可大可小，适应不同层次、体质的人群练习，对于体质较弱者具有良好的健身作用。如太极拳运动被用于运动医疗处方，对消化系统、呼吸和心血管系统、中枢神经系统、筋骨肌肉等器官有良好的促进作用。

实践证明，武术对外能利关节、强筋骨、壮体魄；对内能理脏腑、通经脉、调精神，做到“内外合一”。武术运动还讲究调息行气和意念活动，调节内环境的平衡，调养气血，改善人体机能。

武术运动在练习过程中能很好地改善人体心血管系统的功能。在武术套路的练习中，运动强度和运动密度不大，心血管系统随着机体的需要不断地接受刺激，在这个过程中逐渐得到改善和提高。

武术运动形神兼备、牵一发而动全身的运动特点，要求身体各部分肌肉协调配合，达到武术运动的拳似流星，眼似电，腰如蛇形，步似粘，眼观六路，耳听八方，动迅静定要求，能有效地改善和提高神经系统的功能。

（一）损伤

武术套路运动是一项对速度、爆发力和协调性要求特别高的全身性运动。近年来，随着武术套路运动的迅速发展，竞技比赛日益激烈，尤其是“高、难、美、新”的发展方向，使运动员在练习高难度动作过程中，容易发生机体损伤。

武术运动损伤是指在武术健身活动和教学训练中发生的各种损伤。在这一过程中运动损伤是难免的，但是有许多损伤是可以避免的，我们的目的就是要将损伤降到最低限度。为保证学生正常学习，了解武术运动损伤产生的原因、部位、预防方法以及处置方法是十分必要的。

根据有关研究显示，由于武术运动的特点，容易引起各种损伤的武术动作可概括为10类：跳跃包括翻腾动作是造成损伤的主要原因，几乎占50%。其次是压腿、踢腿、劈叉、坐盘、摆腿、腰功、下蹲、舞花、对练及其他。因此，武术运动的常见损伤部位是下肢和腰骶部，上肢少见。依损伤发生率的多少排列顺序为臀、大腿、膝、腰、骶、踝、小腿、脚。

由于没有及时有效地对可能造成武术运动损伤的部位加以预防，容易造成损伤，而又由于武术动作难度的不同，造成损伤的部位和损伤的性质也不同。常见损伤发生率较高的为肌肉拉伤（包括坐骨结节损伤）、关节韧带扭伤和劳损性损伤。劳损性损伤中常见的是髌骨劳损和腰肌劳损。

（二）预防

1. 普及运动损伤知识

武术运动损伤不仅直接影响教学训练效果和成绩的提高，而且直接影响大学生的健康发育。因此，要杜绝和尽量减少伤害事故的发生。

训练中，教师首先要在思想上有足够的重视和高度的责任心。为达此目的，作为教师首先要有敬业爱生的精神，要以高度的责任感投入到教学和训练中去。其次要掌握必要的运动损伤知识，并能在运动损伤发生后及时分析损伤的原因、损伤部位、性质并加以正确处理。

2. 充分做好准备活动

武术准备活动的内容和运动量要根据教学训练的内容、学生个体情况，以及气候条件而定。准备活动要有针对性，做完一般性准备活动后，应做与课的主要内容相关的专门性练习。对运动负荷较大和易损伤的部位，要特别强调做好准备活动。认真对待压腿、踢腿及劈叉几类动作，尤其在搬压腿时，要根据学生不同的素质情况，互相配合，逐步加力，用力不要过急、过猛。这对预防肌肉拉伤，特别是预防大腿后侧肌群（包括坐骨结节）拉伤至关重要。

3. 安排训练科学合理，注意避免身体局部负担过重

损伤不仅直接影响到训练效果和成绩的提高，而且直接影响健康发育，因此，要尽量预防伤病的发生。

要根据不同年龄、性别的特点以及季节的变化合理安排教学训练的内容和运动量，运用正确合理的教学和训练方法。柔韧性、力量性，以及耐久力练习、上肢和下肢的练习都要注意张弛有度，交替进行，以避免局部负担过重。

4. 注意培养正确的各种翻腾、跳跃动作的姿势

在武术教学和训练中，教师要注意培养学生正确的翻腾、跳跃动作技术，并采用行之有效的辅助练习内容和方法来增强有关肌群的力量，另外特别注意选择平坦不滑的场地，这是预防关节、韧带扭伤的重要环节。

5. 合理安排运动量

（1）要制订科学合理的教学、训练计划。作为教师首先应制订科学合理的武术教学、训练计划，认真备课。充分了解教学对象的各方面基本情况，充分了解教学训练的内容和性质。哪些技术动作不易掌握，哪些技术动作容易出现损伤，教练员要做到心中有数，并加以预防。

(2)要进行安全教育。培养学生的安全意识,在上课前严格检查武术器械是否存在安全隐患。分开练习时,应在指定地点练习,以免手持器械触及他人造成损伤。

(3)要合理安排运动量和练习方法。避免"单打一"的训练方法,防止局部负担过重而损伤。注意培养学生正确的各种翻腾、跳跃动作的姿势。增强有关肌群的力量,以预防关节韧带扭伤。

另外,心理状态不良、因运动量过大造成疲劳等都会引发损伤,教师发现问题要及时调整,以避免伤害事故的发生。还要根据不同年龄和性别特点安排训练。

(4)要建立和健全医务监督和自我监督制度。在教学和训练中,要建立必要的医务监督,经常观察,定期检查。

教师要教育学生在勤学苦练的同时注意安全,及时报告身体反应,以便早期发现、调整训练。有了伤病要主动报告,及时治疗。这样,不仅重大损伤可以预防,一般损伤也会很快治愈。

(5)加强场地设备的卫生要求。武术教学和训练应在标准的地毯或在松软的土地上进行,如果受条件所限,也应避免在不平坦或太滑的场地上进行训练,或注意在水泥地上加强跳跃动作落地时自我保护能力的培养,尽量减少损伤事故的发生。

二、心理健康

1. 调节情绪,改善心境

武术教学过程中,教学内容丰富、形式多样,教师可让学生从多方面享受体育的乐趣。学生从事武术项目时,将会体验到运动带来的愉快感。

运动愉快感是指个体参与锻炼或运动主要为了达到强身健体的目的,并与积极的感觉有联系的最优化的心理状态。锻炼产生的运动愉快感使个体产生满足、愉悦、舒畅的情绪体验,从而形成乐观、开朗的良好心境。

在大学生紧张的学习生活中,教师安排和组织学生学习武术运动技能、进行身体锻炼,特别是让学生参与自己擅长的项目,通过兴奋中枢的转移,使学习带来的神经紧张、脑力疲劳及紊乱的情绪在较短时间内得到积极的调节和放松。

大学生的心理发展正处在由不成熟向成熟过渡的时期,他们的情感丰富且体验深刻,情绪的波动起伏大,易冲动。在体育教学过程中针对大学生的心理特点,教师有目的地创造各种情绪体验,对学生的情感加以引导,如在集体性项目上锻炼学生的热爱集体、互相帮助的集体主义情感,在对抗竞赛类项目中让学生体验成功的喜悦和失败的不快,在一些需要快速反应能力的项目中锻炼学生面对困难当机立断的信心和勇气,在力量性或强度较大的锻炼项目中,可使郁闷、烦躁等消极情绪合理宣泄。

有研究认为,体育课对大学生的心境影响明显。在体育教学过程中师生共同努力,可以使消极情绪得到缓解,产生积极向上、充满活力的良好心境。

2. 磨炼意志,陶冶情操

在武术项目中,教师可以有目的地对学生施加心理上的影响锻炼学生的意志品质,促使和帮助其克服困难和障碍,从而培养沉着、勇敢、顽强、果断、进取、吃苦耐劳和坚持不懈等优良品质。

在激烈对抗时、面对对手和困难时、在胜利与荣誉到来时、在挫折与失败时、在受到嘲笑与不公正对待时，学生学会了冷静、容忍和理智。在表现、表演和竞技中，学生学会了表现美、创造美、鉴赏美。

体育教学过程大多采取集体活动的形式，也经常采用游戏和比赛等手段，都有一定的规则要求，需要集体的通力合作和遵守一定的规则和纪律，从中可以培养学生的社会责任感，树立群体意识，还可培养学生热爱集体、遵纪守法、团结合作、朝气蓬勃、开拓创新、艰苦奋斗等思想品质和良好的体育作风。

体育教学中通过教师形象直观地讲解和示范，充分向学生展示体育教学所特有的语言美、形体美、和谐美、技术美、动静美，使学生在感知知识、技术和能力的同时，也从美的观念获得感性认识，诱发其审美情趣。

另外，通过身体锻炼，可以使学生身体各部分的骨骼和肌肉都得到均衡、协调的发展，可培养学生的形体美、动作美、姿态美、仪态美、心灵美，以及提高学生感受美、鉴赏美、表现美、创造美的情感和能力，陶冶学生美的情操。

3. 武术项目对大学生健康人格影响的作用

武术项目练习包含基本功的所有内容，结合手、眼、身法、步，对身体进行全面锻炼。武术项目锻炼不是局部的、单一的，而是全面的、多形式的，是人体全身在锻炼中，对身体每个部位的内外运动，都能起到良好作用的锻炼项目。

教师应该充分认识到，其主导作用对学生来说起着至关重要的作用。教师在武术教学过程中，既要遵照时代的发展要求，又要考虑当代大学生发展的特殊性，适时积极地开展健康人格的教育，在培养教育方式上要多样化，不断创新发展，促进当代大学生的健康成长，为祖国的建设培养高素质人才。

第十一章　健美操运动与身体健康

第一节　健美操运动的起源

一、世界健美操运动起源

健美操的起源应追溯到 2 000 多年前。古希腊人对人体美的崇尚举世闻名，他们认为在世界万物之中，只有人体的健美才是最匀称、最和谐、最庄重、最有生气和最完美的。古希腊人喜爱采用跑跳、投掷、柔软体操和健美舞蹈等各种体育项目进行人体美的锻炼。他们提出了“体操锻炼身体，音乐陶冶精神”的主张。

古印度很早就流行一种瑜伽术，它把姿势、呼吸和意念紧密结合起来，通过调身（摆正姿势）、调息（调整呼吸）、调心（意守丹田入静），运用意识对肌体进行自我调节，健美身心，达到延年益寿的目的。瑜伽健身术动作包括站立、跪、坐、卧、弓步等各种基本姿势。这些姿势与当前流行的健美操所常用的基本姿势是一致的。古代人对健身健美的追求，以及提倡体操与音乐相结合的主张是现代健美操形成与发展的基础。

19 世纪末到 20 世纪初，欧洲出现了许多体操流派，他们在理论和实践上的创新对健美操的发展起到了推动作用。

20 世纪 60 年代初是现代健美操的萌芽时期。它最早是由美国太空总署的医生库帕博士为太空人设计的体能训练内容。

20 世纪 80 年代初，随着遍及全球的健身热和娱乐体育的发展，健美操以其强大的生命力风靡世界。

美国对世界健美操的发展有着重要影响，其代表人——影视明星简·方达，根据自己的健身体会和经验，撰写了《简·方达健美术》一书。该书自 1981 年出版后，引起了世界的轰动。她以现身说法形式，促进了健美操在世界范围内的推广。

与此同时，自 1985 年开始，美国正式举办一年一度的健美操锦标赛，并确定了竞赛项目和规则，使健美操发展成为竞技性运动项目。

健美操不仅在美、英、法等国迅速发展，而且在一些发展中国家和地区也得到不同程度的发展。苏联早已把健美操列入大、中、小学的体育教学大纲。在亚洲地区，日本、菲律宾、新加坡等国家也建有许多健美操活动中心及健身俱乐部。人们都开始将健美操作为自己的主要健身方式，由此形成了世界范围内的“健美操热”。

二、我国健美操运动起源

世界性的健美操热是于 20 世纪 70 年代末传入我国的。当时北京、上海、广州等地相继举办了各种健美操培训班。随后通过各种新闻媒介对国外各种健美操的介绍,逐步推动了健美操在我国的广泛开展。

随着人民生活水平的不断提高,健美操所特有的保健、医疗、健身、健美、娱乐的实用价值受到越来越多的人的重视,其吸引了不同年龄的爱好者参与,形成了一定规模的消费群体。各级电视台纷纷制作以健美操竞赛为内容的专题节目,其收视频率远远超过其他节目。

由于健美操比赛可在体育馆和舞台上举行,加之健美操运动时场地运用集中的特点,给企业结合比赛进行广告宣传创造了机会。健美操项目受到越来越多的企业的青睐。

第二节　健美操运动的发展

一、现代健美操运动的兴起与发展

随着健美操运动的广泛开展,参与人数日趋增多,形成世界范围的健美操热。一些有识之士发起并成立健美操组织,使之成为一项有组织的体育运动。目前,国际上共有7个健美操组织。其中最有影响的是国际健美操联合会(IAF),成立于1983年,总部设在日本;国际健美操健身联合会(FISAF)总部设在澳大利亚;国际健美操冠军联合会(ANAC)总部设在美国。

1881年创立的国际体操联合会(FIG)于1994年成立专门的健美操委员会,从1882年开始每年举办健美操世界锦标赛。

二、我国健美操的兴起与发展

1984年,原北京体育学院成立了健美操研究组。上海体育学院成立了健美操教研室,并率先开设了健美操课程,把我国的健美操从社会引向了学校。

1986—1988年,健身健美操和竞技健美操在我国得到了长足的发展。

继1986年4月在广州举行的我国首次“全国女子健美操邀请赛”后,1987年5月在北京我国又成功地举办了首届正式的竞技健美操比赛——“长城杯”健美操邀请赛。

1992年2月,在北京成立了中国大学生体育协会健美操、艺术体操协会。

1992年9月,中国健美操协会在北京正式成立,标志着我国健美操运动进入到一个崭新的发展阶段。

第三节　健美操运动与高校

一、健美操运动特点

随着当前高校体育教育改革的不断推进,作为一门新兴体育学科,健美操教学也应该顺应高校教育改革的要求,结合自身特性研究出符合时代气息的适合当代大学生发展的教学方法，建立新的师生定位，充分发挥学生的创造力。

目前普通高校健美操教学内容存在的主要问题是：重技术、轻理论，技术课的内容项目单一、动作复杂，内容安排不能满足需求；普通高校健美操课采用的教学方法，主要是领操式的教学方法，在教学中还是把教师当成主宰者，学生只能被动接受，这样一来就严重抑制了学生的创造能力；受传统教学模式的影响，教学方法循规蹈矩，缺乏创新思想和创新观念，各高校在教学中往往忽视了健美操自身独有的健身、健美、健心的独特性，而且在实际教学过程中不注重学生能力的培养，不能充分发挥学生的主体作用，缺乏对学生自学、自练能力的培养；教学内容、教学方法、场地设施、学生自身条件以及教师各方面素质是影响学生学习健美操的主要因素，它们影响着学生学习健美操的积极性和运动能力的培养，以及学习健美操的兴趣。

二、健美操运动比赛规则

（一）健美操比赛的一般规则

1. 动作编排原则

（1）健身、娱乐原则。

（2）安全、无损伤原则。

（3）全面发展身体原则。

2. 创编要求

（1）动作符合健美操特点和年龄特点。

（2）应针对健身的针对性、全面性。

（3）动作要具有多样化、独创性。

（4）动作应包括（踏步、开合跳、弓步跳、提膝跳、后踢腿跳、高踢腿跳、弹踢腿跳）。

（5）队形变化不少于6次。

（6）应均衡使用场地。

（7）集体操每队6～8人，每队男生不少于总数的1/3。

（8）时间：集体操2分15秒～2分30秒；混双及三人1分45秒～1分50秒（时间不符合规定的队，取消比赛成绩）。

（9）场地：集体操场地12米×12米；混双及三人场地7米×7米。

（10）音乐22～24拍/10秒以上。

3. 服装要求

健美操运动员可穿连体紧身健美服、分体健美服、泳装（三点式除外），不得露肚脐，上下均不得露得太多，可穿紧身裤，可以穿带荧光的服装，但不得戴其他饰花、飘带、不雅观的图案、耳环、戒指、项链、脚链、手表、头花等装饰物。发式要简洁大方，不可以披肩或半遮面发。

4. 音乐要求

音乐由大会统一播放，赛前将磁带交音响组，一般磁带只限录一首乐曲，录在A面的开始部分。（注：为减少播放误差，提高音质，最好刻CD，一碟仅限一曲，若一个队参加多项，可将所有乐曲刻在一张碟上）在盒面上要标明队名、项目、组别、场次、出场顺序及运动员的姓名。

（二）健身健美操竞赛基本规则

1. 比赛方法

健身健美操比赛分规定和自编两种。由主办单位制定竞赛规程和比赛规则。规程内容一般包括竞赛目的、时间、地点、项目、竞赛办法、计分办法、录取名次与奖励办法等。

2. 评分标准

（1）成套动作编排要求准确、全面、对称、规范、活泼有变化、有新意。队形变化在5次以上。

比赛采用十分制，公开示分。成套动作分值分配：动作准确性2.0分，动作一致性1.0分，动作熟练性1.0分，动作幅度1.0分，动作力度1.0分，动作新颖性1.0分，编排合理巧妙流畅1.5分，音乐选配0.5分，表现力0.5分，队形变化0.5分。

（2）完成情况轻微错误扣0.1分，显著错误扣0.2分，严重错误扣0.3分。

（三）比赛制度的改革

1. 新赛制的种类

分明星赛、组合赛、集体赛三个比赛种类。

2. 新赛制项目和人数

（1）明星赛：男子单人和女子单人。

（2）组合赛：混双（一男一女）、三人（性别不限）。

（3）集体赛：5～8人（性别不限、人数亦可在比赛规程中另定）。

3. 运动员年龄与分组

（1）明星赛：18～35岁（不分组别，并且运动员可兼报组合赛和集体赛）。

（2）组合赛和集体赛的青年组：18～35岁，比赛分院校组、行业组、俱乐部组、风采组。

（3）组合赛和集体赛的中年组：36～50岁，比赛分院校组、行业组、俱乐部组、大师组。

4. 新赛制比赛方法与顺序

（1）组合赛和集体赛分为预赛和决赛。

（2）明星赛采用初赛、复赛淘汰制。

初赛为形体展示及集体跟操，选出20人参加复赛；复赛为自选套路展示，选出10人参加决赛；决赛为30秒的个人特色、魅力表演（表演以充分体现肢体语言的动作为主，如拉丁舞、街舞、瑜伽、健美操动作等。表演不受“违例动作”限制），选出5人颁发特别奖。

（3）三种比赛的成套动作的时间要求：

①明星赛：1分20秒～1分30秒。

②组合赛：1分50秒～2分10秒。

③集体赛：2分20秒～2分30秒。

三、健美操运动基本技术

健身健美操基本动作包括头颈、肩部、上肢、胸部、腰部、髋部、下肢等动作。

(一)常用基本手型

(1)基本手型:拇指指关节弯曲内扣,四指并拢伸直。

(2)直手:五指伸直并互相并拢。

(3)撑掌:五指用力分开并伸直。

(4)推掌:手掌用力上屈,五指自然弯曲。

(5)西班牙舞手型:五指分开,小指内旋,拇指稍内收。

(6)圆手型:拇指与中指靠拢,食指稍分开,无名指和小指向中指靠拢并稍向内扣成弧形。

(7)剑指:拇指与无名指、小指相叠,中指、食指并拢伸直。

(8)响指:无名指与小指屈握,拇指与中指、食指摩擦后,中指击打大鱼际处产生响声。

(9)"V"指:拇指与小指、无名指相叠,食指与中指伸直尽力分开。

(10)拳:拇指握四指。

(二)身体各部位基本动作

1. 头、颈动作

(1)屈:指头颈关节角度的弯曲,包括前曲、后曲、左曲、右曲。

(2)转:指头颈部绕身体垂直轴的转动,包括左转、右转。

(3)绕:指头以颈为轴心的弧形运动,包括左绕、右绕。

(4)绕环:指头以颈为轴心的圆形运动,包括左、右绕环。

要求:上体保持正直,头颈移动的方向要准确,颈部被动肌群充分伸展。

2. 肩部动作

(1)提肩:指肩胛骨做向上的运动,包括单肩提、双肩同时提和依次提。

(2)沉肩:指肩胛骨做向下的运动,包括单肩沉、双肩同时沉和依次沉。

(3)绕肩:指以肩关节为轴做小于360度的弧形运动,包括单肩向前、后绕,双肩同时和依次向前、后绕。

(4)肩绕环:指以肩关节为轴做360度及大于360度的圆形运动,包括单肩向前、后绕环,双肩同时和依次向前、后绕环。

要求:提肩时要尽力向上,沉肩时要尽力向下,动作幅度大而有力。绕肩时,上体不能摆动,颈与头不能前探。

3. 上肢动作

(1)举:指以肩为轴,肩的活动范围不超过180度而停止在某一部位的动作,包括单臂的前举、后举、侧举、侧上举、侧下举等。

(2)屈:指肘关节产生一定的变屈角度,包括胸前屈、胸前平屈、肩侧屈、肩上侧屈、肩下侧屈、肩上前屈、腰间屈、头后屈。

(3)绕:指双臂或单臂向内、外、前、后做大于180度、小于360度的弧形运动。

(4)绕环:指以肩关节为轴,双臂或单臂向前、向后、向内、向外做圆形运动。

(5)振:指以肩为轴,臂用力摆至最大幅度,包括上举右振、下举后振、侧举后振。

(6)旋:以肩或肘为轴做臂旋外动作。

要求:上体保持正直,位置要准确,幅度要大,力达身体最远端。

4. 胸部动作

(1)含胸:指两肩内合,缩小胸腔。

(2)挺胸:指两肩外展,扩展胸腔。

(3)移胸:指髋部固定,做胸部左、右两侧的水平移动。

要求:含胸、挺胸、移胸要做到最大限度。

5. 腰部动作

(1)屈:指下肢不动,上体沿矢状轴和水平轴的运动,包括前屈、后屈、左右侧屈。

(2)转:指下肢不动,上体沿垂直轴的扭转,包括左转、右转。

(3)绕环:指下肢不动,上体沿垂直轴做弧形、圆形运动,包括左、右绕和绕环。

绕环要求:身体远端尽力向外延伸。绕环幅度要大,充分而连贯。

6. 髋部动作

左顶、右顶、后顶、前顶、左提、右提、绕、绕环。

(1)顶髋:指髋关节做急速的水平移动,包括左顶、右顶、前顶、后顶。

(2)提髋:指髋关节急速向一侧上提的动作,包括左提、右提。

(3)绕髋和髋绕环:指髋关节做弧形、圆形移动,包括向左、向右的绕和绕环。

要求:髋关节做顶、提、绕和绕环时应平稳、柔和、协调,稍带弹性。

7. 下肢动作

(1)滚动步:从前脚尖至全脚掌依次落地,两脚交替。

(2)交叉步:一脚向另一脚前或后交叉行进。

(3)点弓步:一脚向侧成弓步,另一脚跟进并拢,交替进行。

(4)跑跳步:两脚交替进行,跑后支撑阶段有一次跳的过程。

(5)并腿跳:双腿并拢,直膝或屈膝跳。

(6)开合腿跳:并腿跳至开立,分腿跳至并立。

(7)高踢腿跳:单腿跳,同时另一腿直腿向前、侧高踢。

(8)吸腿跳:单脚跳起,同时另一腿屈膝向前、侧上提。

(9)侧摆腿跳:单腿跳,同时另一腿向侧摆动。

(10)弓步跳:并腿跳起。落地时成前(侧、后)弓步。

要求:跳跃要轻松自如,有弹性,注意与呼吸配合。

四、健美操运动教学与训练

(一)健美操运动教学

健美操教学方法是实现健美操教学任务或目标的方式、途径、手段的总称。

健美操教学方法既包括教师教的方法也包括学生学的方法,是多种多样的。就其来源来说:一方面是体育教学方法在健美操教学中的应用;另一方面来源于健美操实践,是健美操教学中所特有的。

健美操教学方法在实现每次教学任务和目标中起着桥梁和纽带作用。它有传授知识、形成动作技能、指导实践、发展经验、培养能力、提高学习效率等作用。因此,教学中无论是教师进行活动,还是学生进行活动,都离不开一定的教学方法。

健美操教学方法是多种多样的,每一种教学方法对完成教学任务都具有它特殊的作用。采用哪种方法及如何运用,应根据教学任务、教学内容、学生特点及场地设备等具体情况来决定,这样才能充分发挥教学方法的作用,取得较好的效果。

在健美操教学中常用的教学方法有:讲解法、示范法、提示法、带领法、完整法与分解法、记忆法、重复法等。

1. 讲解法

讲解法是运用语言向学生说明教学任务、动作名称、作用、要领、做法及要求等,以指导学生掌握基本知识、技术、技能、进行练习的方法,这是健美操教学中语言运用的一种最主要、最普遍的形式。

2. 示范法

示范法是教师教授以自身完成的规范动作作为教学的动作范例,用以指导学生进行练习的方法。此方法可以使学生了解所要学习动作的具体形象、结构、要领和方法。

3. 提示法

提示法是教师教授以提示的方式指导学生进行练习的一种方法。这种提示可以是语言的,也可以是非语言的。

语言提示:教师用简练的语言或口令提示学生所要完成的动作名称、时间、数量、方向和质量的要求等。

非语言提示:教师用肢体语言、面部表情、实现接触等提示学生完成动作。

4. 带领法

带领法是学生在教师的带领下,连续完成单个动作、组合动作、成套动作练习的一种方法。此方法能使学生在较短的时间内建立正确的动作概念,掌握动作与动作的连接方法及音乐节奏感,在健美操教学中被普遍采用。

5. 完整法与分解法

完整法指从动作的开始到结束,不分部分和段落,完整地进行教学的方法。此方法不破坏动作结构,不割裂动作各部分或动作之间的内在联系,可使学生建立完整的动作概念,循序地掌握动作;分解法指教师把结构比较复杂的动作或组合按身体各个部位合理地分解成几个局部动作分别进行教学,最后达到全部掌握动作的方法。

6. 记忆法

记忆法是使学生尽快地掌握学习内容、熟记动作的常用教学方法,其中包括观察法、念动记忆法、简图法等。

(1)观察法:观察法是学生通过看示范动作、看图片、看动作录像等方法获得生动、逼真的动作形象,加深记忆,熟练动作。此方法有助于建立和巩固正确动作的动力定型。

(2)念动记忆法:念动联系是指学生有意识地、系统地在脑海中重复再现原已形成的动作表象,熟练和加深动作印象的记忆的方法。

(3)简图法:利用画简图的方法,让学生把所学动作方法、名称,动作的做法以及连接方法,用简图表示出来。这样可以强化记忆,加速学习动作的过程,形成较牢固的动力定型。

7. 重复法

重复法是不改变动作的结构,按照动作要领进行反复练习的方法。健美操的教学,可重复单个动作也可重复组合动作和成套动作。

这种方法既有利于学生在反复练习中掌握和巩固动作技术，又有利于指导和帮助学生改进动作技术，并对锻炼身体、发展体能等有较好的作用。

(二)健美操运动训练

竞技健美操训练原则是根据人体活动的客观规律，以教育学和训练学原理对竞技健美操运动时间进行科学总结和概括。它是竞技健美操运动训练一般规律的反应，对训练工作起着非常重要的控制和指导作用。

训练原则在一定的时期内具有相对的稳定性，但随着运动实践的发展，其内容又会得到不断的充实和完善。

1. 一般训练与专项训练相结合原则

一般训练是指在运动训练过程中，借助多种身体练习、训练方法和手段，全面提高运动员各器官的机能，发展运动机能，改善身体素质和心理品质，掌握一些有利于提高专项技术的其他项目的运动技术与理论知识。

专项训练是指在运动训练的过程中，以专项运动本身的动作，以及与专项运动动作相似的练习，提高专项运动水平所需要的各器官系统的机能，发展专项运动素质和心理品质，掌握专项运动的技术、战术、理论知识。

竞技健美操的一般训练包括体育项目中的常规练习内容，如：跑步、一般力量练习、一般柔韧练习、念动训练等。专项训练包括：专项耐力、健身健美操、速度、力量、控制、激情、表演练习、模拟测验等。

一般训练和专项训练有各自的目的，任务和相对应的训练方法、手段，既不能相互替代，又不能孤立进行，两者要结合，合理安排。

2. 竞技需要原则

竞技需要原则指根据提高运动员竞技能力及运动成绩的需要，从实战出发，科学安排训练的内容、方法、手段等因素。

竞技健美操运动员的竞技能力体现在完成成套动作的质量、运动员的表现力等方面，训练过程应围绕着这几方面有计划、有目标地进行。

竞技健美操成套动作是难度动作和操化动作有机、巧妙的组合。动作过渡与衔接需要包括节奏、空间、路线等方面的变化。动作质量是由运动员对机体的控制能力来体现的。完美地完成动作的标准化实操化动作准确、有弹性、连贯，肢体线条优美与自然、健康。运动员的专项耐力主要表现在轻松完成成套动作的能力。表现力是通过运动员生动有力、清晰的动作，富有激情的、丰富的、贴切的表情来展现的。良好的心理素质能很好地保证自己在赛场上的稳定发挥。

3. 合理安排运动符合原则

运动训练的合理运动符合直接关系到运动员竞技能力的提高。因此，在训练过程中如何掌握运动量与运动强度，设计竞技健美操特有的训练内容，使运动员能够尽可能地轻松自如地承受竞技健美操独特的运动强度至关重要。

健身健美操运动员要在绝对有氧状态下进行训练，而竞技健美操则处在无氧与有氧混合供氧的状态下进行。

竞技健美操技术环节多,所以,在承担高强度负荷的同时,要求运动员更好地调节身体各部分的支配与控制能力。在条件允许的情况下,尽可能进行系统训练,并在整个训练周期中安排不同的运动负荷量:强度适应期—强度上升期—强度缓冲期—强度冲刺期—调整期,形成有规律的运动强度曲线,这是提高运动员专项耐力与承受负荷的最佳手段。

4. 全面发展与针对性训练对立统一原则

竞技健美操是一项综合性很强的运动项目,它不仅仅要求运动员在体能(力量、耐力、速度、柔韧、灵敏、协调)方面有扎实的基础,同时也要求运动员在心理、文化、审美上有超乎寻常的标准。训练中,除了安排竞技健美操专项特有的内容外,还要有意识地安排相关的内容。

5. 系统性原则

竞技健美操虽然是一项年轻的运动项目,但竞技性十分突出,项目本身日趋成熟,国际赛事繁多,特别是国际体操联合会成立了健美操委员会,使竞技健美操的竞赛规模空前壮大,竞赛内容与规则日趋规范。在国家体育总局的组织和领导下,国内竞技健美操一年一度的锦标赛与冠军赛也在有序地进行。

竞技健美操训练要有计划、有规律地在完整的训练体系下进行,以保证在竞赛中取得理想的成绩。其中训练的周期、任务与目的、不同内容的安排、合理的运动负荷,以及不间断训练等是保证系统训练的基础。

训练周期是根据不同赛事以及运动员的培养目标而建立的,首先要建立大型训练周期,也可称之为发展期。在不同的发展期(大周期)中包含着若干个相关周期。

最初阶段可称之为入门期,时间约为两年,可以有目的地安排培养运动员良好体能、正确的姿态、正确的基本技术、稳定的心理状态、坚定的信念等相关内容,在参加小规模的比赛或是在大赛之中设立阶段目标。

入门阶段动作的规范与完成质量是第一位的,教练员不仅要用语言指导,更要主动、频繁地示范,建立运动员的自信心;纠正运动员的错误习惯与动作,培养他们吃苦耐劳的品质与团队精神,讲解健美操的规律、特性,打好运动员的体能基础(专项耐力与力量)。在这一时期,教练员要多让运动员观摩,并对观摩内容进行针对性的讲解,提高运动员的认识能力。

入门期之后为适应期,时间为三年,除了继续坚持体能、技术、心理训练内容外,还应该增加表现力、动作变化规律、难度动作的发展等相关内容,并且积极参加一般性比赛、表演活动。

教练员除了示范、讲解外,还应适当地给运动员自由发挥的空间,注意发现运动员的个体特点,扬长避短,逐渐形成运动员的个性与风格。

操化动作训练要强调动作的变化与不对称性,在完成普遍采用的难度动作时,有意识地发展有个性难度动作,探求难度发展的一般性规律。

在表现方面,要进一步加强运动员的自信心,阐述动作表现与面部表现的一般性规律。教练员应适当培养运动员互帮互学的学风,培养他们的观察力,经常对动作、淘汰率、比赛进行分析,从而培养运动员的逻辑思维能力。

成熟期需四年左右,主要是突出发展运动员的专项能力(体能、技术、智能、表现)及个人能动性,发挥团队精神,在平时的训练和大型赛事中冲击竞技健美操顶峰。

这一时期的主要任务是，发展超强的健美操竞技、体能和新颖的难度动作，使动作具有强烈的吸引力与表现力，形成鲜明独特的成套风格，具备成熟健康的心理承受能力。

运动员创新意识是至关重要的。教练员应与运动员进行频繁的思想交流，使他们建立广泛的兴趣、坚定的信念。在体能训练中，有目的、合理地安排超强度的体能训练内容和健美操组合动作之外，适当地安排舞蹈、技巧等项目的训练。激发运动员的创新意识，发挥运动员自身的创造能力。教练员把握方向，共同参与一般性的训练、难度动作的发展与创编、成套动作的编排、社会活动等。

6. 小周期原则

小周期训练是指根据不同规格赛事以及不同赛事具体要求而进行的应急性训练。因此，在人员的选择、训练周期及计划、内容的安排上都有不同的方式。

总体上讲，应该选择那些有较好健美操基础、良好身体素质及协调性，特别是表现力较强的运动员。根据不同的赛事制定其训练计划，要极具针对性、有效性、有序性，以求取得更理想的成绩。计划中要包含赛事规则中所要求的内容，尽量缩短准备时间，在训练中注意其特殊性。有效地实施训练计划是教练员的核心工作，根据不同情况与时间要求，周期安排应包括准备期、基本训练期、比赛期、恢复期。

准备期——运动员的主要任务为尽可能快地恢复与提高体能，学习并尽快地掌握健美操的操化特性，选择与练习难度动作，选择成套音乐，粗编成套动作。主要内容有身体素质练习、操化动作与基本技术练习、动作组合、难度练习、编排成套、恢复练习等。运动量应合理、适中。

基本训练期——运动员的主要任务为提高体能，适应赛事强度要求、修改成套动作、提高动作质量、熟练掌握成套动作、提高表现力、及时恢复体能。主要内容有：专项耐力练习、单个动作练习、动作组合（成套）、细抠动作、半套练习、成套练习、恢复练习与手段。运动量要有起伏，应在负荷逐渐上升的前提下，冲击两次以上的大强度训练。

比赛期——包括赛前、赛中、赛后三个阶段。主要任务为：运动员适应比赛环境与状态、做好心理准备、调整体能、以最佳状态参加比赛、及时进行思想工作与赛事安排、总结。

恢复期——运动员消除生理上和心理上的疲劳，完成比赛任务，准备后期的工作。

第四节　健美操运动与健康

一、身体健康

（一）循序渐进，持之以恒

众所周知，健美操锻炼可以强身健体，健康减肥。质的变化不是一朝一夕可以达到的，需要一个由量变到质变的过程。人体结构的改变、运动能力的提高、内脏循环功能的改善，都是由于神经系统通过对运动系统及其他内脏、循环系统反复多次调节而形成的适应性反应。这种适应性不是靠几次锻炼就可以实现的，而是一个相当复杂的协调过程。只有长期积累、长期坚持，才能达到良好效果。因此，运动员参加健美操锻炼，首先应该有信心和持之以恒的精神，尤其是对初学者和减肥者，切忌心急，应遵守科学的锻炼方法及循序渐进的原则,避免造成半途而废及不良的身体反应。

(二)灵活掌握,及时调整

在健美操锻炼时,若运动员身体健康状况欠佳,有炎症或出现疲劳症状(四肢无力、疲倦、头晕、恶心、心悸等)时,应立即停止锻炼,不要勉强。

当身体状况不佳时,人的中枢神经系统对身体的控制能力大大下降,有机体对外界环境的适应能力和机体的协调关系出现失调现象。如果此时勉强锻炼,不仅不利于健身,反而会给身体健康带来不良影响。若出现的疲劳症状较轻,可以采用适当的休息或调整锻炼负荷及缩短锻炼时间等方法进行调节缓冲。要注意区分疾病性和运动性的疼痛,若是肌肉酸疼、胀疼,则不必停止锻炼,应尽量坚持,做适当的调整与放松,通过超量恢复,会使机体得到进一步的改善与提高;若是疾病性疼痛,应及时到医院进行检查治疗。

(三)热身运动

在健美操锻炼之前,运动员首先要进行热身运动,然后才能转入正式锻炼,其目的是使运动员从生理和心理上做好充分准备,使机体从平静的抑制状态逐渐过渡到活动的兴奋状态,促使心脏功能逐渐加强,使血液循环和气体交换得到改善,新陈代谢旺盛,更好地适应锻炼时的生理要求。同时使肌肉、韧带、关节得到活动,神经系统的兴奋性得到提高,使整个机体由安静状态逐步进入工作状态,为即将进行的较为剧烈的身体活动做好各种准备,从而提高机体的工作效率,预防运动创伤。

一般热身运动以伸、拉动作为主,运动员的运动负荷不宜过大,避免做跳跃运动。热身的时间长短、活动量的大小应根据天气情况而定。天热时新陈代谢旺盛,身体容易活动开,热身运动的时间可以短些;天冷时血液循环比较缓慢,肌肉、韧带和关节均较僵硬,不够灵活,因此活动时间要稍长些。一般情况下,热身运动的时间应控制在总锻炼时间的20%左右,做到身体感觉发热、微微出汗为宜,这时全身各部位机能已被调动起来,中枢神经系统的兴奋性提高了,关节的灵活性和肌肉的弹性增加了,各器官系统的活动也加强了。运动员此时进入较大强度的运动,才能避免可能出现的肌肉拉伤或关节扭伤的现象,确保正式锻炼的内容顺利完成。

(四)放松运动

放松运动是健美操的内容之一,绝不是可有可无的,应引起健美操教练员及运动员的高度重视,通过放松运动可以达到以下目的:

1. 放松运动可使静脉血液较快地回流到心脏,使心脏较快地恢复到正常工作状态。

2. 放松运动可使神经系统和其他内脏器官由紧张的工作状态,逐步转入正常状态,从而促进整个机体能较快地得到恢复。

3. 放松运动能加速乳酸的消除,可避免肌肉充血、僵硬。如不注意放松,肌肉的收缩能力会下降,弹性会减弱,以致影响力量的提高,妨碍肌肉的增长。

二、心理健康

良好的心理素质是指个人心理所具有的正常的、积极的状态下以及同环境保持良好的心理适应的能力。加强大学生的健美操教学,对于提高大学生的心理素质水平、促进大学生的身心发展具有重要的意义。

日益激烈的社会竞争和挑战使大学生的心理压力不断增大，越来越多的大学生处于心理亚健康状态，他们受到各种心理问题的困扰，成为心理障碍的高发、易发群体。努力提高大学生的心理调试能力，使其能够以健康的素质适应社会发展，必须成为高校教育的当务之急。

心理障碍是所有心理与行为失常的总称，依据程度不同可分为三个层次：轻度心理失调、轻度心理疾病及重度心理疾病。目前大学生最常见的心理障碍主要为焦虑症、抑郁症和神经衰弱症，它们在很大程度上阻碍了大学生正常的学习和生活。

适当的体育锻炼，尤其是高校中的健美操教学，有助于改善大学生的消极情绪状态，调整并塑造大学生愉悦的心境。健美操的节奏趋于明快强劲，风格趋于热烈奔放，音乐充满了青春的活力和十足的动感，有着鲜明的现代韵律感和时代感。

高校健美操练习既注重形体练习，又注重力量训练，对于改善大学生的身体表象和身体自尊的作用是毋庸置疑的。它把舞蹈和体操中的简单动作科学地组编在一起，通过经常性的形体练习，大学生在完成高素质动作的同时，体内多余的脂肪加速消耗，锻炼者的形体和举止风度得到改善，这使他们能够愉悦自我。

健美操教学一般从训练的基本动作开始，重点是软度训练和力度训练，在接下来的动作组合教学过程中，则强调熟练地、连贯地完成整套动作，每个动作都要十分到位，整套动作则要一气呵成。这样，大学生在面对挫折情境时，便能够用自己坚强的意志力战胜困难，最终在良好、平稳的心理状态下不断进步。

第十二章　瑜伽运动与身体健康

第一节　瑜伽运动的起源

瑜伽,作为一种健身方式,现在已风靡世界。近年来,随着改革开放,瑜伽也从欧美或我国港台地区传入中国大陆,在各大城市中广为流行。许多青年朋友,尤其是女性青年,纷纷加入练习瑜伽的行列,以求健美体型、调养身心。

"瑜伽"一词,来自印度古代梵文,是梵文"yoga"的音译。此词最早出现在公元前1500年的《梨俱吠陀》中。在《梨俱吠陀》中,"瑜伽"的意思是指"轭"或"伽"(牛、马拉车时架在脖子上的器具),具有用"轭"或"伽"把"马与车联结在一起"的含义。后来,它的词义逐渐扩大,引申出两种事物相互"连接""结合""合一""化一"等义。

"瑜伽"的思想和实践在印度源远流长,最早可追溯到古老的印度河文明。据考古发现,当时居住在印度河流域的达罗毗荼人就已开始从事瑜伽实践活动。

在摩亨佐达罗和哈拉帕的考古遗址上,曾出土一些石雕和印章,这些石雕和印章就刻有人进行瑜伽冥思和各种瑜伽坐法的图案。这说明,大约在5 000年之前,印度的先民就已有瑜伽活动了。

为什么在印度会产生瑜伽呢?有人分析,这跟印度的自然环境有关。因为在印度高温炎热的气候下,人们在森林里通过瑜伽静心冥思、修身养性,对抵御酷暑湿热是绝对有益的。正如中国人所说的"心静自然凉",这种方法深受印度古人喜爱是不难理解的。

大约在公元前2000年,原来居住在高加索和南欧草原一带的雅利安人开始南下,他们一方面学习农耕知识,另一方面也大量吸收了达罗毗荼人的文化。其中,他们把达罗毗荼人的瑜伽活动也吸收了过来。

公元前1500年左右,雅利安人信仰的婆罗门教已经形成,当时出现的《梨俱吠陀》就是婆罗门教产生的标志。有关瑜伽的最早文字记载,已出现在《梨俱吠陀》中。《梨俱吠陀》虽然是一部赞美神灵的诗歌集,但其中有一首诗,专门描述了人通过瑜伽所获得的神奇智慧和力量。

公元前7世纪以后,先哲们进一步发展瑜伽思想,并对瑜伽实践作了具体阐述。例如,《石氏奥义书》把瑜伽解释为"统治心和各种器官的活动";《白驴奥义书》论述了瑜伽的各种行法,如身体的姿势、呼吸的调整、修习的场所和目的等;《慈氏奥义书》对瑜伽行法作了系统的分类,形成最初的"六支行法"。这六支行包括调息、制感、静虑、执持、观慧和三昧。此时,关于瑜伽的学说基本成形。

公元前4世纪以后,进入史诗《摩诃婆罗多》和《罗摩衍那》的时代,瑜伽已在印度民间广为流行。在这个时期,瑜伽的形式也有新的发展,出现了各种类型的瑜伽术。在《薄伽梵歌》中曾提到三种瑜伽:"智瑜伽""业瑜伽""信瑜伽",此后又产生了"王瑜伽"。

大约在公元前2世纪，瑜伽学说已经形成一个独立的哲学流派，名为“瑜伽派”，并且成为婆罗门教六大正统哲学流派之一。瑜伽派的创始人为波颠阇利，他所著的《瑜伽经》是该派的主要经典。《瑜伽经》对以前的瑜伽方法和实践进行了系统的归纳和总结，并把它进一步理论化。这样，瑜伽学说就上升为一个既有完整理论，又有实践知识的系统哲学体系。

后来，瑜伽被广泛采纳，并出现了不少新的种类，其中最突出的就是12世纪出现的“诃特瑜伽”。

“诃特瑜伽”，意译为“力量瑜伽”。此种瑜伽的创始人为古罗俱商那特，著有《诃特瑜伽》和《护牛颂》等书。诃特瑜伽有几十种功法，侧重于调息、坐法和身体其他部位的训练。因此，它后来演化为一种体育锻炼的方式或保健体操，现在在欧美和我国流行的主要是这种瑜伽的现代版。

第二节　瑜伽运动的发展

一、世界瑜伽运动的发展

瑜伽的学说与思想，在古代就已传到欧洲。但是，西方人开始从事瑜伽活动，还是在现代，尤其是20世纪60年代以后。

瑜伽修习在西方颇受青年人的喜欢和钟爱。印度所推广的瑜伽，也不是印度的传统瑜伽，而是一种与西方现代医学、心理学相结合的新型瑜伽。他们要求修习者不仅练习各种身型和坐姿，更重要的是静坐冥思，以此平抑杂念，松心缓性，最终达到内心的喜悦和放松。

20世纪60年代后期，美国的嬉皮士、英国摇滚乐甲壳虫乐队及其知名歌星，都纷纷加入修习瑜伽的行列中，并深感此术对缓解压力的益处。因此，在他们的宣传下，瑜伽活动迅速在西方青年人中间流行开来。

瑜伽在西方的流行，是有其深刻的社会原因的。一方面，西方是物质生产力高度发达的社会，现代科技和机械化生产可以充分满足人们物质生活的需要，但是在人们的精神生活上，仍然存在着一些烦恼。机械化的生产方式，在一定程度上使人的神经长期处于高度紧张和疲劳的状态，引发了人在精神上的诸多疾病；另一方面，市场经济下的激烈竞争，对物质和金钱的极端追求，也使一些人丧失了理智和道德，从而造成社会的病态和畸形。在这种条件下，人们不得不去寻找精神上的安慰或避难所。美国的嬉皮士、英国甲壳虫乐队的明星们，对印度瑜伽的狂热追捧，原因就在这里。

二、我国瑜伽运动的发展

瑜伽在中国的起源，是随着佛教的传入而传入的。

瑜伽虽起源于印度，但其核心思想却在有着同样悠久文明的中国，二者有惊人的相似性并在同一时期出现。如果抛开瑜伽来说冥想的话，我国的冥想在公元前五六百年的春秋战国时期就有相关记载，比如老子的致虚极、守静笃，庄子的心斋等，都与冥想类似。

而瑜伽强调的天人合一思想在我国的《黄帝内经》中早有说到，其思想形成于上古，而成书于周秦，与印度瑜伽梵我一如理论形成的《奥义书》时代大致相同。

瑜伽在佛教中属于修持三学戒、定、慧中的定的范畴。定,就是禅定,也是止观,就是瑜伽修持。所以,瑜伽传入中国应该是随着佛教的传入而传入的,而 yoga 的汉语音译瑜伽最早也是出现在汉译佛教经典中。

瑜伽一词在欧美早已被人熟知,而我国则是最近几年才渐渐流传,得益于一位瑜伽修炼者——张蕙兰在中央电视台的大力推广。

1985 年通过中央电视台,张蕙兰和瑜伽走入了千家万户,深入了成万上亿人的心中,瑜伽就此深受人民的喜爱,张蕙兰也成为中国大陆家喻户晓的传奇人物。蕙兰老师被大家亲切地称为"当代中国瑜伽之母"。

第三节　瑜伽运动与高校

一、瑜伽运动特点

1. 瑜伽安全、柔和的特点使之适宜各类人群。

2. 瑜伽具有舒适性。瑜伽体位法能够流畅、对称、柔和而又持续地让身体得到伸张和刺激,几乎每组前弯动作后一定会紧接一组后弯动作,而每组动作完成后一般都会有相应的放松动作,对身体起到很好的拉伸与放松作用,舒适而又流畅。

3. 瑜伽不受场地、时间、经济条件的限制。练习瑜伽仅需很小的空间,能容纳双臂双腿伸展即可,并且受时间限制也较小,不需要昂贵的健身房、健身器械,一个安静的角落、一块洁净的垫子、一颗纯净的心即可。对某些学生来说可能需要瑜伽砖、瑜伽绳等小型辅助用品。

4. 瑜伽对心灵具有调节作用。

5. 瑜伽对身体的全方位调节和锻炼可以起到辅助医疗的作用。

二、瑜伽运动比赛规则

1. 选手每 10 人一组,以六组为例。选手共同完成规定动作后,每组前 5 位选手展示自选动作,同组其他选手原地等候,自选动作全部结束后共同退场。

2. 每组比赛结束后,评委亮分,记分员收取亮分牌,计算每位选手的得分并做记录。

3. 六组选手全部结束后,记分员统计总得分前 12 名的选手进入决赛。

4. 进入决赛的选手分为 6 人一组,每人展示 3 个自选动作,动作可重复,限时 5 分钟内完成。第一组结束后下一组进行展示,两组都完成后,选手抽取理论问答题并在一分钟内作答。

5. 全部结束后,评委为选手进行综合打分。

6. 评委亮分,记分员收取亮分牌,计算每位选手的得分并做记录。

三、瑜伽运动基本技术

(一)仰卧体位

1. 鱼第一式(简易鱼式)

功法:

(1)仰卧,双手扶着两臀的外一侧,肘关节触地。

(2)两肘关节向地面用力撑起,将背部离开地面,头顶触地。

(3)将两手掌放在大腿上,保持自然呼吸。

功效:扩展胸膛,伸展颈部,调整甲状腺的分泌,纠正驼背。

提示:这个姿势伸展背部肌肉,美化背部线条,使人的举手投足更优美。

2. 犁式

功法:

(1)平躺,全身放松,两腿伸直。

(2)吸气,两手向下用力,收缩腹肌,抬两腿直至与地面呈 90 度角。

(3)到达 90 度角后呼气,双手托腰,继续将腿伸过头后,此时下背部与臀部已自然离开地面。

(4)当脚趾触及地面时,双手在头顶十指交叉,保持深呼吸,坚持 10 ~ 15 秒,还原放松。

功效:促进血液循环,除滋养脊柱神经外,也可养颜护肤。此外还可消除背痛、腰痛,减除腰部、髋部、腿部的脂肪。

犁式对于内脏各器官也十分有益,能够按摩、调整及刺激所有的内脏,特别是肠、胃、脾、和肝。改善甲状腺激素分泌,对贫血、肥胖症、便秘、哮喘、糖尿病、月经不调等症有疗效,并使身体活力充沛、缓解疲劳。松弛大腿与背部肌肉,增加脊柱的弹性以及整体的柔软性,具有收腹、纤腰、修长双腿的功效。

提示:回位过程中,应尽量缓慢,让脊柱一节节触地,整个过程中,头部始终不离开地面。女性在月经期避免做这个姿势,患有坐骨神经痛的人禁做此式,有高血压的人应在教练员指导下练习。

3. 桥式

功法:仰卧,放松全身。弯曲双膝,双脚平放在地面。吸气,慢慢抬高臀部、背部,用双手支撑腰部。如果觉得身体有些僵硬,可以保持双手掌心向下,放在身体下方或者用手抓住脚踝。保持这个姿势 30 秒,做正常的呼吸。

变形式 1:两手支撑腰部,慢慢向上伸直左腿。保持这个姿势 30 秒。

变形式 2:试着慢慢向前伸直两腿,保持双手支撑腰部的姿势尽可能长的时间。完成此式后,闭眼,仰卧,依次放松腿部、臀部、腰部、胸部和颈部。

医疗效果:此式十分伸展后背和腹部,适合作为在肩倒立之后的练习姿势,它可缓解肩倒立式之后的紧张感。此式能够缓解颈椎、肩膀的紧张。练习时意识力应放在从大腿到腰部的伸展感上,胸部的上方和肩膀呈放松状态。

提示:腰部和手腕力量不够的练习者,应根据自身的状况进行适当练习,不要选择腿部向前伸直的姿势。

4. 摇摆式

功法:仰卧,两腿向前伸直。两腿屈膝,将两大腿收近胸部。两臂抱着两腿,十指相交。抬起你的头,让你的身体前后摇摆。不要让头猛碰地板。前后摇摆5 次后,顺势做出蹲的姿势,这就是一个回合。重复做8 ~10 个回合。

医疗效果:这个练习按摩和强壮双髋、双臂和背部。对于放松僵硬强直的背部和增加血液循环,它有极好功效。它有助于放松胃部和腹部区域,有助于消除腹中气体.

5. 船式

功法:

(1)仰卧,两腿伸直。两臂平放体侧,掌心向下。

(2)吸气,臀部作为支撑点,同时抬起上半身及双腿,与地面呈大约 30 度角。双腿并拢,腰背挺直,双臂平行,于体前平举。保持自然的呼吸,坚持这个动作 20 秒钟。

(3)呼气时将双腿及躯干放回地面,仰卧放松全身。

功效:对于腹部器官和肌肉,这是一个极好的姿势。它促进肠道蠕动,改善消化功能,帮助消除肠胃当中的寄生虫。它也有放松肌肉和关节的效果,对神经质或紧张的人特别有效。最重要的是这个姿势有助于强化背部肌肉,如果背部强壮有力度,我们就会更加活跃,生活就能更加充实。

(二)站姿体位

1. 山式

功法:在莲花坐基础上,十指相交,伸展高出头部,下巴往颌部收,将掌心转向上方,两臂尽量向高处伸展,保持平稳的呼吸,呼吸次数 10 次。

效果:安神、强壮腹部器官、消除双肩僵和风湿痛。

2. 风吹树式

功法:挺身直立,两脚并拢,两臂放在两侧。十指相交,两臂高举过头顶。转动两腕,使两腕朝天。用脚尖着地站着,上身躯干从腰部弯曲,倾向右侧。保持此姿势几秒钟,然后弯向左侧。弯向左右两侧至少 12 次。然后让上身恢复中央位置,平脚站立,放下双臂。

注意:如果不能用脚尖站立同时保持身体平衡的话,就可以平脚站在地上做此练习。但是每次做这样姿势时,都应该用几秒钟的时间尝试用脚尖站立,这样能逐渐增强自己平衡力。

医疗效果:这个姿势扩张胸部,放松肩关节。它也朝着与平常向前或向后运动不相同的一个方向伸展下背部、腰部、双髋部和内部脏器,还可以改善体态、增强灵活性、提高平衡感。

3. 腰躯转动式

功法:挺直身站立,两脚分开。十指相交,吸气,两臂高举过头。转动手腕,两手掌心向上。呼气,向前弯身,弯到两腿和背部形成 90 度角为止。两眼注视两手。将上身躯干尽量转向右方。跟着又将上身躯干尽量转向左方。转向右方时吸气,转向左方时呼气。

医疗效果:这个姿势如果做得正确的话,就会使背部得到伸展,练习后背部感到轻松、充满活力。向两侧扭动的动作增加脊柱中的血液流通量,从而滋养脊柱神经和消除背痛。腹部脏器得到滋养、充满活力,消化功能也更正常、旺盛。这也有助于放松旁腱肌肉群,并强壮双肾。

4. 侧角转动式

功法:这个练习和侧角伸展式类似。开始先做基本三角式。从三角式开始,将右脚向右方转90度,左脚向右方转约60度。屈右膝,直到大腿与地面平行,小腿垂直于地面及大腿。呼气,将左臂放在右膝上。为了做到这一点,你需要转动躯干和左腿。然后,将你的左腋放在你的右膝之上,将左掌心放在右脚外边的地板上。左膝保持挺直,将躯干和脊柱转向右边,把右臂伸出高于太阳穴之上。一边深长而稳定地呼吸,一边保持这个姿势15~30秒。然后,吸气,慢慢升起你的左掌和躯干。伸直你的右腿,使两臂和身体其余部分回到原来的三角式。呼气,在左边按相反方向做整个练习。

医疗效果:这个姿势的效果和三角转动式基本上一样,只是更强些。它也刺激、兴奋消化过程,从而使结肠的清理过程顺畅。

本式增加脊柱和腹部器官中的血液循环,使人体各部分器官都充满活力。

5. 加强三角式

功法:从基本站立式开始。深吸气,身体微向前倾。将两肘和两肩胛骨向后收,双掌在背后合十。呼气,如可能的话,转动两腕,将合十的双掌升到肩胛骨之间。吸气,两腿大分开稍作休息,吸气并将躯体转向右边。保持双膝完全伸直不弯曲,将两脚转向右边。右脚应转满90度角,左脚约转75度角。头向后仰,保持一段时间。呼气,向前弯身,直至头部触及右膝。不要弯曲双膝,慢慢伸展背部,方法是逐渐将下巴延伸,过右膝盖之下。有规则地呼吸,保持这个姿势约20秒。然后,深深吸气,将头部和两脚转向中央,直到脚趾指向前方。将躯干举起,呼气,回到基本站立式。休息几秒钟,在另一边重复同样的过程。

可替代的做法:如果无法做到在背后双掌合十,就用两手互相抓住手腕,放在腰背部。

医疗效果:这个姿势扩展胸膛,刺激和促进深长的呼吸。它能使脊柱伸展,髋关节放松,补养、加强两腿的肌肉。它收缩并强壮腹部器官,改进不良体态和圆肩,并使两腕松动灵活。

6. 增延脊柱伸展式

功法:开始时先做基本站立式。两膝保持伸直不屈,呼气,向前弯身,先把两手手指放在两脚旁的地面,然后双掌掌心也贴地。尽量把头抬高,伸展脊柱,用脚趾向前移动少许以便让两髋稍微向前,使两腿与地面垂直。保持这个姿势大约做完两次深呼吸之后,然后呼吸,放低躯体直至你的头靠着双膝以下的小腿前面。一边深呼吸,一边保持这个姿势30~60秒。然后吸气,双掌始终贴地不动,抬起头。深呼吸两次,吸气,慢慢恢复到基本站立式。

医疗效果:增延脊柱伸展式可以增强人体的弹性。腘旁腱得到放松,脊柱得以伸展,脊柱神经得到补养、加强。向前弯有助于强壮双肾、肝脏和脾脏。它有助于减少月经期间下腹与骨盆部位的疼痛,因而对于妇女有用。向心脏血流的增加有益于大脑、面颜组织和头皮。

这个姿势还能使心率慢下来,对患抑郁、沮丧或过分激动的人来说是一个极好姿势。

警告:可能要花一些时间,你的身体才能够变得足够柔韧,以便能够完美地做到这些及其他一些姿势。在不使身体过于勉强用力的情况下,尽可能做到接近理想的姿势。

7. 战士第一式

功法:按基本三角式站立,右脚尖指向右前方,左脚尖转向右方大约15度,屈右膝,做成右弓步。上身躯干转向右方，吸气，两手慢慢从两侧上举，两手举至头顶上方，双手合十，保持肘部伸直。呼气，抬头，眼望指尖，自然呼吸 30～60 秒。吸气，脸朝前，眼看前方，伸直右膝盖。呼气，两手分开，自然放于体侧。换左侧做同样练习。

健身效果：减少腹部、腰两侧多余脂肪。扩张胸部，伸展颈部，延缓衰老。增强人的平衡感及注意力的集中能力。消除下背部及肩部的肌肉紧张。

注意：心脏功能不好或有晕眩病的人勿做此练习。

8. 战士第二式

功法：按基本三角式站立。吸气，两手保持平衡，身体以腰部为支点，转向右侧，头朝右，眼看右前方，意想看着心灵的最远处。呼气，屈右膝，做成右弓步。自然呼吸 30～60 秒。吸气，伸直右膝盖，上身躯干转向中间，同时头、颈转回中间（保持两臂伸直，尽量不要放下）。呼气，屈左膝，做成左弓步，自然呼吸 30～60 秒。吸气，伸直左膝盖，上身躯干转向中间，同时头、颈转回中间。呼气，两手臂放下，两腿并拢，放松全身。

健身效果：强壮两腿，消除小腿痉挛。强壮两臂，使人的平衡感增强，注意力更集中，腰部更灵活，有力。

9. 战士第三式

功法：按基本三角式站立，先做战士第一式，慢慢将重心移至右脚，将举起的双臂缓缓前移。慢慢将左腿抬起。伸直右膝，保持左腿、上身躯干、头、手臂在同一直线上，保持 30～60 秒。吸气，屈右膝，左脚尖回落到地面。呼气，两腿伸直，两手放下。换左侧做同样练习。

健身效果：增强身体的平衡感及高度集中注意力的能力。腹部自动向内收紧，腹部内脏器官得到按摩。增强脊柱的柔韧性。

（三）跪姿体位动作

1. 卧英雄式

功效：对于发痛的腿有非常好的舒缓效果，对于运动员和长时期步行或站立的人极为有益。伸展和强壮腹部器官和骨盆区域能够加强肝、胆、脾、胃各脏器代谢功能。

2. 猫式

功法：跪在地上，两膝打开与臀部同一宽度，小腿及脚背紧贴在地上，脚板朝天。俯前，挺直腰背，注意大腿与小腿及躯干成直角，令躯干与地面平行。双手手掌按在地上，放置在肩膀下面正中位置，手臂应垂直，与地面成直角，同时与肩膀同宽，指尖指向前方。吸气，同时慢慢地将盆骨翘高，腰向下微曲，形成一条弧线。眼望前方，垂下肩膀，保持颈椎与脊椎连成一条直线，不要过分把头抬高。呼气，同时慢慢地把背部向上拱起，带动脸向下方，视线望向大腿位置，直至感到背部有伸展的感觉。

配合呼吸，重复以上动作 6～10 次。完成后，再一次挺直腰背，同时抬起右脚向后蹬直至与背部成水平位置，脚掌蹬直，左手向前方伸展。抬起头，眼望前方，伸展背部。伸直的手和脚与地面保持平行。

益处：充分伸展背部和肩膀，改善血液循环，消除酸痛和疲劳。脊椎骨得到适当的伸展，增加灵活性。

3. 蛇击式

功法：坐好，调整呼吸。身体前俯，前额贴地，手臂前伸触地。曲臂，抬头，塌腰，让胸部贴近地面。让躯干缓缓地沿地面向前移动。到尽头后，双臂伸直，将上身撑起来，头向后仰，眼睛向上看。保持20秒，自然地呼吸。按反过来的顺序做，回到起始状态。如此反复，共做8次。

效果：强化手臂力量，收紧臂部肌肉，胸部肌肉也得到强化，活化整个脊柱，纠正轻微的错位，对月经不调有辅助疗效。

4. 骆驼式

功法：跪下，小腿平放在地上，膝盖打开至臀宽，脚板朝天。大腿及躯干成一直线，与地面成90°角。双手放在盆骨上方，手肘屈曲，挺直腰背，肩膀及手肘朝向后方。吸气，由上背开始，慢慢把身体向后弯，收紧大腿股四头肌、臀部和腹部。脸朝着天花板，不要过分伸展颈项。呼气，先把右手放在右脚跟上，手掌向下，手指向后，然后再把左手依同一方法放在左脚跟上。吸气，双手往脚掌方向用力，由此借力令上胸挺高朝天。盆骨和大腿与地面保持垂直。头部放松，保持自然呼吸。保持这个姿势15～30秒。然后将双手放回盆骨上方，慢慢地恢复原来姿势，然后把臀部坐在脚跟上休息。

难度调整：若你的背部和颈部较僵硬，可以先用一手支撑身体，另一手上举。

益处：令脊椎和肩膀柔软，舒缓背痛及肩痛问题。改善寒背，令姿势变得优美。扩展胸部，改善呼吸系统毛病。改善整体血液循环。调节月经流量，改善痛经问题。

5. 眼镜蛇式

功效：强健脊椎，伸展胸部和肺、以及肩膀和腹部，稳固臀部，刺激腹部器官，有助于缓解压力和疲劳，打开心轮扩展肺，缓解坐骨神经痛，对哮喘有辅助治疗作用。

这个姿势对脊椎曾经受过伤的人几乎是万能药，另外对椎间盘轻微移位的人也可以达到逐步恢复的作用。脊椎力量可以通过此式得到增强，胸部得到完全的扩展。

此式能够增强脊柱弹性，减轻背部疼痛，纠正月经失调。患甲状腺功能亢进、肠结核者，禁止练习此动作。

（四）坐姿体位动作

1. 双腿背部伸展式

效果：双腿背部伸展式使整个背部伸展、强壮，从而恢复精力、充满朝气。它增进脊柱的力气和弹性，使肩膀、双臂、腘旁腱和两腿的肌肉群得到伸展，使两大腿和腹部都结实起来。腹部脏器受到挤压、收缩，能够减轻懒散不振的状态，从而改进消化与排泄。双腿背部伸展式对胃、肝、肾、脾和肠等脏器有额外益处。印度的医生长期以来都把它推荐为医治痔疮、便秘以至肾脏和肝脏功能失调的方法。

双腿背部伸展式也改善血液循环，使心脏得到按摩，有助于调整脑下腺垂体。它向骨盆区域输送额外的充氧血液，从而使子宫、膀胱等器官充满活力。

2. 单腿背部伸展式

效果：在做此姿势时，腹腔各种器官得到收缩，一股增多的血流流向肚脐和生殖器区域。消化过程得到改进，便秘也可缓解。

半莲花坐单腿背部伸展式也放松两膝，伸展两臂和两腿的肌肉。背部得到锻炼，脊柱培养出力量和弹性，从而有助于纠正驼起和下垂的双肩。

3. 半脊椎转动式

功法:开始时挺身坐着,两腿向前伸直。弯曲右腿,把右脚放在左大腿的基部。呼气,将上身躯干转向左边,将左臂尽量收向背部。将右手向前伸,抓住左脚。试保持左腿伸直,稳固地放在地上。将头转向右方,两眼向右肩之外注视。正常地呼吸,保持这个姿势 10 ~ 20 分钟。放开左脚,恢复到起始的坐姿。左右交换,重做此式。

效果:这个姿势使脊柱更加柔韧,防止背痛和腰部风湿痛,缓解髋部关节的疼痛。颈项肌肉得到伸展和加强,肩关节放松,肩膀运动变得更为自如方便。腹部脏器得到补养加强,消化功能有了改进,经常练习这个姿势会防止前列腺和膀胱过分增大。

4. 脊椎转动式

功法:举起左臂,把它放在右膝的外侧。然后伸直你的左臂,抓着右脚或右脚踝。向前伸右手,高与眼齐,两眼注视指尖。右臂保持伸直,慢慢转向右方。在右手尽量向右方转时,要继续注视指尖。在此过程中,你的颈项、两肩、脊骨等就会自然而然地转向右方。当你的右手尽可能舒适地放到最右的地方时,就把它放下来,把手背放在左腰上。

效果:这个姿势对脊神经和整个神经系统都有极好的效果。它使脊柱周围的肌肉全都受到挤压,这就对于从脊髓分支出去遍布全身各部的 32 对神经起到了刺激、兴奋的作用。它还放松各节脊椎,使背部肌肉群更富有弹性,从而预防背痛和腰部风湿病的发生。

5. 转躯触趾式

开始时你可以慢慢地做这个练习,而后可以渐渐试着加快速度。当能够正确地做这个练习时,可试着越来越宽地分开两腿,但不要弯曲膝盖,也不要过分勉强用力。

效果:这个练习可以起到按摩腹部脏器和肌肉,放松两肩关节和脊柱,并伸展腿部肌肉的作用。

6. 束角式

效果:对于孕妇和患有泌尿障碍的人来说,这是一个极好的练习。如果孕妇每天都练习这个姿势,在分娩时可以减少疼痛感。这个姿势也有助于防止静脉曲张的形成。它调节月经周期不规则,并帮助卵巢正常发挥功能。

束角式额外地增加对于下背部、腹部和骨盆的血液流通。它有助于消除睾丸疼痛,并促进膀胱、前列腺和双肾的健康。对于消除坐骨神经痛和防止疝气,它是非常有益处的。

7. 蝴蝶式

由于双腿摆放的姿势很像蝴蝶的翅膀,在动作中不断地张开、合拢,因此得名。

功法:这个坐姿要求双脚掌接触合拢,然后将脚后跟收回至大腿根部。把手放在膝盖上,然后给一定的辅助力量,把膝盖向下压。

效果:这个姿势能够打开骨盆,增强髋关节的柔韧性;减轻腿部、膝盖和脚踝的压力,减轻腿部肿胀。

8. 箭式

功法:坐式,脚心相对。身体稍后倾,重心移至臀部,双腿离开地面。保持均匀的呼吸 20 秒。左脚保持原来的位置,右手和右腿慢慢向上伸直,保持姿势 20 秒,做均匀的呼吸,然后换一边做同样的练习。或者向两边伸展双腿和双臂,放松肩膀,挺直脊背,并保持平衡。完成此式后,简易坐,闭眼,放松全身。

效果:此式是一个以臀部为支点的平衡姿势,辅助治疗消化不良、肥胖症、背痛、泌尿系统疾病等，也有调节腹部肌肉线条、矫正腿形和缓解背部疼痛的作用。

练习时注意力应放在身体的平衡感和呼吸上，尽量放松肩膀和脸部。初学者腿部不能伸直时也可以先让腿部稍弯曲，但尽量伸直背部。练习时注意力应放在身体的平衡感以及腿部和腰部的伸展上。

提示：不需要一次性地完成这所有姿势，当然如果有足够好的柔韧性和平衡感，也可以一次完成。

四、瑜伽运动教学与训练

（一）瑜伽运动教学

根据很多优秀的瑜伽教练的教学方法，再结合高校体育教学实践的调查、访谈、总结，在此提出几种适合在高校教学中运用的方法。

瑜伽练习时配上美妙的音乐，可以激发练习者的情感，让练习者感受周围的气氛，陶冶心灵，从而达到身心的和谐统一。瑜伽音乐更多地展示宁静悠远、舒畅安心的韵律，比如五行音乐、梵曲音乐、茶道音乐等。

1. 讲解示范教学法

讲解示范教学法是指教师用语言向学生说明动作名称、作用、方法、要领、要求并以自身完成的动作，作为教学的动作范例，用以指导学生学习与练习的方法，在体育教学中运用很普遍。

瑜伽体式的练习是呼吸、意念、动作的配合，教师要给出正确标准的示范动作及动作的注意事项，让学生去模仿和学习，并在教师的引导下，首先将动作达到自我承受的正确姿势，其次是感受瑜伽体式真正的内涵，带给身心的放松。

2. 主体教学法

主体教学法是在完成教师课堂任务的基础上，适当增加学生自由的练习内容和时间，充分发挥学生的主观能动性和教师的主导作用。

学生选择自己感兴趣的体式，教师给予学生技术指导，加深学生对原理、知识和技术的理解。

瑜伽体式的练习次数越多，感触就会越深刻，对体式的理解就会更正确，对心灵的感受更贴近。

3. 纠错教学法

纠错教学法是指教师针对学生练习中产生错误动作的原因，选择最有效的手段，及时纠正错误动作的一种方法。

瑜伽课程中的各个体位都有其具体的功效，它的每个动作都对身体产生一定的影响。如果体位动作没有做正确，那么就没有达到其功效，就失去了锻炼的目的，所以瑜伽课程中需要及时地纠错，使学生达到锻炼的目的。这里可以选择方式有：

（1）教师对学生进行纠错。

（2）学生对学生进行纠错。例如：前支架式。从俯卧开始，额头触地，双手撑实在胸部两侧，前脚掌回勾，双腿、腰腹收紧，尾骨向内卷，吸气延伸身体，呼气调整。再吸气时利用腰腹、手臂的力量提臀向上，直至身体与地面平行，头在脊柱的延长线上，身体保持与地面平行时,双脚后跟用力向后蹬。保持3~5次呼吸后,呼气放松成俯卧。

分析动作就可以发现容易出错的有:

①臀部容易向上翘起。

②腰腹容易塌陷。

③容易抬头。

④向后蹬脚时容易翘臀。

以上的四种错误会导致脊柱受到挤压,手臂压力过大,达不到减少腰腹赘肉、锻炼腰腹和手臂力量的功效。所以首先是教师针对所有学生重点讲解改正错误的方法,学生练习的时候巡回纠错。其次是让学生一对一练习,相互纠正错误,既锻炼自己的观察、表达能力,又有利于自身的体式练习,更有助于对体式的理解。最终达到教师教、学生学的教学目标。

4. 分层教学法

分层教学法是教师在统一模式下进行教学,由于学生的身体素质不一,学生的学习效果容易出现参差不齐的现象。为此,需要将学生分层、分组进行教学,将学生身体优势发挥到最大。例如:骆驼式。这个体式主要是扩展胸腔,灵活脊柱的后屈动作。可以分为四种情况:

(1)双手撑后腰做后屈。

(2)利用瑜伽砖,放身体后侧,扩展胸腔后屈,双手撑砖。

(3)脚跟立起来,双手扶脚后跟。

(4)脚背贴地,后屈可以双手扶脚掌。

以上四种情况就是根据学生不同的身体素质制定的练习,以利于学生在舒适的基础上完成体式,同样达到健身的效果,也是符合瑜伽练习的要求的。

在此过程中,教师与学生的角色不再单一,教师成为整个教学过程的设计引导者,为不同学生量身打造合适的教学方式,学生由被动变为主动,更易激发学习的动力,正确掌握和巩固技术要领,促进身体素质的提高。

5. 鼓励教学法

鼓励教学法是指在教学过程中教师通过一些手段鼓励学生活动起来。例如,语言鼓励,课上用“很好”“很美”“漂亮”等词语激励学生增强自信心。

完成比较好的学生在班级中示范、展示,不仅鼓励、激发学生的潜力,而且也调动其他学生学习的兴趣和动力。这样可以充分发挥学生的主体作用,有效地提高教学质量。

6. 常规教学法

常规教学法能够让学生了解瑜伽的基本知识,跟随教师的教导和口令模仿、学习瑜伽动作。当然,学生只有先对瑜伽运动的历史和发展进行了解,才可能在学习瑜伽运动的过程中有所感悟,形成感受性体验,进而提高学习的效率。

7. 情境教学法

情境教学法是指教师在瑜伽教学中,创设一些与瑜伽文化或者瑜伽知识有关的情境,让学生在相应的情境中加深对瑜伽内容的理解和对瑜伽动作技能的掌握,促进能力的提高。比如,教师在教授瑜伽休息术时,可以让学生闭上眼睛,教师通过语言描述,告诉学生一些美丽的场景,如平静的湖面、美丽的白云、洁白的雪花等,学生在幻想这些美好的场景时自然而然就放松了心情,全身心投入到学习当中。

8. 情感教学法

教学的过程在某种程度上来说是教师和学生相互影响、相互融合的过程。所以，要在教学中取得良好的教学效果，教师和学生之间必须建立起融洽的师生关系。

在教学过程中，教师主要是通过人格魅力的影响和教授学生知识来帮助学生完成知识的建构。尤其是在瑜伽教学活动中，教师的一言一行以及和学生的交往过程中体现出来的健康的心理、善良的性格会对学生形成巨大的影响，学生在与具备高尚的人格的教师交往时，会在无形之中受到教师的感染，学习教师积极向上的人生观和价值观。所以，高校应该在筛选瑜伽教师的时候注重教师人格的选择，教师要为人师表，做好表率，为学生做一个好榜样，从而促进瑜伽教学取得好的教学效果。

（二）瑜伽运动训练

1. 呼吸法

呼吸是生命的证明，它支配我们的情感、肉体和知觉。当人处于轻松平静的状态，呼吸是均匀的，身体也相对和谐、柔软；当心情沉重紧张时，呼吸会显得急促，身体也会僵硬起来；当人愤怒时，呼吸不但急促不匀，身体也会僵直、紧绷；当注意力高度集中时，会屏住呼吸数秒钟；当准备去做一件很重要的事或面临关键时刻，会不自觉地进行深呼吸，以此来稳定情绪；当人在生病时，呼吸会变得杂乱、急促和浅显……通过呼吸我们能够了解我们自己。同样，通过调整呼吸，我们也能够改变自己。

瑜伽的调息法就是利用各种呼吸方法，清除体内毒素、净化血液、补充氧气、调整心率、安定大脑。

2. 体位法

体位法是通过运用呼吸和体式的一致，进行缓慢、柔和、有控制力的动作，来伸展放松身体，使皮肤、肌肉绷紧，强肺、促进排泄系统的内脏运动。它可矫正身体的歪斜部位及不良体态，使身体逐渐柔韧和舒展。

身体每个动作的运行和静止都会刺激不同腺体的流量分布。瑜伽很多姿势都是模仿动物和植物。通过学习它们来完成一些人类平时极少涉及的动作，以它们生命存在的优势姿态来弥补人类逐渐弱化的功能。这些运动可以活化僵硬不通畅的部位，并在紧张和松弛的过程中，调整自律神经的平衡。

3. 冥想法

冥想带来一种平和的感觉，像平静的湖面，清澈见底。冥想会帮助你释放内心的负担和杂念。冥想不光使心灵平静，它还滋养生命力，给予我们极大的力，让我们注意力集中，享受生命的每一瞬间，让我们能够睡眠安稳、充足，得到全面的幸福感。

冥想就是跟你的身体自然亲近，达到一种和谐状态。当我们盘腿打坐时，会把下肢部分的血流量挤压到上肢躯干和大脑，刺激活化和改善内脏器官和大脑。盘腿坐可以使腹部太阳神经这一自主神经最集中的地方活跃起来，让腹部和脐下丹田精气充足，使人感到沉稳。

呼吸是冥想的关键因素，只要你进行有规律的深长呼吸，不安的情绪就会逐渐平静。

第四节　瑜伽运动与健康

一、身体健康

1. 对新陈代谢的影响

由于大多数大学生身体长期处于静态中,很少参加体育运动,身体新陈代谢比较缓慢。瑜伽作为一项慢动作的运动项目,正好适合这群处于静态中的学生进行练习。由慢到快,不会给身体过大的压力。

瑜伽运动能够促进身体细胞对水分、糖分的吸收,加速脂肪的分解,将身体的毒素排出,可美容养颜,延缓衰老。如拜日十二式,在练习的过程中面向太阳,由站立开始进行一整套动作,结合平板式、下犬式、蛇式动态的练习,让身体各个部位都处在运动状态中,慢慢加强运动量,促进全身细胞的运动,让血液循环流动,加速营养的吸收,通过汗液和呼吸把毒素排出体外,促进新陈代谢。

2. 对内部器官的影响

大学生长期保持坐姿对胃的压力过大,不能够正常地消化,容易产生便秘、毒素堆积。由于长期不进行体育锻炼导致肺活量下降,偶尔运动会感觉呼吸困难,身体不适。瑜伽是一项缓慢的运动项目,每个动作看似简单但都有它一定的意义。体式的练习可以有效地刺激身体各个器官,达到按摩内部器官的作用。如"仰卧体前屈"开始平躺于垫面,双手沿着肩关节向上打开,吸气时双臂带动上体抬离垫面与双腿重叠,有压力可以屈膝,尽可能地让腹部、胸腔与大腿面紧紧地贴着,呼气时再次平躺于垫面,反复练习,每组不少于五个。这是一个动态的练习过程,能够时刻刺激呼吸系统,增加肺活量,按摩腹部器官,促进肠、胃运动。

"蝴蝶式"从直角坐姿进入,将双脚收回,脚掌心相对,双手放于膝盖上,随着呼吸的节奏,按摩子宫,缓解经期疼痛,预防和治疗妇科疾病。在瑜伽的练习过程中,经常是一连串的动作组合在一起,这样的练习对内部器官的促进作用会更加明显。

(一)损伤

1. 瑜伽体式的常见损伤

(1)头部损伤:头倒立式、手倒立式、乌鸦式、孔雀起舞式、蝎子式等练习,容易造成头部撞伤和擦伤。

(2)颈椎损伤:肩倒立式、犁式、侧犁式、头倒立式、车轮式等动作对颈椎的压力特别大,容易造成颈椎关节错位、甚至颈椎间盘突出。

(3)脊椎损伤:脊柱扭动式、门闩式、上轮式、下轮式、鸽王式、弓式、眼镜蛇式、肩倒立式、犁式、侧犁式、头倒立式、车轮式等练习易使脊椎受伤。

(4)腰部肌肉扭伤:鱼王式、套索扭转式、风吹树式、三角伸展式、圣哲玛里琪式、腰扭转式等练习易造成腰部肌肉扭伤。

(5)腿部肌肉韧带拉伤:前屈式、背部前屈伸展坐式、三角伸展式、束角式、坐角式、扭转前屈伸展坐式、半莲花前屈伸展式、猴王哈努曼式等，这些练习常导致腿部肌肉韧带拉伤。

(6)踝关节扭伤:英雄坐式、榻式、莲花坐式、骆驼式、蛙式、束角式、卧英雄式等易造成踝关节扭伤。

2. 瑜伽损伤的特点

瑜伽损伤的特点一共有三个。

瑜伽损伤的第一个特点是疼痛滞后。各种缓慢的瑜伽姿势背后，伤痛短时间内难以被发现，往往在几个小时甚至在几个星期后才会逐渐显露。所以，有的练习者受伤后还不知道是练瑜伽造成的。

瑜伽第二个特点是的损伤检查困难。练习瑜伽造成的伤害一般属于软组织受伤，多发生于关节、肌肉、韧带和软骨等，普通 X 光片难以辨认，往往被患者甚至医生所忽视。也有些患者误认为“瑜伽伤害”所带来的疼痛是由于关节炎等其他病症所引起的。例如，肩周炎就常常成为因练习瑜伽而造成的肩痛的“替罪羊”。

最后一个特点就是恢复时间长。一般来说，“瑜伽损伤”引起的韧带、跟腱拉伤、软骨组织损伤等会带来 1 ~ 8 周的疼痛，而神经痛、背部拉伤和脊柱损伤等，则至少需要 4 个月恢复。

(二)预防

1. 加强基本技术和身体素质的训练

掌握正确的基本技术及其动作要领，可大大减少不必要的运动损伤。例如在做鱼王式时，我们的脊柱会受到强烈的扭曲，此时，不正确的扭转方法就会大大增加脊柱受伤的概率。因此，掌握正确的基本技术是提防运动损伤的前提。

身体素质是指肢体在活动时所表现出来的各种基本能力，身体素质训练的目的就是提高身体各个器官系统的机能，使身体各部位得到均衡发展，同时也为掌握好基本技术，较好地防止运动损伤奠定了基础。

2. 科学、合理地安排训练

遵循训练规律，掌握正确的、科学的训练方法，是有效避免运动损伤的途径之一。如循序渐进训练的原则，应首先让学生在思想上认识到“功到自然成”的道理，每做一个动作，要问问自己是否超过自己的极限，不要强迫身体练习某些姿势，要听从身体的感受，能做到哪里就停在哪里，不能有恐惧的心理，让身心放松。当哪一部分牵拉强烈时，意识要放在哪部分，既让牵拉强烈的部分放松，放松的同时又能去感觉。

教师在贯彻区别对待训练原则中，对于不同基础、柔韧与平衡性、身体素质、健康状况的训练者，在练习的安排上要做到因人而异，循序渐进，科学增加运动量，防止“一刀切”的教学方法。

3. 加强易伤部位肌肉和韧带的训练

由于人体解剖部位存有薄弱点，因此加强易伤部位肌肉和韧带的力量练习，对于预防运动损伤的发生也是必要的。平时让学生按照自己的极限多做一些拉伸运动，可以增强柔韧性。

4. 准备活动要充分

很多人认为瑜伽是一种缓慢而柔和的运动，因此不需要做准备运动，这是错误的想法。在做瑜伽的练习时，准备活动是必不可少的，充分的准备活动可降低损伤的概率。

5. 明确练习的目的

不同的瑜伽练习,强调的重点不同,如果你想练习瑜伽,首先需要搞清楚自己的目的。你是想通过瑜伽减肥、治疗疾病、锻炼身体的柔韧性、精神减压,还是在瑜伽中寻找内心的平静。很多学生学习瑜伽时,只是追求它是一种新兴起的运动,事前并没有真正清楚自己的目的。这样盲目地学习,就会增加损伤的概率。

6. 要有平和的心态

眉头紧促、过于紧张不但降低练习的效果,而且容易导致损伤。要记住,脸上只要挂着一丝微笑就会有缓解面部紧张的作用,并且会带来轻松,使全身松弛。此外,练习时不要大笑或者说话,要专注地呼吸。

7. 要有信心与耐心

操之过急地练习瑜伽,不仅会造成不必要的损伤,而且还会加大心理的负担。因此,循序渐进的练习会让你收获更多。而且练习瑜伽一定要有信心,要有耐心,每天只要练习一点,通过一段时间的磨炼,你就会发现你的身体有惊人的变化。

8. 了解不适宜练习瑜伽的人群

瑜伽并不像慢跑等传统运动方式那样适合所有健身爱好者。专家认为有四类人群不适宜练习瑜伽:第一类,骨质疏松患者。这类患者练习瑜伽容易造成撕脱性骨折或撕裂性骨折;第二类,神经疾病患者。因为瑜伽的很多动作容易压迫到神经,对患者造成不良影响;第三类,椎间盘突出患者。这类患者练习瑜伽最为危险,如果强行加以练习,很可能造成截瘫;第四类,关节组织疾病患者。这类患者一旦在瑜伽练习中受伤,很可能极其严重,甚至是致命的。

这四类人若要练习瑜伽,一定要在医生和专业瑜伽教练的指点下有选择性地进行练习。比如,对椎间盘突出患者不宜练莲花坐,可选择雷电坐。

练习瑜伽一般要在进食3小时后进行,否则容易导致肠扭转,感到肚子痛甚至呕吐。目前流行的“高温瑜伽”(在35至42摄氏度下练习瑜伽)更容易导致心跳加速,身体大量流失水分。心脏病人、高血压患者、孕妇及儿童都不适宜做高温瑜伽。空腹的练习是最佳的选择,但对于低血糖症状者,建议练习前半个小时食用少量流质食物。

9. 加强师生间的沟通

一般而言,练习瑜伽者只要在专业教师的引领下进行循序渐进的练习,是不会对身体造成伤害的。需注意的是,在修炼瑜伽前应和教师进行沟通,课后要将自身感受及时与教师进行交流。

10. 注意瑜伽体式的间隔放松

在瑜伽练习中,练习完每个动作后为了更快地消除肌肉疲劳,防止由于局部负担过重而出现运动损伤,每个动作的间隔放松非常重要。

在间隔时间内,一些练习者对这一问题重视不够,不注意放松和做调整动作,不能加快机体疲劳的消除,进行下个动作练习时易出现损伤。

例如,在做轮式练习后,应做婴儿式放松;在做完犁式后建议做挺尸式放松,这样一方面可以促进血液的回流,改善血液的供给,另一方面也能使活动肢体中已疲劳的神经细胞加深抑制,得到休息,这对于消除疲劳及防止运动损伤有着积极意义。

二、心理健康

（一）有助于减少精神压力

现在社会的大多数人都处于亚健康状态，包括学生在内，他们简单地认为身体上没有疾病，就是健康的，很少考虑心理问题。

大学生由于沉重的学业任务、复杂的交际关系和自身的生理问题不能够正确处理，日积月累很容易造成心理疾病。瑜伽的练习可以让大学生从静坐开始，引入腹式呼吸，然后什么都不去想，忘记周围的环境，忘记自身的压力，想象自己身处大草原或者辽阔的海边，沐浴着阳光，只能听见自己的呼吸声是多么的流畅、均匀、自然，吸有多长呼就有多长，就这样让身体的浊气排出体内，从而达到思想上纯净的状态来减少精神压力。

（二）有助于学生情感发展

瑜伽运动对学生的情感发展具有重要作用，因为瑜伽运动的形式多种多样，有流瑜伽、力量瑜伽、柔韧瑜伽等；运动过程也具有趣味性，有单人的和双人的瑜伽，同学间可以互相帮助；运动环境简单，只要有安静的氛围、能够让身体舒展开的场地就可以随时随地练习，对器械也没有要求。

瑜伽运动能够培养学生积极、乐观、愉快、团结、友爱等多种情感。对于改善孤独、胆怯、优柔寡断、缺乏信心等心理缺陷也具有积极的作用。

（三）有助于促进坚强意志品格的形成

在进入大学之前，学生的生活多数在父母和教师的监管下，上了大学脱离了父母，自觉性、主动性慢慢地变差，也不能够进行自我约束，意志力不强，做事不能坚持到底。瑜伽的练习可以很好地促进坚强意志品格的形成。

瑜伽体式的练习重在坚持和重复练习，长期下来才会有效果，如平板支撑，现在最流行的减肥动作，很多明星都在做，只要坚持控制自己的身体在一条线上，保持平稳呼吸，腹部发力控制平衡，最主要的是坚持长期练习。

瑜伽运动的效果不是一两天就能出来的，它是长期积累的结果。时间久了也可改善学生的心态，培养学生坚持锻炼的习惯，使其养成良好的意志品格。

参考文献

[1] 黄巧,王潇潇,李爱增. 排球运动教学与训练指导[M]. 北京:新华出版社,2018.
[2] 杨洁. 排球运动基本技术与综合训练研究[M]. 延吉:延边大学出版社,2018.
[3] 秦雷. 排球运动教学法与素质训练研究[M]. 哈尔滨:哈尔滨地图出版社,2018.
[4] 路连举. 现代排球运动教学训练研究与指导[M]. 长春:吉林大学出版社,2018.
[5] 杨娅男. 排球教学与训练[M]. 厦门:厦门大学出版社,2018.
[6] 冯婷. 体育运动与训练研究[M]. 北京:九州出版社,2018.
[7] 郭岩,余锋,左昌斌. 实用体能训练指南[M]. 北京:中国书籍出版社,2018.
[8] 金宗强,鲍勇. 体能训练在竞技运动中的实验应用研究[M]. 天津:天津大学出版社,2018.
[9] 刘文学,李凤丽. 排球运动训练与指导[M]. 长春:吉林摄影出版社,2017.
[10] 黄志国. 现代排球运动发展与技战术训练研究[M]. 北京:中国原子能出版社,2020.
[11] 吴剑. 现代大学体育:足篮排运动[M]. 天津:天津科学技术出版社,2020.
[12] 黄彦华. 排球教学与训练[M]. 昆明:云南民族出版社,2020.
[13] 张森. 排球技术训练与竞赛规则解读[M]. 长春:吉林科学技术出版社,2020.
[14] 刘家涛. 体育运动与康复训练研究[M]. 北京:中国原子能出版社,2020.
[15] 刘文学,李凤丽. 排球运动训练与指导[M]. 长春:吉林摄影出版社,2017.
[16] 赵子建. 排球[M]. 重庆:重庆大学出版社,2017.
[17] 谭洁. 气排球运动教程[M]. 长沙:湖南师范大学出版社,2017.
[18] 叶应满,王洪,韩学民. 现代运动训练的理论分析与科学方法研究[M]. 成都:电子科技大学出版社,2017.
[19] 蔡金明. 体育教学技能训练[M]. 哈尔滨:哈尔滨工业大学出版社,2017.
[20] 黄玲,黄永良. 海洋休闲运动策划[M]. 北京:海洋出版社,2017.
[21] 蒋丽,殷劲. 疲劳的运动生理学研究进展[M]. 成都:电子科技大学出版社,2017.
[22] 戴建波. 体育教育新架构:运动教育模式[M]. 宁波:宁波出版社,2017.
[23] 于洋. 排球比赛致胜因素及科学训练研究[M]. 北京:中国水利水电出版社,2019.
[24] 刘心丰. 体能训练理论与方法研究[M]. 长春:东北师范大学出版社,2019.
[25] 刘家涛. 体育运动与康复训练研究[M]. 北京:中国原子能出版社,2020.
[26] 孙鹏. 排球教学与训练方法优化[M]. 太原:山西经济出版社,2019.
[27] 何林. 排球教学与训练实践探析[M]. 郑州:郑州大学出版社,2019.
[28] 中华人民共和国教育部. 普通高中体育与健康课程标准(2017 年版)[M]. 北京:人民教育出版社,2018.
[29] 全国青少年校园足球工作领导小组办公室. 全国青少年校园足球发展报告(2015—2017)[M]. 北京:北京体育大学出版社,2018.
[30] 于素梅. 上课的门道[M]. 北京:教育科学出版社,2017.

[31] 李志刚,骆秉全. 普通高中教科书教师教学用书体育与健康:必修全一册[M]. 北京:人民教育出版社,2019.
[32] 刘勇,李波,冼军. 体育理论建设与实践:校园足球大家谈[M]. 长春:吉林大学出版社,2019.
[33] 孟文砚. 普通高中体育与健康模块教学设计探究[M]. 北京:现代教育出版社,2018.
[34] 王爱平. 模块化教学探索[J]. 农家参谋,2018(22):209-210.
[35] 季浏. 好的顶层设计等于成功了一半:关于课程标准(2017 年版)教学计划建议的解读[J]. 中国学校体育,2018(8):17-20.
[36] 季浏. 我国《普通高中体育与健康课程标准(2017 年版)解读》[J]. 体育科学,2018,38(2):6.
[37] 许步楼. 高中物理模块教学中实验的整合研究[J]. 成才之路,2018,564(8):28.
[38] 王丹. 高校新生体育课模块教学的理论与实践探索[J]. 贵州体育科技,2015(2):30-32.
[39] 人民教育编辑部. 核心素养:重构未来教育图景[J]. 人民教育,2015(4):3.
[40] 林崇德. 学生发展核心素养:面向未来应该培养怎样的人?[J]. 中国教育学刊,2016(6):1-2.
[41] 张华影. 校园足球发展的动力及其耦合机制研究[J]. 南京体育学院学报,2016,30(1):30-33.
[42] 周永. 高中专项化乒乓球项目核心素养模型构建:基于扎根理论的研究[J]. 考试周刊,2017(78):114-116.
[43] 陈向明. 扎根理论在中国教育研究中的运用探索[J]. 北京大学教育评论,2015,13(1):2-15.
[44] 张俊勇. 基于扎根理论的校园足球发展动力探析[D]. 武汉:华中师范大学,2017.
[45] 邓贤树,冷显志,黄雅慧. 健康中国视域下校园足球课程文化开发与建设路径研究[J]. 河北体育学院学,2018,32(6):25-27.
[46] 于素梅. 中国学生体育学科核心素养框架体系建构[J]. 体育学刊,2017, 24(4):5-9.
[47] 陈滨,张珍,李越辉. 大学体育理论教程[M]. 北京:高等教育出版社,2015.
[48] 胡红,薛山. 大学体育理论教程[M]. 重庆:重庆大学出版社,2014.
[49] 石雷. 大学体育选项指导教程[M]. 北京:人民体育出版社,2009.
[50] 孙成友,仲鹏飞,董先龙. 大学体育理论与实践教程[M]. 武汉:华中科技大学出版社,2010.
[51] 王峰. 篮球运动规律与技术原理分析[M]. 北京:科学出版社,2015.